VOYAGE

AUTOUR DU GLOBE

VOYAGE
AUTOUR DU GLOBE

PAR

I. EGGERMONT

CONSEILLER DE LÉGATION

OUVRAGE ILLUSTRÉ DE NOMBREUSES GRAVURES
DE PLANS ET DE CARTES

PARIS

LIBRAIRIE CH. DELAGRAVE

15, RUE SOUFFLOT, 15

1892

AVANT-PROPOS

Certaines époques ont un caractère presque fatidique.

Ainsi, le dernier quart de ce siècle se distinguera par l'entraînement général des peuples européens vers les contrées lointaines encore inexplorées ou, du moins, restées étrangères à notre action civilisatrice. A cet essor se rattachent également la plupart des entreprises coloniales dont nous sommes témoins aujourd'hui.

Par une remarquable coïncidence, les États-Unis d'Amérique se voyaient amenés dans le même temps à célébrer le centenaire de leur autonomie. Une superbe Exposition, des congrès et des solennités de toute nature concentrèrent aussitôt l'attention sur des pays déjà très avancés dans la voie des progrès modernes.

C'est à l'occasion de ce mouvement universel d'expansion que j'eus l'avantage d'être chargé, en 1876, par mon gouvernement d'une mission en Amérique et au Japon, et que je fus ensuite conduit à poursuivre autour du globe, pour mon propre compte et ma satisfaction personnelle, un voyage commencé sous des auspices officiels.

Des excursions successives en Asie Mineure, en Palestine, en Égypte, en Nubie, au Maroc et dans les différentes régions de l'Europe, m'avaient préparé à cette longue pérégrination.

Instruit par l'expérience acquise en mes premiers voyages et résolu de tout voir, de tout étudier, de tout décrire, j'improvisai au hasard de la route une sorte de revue encyclopédique des pays visités.

Noter chaque incident, dépeindre chaque aspect, recueillir chaque trait, jour par jour, heure par heure, en face même de l'objet entrevu et sous l'influence immédiate de l'impression ressentie, telle fut la tâche à laquelle je me consacrai de parti pris. Soit à cheval, soit à pied, dans les gares ou dans les relais de poste, sur le pont des bateaux ou sur la banquette des wagons, en carriole, en chaise portée, ou simplement assis sur le bât vacillant d'une bête de somme, je passai ainsi plus d'une année, sans le moindre souci de mon repos. Nul glob-trotter ne s'est peut-être condamné à un labeur aussi suivi et parfois aussi ardu.

En procédant de la sorte j'ai été naturellement amené à consigner dans ma relation nombre de détails très minutieux. Je ne les ai point élagués, en dernière analyse, estimant que l'intérêt des publications de ce genre consiste précisément dans l'exactitude pour ainsi dire photographique du récit.

Ces notes à la main, sans autre classement que la date du jour et l'ordre où elles ont été crayonnées, dûment complétées ensuite à l'aide de nombreux documents recueillis sur place, sont devenues l'ouvrage, quelque peu volumineux, que je m'enhardis à livrer au public. Si j'ai attendu jusqu'ici avant de le lui présenter, ai-je besoin d'alléguer pour mon excuse les exigences d'une carrière entraînant de fréquents déplacements, toujours dominée par d'absorbants devoirs ?

Quoi qu'il en soit, nos observations n'auront point perdu de leur actualité. La vie, en Orient, comme dans l'extrême Orient, est loin de se métamorphoser, malgré certaines apparences, avec la rapidité que nous constatons chez nous. La grande Exposition de 1889 a prouvé, au contraire, que les choses n'y ont guère varié. Et, quant à l'Amérique, si le génie industriel y produit des transformations telles que les nouveautés de la veille sont presque des vieilleries le lendemain, un laps de quelques années ne saurait rien enlever, comme lignes et comme coloris, au tableau que nous en traçons.

Puisse le lecteur, feuilletant ces pages avec indulgence, reconnaître ce que nous avons voulu y mettre avant tout : la note vraie et personnelle, sans apprêts ni mise en scène. Ainsi participera-t-il — je l'espère — aux émotions diverses que nous avons éprouvées au cours de notre long voyage et s'associera-t-il, sans trop de réserves, à nos louanges comme à nos critiques ; ainsi trouverai-je moi-même, dans sa muette adhésion, la récompense de mes efforts et de ma sincérité.

AMÉRIQUE

I

ÉTAPES DANS L'EST DES ÉTATS-UNIS

EXCURSION AU CANADA

LE QUAI DE LIVERPOOL

I

DE LIVERPOOL A NEW-YORK

Les quais, un jour d'embarquement. — Rires et larmes. — Le *City of Berlin*. — Installation à bord. — Queenstown. — La haute
mer. — Nos compagnons de route. — Un dimanche à l'américaine. — Banquises et brouillards. — Gros temps. — Repas
et concerts. — L'arrivée du pilote. — La rade de New-York.

Jeudi, 11 mai. — Trois heures sonnent au moment
où je mets le pied sur le *City of Berlin*. Le corps des
officiers, au grand complet et en uniforme, se tient
sur le pont pour faire accueil aux voyageurs. On
procède à l'appel des matelots.

Grande est l'animation des quais placés devant nous
et vigoureusement éclairés par un soleil printanier.
L'affluence des voyageurs, les allées et venues des
marins et des portefaix, la diversité des costumes,
le passage des lourdes voitures chargées de marchandises, le tohu-bohu des navires qui accostent ou qui
s'éloignent, tout concourt à y former un tableau rempli de couleur et de mouvement. Les nombreux groupes qui y stationnent attendent le départ du petit vapeur qui fait la navette entre la rive et le bâtiment
en partance.

Que de sentiments divers dans cette foule incessamment renouvelée! Si un certain nombre, les plus
rares, hélas! s'en retournent dans leur patrie ou
s'en vont, comme moi, réaliser un rêve depuis longtemps caressé, la plupart, moins favorisés et ne laissant derrière eux que des misères, partent surtout

pour tenter le grand inconnu. Pauvres émigrants!
Ils sont là, mornes et les yeux humides, traînant par
la main ou portant sur leurs bras de petits êtres
pâlis par la fatigue, alors qu'eux-mêmes, le cœur
serré par l'angoisse, considèrent l'horizon avec mélancolie. Quelques vieillards, au visage calme et rési-
gné, se détachent par leur immobilité sur les fonds
mouvants de l'arrière-plan. Eux aussi vont recommencer, sous de lointains climats, cette lutte pour
l'existence qui leur fut déjà si pénible dans leur pays
natal. Ce sont des familles entières qui s'exilent,
ce sont de véritables tribus qui, renouvelant à ce
jour l'exode des Israélites, se portent à la découverte de la terre promise.

Cette multitude bigarrée, successivement embar-
quée sur le petit steamboat, envahit peu à peu notre
bord. J'y retrouve les vrais Américains, venus en
Europe pour se divertir, et qui ne considèrent ce
voyage sur mer, aussi long fût-il, que comme une
première étape. Ne doivent-ils pas, avant de retrouver leur *home* perdu dans le *Far-West* ou dans le sud
du Mississipi, franchir encore des milliers de kilo-

métres? Très prompts à se déplacer chez eux comme ailleurs, ils semblent même assez surpris des scènes émouvantes dont ils sont témoins, et, pour un peu, ils se diraient choqués d'un pareil déploiement de sensibilité.

Enfin, après des adieux réitérés, les parents et amis venus jusque sur le navire pour accompagner les leurs s'éloignent sur le petit vapeur qui les avait amenés, en agitant leurs mouchoirs; et des hourras trois fois répétés de part et d'autre frappent les échos de la rade.

Je me proposais, en arrivant à Liverpool, de faire route sur un bateau de la compagnie White-Star, qu'on m'avait spécialement recommandé; mais ce bateau ne part que demain. Or, je ne me soucie guère de prolonger mon séjour en Europe, ne fût-ce que de vingt-quatre heures. Depuis que j'ai résolu de faire aussi mon tour du globe, le sol de l'ancien monde me brûle les pieds. Je me suis donc hâté de m'assurer une place sur le *City of Berlin*, navire appartenant à la Inman's Company. On m'y a offert la cabine du second mécanicien, et je l'ai retenue tout entière, au prix de vingt-six livres sterling, soit six cent cinquante francs. Cette cabine est située sur le pont et fait face à la mer.

Le *City of Berlin* est un magnifique trois-mâts à hélice, tout en fer, dont la construction remonte à l'année 1875. D'une capacité de cinq mille cinq cents tonnes, il mesure cent soixante-dix mètres de long sur quinze mètres de large. La profondeur de la coque est de douze mètres jusqu'à l'entrepont. Son tirant d'eau est de vingt-cinq à trente pieds. Quant à la hauteur totale du navire, elle n'est pas inférieure à soixante-dix mètres. Grâce à sa puissante machine, d'une force de mille chevaux, il file aisément de quatorze à seize nœuds à l'heure, soit en moyenne trois cent cinquante milles marins[1] en vingt-quatre heures. Il pourrait même, au besoin, soutenir une vitesse de trois cent quatre-vingt-quatre milles. Le *City of Berlin* n'a pas moins de dix chaloupes de sauvetage et possède un équipage de cent soixante matelots. Après le *Great Eastern*, c'est — me dit-on — le plus grand steamer connu, réputation qu'il partage du reste avec bon nombre d'autres du même genre.

Il n'y a que deux classes de passagers à notre bord : celle des émigrants, installés à l'avant du navire, et celle des voyageurs ordinaires, logés un peu partout, sur les côtés et dans les cabines attenant au grand salon d'arrière. Aucune distinction ne règne entre ces derniers. Tous mangent à la même table et se réunissent dans les mêmes locaux, bien que le prix des cabines diffère suivant la situation. Ce prix oscille entre quinze et vingt livres sterling. Ainsi que je l'ai dit, j'occupe à moi seul la cabine du second mécanicien; c'est un logement des plus acceptables. J'ai d'autant plus de raisons de me féliciter de mon choix que

1. Le mille marin équivaut à 1.852 mètres.

le navire regorge de voyageurs. Outre les émigrants, au nombre de neuf cents, encombrant le gaillard d'avant, il y a cent soixante-dix-huit passagers *distinguished* se coudoyant à l'arrière.

Quoique l'aménagement du *City of Berlin* ne laisse rien à désirer, je préfère à la classification indiquée plus haut celle qui est en usage sur les bâtiments français, où les passagers ordinaires sont divisés en deux catégories bien distinctes. Ici, la société est vraiment un peu trop mêlée. La confiance s'établit plus difficilement de voyageur à voyageur. L'encombrement entrave les rapports de courtoisie entre gens de positions analogues. En un mot, sans qu'on tienne outre mesure à l'étiquette, on en arrive parfois à souffrir de la promiscuité à laquelle on se trouve réduit malgré soi.

A six heures, la cloche donne le signal du dîner. Hormis le rosbif, que je juge excellent (nous sommes toujours en Angleterre), je n'y trouve rien de bien remarquable. La quantité y passe peut-être avant la qualité. Enfin, à sept heures et demie, on appareille, et, après une demi-heure employée à mettre le navire dans la bonne direction, — opération compliquée, vu les grandes dimensions du bâtiment, — nous prenons notre essor vers le petit port irlandais de Queenstown, qui doit être notre unique station entre Liverpool et New-York.

A dix heures, nouveau repas : c'est le thé classique, à la suite duquel chacun se retire successivement dans sa cabine, sauf nos officiers de quart, les répondants en titre de notre sécurité.

Vendredi, 12 mai. — Au petit jour, je suis sur pied. Le temps est beau, la mer est calme et le thermomètre marque 13° centigrades. Je consulte le règlement du bord : il m'apprend décidément qu'on y déjeune à neuf heures, qu'on y lunche à midi, qu'on y dîne à quatre et qu'on y prend le thé à huit. Hier, nous étions en dehors des conditions normales. Un tel régime alimentaire ne doit pas laisser que d'être très fatigant.

Vers trois heures, nous arrivons en vue d'un fort flanqué de tourelles et dressé au point culminant de la rive, qui descend vers la mer en pente douce. Tout au bord du rivage, des soldats s'occupent à creuser de nouvelles tranchées. Bientôt nous dépassons un second fort, situé de l'autre côté de la baie, et, après avoir doublé le promontoire, nous stoppons en face de Queenstown. L'aspect de cette petite ville irlandaise, bâtie en amphithéâtre, par groupes épars, est véritablement pittoresque. La rade est fort belle, et le paysage environnant est semé de bois coquets et touffus. Nous y faisons de l'eau : puis, après avoir racolé quelques nouveaux passagers, dont la présence n'était guère indispensable, nous repartons, à six heures, pour nous élancer aussitôt vers la haute mer.

La mer! que dis-je? l'Océan! — Quel monde étendu,

puissant et mystérieux ! Immensité dessus, immensité dessous, immensité tout autour. Voilà qui rappelle à l'homme la juste notion de sa petitesse. Aussitôt que la rive a disparu sous l'horizon, les paroles du poète semblent prendre un regain de vigueur et de véracité :

> Un esprit qui viendrait planer là ne pourrait
> Dire, entre l'eau sans fond et l'espace sans bornes,
> Lequel est le plus sombre...

Mais passons à quelque chose de plus prosaïque.

La cloche nous invite au repas, car à bord on ne fait que manger,... quand on peut.

sang : trente ans, brun, maigre, sec, élancé, chevelure légèrement ondoyante, moustache fine, regard fixe et pénétrant. Actuellement parlant, il en est à sa vingt-deuxième traversée entre New-York et Liverpool. Sa profession est le trafic des images et des chromos. Chaque année, il en vient faire une cueillette à Paris et s'empresse d'aller les revendre, le plus haut prix possible, à ses opulents compatriotes. Quoiqu'il se plaise infiniment dans « la Babylone moderne », — comme il dit en son langage piétiste, — il n'en est que plus ardent à louer tout ce qui se rattache à son pays. A ses yeux, rien n'est au-dessus

LE CITY OF BERLIN (Voy. p. 10).

Samedi, 13 *mai.* — Temps couvert, très doux (th. + 17° cent.), mer calme et limpide. La journée tout entière se passe en lectures, en promenades sur le pont, en jeux divers et, surtout, en mutuelle observation. On se compte, on s'examine, on s'étudie. Personne n'est pressé de rompre la glace.

Quelques types amusants défilent devant moi, fixés désormais sur la plaque de mes souvenirs.

Et d'abord voici un farouche Espagnol, de l'espèce dite intransigeante. Désespérant de convertir ses compatriotes à son programme utopique, nouveau Jérôme Paturot, il se rend aux États-Unis, à la recherche de la meilleure des républiques. Pour tout livre, il n'emporte avec lui que l'*Histoire de l'humanité*, par Laurent. L'ouvrage, on le voit, est en excellentes mains.

Je vous présente ensuite M. J...., un Yankee pur

des mœurs et des institutions américaines. A la moindre occasion, et même lorsque celle-ci ne se présente pas, il les rappelle, les défend, les commente et les exalte de la manière la plus hyperbolique. En visitant l'Europe, il n'a ressenti qu'une plus vive admiration pour tout ce qui n'en vient pas.

Deux autres types moins intéressants, mais plus burlesques, se retrouvent dans les deux cocodès que voici. Ils reviennent de faire le « tour » obligé, par la France, la Suisse et l'Italie. Ils ont été à même d'admirer les plus beaux chefs-d'œuvre de l'art, et ils en parlent avec ostentation. Malheureusement, je dois reconnaître que ces gentlemen en sont encore, en fait de peinture, aux chromos importés par M. J...., et, en fait de musique, à la chansonnette de café-concert. Ils fredonnent quelques airs d'Offenbach. C'est ce qu'ils ont de plus classique dans leur répertoire.

Une bonne physionomie, par exemple, c'est ce passager anglais, roux des pieds à la tête, mais roux à vous donner des coups de soleil. Tout est rubescent chez cet être falot, cheveux, barbe et sourcils. Il faut que la teinte en question lui paraisse bien séduisante, car il l'a même arborée dans tous les détails de son costume. On dirait d'un hanneton qui serait tombé dans du miel.

Quant à nos autres compagnons de voyage, ce sont, pour la plupart, des Américains, facilement reconnaissables à la liberté de leurs allures. Cependant nous avons à bord un ex-lord-maire de la cité de Londres, Mr. S... W..., chargé d'une mission aux États-Unis; le révérend G..., évêque de Cleveland; les capitaines C... et G..., partis à la recherche d'un navire à commander; enfin, plusieurs prêtres catholiques, des religieuses, etc.

Le « beau sexe » est trop abondamment répandu pour que j'essaye de le présenter isolément. Anglaises, Allemandes, Américaines, se promènent à tour de rôle sur le pont, nouant des relations éphémères, faisant du point ou du crochet, sans solliciter en rien l'attention de l'observateur. Quoi qu'il en soit, les dames du nouveau monde semblent se distinguer des autres par une élégance, une morbidesse, je dirai même une mièvrerie, qui contraste étrangement avec le geste quasi rugueux de leurs cavaliers. Elles affectent des poses élégiaques, s'étendent avec indolence sur leur chaise longue; et lorsque, à la suite de ces complaisantes évolutions, le sommeil les prend, elles laissent choir languissamment leur tête sur l'épaule du voisin, ce dernier leur fût-il aussi indifférent que le sultan de Zanzibar.

Dans le cours de la journée, je lie connaissance avec le comte della S..., fonctionnaire égyptien délégué à Philadelphie. Nous nous mesurons même à certain jeu de bord consistant à lancer sur des piquets mobiles des cercles de corde façonnés à cet effet. Pour varier mes plaisirs, j'accepte ensuite une partie d'échecs avec un Suédois à l'air pensif et doux. Au milieu du calme dont on jouit en mer, on sent que les moindres détails de la vie acquièrent quelque importance.

Après avoir passé des heures à contempler l'eau et le ciel, le soir, on éprouve le besoin de se récréer les oreilles. Aussi, musique sur toute la ligne! J'ai, à cette occasion, le plaisir d'entrer en rapports de *sociability* avec une famille anglaise composée du père, de la mère et de deux filles, toutes personnes de manières parfaites. Ce petit noyau d'*acquaintances* est des plus aimables. Il est bientôt renforcé d'une nouvelle recrue, une Germaine ultra-blonde, dont la voix est vraiment délicieuse.

Dimanche, 14 mai. — Beau temps, mer calme (th. + 18 cent.).

À onze heures, prière publique récitée par le capitaine du navire et répétée par tous les passagers protestants. C'est un spectacle touchant et grandiose à la fois. Le sentiment de la faiblesse et de l'isolement de l'homme sur la nappe immense des eaux, toujours sujettes à se transformer en vagues courroucées, est de nature à faire rentrer en soi-même le railleur le plus sceptique. Aux prières succède la lecture d'un chapitre de la Bible. Ici se termine la cérémonie dominicale. Elle emporte avec elle mille émotions pleines de recueillement. Mais, hélas! durant toute la journée, les jeux et la musique seront strictement prohibés de par l'autorité. Voilà qui est peut-être un peu dépasser les bornes. Prier est bon, mais s'occuper, se distraire, n'est point mal. Tels sont pourtant les usages anglo-saxons. Les seuls plaisirs permis sont les promenades et les hymnes religieuses. Nos émigrants s'en donnent à qui mieux mieux.

Lundi, 15 mai. — Comme on s'est couché tôt hier, fatigué d'une inaction forcée, on se lève de meilleure heure aujourd'hui. Dès l'aurore je suis sur le pont. Le temps est toujours au beau, mais vers le milieu de la journée la brise fraîchit sensiblement. Nous en profitons pour mettre à la voile. Bientôt la mer devient un peu houleuse et la pluie se met à tomber par intervalles. Ce sont quelques grains qui nous annoncent de la tablature.

Bon nombre de personnes, les dames notamment, ne se montrent pas à table. L'impitoyable Neptune aurait-il déjà réclamé son tribut? Pour ne pas abandonner la mythologie, ajoutons au moins que le doux Apollon ne perd pas non plus ses droits, en tant que président des Muses. Le soir venu, on se rassemble en grand nombre au salon pour faire de la musique.

Chose véritablement surprenante par ces temps de mélomanie, sur deux cents personnes présentes, je me trouve être le seul qui sache frapper quelques accords. Notre commandant, un marin doublé d'un homme du monde, avec lequel je m'entretiens volontiers, me prie de vouloir bien me dévouer aux plaisirs communs. Il se charge, pour sa part, de racoler des chanteurs. A cet effet, il va de l'un à l'autre et fait si bien que je demeure installé d'office devant le clavier. Je dois déclarer, pour être sincère, qu'on profite largement de mes petits moyens. Chacun me met à contribution, à telles enseignes que tous maintenant, du plus petit au plus grand, se pressent autour du piano pour nous défiler leur entier répertoire. On ne m'y reprendra plus...

En dépit du vent et des flots, la soirée se prolonge. Il est plus de minuit lorsque je regagne ma cabine.

Mardi, 16 mai. — Mer assez calme, ciel couvert, brise fraîche (th. + 19 cent.). Le temps n'étant rien moins qu'agréable, je me relègue toute la journée dans le salon, où je feuillette des ouvrages de la bibliothèque du bord.

PAR LE BEAU TEMPS (Voy. p. 12).

Mercredi, 17 mai. — Lorsque je me lève, vers six heures, le vent souffle avec violence et la pluie tombe à torrents. Le thermomètre accuse 10 centigrades. Vers midi la pluie cesse, mais la température ne se relève pas, au contraire. Je constate même un abaissement de deux degrés.

Nous subissons déjà l'influence des brouillards, si fréquents dans le voisinage de Terre-Neuve. D'ailleurs, nous sommes justement à la fin de la saison d'hiver, à l'époque où d'énormes blocs de glace ve-

Comme pour nous prévenir que nous entrons dans une région si redoutée du navigateur, à l'horizon, devant nous, le ciel déploie un rideau gris qu'aucune lunette d'approche ne parviendrait à percer.

Ce passage périlleux entre les glaces, charriées au hasard des flots et au milieu d'une brume épaisse, doit durer deux ou trois jours, pendant lesquels la vigilance des gens du bord ne se relâchera pas d'un instant. Un matelot doué d'une vue perçante se tient en permanence à l'avant du bâtiment

UNE TEMPÊTE (Voy. p. 15).

nus du nord se rassemblent, entraînés par le grand courant d'eau chaude qui creuse le golfe du Mexique et renfle les côtes occidentales de l'Europe. On sait que les banquises affectent les formes les plus diverses. Tantôt on dirait des aiguilles ou des montagnes, tantôt on les prendrait pour de simples récifs. Sous les rayons du soleil, elles se teignent en émeraude comme les prairies de la verte Érin. Mais, le plus souvent, une buée intense se dégage du monceau de glace en dissolution. Aussi le voisinage de ces écueils ambulants est-il d'autant plus dangereux que rien ne trahit leur redoutable approche. En temps de brume, on ne les distingue guère qu'à un demi-mille de distance.

pour signaler le danger. Son rôle consiste, en outre, à prévenir la rencontre de navires allant en sens contraire, sur cette grande route de mer exploitée par tant de compagnies rivales. Les collisions, heureusement, ne semblent guère à craindre avec notre sifflet d'alarme, résonnant de minute en minute.

Deux heures après l'apparition du brouillard, le vent souffle en tempête, et la mer moutonne furieusement. Les marins, habitués à ces variations, nous déclarent que cela n'aura pas de suites. En attendant, le navire, projeté violemment par les vagues, se met à danser de la belle manière, tout en filant avec une vitesse vertigineuse. A chaque instant les lames déferlent sur le pont, cependant élevé de près de dix mètres au-dessus des eaux. La coque du bâtiment s'incline à tel point, sous les efforts de l'ouragan, qu'il me serait impossible de me tenir sur le pont, si je ne m'accrochais aux parois de ma cabine. Sans s'émouvoir, nos gabiers carguent les voiles et serrent les drisses en chantant leur grave mélopée. Nous les voyons manœuvrer, avec une étonnante agilité, à des hauteurs de quarante et de cinquante mètres, pour amener les vergues supérieures offrant trop de prise aux coups de vent. Entre les agrès passent des hurlements plaintifs. De véritables cataractes se brisent contre les flancs du *City of Berlin* et le font gémir dans toute sa membrure. Le spectacle est émouvant.

Dans ma cabine, tout est sens dessus dessous. Mes malles s'entre-choquent, mes livres jonchent le parquet et semblent jouer à colin-maillard. Aussi, ne me sentant pas en goût de prendre part à la sarabande au détriment de mes os, je regagne prestement le pont. Mais une douche salée, s'effondrant à mes côtés et me recouvrant d'une pluie glaciale, ne tarde pas à me faire battre en retraite une fois pour toutes.

Quoi qu'il en soit, le vent ne nous est pas contraire. Le déchaînement des éléments n'aura eu pour résultat que d'accélérer notre marche. En attendant, voici l'heure du dîner. Retirons-nous, en bon ordre, vers la salle à manger.

Quelques réflexions seront de circonstance durant ce repas mouvementé.

Tout, à bord, se ressent des mœurs américaines. Les garçons chargés de nous servir semblent en prendre à leur aise. « Où il y a de la gêne, il n'y a point de plaisir, » dit la sagesse populaire. Je remarque, en effet, qu'avant de découvrir les soupières pour le compte des passagers, plusieurs d'entre eux ne manquent pas d'en interroger *familièrement* le contenu. Quant au service, il se fait à coups de sonnette. Au premier tintement, le potage est dressé. Puis on apporte tout à la fois les plats de viande, de poisson, de légumes et de volailles, recouverts de cloches de métal argenté qui, sur un second coup de sonnette, disparaissent avec un bruissement formidable dans les profondeurs de l'office. On se croirait à la caserne. Une fois les viandes absorbées, les pâtisseries font leur apparition. Elles sont aussi nombreuses que variées. Après un nouveau signal, la table présente tout à coup aux regards une perspective à faire pâlir d'envie la fée Gâteau elle-même.

Au surplus, voici, à titre de spécimen, un des menus choisis entre les neuf qui nous ont été offerts durant la traversée. En voyage, il faut tout noter, le moindre détail ayant quelquefois une valeur que l'on ne soupçonnerait pas. Pour ma part, la transcription intégrale, en dépit de sa longueur, d'une telle élucubration culinaire, aura pour effet de me rappeler un jour des souvenirs vraiment pantagruéliques,

éclos dans un milieu où l'on ne rencontre que de l'eau salée.

Menu du mardi 16 mai. (Je traduis.)

POTAGES

Purée de pois.
Julienne.

POISSON

Plie aux concombres, sauce homard.

ENTRÉES

Lièvre bouilli.
Côtelettes de mouton.
Rissole de porc.
Lapin au riz.
Salmis de canard.

JOINTS (ou pièces de résistance).

Rosbif aux pommes.
Porc aux haricots.
Bœuf aux choux.
Rôti de veau.
Rôti de porc à la gelée de pommes.
Selle de mouton aux confitures.
Mouton bouilli aux navets.

VOLAILLES

Rôti d'oie, compote de pommes.
Rôti de canards.
Poulardes bouillies.
Poulets de grain rôtis.
Rôti de lapin.
Canard aux petits pois.

METS FROIDS

Langue de bœuf.
Jambon.

LÉGUMES ASSORTIS

PATISSERIES

Pouding aux pommes.
Pâtisserie feuilletée.
Tarte aux confitures.
Pouding au riz.

Gâteaux secs.
Pouding à la mie de pain.
Macaroni au gratin.
Compote d'oranges.

FROMAGES ASSORTIS. — FRUITS. — DESSERT. — CAFÉ.

Durant ces agapes, nos convives, bons Yankees pour la plupart, se distraient à leur façon. Les jeunes garçons se bousculent, rient aux éclats, trépignent, se menacent du couteau sous les yeux indulgents de leurs ascendants naturels. Les jeunes filles ne semblent pas plus réservées, toute proportion gardée. Elles bavardent, s'ébattent, s'apostrophent, comme si elles se sentaient déjà sur le sol de la libre Amérique : nous n'en sommes pas encore aux confins. Quant aux hommes, d'âge mûr ou non, ils ne se montrent guère plus calmes que toute leur postérité. Les plus austères, les plus barbus, nous bombardent avec des boulettes de mie de pain. Je reçois même une dizaine de ces projectiles en pleine poitrine. Vais-je me révolter? Ma foi, si cela continue!...

Nombre de voyageurs n'ont pu résister aux fantaisies de l'Océan. Il est vraiment pénible, pour quiconque n'a pas le pied marin, d'être ainsi secoué comme dans un panier à salade. Ceux-là gardent prudemment la cabine et s'en tiennent à la diète obligée. Pour ma part, habitué depuis longtemps aux fureurs du maussade Poséidon, en raison de pérégrinations

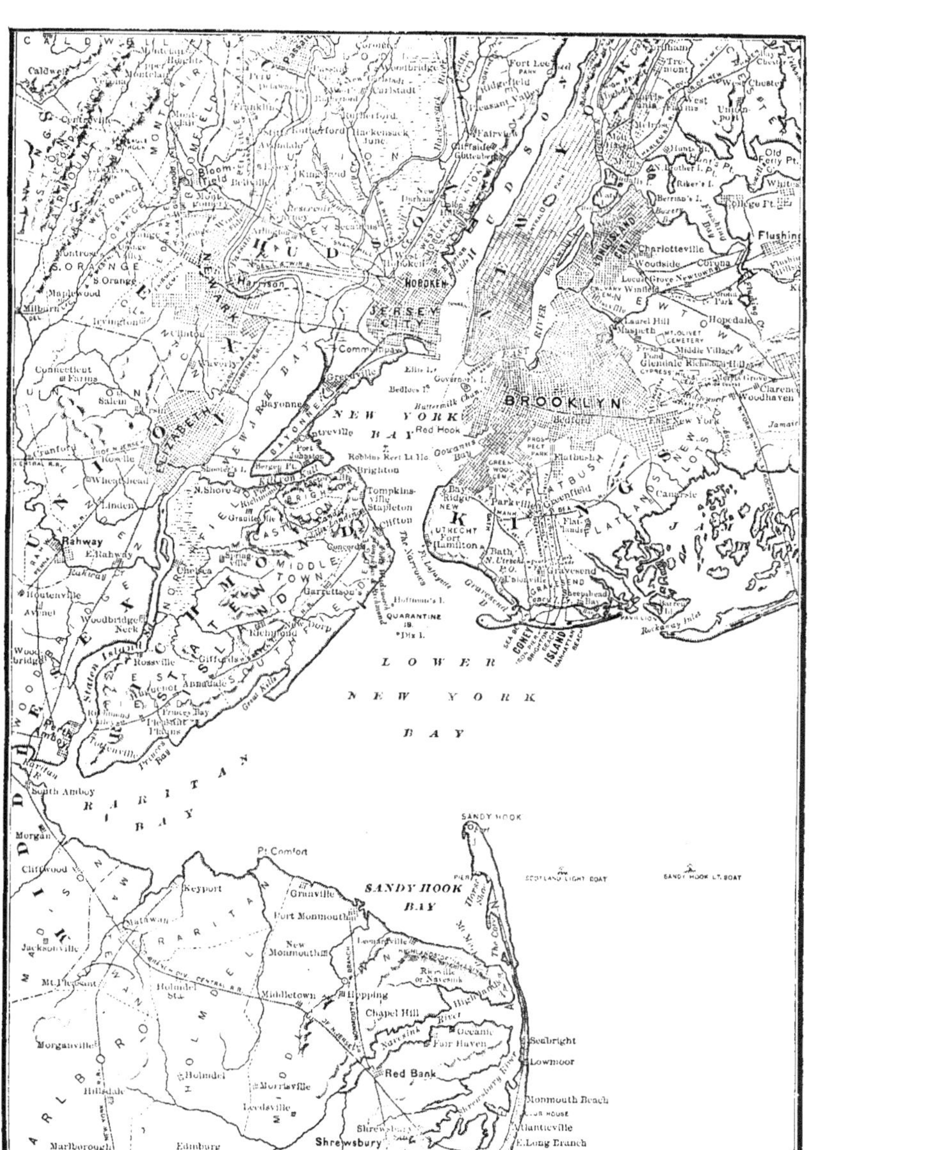

CARTE DE LA BAIE ET DES ENVIRONS DE NEW-YORK

II

NEW-YORK

UN BATEAU DE RIVIÈRE

Le service sanitaire. — Pauvres émigrants ! — La
douane. — Cinq dollars pour un fiacre. — Une gar-
gote espagnole. — Le dimanche à New-York. —
Meetings protestants et concerts. — A propos d'une
lettre de change. — The Battery. — Une escorte de
mauvais aloi. — Broadway et les grandes avenues
— Au pays de la réclame. — Les *ferry boats*. —
Jersey-City et Hoboken. — Un premier aspect de
Philadelphie. — Les Pullman-cars. — Installation
à Philadelphie. — Le Continental Hotel.

Dimanche, 21 mai. — Dès cinq heures du matin, le
pont est envahi par la foule des passagers, impatients
la plupart de faire cesser une hospitalité commune,
évidemment généreuse, mais trop longtemps subie.
Neuf jours pleins, n'est-ce pas neuf ans ou même
neuf siècles pour certains tempéraments? Déjà l'atmosphère est chaude, quoique supportable.

Vers six heures, l'officier de santé se présente, accompagné du médecin du bord. Il examine tour à tour
chacun des émigrants. Pauvres diables, dont on s'était
si peu préoccupé durant la traversée! Nous sommes
admis à les voir de près maintenant. Ils sont là qui se
soumettent, un à un, à l'inspection sanitaire, comme
un lot de bétail faisant partie d'une rétrocession et
conduit sous les yeux d'un nouveau propriétaire.
Reconnaissons-le, presque tous portent sur la physionomie l'empreinte de la souffrance causée par la
misère. Et, vraiment, ne faut-il pas en être réduit à la
dernière extrémité pour abandonner ainsi tout, patrie
et famille, affections vivaces et souvenirs passés ? En
s'expatriant, ils n'avaient certes pas rêvé la fortune;
ils échappaient simplement à la nécessité impitoyable.

à l'étranglement d'une société trop nombreuse. Dieu vous assiste en vos desseins, fils déshérités d'une civilisation caduque; puissiez-vous trouver un jour le bonheur que vous cherchez !

De l'endroit où nous sommes amarrés, un magnifique paysage s'étale à nos yeux. De chaque côté, les rives s'élèvent en pente douce, couvertes de gracieuses villas et de jardins verdoyants. En face, la baie déploie sa nappe immense, bornée au loin par l'*Empire City* et ses villes satellites.

Mais voici les douaniers. On n'attendait que leur arrivée pour se mettre en route. Tout en cheminant, nous dépassons un bateau français de la Compagnie

employés de la douane. En outre, chacun est appelé à prêter une sorte de serment d'identité et de bonne foi. Hâtons-nous d'ajouter que ce serment n'épargne à personne, en dernière analyse, l'examen minutieux de tous ses colis.

Chaque compagnie maritime possède à New-York un débarcadère particulier. Une foule nombreuse nous attend à la descente. De part et d'autre, on agite les chapeaux et les mouchoirs, comme à Liverpool. Parents et amis s'empressent autour des nouveaux débarqués.

Je n'ai que faire, pour ma part, de tous ces témoignages de tendresse. Confions-nous plutôt aux soins

LE CITY OF BERLIN ARRIVANT EN VUE DES QUAIS (Voy. p. 22).

Transatlantique, ayant nom *Amérique*, qui est entré en rade pendant la nuit. De toutes parts, à présent, surgissent les remorqueurs et les steamers à plusieurs étages. Ces derniers sont d'une construction vraiment originale. On dirait de grandes maisons flottantes dont la poupe des vaisseaux du dix-septième siècle donnerait une idée assez exacte. Tout respire le mouvement, l'activité...

Au tour de la visite maintenant. Plus rien qu'une formalité, et nous quitterons enfin le colosse de fer qui nous abritait jusque-là. Voici d'ailleurs comment on procède avant de vous donner la clef des champs. La chose est moins simple qu'on ne serait tenté de le croire. Tout d'abord, chaque passager doit faire sa déclaration par écrit et reçoit en retour un numéro d'ordre. Ainsi classé, il est invité à descendre à terre, où numéros et déclarations sont confrontés par les

de l'interprète de l'Hôtel Espagnol, et faisons notre entrée dans la grande ville américaine. L'hôtel en question m'avait été si chaudement recommandé par le comte della S..., que je renonce à celui de la Cinquième Avenue où je m'étais tout d'abord proposé de m'arrêter. Nous montons donc à trois, le fonctionnaire égyptien, un Espagnol et moi, dans une voiture de place qui, pour la somme *modique* de vingt-cinq francs, ni plus ni moins, va nous conduire à notre demeure d'élection. Cela me paraît cher un tantinet, puisque le susdit hôtel n'est guère situé à plus d'un quart d'heure de distance. Et pourtant, s'il faut en croire notre interprète, le prix débattu n'a rien d'exorbitant. Cela promet.

Pas une boutique ouverte aujourd'hui, pas un magasin, pas même un *bar!* J'aurais voulu me procurer un plan de New-York pour m'orienter quelque peu;

impossible de m'offrir cette satisfaction. J'en serai réduit à errer à l'aventure.

Mon unique ressource consistera, pour lors, à prendre le premier *car* venu, — c'est ainsi qu'on appelle les voitures de tramway, — et de me fier à ma bonne étoile. Je suis ainsi conduit au Central-Park, promenade splendide. Malheureusement la chaleur est tellement accablante, que je me vois bientôt forcé de rebrousser chemin. L'oxygène manque à mes pou-

sent grandement à désirer. Le tout est organisé à « l'espagnole ». Le Ciel vous préserve de ces sortes d'organisations! A vrai dire, nous n'avons affaire qu'à un établissement de deuxième ou troisième ordre, comme qui dirait la *Casa de Huespedes* d'une petite ville d'Andalousie. Abominable dîner, en tout cas. L'Égyptien lui-même en demeure anéanti. Un seul plat, le *poutchero*, ravive un peu mon appétit paralysé. En l'absorbant, je songe involontairement aux menus

DÉBARCADÈRES DES TRANSATLANTIQUES, A NEW-YORK (Voy. p. 22).

mons, habitués déjà aux brises fraîches de l'Océan. Pourtant, avant de battre en retraite, j'avise un établissement plus hospitalier que tous ceux que j'avais rencontrés jusque-là, le Central-Park-Hôtel. Il s'élève en face de la promenade et comprend, outre un café et un restaurant, une salle de concerts et des jardins aménagés d'une manière pittoresque. J'y obtiens, à mon grand soulagement, un carafon de limonade.

Vers cinq heures, je suis de retour à mon logis. Celui-ci est bien loin de justifier l'enthousiasme du représentant des Pharaons sur la terre d'Amérique. Ce n'est pas que les chambres y manquent de confortable; mais la cuisine, le service et la propreté y lais-

d'hôtellerie si plaisamment décrits par Cervantes, dans son immortel *Don Quichotte*.

Allons vite prendre l'air pour hâter une aussi pénible digestion. Mais la chaleur ne fait que croître, et, bientôt, nous mourons littéralement de soif. Or, — le croirait-on? — sur tout notre parcours nous ne trouvons aucun lieu public où l'on puisse se désaltérer. Pas un café, pas même une simple brasserie! En vérité, on ne saurait observer le repos du dimanche d'une façon plus scrupuleuse. A la fin, cependant, se présente un local d'aspect moins farouche. Entrons. Hélas! nous avons compté sans notre hôte. On ne nous servira quelque boisson fraîche que si nous consentons à passer dans la salle du restaurant pour y dîner à nouveau. Cependant, devant nos supplications désespérées, le maître de la maison se décide à nous donner un modeste verre d'eau.

Expliquons-nous : il paraît que la police a fait, aujourd'hui même, une tournée générale pour rappeler les débitants de boisson au respect des règlements dominicaux. On sait que le vice de l'ivrognerie sévit à New-York dans des proportions effrayantes. Et rien ne met un terme à cette contagion : ni les amendes montant au moins à dix dollars, ni même les dix jours d'emprisonnement édictés contre les gens en état d'ivresse. Quoi qu'on fasse, les asiles regorgent d'ivro-

feu : « Entrée libre, » comme sur les bazars parisiens. À peine nous sommes-nous aventurés dans l'intérieur, qu'on s'empresse de nous offrir un siège ainsi qu'un recueil d'hymnes religieuses. Attenante à ce local, et sous la dépendance du club qui l'administre, est une immense salle de lecture abondamment pourvue de journaux. Tout à côté se trouvent un temple et, au second étage, la vaste pièce où se rassemblent les religionnaires. Ceux-ci, à en juger par leur mise soignée, appartiennent à la classe aisée de la population. Nous assistons à des prières, à des discours mystiques, à des chants en commun de cantiques

gnes incorrigibles, tant hommes que femmes. Le *delirium tremens* règne ici en permanence. Dans les hôpitaux qui sont particulièrement affectés au traitement de cette horrible maladie, on recueille non seulement les délinquants ramassés par la police, mais encore les malades qui, de plein gré, viennent s'y faire soigner à beaux deniers comptants. Malheureusement, une fois la cure accomplie, les uns et les autres retombent, presque toujours, dans les mêmes dérèglements. C'est en vue de porter remède à cette plaie, que l'administration déploie des rigueurs qui seraient inapplicables dans nos pays d'Europe.

Les réunions sacrées bénéficient, en revanche, des licences refusées à l'élément profane. Vers six heures et demie, nous tombons dans un meeting protestant où toutes les confessions sont admises indistinctement. Sur le fronton de l'édifice, on lit en lettres de

harmonieux. Il règne dans cette assemblée une ferveur, une absence de faux respect humain que je n'ai jamais rencontrées autre part. New-York est plein, d'ailleurs, d'associations de ce genre. Chacune d'elles est organisée principalement en vue de combattre l'indifférence religieuse, à laquelle la grande cité américaine semble céder de plus en plus.

En sortant du meeting, nous nous rendons dans la Quatrième Avenue, où un vaste établissement ouvre ses portes aux amateurs de musique légère. Là triomphe Offenbach ; les œuvres du maestro parisien y tiennent presque tout le programme. Comme on le voit, la jeune Amérique fait volontiers régal des corruptions de la vieille Europe.

Pénétrons dans ce palais d'Euterpe : dès la porte, une salle immense, ou plutôt un vaste jardin couvert, éclairé par des appareils en forme de soleils et scin-

NEW-YORK

tillant de mille couleurs ; au fond, cascade et jets d'eau ; tout autour, grottes, rochers et autres ornements décoratifs propres à ce genre d'établissements ; partout, enfin, un luxe de mise en scène véritablement extraordinaire.

O délice, ô fortune, ô chance inespérée !...

on nous offre de la bière. Serait-ce une concession faite au pseudo-germanisme de l'Orphée dont la musique est exécutée sur ces rives lointaines ? Nous devons le croire, car au dehors de cette salle de concert rien ne laisserait supposer qu'on pût seulement essayer d'enfreindre les règlements établis. Ainsi, aujourd'hui dimanche, aucun théâtre n'ouvre ses portes au public. La ville entière, ce centre actif et

WALL-STREET. — LE TREASURY ET L'ÉGLISE DE LA TRINITÉ (Voy. p. 27).

bruyant, est comme frappée subitement d'immobilité et de mort. Tout voyageur débarqué le matin à New-York n'a donc, une fois le soir venu, qu'à regagner son lit le plus tôt possible.

C'est à quoi je me résigne, en désespoir de cause, au moment même où un ouragan plein de violence semble vouloir réagir, à l'extérieur, contre le vide, la lassitude et la torpeur de cette première journée passée sur le sol américain.

Lundi, 22 mai. — Après un repos bien gagné, je me lève, par une matinée superbe et par une température de 25° centigrades.

Je me dirige aussitôt vers le quartier de la finance dont Wall-street et Nassau-street constituent le centre opulent. Dans la première de ces rues je remarque le monument du Sub-Treasury, qui forme une dépendance de la Trésorerie publique. Construit tout en marbre, il rappelle, comme architecture, le temple de Diane à Ségeste. Sur le prolongement de la seconde est Broad-street,

NASSAU-STREET (Voy. p. 27).

parallèle à Broadway, l'artère la plus fréquentée de New-York. C'est là que sont établis les bureaux de la banque K. L. and Cⁱᵉ, où j'ai affaire. Il s'agit pour moi d'aller toucher une lettre de change dont je m'étais muni à Londres.

À ce propos, donnons un curieux détail des mœurs transatlantiques. — Ma lettre de change ayant été acceptée et parafée, on m'adresse, pour en toucher le montant, à la *German and American Bank*. Je croyais n'avoir qu'à me rendre dans cet établissement, très connu à New-York, pour avoir pleine satisfaction. Mais cela eût été trop simple, à ce qu'il paraît.

« Qui êtes-vous? » me dit l'employé.

son m'explique que les employés sont tenus d'en agir ainsi avec tout le monde. — Il appose pourtant de sa main une recommandation spéciale sur le chè- que, lequel m'est payé cette fois sans autres pour- parlers désobligeants. Le tout n'a pas duré moins de deux heures. C'est bien la peine de tant vanter la simplification américaine!

Une manière de procéder si différente de celle que nous constatons chez nous est faite, en revanche, pour trahir l'audace et l'habileté des escrocs qui traver- sent l'Atlantique, et vont s'échouer sur les plages du nouveau monde. Il a fallu, coûte que coûte, que les banquiers se prémunissent contre des aléas trop

BROADWAY Voy. p. 29.

Je décline mes noms et prénoms.

« Qui me prouve que vous dites la vérité? Je ne vous connais pas. Produisez-moi quelque personne tierce qui consente à répondre de votre identité. »

Me voici bien empêché. De qui me recommander? Je n'ai pu faire la moindre visite hier, en raison de la fermeture dominicale. Qui amener ici que je con- naisse? — J'exhibe ma lettre de crédit, je produis mon passeport, je recours à mes cartes de visite, aux lettres à moi adressées... Peine perdue!

« Vous pourriez avoir dérobé ces pièces, m'objecte l'impudent personnage, cela comme la lettre de change ici présente. Il me faut d'autres preuves. »

Stupéfait, vexé et même quelque peu inquiet sur le sort de ma valeur, je retourne chez les banquiers qui l'avaient endossée et leur expose mon cas. Nou- veaux colloques, au cours desquels le chef de la mai-

nombreux. Tout d'abord, j'en avais éprouvé quelque humeur, mais en y réfléchissant je ne me sens plus le droit de me formaliser. N'était la sécheresse des expres- sions adoptées, je n'aurais même rien à y reprendre.

Enfin sorti à mon honneur de cette longue et déli- cate négociation, je vais me promener, lesté de mes dollars, dans le bas de Broadway. Tant d'allées et venues m'ont mis sur les dents. La chaleur est d'ailleurs excessive: pas le moindre souffle ne vient tempérer cette atmosphère tropicale!

Sans m'en douter, je suis parvenu jusqu'à Battery, pointe méridionale de l'île de Manhattan, sur laquelle est bâtie la ville principale de l'Union. Des quais de granit, faisant l'effet de véritables murailles de forte- resse, y offrent aux promeneurs de vastes parapets, d'où l'on découvre la rade et d'où l'on jouit de toute sa merveilleuse mobilité.

Quoique fort bien conçu, le square qui avoisine Battery est cependant trop dépourvu de plantations pour offrir un ombrage suffisant à la foule des quidams à mine suspecte qui viennent s'y réchauffer en temps ordinaire et s'y griller aujourd'hui. D'autre part, j'ai déjà remarqué parmi ceux qui m'entourent certains personnages muets trop enclins à s'occuper de mes mouvements. Est-ce une idée? Je l'ignore; mais, depuis les difficultés qui m'ont accueilli au guichet de la *German and American Bank*, j'en arrive à me persuader que parmi tant de flâneurs hétéroclites et bayant aux corneilles sur ce point dénudé, tandis

à des palais, et l'on n'aura qu'une idée bien imparfaite de la réalité. J'y vois, en effet, quelque chose de plus que dans nos villes, et quelque chose de moins tout à la fois. Parasite absorbant de la civilisation américaine, j'allais dire contemporaine, la réclame, l'horrible réclame, y accroche ses grappes hideuses à chaque pierre qui saillit. Tout détail artistique étouffe sous cette floraison sans limites. A vrai dire, Broadway n'est plus une avenue imposante; c'est un livre d'adresses gigantesques aussi sec qu'il est possible de l'inventer. Tournez-vous de droite ou de gauche : sur les murailles, sur les fenêtres, sur les balustrades,

UNION-SQUARE (Voy. p. 30).

que tout s'évertue en ville et dans la rade, il doit y avoir plus d'un malandrin dont je jugerais malsain de me savoir escorté.

Retournons plutôt vers Broadway. Là, du moins, si la circulation est plus intense, l'étranger n'est plus le point de mire d'une multitude de déclassés et de fainéants.

On a décrit le Broadway cent fois: il serait prétentieux à nous de vouloir ajouter une nouvelle touche au tableau qui en a été fait si souvent. Je me contenterai par conséquent, et pour mémoire, d'esquisser en quelques mots la physionomie de cette grande voie, la plus importante de New-York. Que l'on se figure une rue immense, bordée d'édifices publics, d'églises, de maisons monumentales, de vastes boutiques, d'hôtels somptueux, de comptoirs financiers ressemblant

sur les toits, au droit des escaliers, sous les pieds, incrustée dans la voie, jetée en travers de la rue comme des guirlandes de fête, toujours et partout l'annonce, écrite ou figurée, s'épanouit sans la moindre vergogne. On a beau le répéter sur tous les tons, il n'y a que l'Amérique pour comprendre et apprécier le *puff* et le *humbug*.

Tout le long de cette artère débordante d'activité, c'est d'ailleurs à se croire dans le pays des fourmis. L'Empire City, — la Ville Empire, comme l'appellent fièrement ces démocrates, — déjà si animée sur les autres points, semble vouloir y dégorger encore son trop-plein de force, d'énergie et de fièvre mercantile. Pas d'oisifs dans toute cette foule grouillante. Chacun se hâte, se recueille et se bouscule. Comme Faust escaladant les rampes sabbatiques du Brocken, on pourrait y dire avec raison : « Je crois pousser, mais je suis poussé moi-même. »

Le flot tumultueux d'hommes et de chevaux y roule bruyamment, toujours identique, toujours renouvelé. C'est comme une rivière coulant à pleins bords, tant la cohue est régulière et le désordre presque correct. Ici, non seulement toutes les professions se croisent, toutes les classes s'entremêlent; mais les types les plus opposés, les races les plus diverses se coudoient sans le moindre étonnement. L'homme noir ou de couleur va côte à côte avec le « visage

magasins, impriment à cette place si pittoresque un certain caractère de somptuosité. Il est malheureusement à craindre qu'avec le goût des transformations rapides régnant à New-York, ce charmant quartier ne soit modifié à son détriment par la disparition de la verdure qui en constitue le principal ornement.

La Cinquième Avenue, qui va de Washington-square à Central-Park, et que je parcours vers cinq heures de l'après-midi, est une magnifique voie bordée d'arbres et ornée de splendides maisons particulières. C'est, à proprement parler, une sorte de

LA CINQUIÈME AVENUE ET LE MONUMENT DU GÉNÉRAL WORTH
d'après un tableau de Wordsworth Thompson (Voy. p. 30).

pale ». Quant à la circulation des voitures, des camions, des omnibus, des tramways, elle est vraiment prodigieuse. Pour ce dernier genre de véhicule, disons tout de suite que New-York est sillonné de voies innombrables. Certaines rues, entre autres, en présentent jusqu'à sept et huit s'alignant parallèlement.

Parmi les places que longe l'immense artère de Broadway, je remarque Union-square, décoré en son milieu d'une belle fontaine et d'arbres pleins d'ombrage. Quelques statues de grands hommes, et, parmi elles, celle de Washington à cheval, en font comme une sorte de forum élevé à la gloire de la patrie américaine. Tout autour, de vastes hôtels, de riches

boulevard, le quartier riche et élégant par excellence, le centre habité par la haute banque et le grand commerce, le lieu fashionable où l'on se retire après fortune faite. En général les constructions y rivalisent de richesse et de goût. La pierre, couleur chocolat, fouillée à outrance, y alterne avec le marbre et le granit. Les styles les plus divers se heurtent ou s'amalgament dans cette longue et double rangée d'hôtels souvent royaux. À la vérité, la pureté du détail laisse parfois à désirer, mais la magnificence de l'ensemble s'impose quand même à l'admiration.

Aux environs est Park-Avenue, dont les immeubles ne le cèdent en rien, comme architecture et comme somptuosité, à ceux de la précédente. Les

PLAN DE NEW-YORK

jolis jardinets placés en avant et longeant les trottoirs font aux bordures de grès qui courent parallèlement, comme un sertissage de végétation soignée,
pleine d'opulente exubérance.

C'est au carrefour de Fifth-Avenue et de Broadway que s'élève le grand hôtel dont j'ai parlé plus
haut, et où j'ai eu la malchance de ne pas aller
frapper.

Dîner, non loin de là, dans un restaurant situé tout
juste en face de la colonne érigée à la mémoire
du général Worth, lequel s'illustra durant la guerre
de 1812 avec la Grande-Bretagne. Repas de tout point

gueur, par un couloir à double voie rempli de voitures de toute espèce, et où je compte jusqu'à cinquante véhicules rangés à la file. A droite et à
gauche s'étendent les espaces affectés aux voyageurs. La cabine du capitaine occupe le milieu et
domine le bâtiment tout entier. Ce sont de véritables
rues flottantes. Les deux extrémités du *ferry-boat*
sont arrondies de manière à ce que chacune d'elles
s'adapte exactement, au départ comme à l'arrivée,
sur l'échancrure de même dimension ménagée dans
le quai du débarcadère. Une grille ferme les issues
pendant la traversée, qui d'ailleurs ne dure guère

PARK-AVENUE (Voy. p. 30).

excellent. Décidément, je n'ai pas lieu de regretter
le menu espagnol qui m'attendait là-bas.

A minuit je me couche, brisé de fatigue, mais
grandement intéressé par les mille visions de la
journée.

Mardi, 23 mai. — Beau temps (1h. + 20° cent.).
Excursion à Philadelphie.

Les lignes de chemins de fer pour cette ville (il y
en a trois qui se font concurrence) ont toutes leur
gare terminus à Jersey-City, localité située sur la
rive opposée de l'Hudson. Pourtant on prend ses
billets à New-York même, et la traversée du fleuve se
fait sur d'immenses bacs couverts appelés *ferry-boats*,
lesquels servent indifféremment à passer d'un bord
à l'autre les voitures et les voyageurs.

Rien de bizarre et de puissant comme ces bateaux à fond plat. Ils sont traversés, dans leur lon-

plus d'une dizaine de minutes. Cette barrière se replie
sur elle-même comme les ✕✕✕ dont nos bambins
se servent pour faire manœuvrer leurs bataillons en
miniature.

Bien que j'aie fait diligence, j'arrive trop tard à Jersey-City pour prendre le train de neuf heures et demie. Je profite de ce contretemps pour parcourir,
partie à pied, partie en *car*, la petite ville, très animée, très commerçante, où mon inexactitude me force
de séjourner. Fondée jadis par les Hollandais peu
après leur arrivée dans l'île de Manhattan, elle offre
des rues bordées d'arbres touffus et verdoyants. Tout
en dépendant d'un État différent, appelé New-Jersey,
cette agglomération n'est en réalité qu'un faubourg
de New-York, où beaucoup de négociants et d'employés viennent chercher un domicile moins dispendieux.

Il en est de même de Hoboken, jolie commune

INTÉRIEUR D'UN CAR DE CHEMIN DE FER (Voy. p. 34.)

attenante, également baignée par l'Hudson, et que je visite immédiatement après. Aux confins de cette dernière agglomération s'étend une campagne charmante, à la fois semée de villas, de cottages, de jardins et de promenades.

La course à laquelle je viens de me livrer m'a pris tout juste trois heures, au bout desquelles je m'arrête pour déjeuner dans un hôtel situé près de la gare.

Ce n'est qu'à trois heures de l'après-midi que je monte dans le train pour Philadelphie. Il est six heures quand nous arrivons à destination. Après m'être muni, au bureau des postes, de la correspondance qui m'y est adressée, je me rends au Centennial-Exhibition, le champ de mes futurs travaux, en vue de me faire une idée de l'aspect général.

L'Exposition est placée à une lieue et demie du centre de la ville. Plusieurs hôtels immenses, de nombreux restaurants, différents établissements de plaisance, y ont été élevés. Mais il ne semble pas qu'ils fassent florès, la plupart des voyageurs préférant se caser dans la ville même. À l'exemple de ceux-ci, je me décide à retenir une chambre au Continental Hotel, situé dans Chesnut-street. Les con-

ventions une fois passées, j'entre en possession de mon logis, y soupe vers dix heures, et m'embarque de nouveau pour New-York dans un Pullman-car, où je passe fort aisément une partie de la nuit.

Les *Pullman-cars*, dont l'introduction aux États-Unis a fait naguère l'objet de tant de commentaires en Europe, sont devenus d'un usage général de ce côté de l'Atlantique. L'établissement en est dû à un ingénieur distingué, à qui cela a valu une fortune colossale et dont la célébrité a, pour ainsi dire, atteint celle du commodore Van der Bilt, surnommé le Roi des Chemins de fer. L'innovation répondait, d'ailleurs, à une véritable nécessité, dans un pays aussi vaste que l'Amérique, où les moindres parcours entraînent souvent à des journées entières passées en wagon.

En ce qui concerne les longues voitures ordinaires, circulant sur les lignes de l'Union, tout le monde les connaît peu ou prou. À mon avis, on en a trop vanté les avantages sans parler des inconvénients. Larges et bien aérées, — il est vrai, — munies de poêles en hiver et de philtres d'eau glacée en toute saison, dotées de tous les retraits

PULLMAN-CAR. — WAGON-SALON (Voy. p. 35.)

indispensables, elles comportent cependant une confusion, une promiscuité qui ne manquent pas de désagrément. Si chacune d'elles est garnie de banquettes à dossiers réversibles, comme dans les tramways ouverts, d'une part les banquettes sont dures et incommodes, et, d'autre part, les dossiers, composés d'une simple traverse, présentent si peu de surface qu'au bout de quelques heures de voyage on est littéralement à la torture.

Ce qui, à mon sens, constitue la véritable supériorité des wagons américains sur ceux des autres pays, c'est le couloir ménagé longitudinalement parmi les sièges, de manière à permettre une libre circulation entre chaque voiture, et, conséquemment, sur tout le train. Mais ce passage, utilisable en cas d'accident,

à deux couchettes superposées, l'une établie sur les sièges, l'autre suspendue au plafond. Une lourde draperie qu'on laisse retomber jusqu'au sol permet aux voyageurs de se soustraire aux regards indiscrets. En outre, les *sleeping-cars*, ou voitures-dortoirs, sont flanquées, à chaque bout, de compartiments tout à fait distincts, appelés *state rooms* et contenant deux lits et un cabinet de toilette spécial.

Quant aux *palace-cars*, ou voitures-salons, elles font honneur à leur titre un peu prétentieux. La place y est largement dispensée. Le voyageur s'y trouve également protégé contre la poussière, la chaleur ou la froidure. Il peut s'étendre à loisir sur de moel-

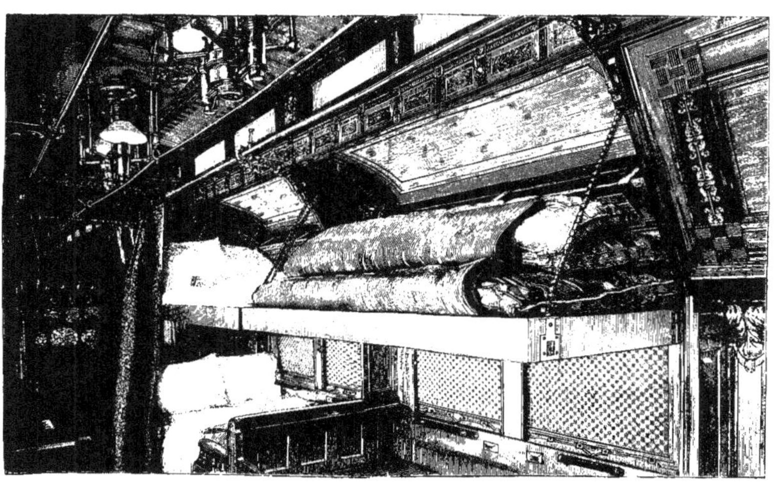

PULLMAN-CAR. — WAGON-LIT (Voy. p. 35).

et remédiant, tout au moins, à l'immobilité forcée où nous devons nous résigner dans nos chemins de fer, n'est point, elle-même, sans offrir des sujétions à côté des avantages signalés. Faute de cloisons séparatives, en effet, le voyageur est sans défense contre le jeu permanent des portes et des fenêtres. Or, comme il est d'usage, en Amérique, qu'on fasse manœuvrer les châssis sans en demander la permission à qui que ce soit, vous avez à subir, suivant l'occasion, ou les vents coulis qui vous glacent, ou le soleil qui vous rissole, ou la poussière qui vous aveugle.

Ce fut autant pour obvier à ces multiples inconvénients des wagons ordinaires que pour faciliter les grands trajets, que M. Pullman inventa deux espèces de voitures de luxe, les *sleeping* et les *palace-cars*.

Les *sleeping-cars* sont ainsi nommés parce que, une fois la nuit venue, les wagons sont transformés en dortoirs, chaque couple de banquettes correspondant

leux canapés ou sommeiller dans des fauteuils engageants. Des tables, des tapis et des glaces complètent cette installation d'un luxe tout américain, c'est-à-dire un peu criard.

Au résumé, le Pullman-car est indispensable pour les longs trajets et, eu égard à ses installations confortables, il contribue à l'agrément du plus court déplacement. De même qu'on y séjourne sans fatigue au milieu des panoramas les plus changeants, entrevus à travers les larges ouvertures, on est en mesure de ne rien modifier à son existence journalière. Grâce au double service de jour et de nuit, grâce à un ameublement bien approprié, les voitures de M. Pullman sont de véritables hôtels ambulants.

Mercredi, 24 mai. — Beau temps. Depuis hier, le thermomètre est descendu de 20° à 15. C'est dire que l'air est à la fois doux et frais.

Mon retour à New-York a été motivé par les visites
que je me proposais d'y faire, et auxquelles je consacre toute la matinée. Ce sera seulement au cours
d'un second arrêt dans l'Empire City que nous aurons
l'occasion de l'explorer et de la décrire plus ample-
ment.

Vers trois heures, je reprends le chemin de Philadelphie par le *Pensylvania Railroad*, cette fois avec
armes et bagages.

J'accomplis tout le trajet sur la plate-forme de la
dernière voiture. De cette manière, je suis à même
d'embrasser du regard l'horizon le plus étendu, le
plus varié. Mais si la place que j'ai choisie satisfait
mes appétits de curiosité, je ne la recommanderais ni
à ceux qui sont sujets au vertige ni aux élégants qui
prennent souci de leur toilette. En peu d'instants, la
poussière et la fumée m'ont, ni plus ni moins, transformé en mulâtre du meilleur teint.

La contrée que nous traversons est extrêmement
populeuse. Les villes et les villages s'y succèdent presque sans interruption. A tout propos, la voie coupe
brutalement dans les carrefours, sans qu'on ait même
songé à les garantir par une barrière. Comme seule
mesure de précaution, le mécanicien est tenu d'ébran-
ler une cloche, installée sur la machine, aux endroits
qu'il juge absolument critiques. Se gare qui voudra !...

Gare...
pourrait-on dire, parodiant quelque peu le vers de
Molière :

Gare qu'aux carrefours on ne vous *tamponise*.

Nous passons sur de nombreux ponts. Pour la plupart, ils sont construits en bois, et d'une manière
si négligée que l'on s'étonne de ne pas les voir se
rompre sous le poids du premier train venu.

Chemin faisant, je remarque plusieurs agglomérations de cottages, également édifiés en bois, et dont
les rues sont plantées d'arbres de toute espèce. Quant
aux campagnes, elles sont généralement fertiles et
bien cultivées.

Arrivé à six heures, je me fais aussitôt conduire au
Continental Hotel. L'établissement est colossal et
pourvu des installations les plus diverses : outre les
salles à manger et les salons de réception, il y a des
boudoirs pour dames, des cabinets de coiffure, des
bureaux de change, de poste et de télégraphe, des
agences d'expéditions, l'inévitable *bar*, bref, tout ce
qu'on peut souhaiter, y compris des magasins de toute
sorte où les voyageurs trouvent sans dérangement à
s'approvisionner de ce qui leur est nécessaire. Comme
dans la majorité des grands hôtels de l'Union, des ascenseurs sont affectés au service des étages supérieurs.

Je serai là comme un coq en pâte.

PULLMAN-CAR. — EXTÉRIEUR (Voy. p. 35).

TOUR DE « INDEPENDENCE HALL »

PHILADELPHIE

Jeudi, 25 mai. — Temps superbe (th. + 25° cent.).

Philadelphie est la seconde ville des États-Unis pour la population et le commerce. On y compte bien près d'un million d'habitants. Elle est assise au confluent de la rivière Schuylkill et du Delaware, ce fleuve tant de fois célébré par Fénimore Cooper. Ses nombreuses artères, disposées en échiquier, ont été tracées d'un cours d'eau à l'autre. Mais la ville a sauté par-dessus bord et s'étend déjà bien au delà. En réalité, elle occupe, avec ses immenses faubourgs, une superficie de plus de cent soixante milles carrés. Cette étendue considérable, et, pour ainsi dire, hors de toute proportion avec le nombre d'habitants, en rend l'aspect assez monotone. Telle est du moins l'impression générale ressentie à la vue de ces rues innombrables, uniformément tirées au cordeau. En outre, les maisons qui les bordent n'offrent aucun caractère ornemental. Elles sont construites en briques et n'élèvent guère plus de deux étages au-dessus du sol. Au cœur de la cité, néanmoins, l'architecture se montre un peu moins bourgeoise. Les grands hôtels qu'on y rencontre sont décorés avec luxe. Quant aux édifices publics, il en est peu qui soient remarquables au point de vue de l'art. En revanche, Philadelphie abonde en établissements de bienfaisance et en hôpitaux célèbres dans le monde entier.

Aucun centre américain ne s'est développé suivant une marche plus régulière et plus sensible que la métropole pensylvanienne, limitée dans le principe par les deux cours d'eau qui la traversent. Fondée en 1682 par William Penn, l'illustre quaker, — dont les traditions de justice, d'austérité et d'amour frater-

lement des services publics admirablement organisés et un hôtel des monnaies chargé de pourvoir tous les États de l'Union.

Ce fut en cette ville que l'acte de séparation d'avec l'Angleterre et que la nomination de George Washington comme généralissime des forces américaines furent irrévocablement signés, en l'année 1776. Là aussi s'était réuni, antérieurement à la guerre de

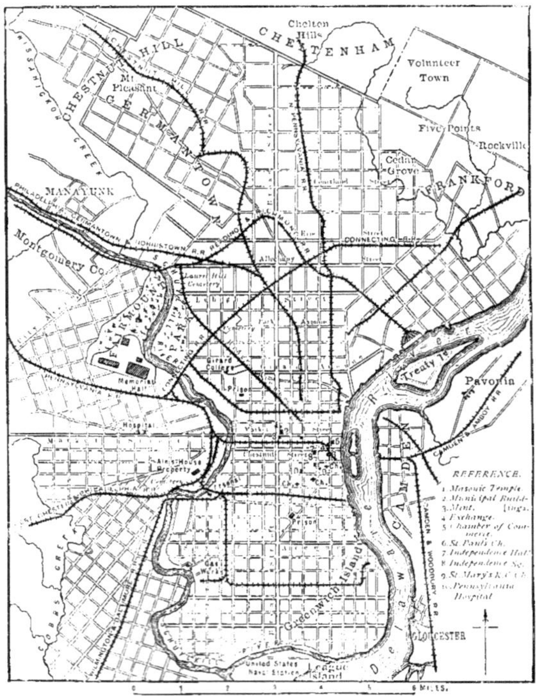

PLAN DE PHILADELPHIE

nel sont toujours en honneur parmi ses descendants, — pillée et demi-incendiée en 1777 par les troupes anglaises, ravagée en 1797 par la fièvre jaune, Philadelphie n'a cependant pas cessé un seul jour de s'accroître. Si New-York lui a damé le pion comme importance commerciale, son marché n'en est pas moins un des plus considérables du monde. Le mouvement industriel y est extraordinaire. Le port est vaste, et le commerce international y trouve de précieuses garanties de sécurité. Outre un arsenal et un chantier de construction, Philadelphie possède éga-

l'Indépendance, le premier congrès politique. C'est ici enfin que, pour célébrer l'anniversaire glorieux de l'émancipation, le monde entier a été convié à produire ses conquêtes les plus pacifiques dans l'exposition du Centenaire.

Comme mon séjour à Philadelphie doit être nécessairement d'une certaine durée, en raison de la mission dont j'ai été chargé, il m'importe de trouver un gîte moins bruyant que l'hôtel où je suis descendu. On me recommande la maison de Mme N..., demeurant Franklin-street, où je me rends aussitôt. L'appartement qui m'y est proposé me conviendra parfaitement. Il est situé à deux pas d'une gare de chemin de fer, où l'on peut prendre, toutes les dix minutes, le train pour une destination quelconque.

Je viens de dire que notre séjour à Philadelphie se prolongerait quelque peu. J'estime qu'il ne sera pas inférieur à six semaines. En fait, cela nous sera fort utile pour nous mettre au courant de la vie américaine, étant donné surtout que Philadelphie, la plus vaste cité des États-Unis sous le rapport de la surface couverte, en est la plus industrieuse et possède le plus grand nombre de souvenirs historiques. Après avoir

Comme Vienne, éditant sa Weltausstellung au beau milieu du Prater, Philadelphie a profité des avantages naturels que lui offrait son magnifique parc de Fairmount, pour y installer son exposition. L'enceinte de celle-ci comprend une superficie de deux cent trente-six acres[1] de terrain, soit quatre-vingt-quinze hectares et demi. Galeries, pavillons, kiosques, types d'habitations de tous les styles, de toutes les nationalités, offices de journaux, sociétés bibliques, postes de secours et de soins médicaux, restaurants, boulangeries, dépôts de cercueils (!!!), stations de police et de renseignements, moulins à vent, fontaines de tempé-

LE VESTIBULE D'UN GRAND HOTEL Voy. p. 36.

été, pour ainsi dire, le berceau de la civilisation dans le nouveau monde, elle est restée le centre des idées généreuses, de la science, des arts, et ne cède que peu à peu à ses redoutables rivales les fleurons de la couronne de gloire que lui avaient tressée les Penn, les Girard et les Washington. En outre, cette ville étant aujourd'hui, par suite des circonstances, le rendez-vous universel du peuple américain, nous aurons le loisir de prendre celui-ci sur le fait, pour le mieux définir comme caractère et comme mœurs.

Que le lecteur veuille donc se rassurer. Il ne perdra pas son temps à faire halte avec nous.

Vendredi, 26 mai. — Temps magnifique comme hier. La température atteint 25 centigrades.

Dès une heure, je me rends au Centennial-Ground.

rance (!!!), débits de cigares, etc., tout y a été érigé, au nombre de cent quatre-vingt-dix constructions isolées, dans le cours d'une seule et même année.

L'inauguration de la vaste enceinte donna lieu à une imposante solennité, présidée par le chef de l'Union. On y exécuta pour la première fois la bruyante *Marche du Centenaire*, laquelle avait été payée à son auteur, le maestro Wagner, la bagatelle de deux cent cinquante mille francs.

Pénétrons dans l'immense labyrinthe par une des dix-sept portes qui y donnent accès. Je me bornerai aujourd'hui à le parcourir sommairement et à en apprécier les proportions gigantesques. Toute ma journée se passe dans ce premier examen.

1. L'acre équivaut à 40 ares 46 centiares.

Samedi, 27 mai. — Même température qu'hier.

Après une journée passée en visites, dîner dans un restaurant de Chesnut-street, la rue la plus fréquentée de Philadelphie. C'est ici que le commerce de luxe et la plupart des grandes auberges ont élu domicile. L'Hôtel des Monnaies, la Poste, la Douane et l'Independence Hall en sont les plus beaux ornements. Ce dernier édifice tire son nom de la proclamation qui y fut faite, il y a un siècle, lors de l'affranchissement des États-Unis. A l'extrémité de Chesnut-street, où ma promenade m'amène vers le soir, est un pont de deux arches, en acier, jeté sur le Schuylkill, et le premier qui ait été ainsi construit en deçà de l'Atlantique. Il est demeuré longtemps célèbre. De ce pont on jouit à la fois d'une vue curieuse sur la ville maritime et du mouvement général de la cité.

Dans Market-street, parallèle à la précédente rue, se porte surtout le commerce de gros.

tout en longeant les bords de la rivière Schuylkill. L'Exposition n'occupe qu'une faible partie de ce vaste jardin. Fairmount a été transformé en une espèce de bois de Boulogne, depuis l'année 1856. Admirable comme emplacement et occupant une superficie de plus de trois mille acres, soit environ douze cents hectares, il renferme tout ce qui peut récréer les yeux ou contribuer à l'hygiène de la grande cité pensylvanienne.

La nature y a réuni les sites les plus variés. C'est d'abord la belle rivière, sur laquelle sont jetés des ponts spacieux, et son affluent, le Wissahickon, coulant entre des rives abruptes; puis de jolis coteaux boisés, des rochers pittoresques, des pelouses verdoyantes et des bosquets délicieux plantés d'érables, de sapins et de marronniers, au milieu desquels surgissent des pavillons rustiques ou des terrasses en belvédère.

PUBLIC BUILDINGS (Voy. p. 40).

Enfin Broad-street, à laquelle aboutissent les deux rues précitées, traverse toute la ville du sud au nord, présentant une voie large, comme l'indique son nom, et quelques monuments dignes d'intérêt. Au nombre de ces monuments, je me contenterai de citer le Temple maçonnique, un des plus luxueux du monde, l'Académie des beaux-arts, qui lui fait vis-à-vis, des églises très nombreuses et divers théâtres. C'est à la jonction de Market et de Broad-street que se dresse un immense édifice élevé, tout nouvellement, pour les besoins de l'administration et connu sous le nom de Public Buildings.

Pour terminer la soirée, je vais « tuer le temps » au Grand Central Variety Theatre. On nous y sert des *minstrels*, du ballet et même du drame. Je dois reconnaître que j'en sors « plus assommé » que « le temps » lui-même.

Dimanche, 28 mai. — Le ciel s'est un peu couvert, mais la journée promet d'être fort belle th. +25 cent.). Longue promenade à pied dans Fairmount-Park,

A l'entrée même du parc s'étendent les immenses réservoirs d'eau qui alimentent la ville. Les bâtiments à l'abri desquels les machines fonctionnent, construits dans un style dorique de bonne venue, sont agréablement placés sur le bord de la rivière et entourés de terre-pleins gazonnés, rendez-vous d'une foule de promeneurs.

Un service régulier de transport, au moyen de petits steamers, a été établi sur le cours d'eau jusqu'aux confins du parc. Parmi les points d'arrêt espacés sur le parcours, signalons le débarcadère de Rockland, encadré par des rochers de formation bizarre. A cet endroit, les rives du Schuylkill sont couvertes de bois touffus et s'écartent graduellement, offrant au regard une échappée très vaste et très pittoresque.

En amont de Rockland, au-dessus de Belmont, le paysage devient plus rustique encore, et les arbres, penchés au-dessus de la rivière, plongent par l'extrémité de leurs branches dans les remous formés par le passage des bateaux.

LE SCHUYLKILL, AU CENTRE DE PHILADELPHIE

Vers le soir, je regagne lentement mon gite. C'est, comme on le sait déjà, ce qu'il y a de mieux à faire aujourd'hui dimanche. Tout est clos, en effet, suivant la coutume : pas un théâtre, pas un concert, et, bien qu'il y ait foule dans Chesnut-street, je ne vois pas même un établissement public qui ait sa devanture entre-bâillée.

L'aspect en est élégant et même gracieux. La masse est flanquée, aux angles, de pavillons d'une légèreté extrême. Au centre s'élève une sorte de belvédère à quatre tours carrées d'une hauteur totale de cent vingt pieds.

Je n'entrerai pas dans le détail des trésors qui

LE DÉBARCADÈRE DE ROCKLAND, DANS LE PARC FAIRMOUNT. Voy. p. 50.

Lundi, 29 mai. — Temps superbe jusqu'au soir (th. +25° cent.); dès le coucher du soleil, orage violent.

Nouvelle visite au Centennial-Ground.

Aujourd'hui je m'en tiendrai au bâtiment principal, qu'on pourrait appeler le Palais de l'Industrie, puisqu'on y a réuni les produits manufacturés de toutes les nations. C'est une construction gigantesque en forme de halle, d'une longueur de cinq cent soixante-dix mètres sur une largeur de cent quarante.

y sont accumulés. Ce serait ici hors de propos. Je me bornerai à signaler les immenses progrès réalisés par l'Amérique dans toutes les branches vers lesquelles s'est tournée sa féconde et puissante activité.

Mardi, 30 mai. — Temps couvert. Dans l'après-midi, la température fraîchit notablement th. 18 cent.

Tout est de nouveau fermé aujourd'hui, comme aux plus beaux jours de fête dominicale. Pas seulement moyen d'obtenir une lettre de l'administration des postes. Nous sommes en plein *holy-day* maçonnique, c'est-à-dire en plein *jour sacré* pour les Américains. En ce moment, le conclave annuel tient séance. Partout ce ne sont que processions d'hommes armés, circulant dans les rues avec tambours et fanfares en tête. Les nègres se trouvent en majorité. Rien de moins martial, d'ailleurs, que leur marche nonchalante et désordonnée. Nos milices bourgeoises, aussi peu faites qu'elles soient à la discipline des camps, seraient de vieilles phalanges macédoniennes à côté de ces moutons de Panurge.

Mercredi, 31 mai. — Temps magnifique (th. + 20° cent.).

Dans la soirée, grande animation par toute la ville. À chaque instant passent des bandes armées ou non armées, quoique toujours précédées de tambours, de fifres et de trompettes. Nul groupe n'est sans bannière, et les membres qui en font partie exhibent avec ostentation les insignes dont leur poitrine est chargée. C'est demain que doit avoir lieu le grand convent maçonnique, pour lequel la moindre loge de l'Union a reçu une invitation. On parle de quarante mille délégués, accourus de tous les points du pays.

À ce propos, il est peut-être bon de faire remarquer qu'aux États-Unis la franc-maçonnerie n'a revêtu de caractère politique que dans certaines parties du territoire, et que ses tendances ne sont pas ostensiblement antireligieuses. Aussi toutes les confessions, hormis celle des catholiques, y ont-elles des représentants affiliés à l'ordre et manifestant en public. Par ce fait l'association est demeurée, dans une certaine mesure, ce qu'elle avait été dans le principe, c'est-à-dire une vaste confrérie humanitaire et de mutuelle assistance.

Le nombre des loges américaines est considérable. Il en existe de si opulentes qu'elles allouent, paraît-il, à leur secrétaire général des émoluments de vingt-cinq et trente mille francs par an. C'est à donner envie de *franc-maçonner*.

Jeudi, 1er juin. — Ciel magnifique (th. + 28 cent.).

À dix heures, grande « parade maçonnique » : il me serait difficile de désigner autrement l'étrange manifestation qui, pendant plusieurs heures, tiendra la population sur pied.

Le défilé se produit dans Broad-street. Il est officiellement ouvert par deux agents de police à cheval, suivis de l'état-major franc-maçonnique également à cheval et l'épée hors du fourreau. À la suite se succèdent les troupes à pied, car ce sont bien les bataillons d'une véritable armée qui s'avancent ainsi en uniforme, avec leurs bannières, régulièrement encadrés par leurs chefs. Tous indistinctement sont coiffés d'un claque surmonté d'un panache blanc et orné d'une croix écarlate. Ils portent la redingote et le pantalon noirs, un ceinturon de cuir rouge et,

par-dessus tout, un large ruban de moire blanche passé en sautoir. Chacun est naturellement revêtu des insignes de son grade et de la loge à laquelle il appartient. Quelques privilégiés ont sur les épaules un ample manteau blanc, aux draperies flottantes et historiées de broderies rouges. Ils tiennent en outre à la main une crosse de pontife, à la façon des hiérophantes.

Tout le monde d'ailleurs, le gros des troupes comme les chefs, marche flamberge au vent. De temps en temps, au commandement des officiers, des évolutions s'exécutent par tours et demi-tours, et cela avec un sérieux qui ne se dément pas un seul instant.

En vérité, tant de zèle, tant de bonne volonté, mériteraient mieux que les ardeurs torrides d'un soleil tropical. Au milieu de cette cohue d'êtres de toute taille et de toute ampleur, la plupart, les plus gros spécialement, ruissellent comme des éponges imbibées.

Parmi les inscriptions qui couvrent les bannières, je lis beaucoup de devises latines : *In hoc signo vinces* du labarum ; *Non nobis, Domine, non nobis, sed nomini tuo da gloriam.* Celles-ci sont les plus fréquentes. Sur un des étendards, je vois le doux nom « Mary » et la figure de la Vierge.

Le cortège est coupé, de-ci, de-là, par certains groupes à cheval, par des orphéonistes et par des tambourins. Le costume de ces derniers rappelle assez exactement l'uniforme sympathique des petits tourlourous français. Je remarque dans le rang un certain nombre de voitures contenant les adeptes que leur âge ou des infirmités empêchent de se joindre pédestrement au cortège. En guise de vivandières, des nègres se mêlent aux groupes, portant des seaux de limonade auxquels les frères en maçonnerie puisent sans discontinuer.

Le défilé ne dure pas moins de deux heures ; après quoi toute la procession revient sur ses pas et par le même chemin. Les évolutions recommencent alors de plus belle, mais, cette fois, c'est le visage en plein soleil qu'elles s'exécutent simultanément. Il serait triste de compter les cas d'insolation occasionnés par cette promenade incompréhensible, pendant laquelle tous les services publics, chemins de fer, tramways, postes et télégraphes, sont provisoirement suspendus.

Le soir, les rues regorgent de monde. Les différentes loges sillonnent la ville, musique en tête, ainsi que nos orphéons revenant d'un concours. Inutile de dire que l'harmonie n'a rien à voir dans tout ce tapage. Pour fuir cette orgie de fraternité, je vais passer quelques heures au Jardin d'hiver, situé aux environs de Fairmount. Salle splendidement illuminée, au fond de laquelle se précipite une superbe cascade. Le programme musical y est traduit par un bon orchestre allemand qui me dédommage du charivari de tout à l'heure.

Vendredi, 2 juin. — Temps magnifique et de plus en plus chaud. Le thermomètre marque 28° centigrades.

Soirée passée à l'Alhambra-Palace, énorme salle de spectacle, où l'on donne, mais d'une façon déplorable,

témoigner de la tendance universelle, en ce pays de production : machines pour tordre le fil, tisser la laine ou le coton, rompre le fer et le forger ; machines pour défricher le sol, moissonner les grains, transformer les récoltes ; machines pour blesser ou guérir, pour

PARADE DE FRANCS-MAÇONS, DANS BROAD-STREET Voy. p. 44.
À droite le Temple maçonnique.

l'éternel *Tour du monde en quatre-vingts jours*, qui a couru lui-même le monde entier.

Samedi, 3 juin. — Chaleur étouffante (th. +34° cent.). Voilà qui commence bien l'été !

Journée passée au Centennial-Ground. À ce propos, disons quelques mots de la halle aux machines. Nulle part ailleurs on ne pourrait voir l'Amérique sous un aspect plus saisissant. Rien comme cette revue pour

tuer ou faire vivre, pour supprimer la souffrance, le travail et même l'effort. Il n'est pas un coin de l'activité humaine où le besoin de convertir l'inertie en moteur intelligent et laborieux ne se soit plus ostensiblement affirmé. Si l'Europe se déclare aujourd'hui très prompte à perfectionner son outillage, on peut dire, paraphrasant l'Évangile, que la dernière venue dans la chronologie des nations aura été la première à s'engager dans cette voie.

Peu différente, extérieurement parlant, du Palais de l'Industrie, la halle aux machines occupe une longueur de quatre cent vingt-cinq mètres sur une largeur de cent dix. Il ne fallait rien moins que cet espace pour abriter un pareil enchevêtrement de volants et d'engrenages. Tout cela cependant siffle, grince et s'agite sous l'impulsion de la seule machine Corliss, moteur gigantesque dont les deux balanciers déchaînent d'un bout à l'autre du formidable hangar une force inconsciente de plus de deux mille chevaux, mettant en activité mille appareils à travailler la pierre, les métaux, le bois, le verre, le cuir, le papier, etc., etc.

Dimanche, 4 juin. — Ciel couvert, mais chaleur toujours accablante. Le thermomètre n'est descendu que de deux degrés.

Vers onze heures, en guise de promenade, je me rends à Camden par bateau. — Cette localité est située sur le Delaware, en face de Philadelphie, et sert de terminus à plusieurs voies ferrées.

La population de Camden, très industrieuse et très commerçante, est pour le moment au repos. Rien ne trouble le calme de ses rues poudreuses et désertes. En revanche, au milieu du Delaware surgit un îlot d'où s'échappe un bruit confus de voix joyeuses et animées. Ici, en effet, s'épanouissent des guinguettes et autres lieux de divertissement. Un établissement de natation où s'ébattent quantité de baigneurs n'est pas un des moindres objets d'attraction parmi tous ceux qui sont offerts au public. Pour surcroît d'agrément, on s'y baigne en musique. Bon nombre de Philadelphiens ont profité du dimanche pour venir se délasser sur l'îlot privilégié. Conformément à l'habitude, on s'agite ici quand tout chôme de l'autre côté du fleuve.

A deux heures, je quitte ces lieux de délices pour monter sur un steamer à deux étages qui me conduira jusqu'à Bristol, ville située dans le nord du Delaware. Toute la colonie étrangère paraît s'être donné rendez-vous pour cette expédition nautique. On cherche à fuir la grande cité, par cette journée de dimanche si monotone et si brûlante. Je rencontre à bord mon fonctionnaire égyptien, et ce voyageur suédois avec lequel je m'étais mesuré aux échecs, entre l'ancien et le nouveau monde.

Vers quatre heures nous arrivons à destination. Bristol est plutôt une vaste bourgade qu'une ville proprement dite. En semaine, on doit y voir du mouvement; le dimanche, il n'y a que le soleil qui poudroie et l'herbe des rues qui verdoie. Je m'empresse d'ajouter, d'ailleurs, que l'arrêt auquel nous nous astreignons est tout au plus de quinze minutes, c'est-à-dire du temps à peine nécessaire pour rompre la glace — si cette expression était admissible par une semblable température — et pour fraterniser entre habitants d'un même continent.

Encore un arrêt à Burlington, ville qui fait face à Bristol, et nous rebroussons chemin vers Philadelphie.

Nous sommes enfin de retour dans la grande ville à six heures, et dînons, entre compagnons d'excursion, chez certain Felloni, le restaurateur à la mode. Cet établissement n'a rien, à première vue, qui soit de nature à le recommander. Établi au second étage d'une maison quelconque et dans une rue de même intérêt, il n'offre même aux nombreux consommateurs qui s'y rassemblent qu'une pièce exiguë et fort basse de plafond. En revanche, on y sert une cuisine vraiment excellente, à côté des abominables dîners à la minute et des indigestes amalgames auxquels on est trop souvent condamné dans ce pays de jeunesse et de liberté.

Lundi, 5 juin. — Toujours beau temps (th. + 26° cent.).

Dès sept heures je suis sur pied, ayant donné rendez-vous à M. J..., délégué à Philadelphie pour y étudier ce qui a trait à la chimie. Notre journée sera consacrée à la visite de quelques écoles, en compagnie de M. M..., professeur à l'Université.

Disons tout de suite que l'enseignement populaire est admirablement organisé dans la métropole pensylvanienne, et que, pour en assurer le développement, chaque quartier de la ville possède un comité de surveillance ayant pour mission d'inspecter les écoles au moins une fois par semaine. En ce qui concerne spécialement les écoles du quartier que nous nous proposons de visiter, ce comité de surveillance est composé de neuf membres, renouvelés par groupe de trois, chaque année, et par voie d'élection.

Le quartier en question compte six établissements, fréquentés par trois mille cinq cents enfants des deux sexes. Chacun de ces établissements comporte deux divisions, l'une pour les filles, l'autre pour les garçons, et chaque division est formée elle-même de trois classes : le *common-school,* le *grammar-school* et le *high-school.*

Le common-school correspond à peu de chose près à notre école primaire.

Le grammar-school et le high-school sont des écoles secondaires, où l'on admet gratuitement les élèves qui ont franchi avec succès le premier degré de l'enseignement. On y enseigne les langues mortes et les autres matières de nos cours d'humanités. Enfin, les élèves jaloux de poursuivre leurs études jusqu'au bout sont reçus, après examen satisfaisant bien entendu, dans les collèges ou universités établis soit par l'État, soit par des communautés religieuses, soit par de simples particuliers.

Dans la plupart des écoles primaires, l'enseignement est fourni par des femmes, même aux garçons. Ainsi, nous voyons là des jeunes gens de dix-huit à vingt ans travailler sous la direction d'institutrices presque aussi jeunes qu'eux et dont quelques-unes sont, ma foi, très jolies.

Si je m'étonne de cette habitude au moins singulière, on m'objecte qu'un professeur féminin est toujours plus respecté des élèves que ne le serait un professeur homme. A ces derniers il n'y a point de mauvais tours qu'on ne joue. Sous ce rapport, comme on pense bien, les écoliers américains ne valent pas mieux que les nôtres. Une jeune femme, au contraire, se fera toujours écouter, obéir et respecter, pourvu qu'elle garde son rang.

Il est cependant fait exception à la règle en ce qui concerne la musique. Craindrait-on que de mélodieux accords ne finissent par trop adoucir l'austérité de principes aussi hasardeux ?

entre eux. De plus, les cloisons sont susceptibles d'être enlevées en un clin d'œil, ce qui permet de faire, en quelques secondes, des différentes classes de tout à l'heure, une seule et grande salle où ont lieu les exercices en commun.

Dans la dernière école des filles où nous sommes conduits, nous assistons à un de ces exercices. Bien qu'il y ait là comme élèves de véritables femmes, celles-ci se livrent en commun aux mêmes travaux que les fillettes de l'âge le plus tendre. Ainsi, lorsque nous eûmes pris place sur des sièges, grandes et petites

L'école des garçons est établie au premier étage du bâtiment, celle des filles au second. Autrefois, filles et garçons se trouvaient réunis dans un même local. Il est probable qu'on a reconnu les inconvénients du mélange, car l'usage en est désormais abandonné, sauf dans les établissements affectés aux enfants nègres.

Nous remarquons que chaque étage, ou école, est composé de plusieurs pièces, quatre au moins, correspondant à autant de classes. Mais ces classes ne sont séparées l'une de l'autre que par de légères cloisons dont la partie supérieure est vitrée. Cette disposition a pour objet de permettre à chacune des institutrices de surveiller les élèves de ses collègues immédiates, sans que ceux-là puissent se voir ni communiquer

élèves, entrant deux à deux dans la salle, aux accords d'une marche jouée au piano, défilèrent devant nous comme de gracieux soldats. Une fois que toutes furent entrées, dans l'ordre le plus parfait, chacune se trouva, sans même avoir à rompre les rangs, en face de son propre pupitre. Alors commencèrent les exercices de déclamation et de chant. Trois ou quatre jeunes filles d'âges différents s'assirent successivement devant le clavier, tandis que les voix fraîches des choristes s'entremêlaient avec ensemble et mesure dans des chœurs tout à fait charmants. A la suite de cet aimable concert vinrent les exercices de gymnastique, toujours au son du piano. Cela était à la fois d'une grâce, d'une naïveté et d'une convenance irréprochables.

En ce qui me concerne, j'ai rapporté de nos différentes visites à ces écoles de quartier l'impression la plus favorable. Partout, au surplus, nous avons été accueillis avec une extrême politesse. Des drapeaux tricolores avaient même été arborés à notre intention, et plusieurs élèves avaient décoré leur corsage de nos couleurs nationales. On ne saurait être plus courtois.

Il n'y a pas de pays au monde qui s'impose autant de sacrifices que les États-Unis pour l'instruction de ses enfants. Cela est d'autant plus remarquable que le pouvoir central de Washington laisse aux divers États, comme aux administrations locales et aux populations, la liberté la plus complète dans l'organisation des écoles. Il n'intervient, pour ainsi dire, dans la question que pour la répartition des subsides. On se fera une idée des ressources affectées à ce service primordial, quand on saura que plus de quatre cent cinquante millions de francs y sont annuellement consacrés. La seule ville de New-York porte à son budget dix-huit millions pour l'enseignement. Enfin, comme trait bien caractéristique, les derniers recensements établissent que, pour vingt-deux États de l'Union, il existe une école par cent quatre-vingts habitants.

Dans l'après-midi nous assistons, aux environs de Fairmount-Park, à une « parade » des sociétés de bienfaisance catholiques allemandes. Les manifestants ne sont pas aussi brillants que les « chevaliers du Temple », mais la charité n'a pas absolument besoin du claque ni de l'épée.

Mardi, 6 juin. — Temps couvert (th. + 25 cent.).

Cette après-midi, il y a courses de chevaux à l'hippodrome de Belmont, situé à une lieue environ de Philadelphie, dans Fairmount-Park.

Je m'y rends à pied, tout en flânant. On m'a promis un spectacle d'autant plus curieux que la réunion d'aujourd'hui ne doit comprendre que des courses au trot et en voiture. Les luttes au galop du cheval sont beaucoup plus rares ici que dans nos pays d'Europe. Le gouvernement encourage par tous les moyens possibles les premières, dans un intérêt qui saute aux yeux. Il est incontestable, en effet, que la pratique des courses au trot est fort utile dans une contrée où l'on a souvent à franchir de longues distances, suivant une allure rapide et soutenue. Par des accouplements successifs et bien appropriés, les éleveurs sont parvenus à former une race de chevaux qui le dispute avec avantage aux fameux trotteurs anglais du Norfolkshire.

Les courses sont organisées par des sociétés, tout comme chez nous. Les chevaux présentés y sont admis à concourir moyennant une mise évaluée au dixième de la valeur du prix à gagner. Ainsi aujourd'hui, par exemple, l'enjeu de la première course étant de trois mille dollars, chaque admission est taxée à trois cents, soit à quinze cents francs de notre monnaie.

Le lieu choisi pour ces luttes pacifiques forme ici un vaste enclos admirablement entretenu. La piste est clôturée des deux côtés par des palissades blanches. De forme ellipsoïde, elle ne mesure pas plus d'un mille dans tout son pourtour, aucune course n'excédant cette limite maximum. Les yeux se reposent avec douceur sur le tapis de gazon qui en constitue le centre et où broutent des chevaux en liberté. Enfin, le champ de courses tout entier se trouve encadré par des bois verdoyants, sur lesquels la clôture de la piste dessine nettement ses lignes blanches et concentriques.

En face de la tribune principale, affectée au public, se dresse une loge spécialement réservée au jury. Cette dernière est formée de trois étages superposés servant à des offices distincts. Tandis que le rez-de-chaussée contient le bureau des inscriptions et du contrôle, le premier étage sert aux délibérations, et le second aux services télégraphiques.

Mais un mot sur les courses en elles-mêmes : il n'est pas sans intérêt d'en décrire le bizarre fonctionnement.

En principe, les chevaux sont classés en plusieurs catégories, suivant l'importance des prix qu'ils ont gagnés antérieurement, ou, pour parler avec plus d'exactitude, suivant le temps qu'ils ont mis, dans la course précédente, à parcourir la piste que nous avons décrite, c'est-à-dire à franchir la distance d'un mille. Dans la première catégorie, par exemple, seront placés tous les chevaux qui auront mis plus de deux minutes trente secondes à courir le mille réglementaire. Dans la seconde apparaîtront ceux qui, ayant mis moins de deux minutes trente secondes, n'ont pu y réussir en deux minutes vingt-cinq secondes ; et ainsi de suite, la catégorie indiquant toujours la vitesse du cheval, et se désignant d'elle-même par les chiffres 2′ 30″, 2′ 25″, 2′ 22″, 2′ 20″, 2′ 18″, etc., etc. Sont admis seulement à concourir dans la même classe les chevaux qui se sont montrés inhabiles à mériter une cote supérieure. Il n'est donc plus nécessaire, comme cela se pratique en Europe, d'imposer au vainqueur des courses passées certaines obligations restrictives. Aussi, nulle majoration de poids, nulle augmentation de distance, nulle entrave à la vitesse. On se borne, pour classer chaque lutteur, à le faire monter ou descendre sur l'échelle des catégories, d'après des résultats fixes et connus.

Pour appliquer une pareille méthode de classement, il a été établi, dans la tribune et à différents endroits de la piste en vue du public, des cadrans à minutes et à secondes, dont les aiguilles, uniformément au repos sur le chiffre *zéro*, ne se mettent en mouvement, par concordance électrique, que lorsque le président du jury pose le doigt sur le bouton indicateur, au moment même où les chevaux opèrent leur départ. A l'arrivée, c'est-à-dire dès l'apparition de la première tête, une nouvelle pression suspend le mouvement des aiguilles.

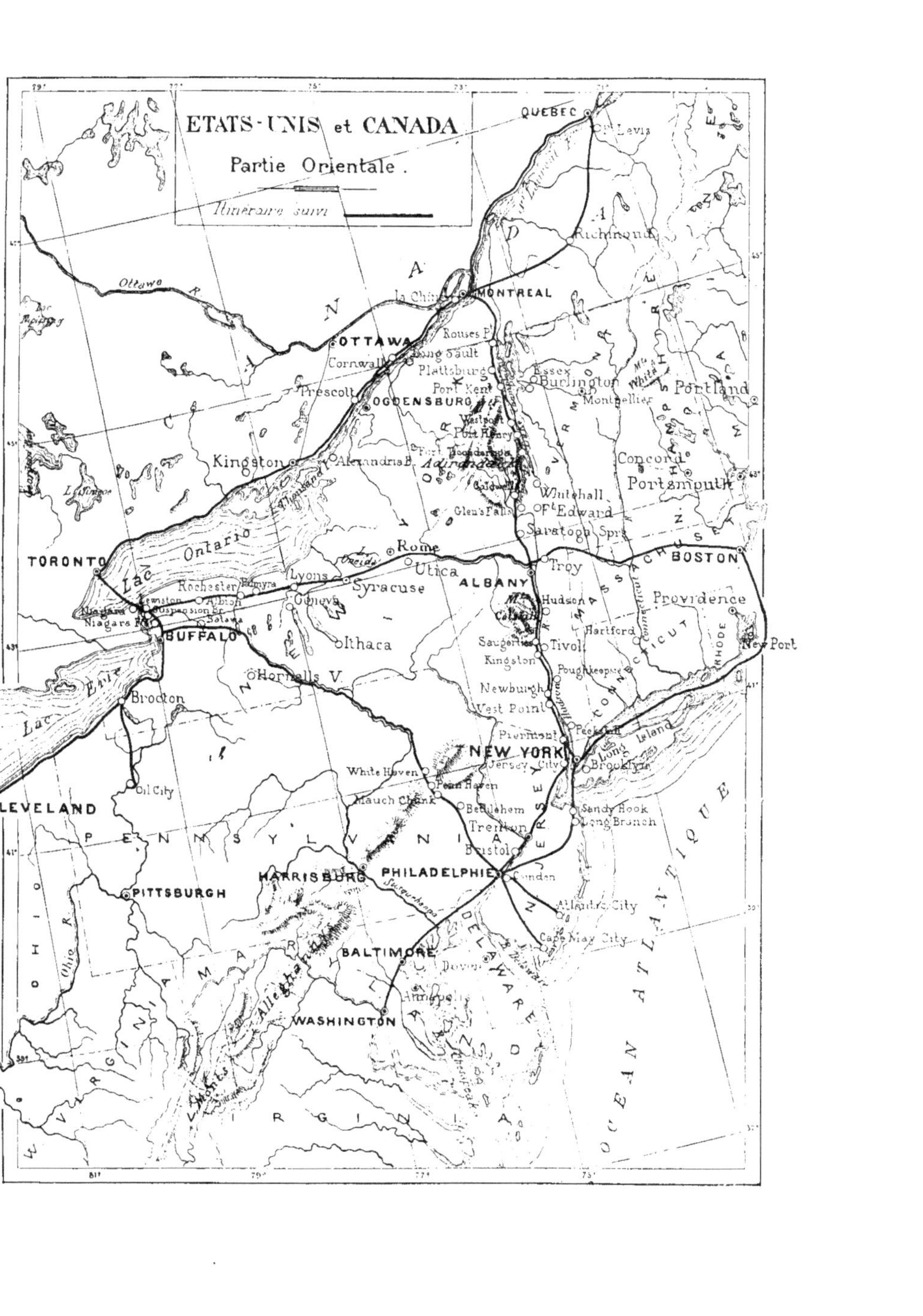

ETATS-UNIS et CANADA
Partie Orientale.
Itinéraire suivi
QUEBEC
Lévis
Richmond
Ottawa R.
La Chine
MONTREAL
Lac Nipissing
OTTAWA
Rouses Pt
Cornwall
Long Sault
Plattsburg
Essex
Burlington
Portland
Prescott
Port Kent
Montpellier
OGDENSBURG
Westport
Port Henry
Kingston
Alexandria B.
Adirondack
Concord
Portsmouth
Thousand
Caldwell
Whitehall
Ft Edward
Glen's Falls
Saratoga Sprs
Lac Ontario
Rome
L. Oneida
Utica
Troy
BOSTON
TORONTO
Lac
Lyons
Syracuse
ALBANY
Hudson
Providence
Rochester
Palmyra
Canajo
Niagara
Lewiston
Suspension Br.
Albion
Geneva
Hartford
Niagara Fs
Salina
Ithaca
Saugerties
Tivoli
New Port
BUFFALO
Kingston
Hornells V.
Poughkeepsie
Lac Erié
Brocton
Newburgh
West Point
Oil City
Piermont
Long Island
White Haven
NEW YORK
Peekskill
CLEVELAND
Penn Haven
Jersey City
Brooklyn
Mauch Chunk
Bethlehem
Sandy Hook
PENNSYLVANIE
Trenton
Long Branch
Bristol
Ohio R.
HARRISBURG
PHILADELPHIE
Camden
PITTSBURGH
Susquehanna
Atlantic City
Cape May City
BALTIMORE
DELAWARE
Dover
WEST VIRGINIA
Allegh
WASHINGTON
Annapolis
OCEAN ATLANTIQUE
VIRGINIA
Ohio R.
CONNECTICUT
RHODE
MASSACHUSETTS
VERMONT
Mts White
NEW JERSEY
MARYLAND

Aussitôt on inscrit à la craie, sur un grand tableau noir, le nom du cheval gagnant et le nombre de minutes, secondes et fractions de seconde mis par lui à dévorer la piste.

Pour remporter le prix, tout cheval doit être arrivé trois fois premier dans trois épreuves. Il s'ensuit donc que, pour chaque catégorie, il y a nécessairement trois courses au moins, de même qu'il peut y en avoir quatre, cinq et bien plus encore, surtout si les concurrents sont nombreux.

Exemple : dans la réunion d'aujourd'hui, cinq che-

s'est monté à dix. Elles avaient duré de trois heures de l'après-midi à sept heures du soir.

Ces luttes au trot et en voiture sont bien plus attrayantes que nos galopades sans utilité. Elles comportent, en même temps que l'esprit d'émulation, un intérêt réel pour le spectateur, puisque les chevaux qui concourent sont déjà connus de ce dernier par les épreuves de la même journée.

Vu l'heure assez avancée, je ne me soucie guère d'opérer à pied mon retour à Philadelphie, comme j'avais fait en venant. Ayant donc réussi à couper la file

LE SCHUYLKILL, AU-DESSUS DE BELMONT (Voy. p. 40).

vaux étaient inscrits pour le premier groupe (classe 2′ 22″). Trois seulement se sont présentés : Adélaïde, John II. et Huntress. — Huntress a gagné la première course en 2′ 20″; John II., deux courses en 2′ 22″ 1/4 et 2′ 22″ 1/2; Adélaïde, trois courses en 2′ 22″, 2′ 22″ et 2′ 23″ 3/4. C'est donc Adélaïde qui a remporté le prix, bien que la bête n'eût pas fourni la traite la plus rapide; seulement elle était arrivée trois fois première sur les six épreuves engagées entre les trois concurrents.

Dans le second groupe, se composant de trotteurs qui n'avaient jamais parcouru le mille réglementaire en 2′ 32″, sur huit chevaux mis en présence, sept ont concouru; mais il n'y a eu en tout que quatre courses, celles-ci ayant donné le résultat voulu.

En résumé, le nombre des courses de la journée

des voitures rassemblées en un même point, je tombe heureusement sur un grand break traîné par six chevaux, lequel me ramène, pour la bagatelle de cinquante *cents* [1], au centre même de la cité.

Mercredi, 7 juin. — Beau temps (th. + 26° cent.). La majeure partie de ma journée se passe à Fairmount-Park. Un bâtiment curieux entre tous est le Women's Pavilion, édifié tout entier à l'aide des deniers recueillis parmi les dames américaines. On y exhibe des peintures, des statues, des métaux ciselés, des articles de joaillerie, des mosaïques, des gravures, des lithographies, de la céramique, des livres, des mé-

1. Le *cent* équivaut à la centième partie d'un dollar, soit à un peu plus de cinq centièmes de franc.

thodes d'enseignement et, enfin, mille espèces d'ouvrages faits à la main et présentant un caractère de luxe ou de recherche, tels que broderies, dentelles, confections, etc., etc. Chacun de ces objets est censé avoir trait à l'économie domestique et être fabriqué ou employé par les femmes de ce côté-ci comme de l'autre côté de l'Océan. C'est à coup sûr très intéressant et très étudié, quoique peut-être assez incomplet. Dans le nouveau monde, la mécanique a tué la plupart des industries manuelles. Il s'ensuit que les procédés purement matériels ont annihilé ce je ne sais quoi d'artistique renfermé dans toute production éclose sous les doigts agiles et souples de la plus belle portion de l'humanité.

Plusieurs souveraines et princesses d'Europe ont tenu à rehausser une semblable collection par l'envoi d'ouvrages exécutés — ou du moins donnés pour tels — par leurs augustes mains. Au premier rang figurent les travaux de la reine Victoria, que chacun sait être fort habile.

Jeudi, 8 juin. — Temps magnifique (th. +30° cent.).
Le soir venu, je pénètre pour quelques instants dans une grande salle où s'engagent des paris au sujet des prochaines courses de Belmont. Les enchérisseurs se tiennent assis, pour la plupart, en face de verres de bière ou de limonade, et remplissent l'atmosphère ambiante d'une fumée opaque. A côté du crieur, trois commis enregistrent et provoquent les transactions.

Rien de caractéristique comme le sérieux avec lequel se traite ici ce genre d'opérations, érigées au rang de véritables affaires commerciales.

Vendredi, 9 juin. — Beau temps (th. + 30° cent.) comme hier.
Dans Fairmount-Park et tout à côté du Palais de l'Industrie, où j'ai affaire ce matin, est un vaste *comfort-house*, donnant l'idée, malheureusement trop exacte, de la plupart des restaurants qu'on rencontre en Amérique.

Trompé par les promesses de l'enseigne et ne me souciant pas d'affronter les ardeurs d'un soleil torride, — cause chaque jour de nombreuses insolations, — j'entre pour déjeuner dans le susdit local. Une foule compacte en assiège les buffets. Ce n'est qu'après dix minutes de sollicitations que je réussis à y conquérir un soupçon de rosbif et un carafon de bière du pays.

Dans la plupart des restaurants américains on mange ainsi debout, devant d'immenses comptoirs chargés de victuailles. Il existe bien quelques établissements organisés à l'instar des nôtres, mais ceux-là sont d'importation étrangère. Tout véritable restaurant américain est bien taillé sur le patron du comfort-house, ainsi nommé probablement par antithèse, car on y trouve de tout, sauf le confort qu'on promet si pompeusement. Du reste, l'Américain fait de son repas

une affaire, et rien autre. Et comme il n'a nul profit commercial à en tirer, il le bâcle sans pitié pour son estomac. Debout devant le comptoir ou perché, par privilège, sur une chaise très élevée, il saisit à la volée ce qu'un garçon — un nègre presque toujours, huileux et grossier — lui abandonne pour ainsi dire en passant. En quelques secondes, il accumule sur son assiette viandes, légumes, sauces, piments, moutarde, épices de diverse nature, et, triturant le tout en forme d'inénarrable marmelade, il ingurgite rapidement l'amalgame, au risque de s'étouffer ou de se brûler le gosier. Mânes de Brillat-Savarin, ne permettez pas que de tels récits parviennent jusqu'à sa dépouille vénérée !... Pour ma part, j'entends ne plus remettre les pieds dans les comfort-houses !...

Samedi, 10 juin. — Le thermomètre est monté de trois degrés. Cela promet.
Il paraît que c'est aujourd'hui le « jour des dames ». Les rues de Philadelphie sont parcourues, dans tous les sens, par des essaims de femmes et de jeunes *misses* arrivées par les trains de New-York et de Washington.

Excellente occasion de compléter nos observations précédentes sur la plus belle moitié du peuple américain.

Commençons par constater qu'aux États-Unis les femmes sont en général jolies et bien tournées. Leur teint respire la fraîcheur, et toute leur personne est empreinte d'une réelle élégance. Nous ajouterons qu'il existe chez elles un grand fonds de coquetterie. Si partout, en ce pays d'affaires, les hommes, sans cesse obsédés par leurs mille préoccupations, ne visent qu'à mettre en pratique le vieux dicton « Time is money », leurs aimables et séduisantes compagnes ne songent guère, pour leur part, qu'à goûter le doux farniente au sein des plaisirs et des distractions.

De plus, comme les usages leur concèdent beaucoup de privilèges, elles ne manquent pas d'en user largement. Qu'elles soient mariées ou non, on les rencontrera, par exemple, se promenant seules dans les rues ou voyageant de ville en ville, sans jamais redouter les aventures dont une honnête personne peut toujours se préserver. A l'encontre des femmes européennes, elles porteront avec assurance le regard de tous côtés, nul ne songeant à mal interpréter leurs petits airs indépendants. Pareilles libertés n'excluent pas, d'ailleurs, les exigences féminines. On peut dire qu'elles se laissent aduler avec le même abandon que celui dont le sexe fort, de son côté, se plaît à user à leur égard, dans sa manie de galanterie. Quelquefois le culte dont elles sont entourées en devient presque ridicule. Ainsi, dans les trains de chemins de fer comme dans les bateaux à vapeur, deux ou trois cavaliers n'hésitent pas individuellement à éventer la dame qu'ils accompagnent, à lui faire coussin de l'épaule, à la recouvrir avec une sollicitude quasi paternelle d'un plaid, d'une ombrelle ou d'un manteau.

En un mot, les femmes ne sauraient être l'objet de plus d'empressement.

Est-ce la reconnaissance implicite d'une telle souveraineté qui leur permet, à l'occasion, de traiter les hommes en simples sujets ? Je l'ignore. Toujours est-il que, ce matin, une dame s'est gaillardement emparée de mon bras dans le *car* où j'étais assis, et s'est mise à sommeiller comme si je n'existais pas. Il n'est même pas rare, dans les voitures publiques, de voir une voyageuse s'asseoir tout bonnement sur les genoux du premier venu, dès que la place fait défaut. On n'est pas plus sans gêne et — je crois pouvoir l'affirmer — plus candide. Quoi qu'il en soit, cela semble étrange au premier moment, et l'on éprouve quelque étonnement avant de s'y habituer.

dans leurs atours, autant les hommes semblent généralement négligés et s'affichent par un dédain absolu des conventions sociales. La plupart portent des habits luisants et mal travaillés, tout en s'affublant comme coiffure du chapeau mou, bossué ou déformé, qui est de mode universelle aux États-Unis. A ce sujet, il n'est pas sans intérêt d'observer que, même dans la classe populaire, la casquette est presque inconnue, chacun se prévalant d'aller de pair avec le voisin. J'ai vu dernièrement, dans mes promenades, une troupe d'agents de police marchant à la file, d'un pas cadencé. Ils étaient tous coiffés d'un couvre-chef mou et plissé qu'ils portaient à la crâne, ainsi que de mauvais sujets. Cela leur donnait une tournure étrange, peu en rapport avec leurs fonctions

COURSES AU TROT (Voy. p. 48).

Mais qu'on n'aille pas conclure d'un tel sans-façon que les femmes du nouveau monde demeurent indifférentes au luxe somptuaire comme aux futilités de l'ancien. Elles procèdent différemment, et voilà tout. Marivauder ne suffit pas. La plupart d'entre elles professent, au contraire, pour les ajustements coûteux un goût que je qualifierai d'excessif. Leur péché le plus mignon consiste à se parer du matin au soir, sans se préoccuper autrement de la situation des maris. Et ce n'est pas que leurs toilettes soient tapageuses : il y règne plutôt une sorte de simplicité voulue pleine de séduction. Mais le tout est richement, habilement confectionné. On peut dire que l'Américaine du Nord est plus parisienne que la Parisienne elle-même. Sa réelle ambition, pour le quart d'heure, paraît être de suivre ponctuellement les modes de Paris, en attendant qu'elle les impose à son tour au monde entier.

Autant les femmes sont élégantes et recherchées

protectrices. Chose extraordinaire : bien des Américains parmi les mieux considérés ne se mettent pas davantage en frais de toilette. Tel négociant vingt fois millionnaire, qui détermine à volonté la hausse ou la baisse au Stock-Exchange, va vêtu comme le plus humble de ses commis. Enfin, pour combler la mesure, le plus grand nombre chiquent du tabac comme des gabiers et crachent partout sur leur chemin. On croirait vraiment qu'il est de bon ton, en ce pays, d'affecter, comme allure ou comme accoutrement, des airs d'indépendance et de vulgarité.

Malgré ce laisser-aller quasi universel, chacun semble attacher du prix aux distinctions sociales. Si l'on compte ici de grandes et nobles intelligences, des esprits transcendants, des appréciateurs enthousiastes du beau et du vrai, en un mot des hommes d'élite cultivant les lettres et les sciences, la plupart de ces Athéniens du nouveau monde, en raison de la délicatesse de leurs mœurs, évitent justement d'entrer en contact avec ceux qu'ils considèrent en secret comme d'indécrottables Béotiens. On peut être sûr qu'ils ne sympathiseront jamais avec les parvenus d'hier et qu'ils ne les mettent pas à leur niveau. N'était le souci des intérêts communs, beaucoup d'entre eux, lassés de la rudesse américaine, consentiraient même à renoncer au pays qui les a vus naître. Tel est le cas — m'a-t-on dit — de M. A. P. D., un des plus riches négociants de New-York. Il a aujourd'hui abandonné la nationalité américaine pour aller se fixer au Canada.

Qu'on veuille bien, du reste, ne pas s'y tromper en lisant ces lignes : nous ne faisons pas ici la critique d'un peuple tout entier, peuple intelligent, laborieux et résolu, mais seulement celle de l'« Américain renforcé », celui qui ne voit dans la patrie native ou d'adoption que la contrée ouverte au premier venu comme au dernier, le champ fertile où chacun peut exercer bien ou mal la somme d'activité qui lui est propre.

Il faut bien l'avouer en effet, la chasse au dollar a tout corrompu, tout envahi. C'est un mal passé dans le sang. Les articulations les plus importantes du corps social se ressentent de la présence du virus. Un mandat politique n'est, le plus souvent, qu'un balancier pour frapper monnaie. Comme preuve, il suffit de rappeler les effroyables scandales dont des personnages très haut placés dans la machine administrative, n'ont pas craint de donner l'exemple pernicieux. Dans le parlement comme dans la presse, comme dans l'industrie, comme dans les arts, cette soif effrénée semble produire le dessèchement de toute la nation. Le dollar seul est noble, le dollar seul est roi, le dollar seul est dieu! *Virtus post nummos.* Or, quelles sont les perspectives offertes aux sociétés qui encourent le reproche jeté par Horace à la face du peuple romain? Tous les sentiments qui ennoblissent l'homme, voire l'honneur, ne sont-ils pas sujets à y sombrer impitoyablement? Les grandes vertus ne sauraient trouver place au sein où fourmillent des âpretés toujours inassouvies.

Dimanche, 11 *juin.* — Ciel couvert (th. + 25° cent.).
Dès six heures du matin je me trouve au bord du Delaware, prêt à m'embarquer, sur l'autre rive, à la gare de Camden and Atlantic Railway.

Comme je suis très en avance sur l'heure du départ, j'en profite pour longer le fleuve jusqu'à l'embouchure du Schuylkill et pour jeter un regard sur le port. Spacieux et profond, celui-ci contient des navires du plus fort tonnage comme du plus modeste. Si Philadelphie est, en effet, en relations suivies avec Anvers, Londres, Liverpool, Brême et Hambourg, il est le point d'attache de nombreux caboteurs faisant commerce et transit avec tous les ports de l'Union. En ce moment, la ville maritime est au repos, car c'est dimanche là comme ailleurs; et n'était la note gaie fournie par les pavillons de toutes

couleurs battant aux mâts, on s'y croirait dans quelque cénacle de gros cétacés noirs endormis à la surface des eaux.

Départ à huit heures et demie pour Atlantic City. La voie ferrée traverse des bouquets de jeunes chênes et de sapins. De distance en distance, nous rencontrons des agglomérations d'une certaine étendue, formées de cottages construits en bois. Enfin, près d'Atlantic City, où l'on arrive vers dix heures et demie, s'étendent des marais bordés par des terrains sablonneux.

La petite ville qui porte ce nom sonore est située à environ soixante milles [1] de Philadelphie. Ce n'est, en somme, qu'une station de bains, dont les rues sont uniformément tirées au cordeau. Presque toutes les maisons et villas qui la composent sont construites en bois, et séparées les unes des autres par des jardinets plus ou moins bien entretenus. En revanche, l'air y circule librement. Un certain nombre de grands hôtels, encore fermés pour la plupart, en constituent le noyau.

La plage qui a déterminé l'agglomération est assurément fort belle; mais les cabines de bains, installées à quelque distance de la mer, sont incommodes, même malpropres. Çà et là quelques constructions en planches rudimentairement établies et reposant sur des pilotis abritent des restaurants et des buvettes de bas étage.

Peu de monde, en raison du dimanche, qui *sévit* ici comme ailleurs. Ma journée se passe donc en promenades sentimentales et en lectures suivies, au bord des ondes agitées. Vers une heure, je me décide à me plonger dans celles-ci. La vague est bienfaisante, mais l'eau, de couleur grisâtre, est chargée de limon et d'algues marines.

Aux premiers appels de l'estomac, je me dirige vers un grand hôtel que j'avais remarqué dès mon arrivée, le Schaufleri-Hotel, à ce qu'il m'est permis de constater par l'enseigne. Hélas! pour toute réfection l'on ne peut m'y servir que du café. Pas le moindre morceau de chair ni de poisson. C'est à une heure — et il en est deux — qu'a eu lieu le dîner. Passé ce délai, plus moyen d'obtenir quoi que ce soit.

En désespoir de cause, et successivement, je vais frapper à la porte de deux autres restaurants. Dans le premier, pas l'ombre de personnel pour me répondre : dans le second, malgré les instances d'un brave pharmacien qui compatit à ma situation, on me ferme littéralement la porte au nez.

Un charitable passant, mis au fait de ma mésaventure et dirigeant lui-même un hôtel voisin, le Irving-House, me convie heureusement à pousser jusqu'à son établissement. En chemin, il me fait un éloge mirobolant de son cuisinier français. Mais quand nous touchons, enfin, la terre promise, il m'apprend que ledit

---

1. Le mille de terre équivaut à 1,609 mètres.

cuisinier a pris lui aussi ses vacances et qu'il n'a, pour me repaître, que le menu du précédent repas, sans aucune nourriture pour le représenter.

Peu m'importerait à présent une gastronomie savante et délicate : je donnerais mon droit d'aînesse pour un seul plat de lentilles. Mais rien : cela est trop

les autres, aussi peu hospitalier que le radeau de la *Méduse*.

Ma dernière ressource consiste à cogner à la porte d'un débitant de coquillages. Là, enfin, sur les exhortations de mon cicerone, on consent à me servir d'une certaine soupe aux huîtres que je ne recommande-

SUR LES RIVES DU WISSAHICKON. (Voy. p. 60).

peu. Comme on conçoit l'anthropophagie, à certaines heures difficiles! C'est du moins ce que doit penser mon pseudo-restaurateur, car il semble inquiet. En vue même de se débarrasser d'un client famélique, impossible à contenter, il me conduit aussitôt vers un cinquième hôtel, fort vaste, mais absolument désert pour le quart d'heure. Je me trompe : un voyageur, ronflant sur un canapé, interrompt seul le silence des salles, toutes grandes ouvertes. Pas besoin d'ajouter que ce nouveau local est, comme

rais pas à mon plus mortel ennemi, deux œufs sur le plat, du pain, un verre d'eau et... quatre pralines de chocolat. J'expédie en hâte ce maigre repas, et, tout en rendant grâce à mon hôte d'avoir bien voulu me l'octroyer, je vais digérer sur la plage ce que j'ai si mal mangé.

Quatre heures venant à sonner, je m'empresse de me rendre à la gare pour retourner à Philadelphie. Et il s'agit de ne point manquer le train, car le dimanche — toujours le dimanche! — il n'y en a qu'un pour retourner, comme il n'y en avait eu qu'un pour venir.

En somme, journée pleine de péripéties, mais non exempte d'enseignements! Le voyageur inexpérimenté qui se sera donné la peine de me lire avant de se mettre en route, aura du moins appris que, pour ne pas mourir de faim dans Atlantic City, il faut bien se garder d'oublier soit l'heure précise du dîner, soit l'heure du seul train qui ramène définitivement de cette ville morte, imitée des *Mille et une nuits*.

En arrivant à Philadelphie, je parfais l'embryon de repas que j'avais pris au bord de l'Atlantique, pendant qu'un bruyant orage se déchaîne sur la cité. Malheureusement la chaleur est à peine atténuée. Le ciel avare ne nous accorde que quelques gouttes de pluie, aussitôt absorbées par un sol arrivé à la plus extrême dessiccation.

Lundi, 12 juin. — La nuit a été accablante. A six heures du matin, bien que le thermomètre n'accuse que 27° centigrades, l'état de l'atmosphère ne s'est pas amélioré. Le contact de l'air est vraiment insupportable. Ciel couvert et vent nul.

C'est durant le cours de cette journée caniculaire que se rassemblera le congrès international des femmes en faveur de la tempérance. Eh quoi! la plus modeste moitié du genre humain croit, elle aussi, devoir se prémunir contre les excès bachiques, si communs au sexe fort? Ou bien s'agit-il d'une nouvelle croisade contre les bars et les tavernes, à la porte desquels nous avions vu naguère de sévères improbatrices se porter en masse et haranguer les consommateurs endurcis?

Mardi, 13 juin. — Le temps demeure couvert. Le thermomètre a baissé quelque peu. Il ne marque plus que 25° centigrades.

A trois heures, il y a une nouvelle réunion au champ de courses de Belmont, que j'ai déjà décrit précédemment. Pour m'y rendre, je prends le chemin de fer jusqu'à la station d'Elm et, de là, une voiture qui me mène à destination.

Cette fois, il s'agit d'un spectacle donné par une troupe désignée sous le nom de *Retickers California*. Cette troupe est composée d'une centaine de personnages, parmi lesquels figurent un bon nombre d'Indiens et d'Indiennes. Avant de commencer leur travail, tous les artistes défilent pompeusement sous nos yeux.

Les exercices sont nombreux et variés. Il y a d'abord des courses au galop pour amazones, puis des manœuvres d'Indiens ramassant des chapeaux ou des mouchoirs semés sur leur route, bien qu'ils ne soient retenus à leurs montures lancées à toute vitesse que par la seule force du biceps ou du jarret. Ensuite viennent les courses de bisons, d'ânes et de chevaux sauvages montés — à ce que dit l'affiche — pour la première fois; bref, c'est tout un programme de cirque ambulant, avec quelques nouveautés de détail.

Ces dernières courses particulièrement, aussi préparées qu'elles puissent être, ont quelque chose de véritablement émouvant. Les *mustangs* ou chevaux sauvages s'y livrent à des contorsions et à des sauts si capricieux, que plusieurs de leurs cavaliers, en dépit de leur adresse, sont proprement démontés, faisant des culbutes à donner le frisson.

L'exercice dont il vient d'être question ainsi que celui qui succède — la prise au lasso de chevaux libres — constituent en somme les seules nouveautés dignes de remarque.

Un incident tragi-comique s'est produit durant la dernière course d'amazones. Deux d'entre celles-ci ont fait une chute retentissante. Était-ce prémédité? — Je ne le crois point, d'autant que les malheureuses se sont relevées complètement éclopées. D'ailleurs, point de mise en scène bien savante en toute cette indiennerie mélangée. J'estime même que le spectacle aurait beaucoup plus d'attrait s'il était seulement réglé par un directeur de nos pays. Est-ce la raison pour laquelle le public ne semble pas y affluer?

La séance finie, je m'en retourne en voiture jusqu'à Elm, où j'ai la bonne fortune de manquer le train. Je dis bonne fortune, car ce retard me permet de visiter une des immenses auberges construites en vue de servir d'asile aux gens de condition peu aisée qui viennent prendre part aux fêtes du Centenaire. L'établissement porte le nom de « Grange Continental Encampment ». Il se compose d'un vaste bâtiment en planches, situé à trois milles de Fairmount-Park, dans un site agréable et complètement isolé de toute autre habitation. On n'y compte pas moins de onze cent quatre-vingt-huit chambres, non compris les salles à manger, les salons de musique et de lecture, les bureaux de poste et de télégraphe, en un mot toutes les dépendances ordinaires d'un spacieux hôtel. Le coût du logement n'est que d'un demi-dollar par jour et par tête. Il est vrai que chaque chambrette est d'une rusticité primitive et ménagée de manière à recevoir deux personnes. Quant au prix du déjeuner et du dîner, il est uniformément fixé à cinquante *cents*, soit deux francs cinquante. Logement et repas s'obtiennent au moyen de tickets pris d'avance au bureau.

Mis dans l'obligation d'attendre un nouveau train, je me décide, non sans quelque inquiétude, à tâter de la cuisine du Continental Encampment. Ma foi! je n'ai point lieu de m'en repentir. Pour mon demi-dollar, je suis traité comme un nabab. On m'y présente du potage au tapioca, du rosbif et du mouton d'excellente qualité à discrétion, des légumes variés, des pâtisseries, des fraises, du café ou du thé. Bref, c'est un festin de Lucullus à des conditions de bon marché très rares en ce pays.

De retour à Philadelphie vers sept heures et demie, je rencontre une escouade de pompiers munie de son matériel et courant éteindre un incendie. Quel déploiement d'appareils ! Cela me semble merveilleusement compris et organisé. Nous chercherons l'occasion d'étudier ce service en détail.

Mercredi, 14 juin. — Beau temps (th. + 23° cent.).

Il a été décidé, dans le principe, que le bâtiment réservé à l'exposition des beaux-arts serait conservé en souvenir du premier centenaire de l'indépendance. Il porte donc le nom de Memorial Hall. Placé sur un des points les plus élevés de Fairmount-Park et dominant de quarante mètres la rivière Schuylkhill, il fait

trouver dans l'Union, salle capable de contenir huit mille personnes. On se propose, paraît-il, d'y installer plus tard un musée d'art industriel, comme cela s'est fait à Londres au palais de South-Kensington.

Ainsi qu'on peut s'en rendre compte, la façade principale est ornée d'un péristyle auquel on accède par un escalier de treize marches. Ce péristyle se compose lui-même de trois arcades ne mesurant pas moins de quatorze mètres de haut, et dont les piliers d'angle sont couronnés par les figures sœurs de l'Art et de la Science. A chaque coin de l'immense quadrilatère sont disposés des pavillons, du faite desquels quatre

UNE CROISADE DE TEMPÉRANCIÈRES (Voy. p. 56).

conséquemment partie intrinsèque et permanente de Philadelphie. A ce titre, il mérite une rapide description, d'autant que les beaux morceaux d'architecture sont encore rares aux États-Unis. C'est l'architecte Schwarzmann qui en avait dressé les plans et qui en a dirigé l'exécution. Avec le style Renaissance, dont on a tant abusé ailleurs, l'artiste est parvenu à faire une œuvre de réelle simplicité et d'incontestable grandeur.

Le Memorial Hall est établi au centre d'une plate-forme plantée en jardins, et mesure cent douze mètres de long sur soixante-cinq de large. Bien que les dimensions n'en soient pas excessives, il semble être, par ses alignements, de proportions gigantesques. En tout cas il renferme la plus vaste salle qu'on puisse

aigles isolés semblent vouloir prendre leur essor. Enfin, le centre de l'édifice est surmonté d'une coupole de métal et de verre, haute de cinquante mètres, au sommet de laquelle se dresse la représentation symbolique du nouveau monde sous le vocable « Columbia », la base du dôme supportant, à ses quatre points extrêmes, les autres grandes divisions géographiques de notre globe.

Malgré l'envergure insolite du Memorial Hall, le monument s'est trouvé être de beaucoup trop petit pour loger les tableaux, statues, gravures, aquarelles, dessins, cartons d'architecture, vitraux, mosaïques, photographies, peintures sur porcelaine, etc., etc., provenant de tous les points du monde aussi bien que de l'Amérique, dans une proportion qu'il était certainement impossible de prévoir. Aussi a-t-il fallu, pour abriter le tout, établir, sur le côté, d'immenses bâtiments annexes d'un caractère purement provisoire.

Bien que les États-Unis soient aujourd'hui largement exploités par les marchands de tableaux, il s'en faut que les arts y marchent encore de pair avec l'industrie et le commerce. Sous ce rapport, il n'est pas de petit État européen qui ne puisse lutter avec la grande république américaine. Chez nous, chaque race de peuples, pour ainsi dire, est adonnée soit à la sculpture, soit à la peinture, soit à la musique. L'Amérique est encore exclusivement tournée vers les intérêts matériels. Elle n'accepte les moyens décoratifs que comme une fantaisie du luxe ; et, jusqu'à ce jour, toutes les tentatives faites en vue de provoquer la culture d'un art national sont demeurées quasi infructueuses. Les écoles fondées en cette prévision ne renferment guère qu'un petit nombre d'élèves, et de tous ceux qui viennent réclamer des leçons à nos académies d'Europe, la plupart s'en retournent dans leur pays aussi peu maîtres qu'auparavant. Seul, le croquis d'illustrations a réalisé d'incontestables progrès. Pour le moment, peintres d'histoire, de genre ou de portraits, paysagistes, marinistes ou animaliers en sont

encore, pour la plupart, à puiser leurs inspirations dans nos chromolithographies.

Nous ne parlons que pour mémoire, bien entendu, d'un certain nombre de tableaux exposés à Memorial-Hall, et qui accusent chez leurs auteurs l'ambition de prendre la nature sur le fait, à la manière des dessinateurs japonais ou simplement des photographies. C'est là une tentative très louable sans doute, mais en somme fort isolée. Il serait, du reste, difficile de prévoir à quels résultats aboutiront les efforts de ces novateurs, qui, jusqu'à ce jour, n'ont guère produit que des œuvres d'une médiocrité absolue.

En revanche, il y a ici bon nombre d'amateurs sérieux, collectionnant les chefs-d'œuvre de l'art moderne. Sans parler de la galerie du fameux Stewart, qui acquit pour trois cent mille francs le *Waterloo* de Meissonier, on compte à Philadelphie, et surtout à New-York, des collections de premier ordre, formées à grands frais avec des tableaux achetés en Europe. Mais est-ce toujours par pur dilettantisme que ces fastueux propriétaires crèment à leur profit la production de nos principales écoles? Il est permis d'en douter. Pour la plupart de ces Mécènes, affectant de dépenser sans compter plutôt que jouissant en réalité du fruit de leurs prodigalités, le tableau le plus cher sera toujours le meilleur. C'est comme de la toile à tant le mètre. A leurs yeux, trop souvent, l'artiste n'a de réelle qualité que s'il jouit déjà d'un certain renom, que celui-ci soit légitime ou usurpé. Quant à fixer un choix, quant à suivre les phases d'un talent, quant à prévoir le futur grand peintre sous le rapin sans autorité, c'est l'affaire du marchand. Lui seul est commis au soin d'improviser, à tout prix et le plus rapidement possible, des collections redondantes, mais en général trop disparates.

Néanmoins, comme je l'ai dit plus haut, il se trouve en Amérique plus d'un chef-d'œuvre signé d'un grand nom dans le livre d'or des célébrités contemporaines. L'exemple fourni par les gros bonnets de la finance et du négoce a produit, à défaut d'un essor véritable, un mouvement en avant qu'il est impossible de méconnaître ; et le besoin d'imitation s'est fait sentir du plus opulent au plus modeste des enrichis. Tout homme qui se croyait hors des préoccupations immédiates a voulu acheter des tableaux et des statues comme son voisin. Or, comme on n'en était encore qu'aux produits d'exportation, on vit s'éloigner des ports français, allemands et belges, des cargaisons entières d'œuvres d'art exécutées, à la grosse et au rabais, par des artistes nécessiteux. La toile vendue cinq cents francs à New-York, à Philadelphie ou à Boston avait été payée vingt francs dans les mansardes de Montmartre, de Dusseldorf, de Bruxelles et d'Anvers. Broyeurs de céruse et tripoteurs de glaise, toujours à bout d'idées et parfois de modèles, pillèrent les œuvres connues, tout en s'inspirant au besoin des illustrations de la veille ou des lithographies d'almanachs. Quelques industriels établirent des fabriques en règle pour la contrefaçon des Delacroix, des Delaroche, des Calame, des Achembach, des Wappers et des Gallait. On inonda New-York de faux Ary Scheffer, de Knaus de contrebande, de Leys de haute fantaisie. C'était le bon temps pour les truqueurs. Un jour cependant la réaction se produisit. Les droits énormes dont furent frappés les objets d'art après la guerre de Sécession, la divulgation de toutes ces supercheries, arrêtèrent net les achats. Depuis, le commerce des tableaux est presque tué aux États-Unis. Les ventes qui s'y font chaque semaine dans les grands centres n'attirent plus que des spéculateurs en sous-ordre ou des amateurs clairsemés. Les exportateurs d'empâtements ne font plus leurs frais. C'est en Eu-

même, au Centennial-Ground, une fontaine monumentale. Je crains fort que l'eau de celle-ci ne fasse qu'une piètre concurrence aux breuvages des tavernes qui l'avoisinent.

Lesdits « tempéranciers » ont d'ailleurs la vertu

LE WISSAHICKON (Voy. p. 60).

rope, sur les lieux mêmes de production, que les Américains richissimes viennent désormais se pourvoir, à beaux deniers comptants, mais en s'entourant de toutes les garanties désirables. Quant au reste de la nation, elle continue à se renfermer, en fait de beaux-arts, dans une indifférence quasi absolue.

Jeudi, 15 juin. — Beau temps (th. + 20° cent.).

Les fils de la Tempérance, les « Cravates blanches », comme on les appelle ici, ont inauguré ce matin

farouche. Non seulement ils entendent s'abstenir personnellement de vin, de bière et de liqueurs, mais ils se proposent encore de réduire le prochain au régime de l'eau claire. Dans ce but, ils ont sollicité et obtenu du comité général l'autorisation de tenir un meeting dans la salle du conseil, gracieuseté qu'ils se sont empressés de reconnaître en adressant au même comité des remontrances presque sévères. Par l'organe d'un certain docteur Minor, prédicant de Boston, ils l'ont sommé, sous menace de poursuites judiciaires, de faire fermer immédiatement tous les débits de boissons autorisés, dans l'enceinte du *Centennial*, moyennant un droit formidable acquitté d'avance. Inutile de dire que le comité n'en a tenu aucun compte. Mais les tempéranciers ne se considèrent pas comme battus. A l'horizon déjà s'annoncent une foule d'autres réunions desquelles ils espèrent obtenir un résultat plus satisfaisant.

Dîner, vers cinq heures, aux confins de Fairmount-Park. Tandis que, sous un hangar voisin, des Allemands ingurgitent des océans de bière, une musique foraine exécute les morceaux les plus bruyants de son répertoire funambulesque.

Après ce repas, je me rends à Schuylkill-Falls, lieu charmant situé en amont, à l'endroit même où deux ponts, dont l'un livre passage aux voitures et aux piétons, l'autre au chemin de fer de *Reading and Richmond*, unissent les rives boisées. Ce coin de terre est tout peuplé d'élégants cottages, au milieu desquels un gros ruisseau court en frétillant et finit par se jeter dans le Schuylkill à la suite d'une série de cascatelles.

A environ un mille au delà, la rivière reçoit les eaux tourmentées du Wissahickon. Le rapide affluent coule entre des bords sinueux et agrestes, découvrant à chaque pas, aux yeux intrigués, les sites les plus variés. Je fais, partie en voiture, partie à pied, cette promenade romantique, où les poètes locaux viennent chercher leurs plus riantes inspirations.

Par la chaleur qui règne, une promenade en rivière n'est certes pas à dédaigner. Aussi retournerai-je à Philadelphie par un des bateaux à vapeur qui font le service entre la ville et Fairmount, et dont la tête de ligne se trouve être justement à Schuylkill-Falls.

Vendredi, 16 *juin*. — Temps couvert. Le thermomètre, qui ne marquait à sept heures que 25 centigrades, monte vers midi jusqu'à 27°.

Avant le dîner, je passe par le salon de coiffure du Continental Hotel. Douze spécialistes y fonctionnent avec une dextérité toute parisienne. L'un d'eux m'installe en une sorte de fauteuil chirurgical et se livre sur mon individu à une série d'opérations, dont la plus importante est le lavage à grandes eaux. On ne me savonne pas seulement « le cuir chevelu », mais la tête tout entière, y compris le visage. Cette haute lessive est couronnée d'une aspersion complète. Coût : un dollar et demi, soit sept francs cinquante. On achèterait, pour ce prix, la chevelure entière d'une paysanne d'Auvergne ou du Berry.

Le soir, flânerie dans la partie sud de Broad-street, à partir de l'endroit où s'élèvent l'immense hôtel de la ville ainsi que le superbe temple maçonnique dont j'ai eu l'occasion de parler. Le luxe déployé dans ce dernier genre d'édifices atteint, aux États-Unis, des proportions inouïes. Il s'en faut que les temples destinés aux cultes revêtent une pareille magnificence. En revanche, ceux-ci sont fort nombreux, et presque toujours élégants, je dirais même coquets. Tel est le cas de ceux qui bordent la belle et large rue que je parcours en ce moment.

Aussitôt après la gare du chemin de fer, dont les voies multiples traversent, sans clôture ni barrière, le prolongement de Broad-street, vient une série de grandes et riches habitations. J'en remarque une, entre autres, dont les jardins sont éclairés à la lumière électrique. Les fleurs, semées à profusion dans tous les parterres, étalent aux regards, comme en plein jour, leurs robes étincelantes de fraîcheur. C'est d'un aspect vraiment féerique.

Tout à côté, un vaste établissement sollicite, par son affiche, les amateurs de musique sérieuse. J'y pénètre, le long d'une grande salle exposée à l'air libre par l'une de ses faces, et donnant sur un superbe jardin. L'orchestre est de tous points excellent. Par le fait, le programme est consacré en partie à la musique classique. On y joue également quelques morceaux de Gounod et de Wagner. De ce dernier, j'entends la fameuse *Marche du centenaire*, dont j'ai déjà parlé. Beaucoup de bruit, de hautes visées, de la science plus qu'il n'en faudrait ; d'inspiration, point : telle est mon impression définitive. Cette page symphonique ne rappelle en rien l'auteur de *Lohengrin* et du *Tannhauser*. Elle n'est ni plus ni moins que la petite monnaie d'un génie évidemment fourvoyé.

Samedi, 17 *juin*. — Beau temps (th. + 26° cent.).

Le soir, de par la ville grandes promenades aux flambeaux, avec musique, oriflammes et tambours. Les politiciens de Philadelphie célèbrent le succès de Mr. Hayes, nommé délégué pour l'élection à la présidence de la république. Nombre de drapeaux sont ornés du portrait du candidat victorieux.

Saisissons ici l'occasion de donner quelques détails relatifs aux *conventions*, c'est-à-dire aux assemblées privées dont les principales attributions consistent à préparer, aux États-Unis, les élections locales, législatives et présidentielles.

Mais, avant d'en aborder la rapide exposition, disons que faire de la politique dans ces pays de formation récente constitue une sorte de métier reconnu, une véritable profession. La classe entière, dite des politiciens, qui s'y adonne spécialement, à l'exclusion de toute autre, pourrait être, par exemple, assimilée aux diverses corporations des médecins, des ingénieurs ou même des horlogers.

De là toute une organisation, propre à chacun des deux principaux partis qui se disputent le pouvoir depuis bon nombre d'années, c'est-à-dire au parti « démocrate », guerroyant pour la décentralisation au profit des États fédérés, et au parti « républicain », s'efforçant surtout de faire triompher le principe unitaire prôné jadis par le président Jefferson.

Or, telle est cette organisation des partis qu'on en retrouve la trace à tous les degrés de l'échelle gouvernementale. Ainsi, dans chacune des circonscriptions, grandes ou petites, dont est composé le territoire de la République, c'est-à-dire dans chaque État, dans chaque district et enfin dans chaque commune, les partis en question possèdent des assemblées délibérantes et des comités exécutifs chargés de défendre leurs intérêts.

Voici d'ailleurs comment les choses se pratiquent.

Au sein des communes, soit au bas de l'échelle, les comités du parti ont pour tâche de tenir la statistique électorale et, en temps d'élection, de convoquer leurs adhérents à des meetings. Dans ces meetings on procède au choix des candidats pour les élections locales. On y désigne également les délégués appelés à siéger dans les assemblées que le

Et c'est dans ce comité supérieur, sorte de conclave extraofficiel, que les candidats à la présidence de la République sont ballottés par leurs pairs et rivaux. Là aussi est débattu le programme définitif adopté par le parti. On y nomme, en outre, le grand comité exécutif chargé d'employer tous les moyens pour faire triompher aux élections le candidat choisi par l'assemblée.

Comme il est facile de s'en rendre compte, les attributions diverses de cette féodalité électorale sont très nettement établies. Tous les efforts isolés viennent s'y condenser dans une solidarité étroite, où malheureusement les remuants et les habiles l'emportent trop souvent sur les indifférents et les désintéressés.

LES RUES DE CAPE MAY, UN DIMANCHE DE JUIN (Voy. p. 62).

parti entretient dans chaque district, assemblées connues sous le nom de *conventions de district*.

Aux conventions de district incombe le choix des candidats à la Chambre des représentants, dépendante du Congrès de Washington, et des candidats à la législature locale de l'État. Ces assemblées nomment, en outre, les délégués destinés à faire partie des *conventions d'État*.

Les conventions d'État désignent les candidats aux fonctions de gouverneur et les candidats au Sénat, le deuxième élément du Congrès. Elles nomment, à leur tour, les délégués chargés de les représenter à la *convention nationale*.

Enfin cette ultime et plénière assemblée compte juste autant de délégations qu'il y a d'États dans l'Union, et autant de délégués que tous les États réunis envoient au Congrès de représentants et de sénateurs, chacun de ces délégués étant virtuellement investi de la confiance de son parti, suivant le « mandat impératif » qui lui a été tracé.

Quant aux ressources dont les différents partis disposent pour assurer le bon fonctionnement de cette vaste machine à voter, elles sont vraiment colossales. Fournies à la fois par la générosité factice des politiciens ambitieux, des quémandeurs d'emplois publics, des fonctionnaires élus ou à élire, lesquels abandonnent pour la circonstance une forte partie de leur traitement, elles peuvent s'élever à des millions de dollars uniquement dépensés en achats d'influences, en frais de presse, d'affichage et de réunions anticipées.

Parmi les délégués nationaux, Mr. Hayes occupe une position fort en vue. Il paraît que, dès à présent, sa candidature à la présidence serait virtuellement imposée. Les nombreuses manifestations qui s'organisent en son honneur sont de nature à le faire croire. Celle dont je suis témoin n'offre rien cependant de particulièrement enthousiaste. Tous ceux qui y prennent part défilent d'un air grave et sans échanger une parole. Ils semblent accomplir quelque grand devoir social. Et quant à la foule, elle les regarde passer avec une indifférence absolue.

Dimanche, 18 juin. — Temps couvert (th. + 27 cent.).

Je prends, en bas de Market-street, un billet à destination de Cape May, et traverse le Delaware en *ferry-boat*, pour atteindre la gare du *West Jersey Railroad*, située de l'autre côté du fleuve. Le dimanche, pour ne pas mourir d'ennui, il n'y a guère d'autre ressource que de se rendre à l'une ou à l'autre des petites stations balnéaires éparpillées sur la côte.

Le train s'ébranle à sept heures et demie. La voie traverse une contrée monotone, agrémentée seulement de quelques bouquets de chênes, entre lesquels on aperçoit de temps à autre de petites agglomérations de cottages plus ou moins attrayants.

Arrivée à dix heures et demie. Cape May est un joli port de mer situé à l'embouchure du Delaware. La petite ville abonde en charmantes habitations et compte un certain nombre de grands hôtels construits en bois. Elle est habituellement très fréquentée quand la saison bat son plein. Mais, outre que la présente date est encore prématurée, — malgré la chaleur torride à laquelle nous sommes en proie, — c'est aujourd'hui dimanche, et l'on sait que la vie est suspendue presque partout en ce jour de repos.

Tandis que les habitants du lieu sont probablement plongés dans le sommeil ou dans la méditation, je parcours les rues vides de la ville et vais promener mes rêveries le long des vagues bouillonnantes. La plage est aussi déserte que les rues. Je n'y rencontre qu'une bande de jeunes garçons disposant des coquillages sur le sable de manière à former des mots. Sans m'arrêter longtemps à la contemplation de cette entreprise littéraire, je vais me mêler, un peu plus loin, à quelques baigneurs venus comme moi de Philadelphie pour se rafraîchir les sens.

Mais point ne sied de s'oublier dans les délices de la baignade. Il est une heure, soit l'heure du seul repas que l'on sert ici dans les hôtels. Nous n'aurons garde, cette fois, de nous en affranchir. Il suffit de l'expérience d'Atlantic City, où, faute de précautions, je fus condamné — on s'en souvient peut-être — à faire une diète si prolongée.

A l'heure dite, je me trouve dans la salle à manger d'un vaste établissement donnant sur la mer. Par contraste avec la plage, dont nous avons remarqué la solitude, ici le monde afflue. C'est à peine si je puis trouver place à l'une des deux longues tables qui divisent l'immense réfectoire. Mais, chose étrange, sur un aussi grand nombre de convives, pas un n'enfreint, comme breuvage, les sévères prescriptions du dimanche. Du thé ou du café, du lait ou de l'eau claire, telles sont les seules boissons absorbées. Par cette chaleur extraordinaire, voilà qui paraît un peu trop frugal. Au risque d'ameuter mes voisins, je me fais servir un verre de mumm frappé. Les tempé-

ranciers présents me lancent des regards qui me feraient rentrer cent pieds sous terre, si je n'avais pris depuis longtemps le parti de me soustraire aux préjugés du pays.

De retour à Philadelphie vers huit heures, je trouve des lettres d'Europe en date du 5 juin. A peine en ai-je rompu le cachet que je me sens arraché, comme par enchantement, aux pensées mélancoliques dont la plage solitaire de Cape May m'avait insensiblement pénétré. O puissance du souvenir, ô charme inexprimable de quelques lignes échappées à l'amitié !

Lundi, 19 juin. — Beau temps (th. + 27° cent.).

Ainsi que le palais des Beaux-Arts, le Horticultural Hall est destiné à survivre aux constructions provisoires élevées dans Fairmount-Park. Il se présente sous la forme d'une serre colossale construite dans un style mauresque, assemblée de fer et de cristal, et mesurant cent vingt mètres environ de long sur soixante de large. Tout autour, seize hectares de terrain sont consacrés aux plantations, l'ensemble constituant ainsi un admirable jardin botanique destiné à s'ajouter aux agréments déjà si nombreux du parc Fairmount. Non loin de là s'élève un immense pavillon flanqué de nombreuses annexes et consacré à l'agriculture.

C'est dans ces nombreux bâtiments que l'on a exposé les principales richesses des États-Unis, j'entends celles que ce sol, fécond et vierge sur tant de points, prodigue avec une si grande libéralité à quiconque veut les lui réclamer.

A côté des végétations équatoriales ou semi-tropicales, balançant leurs tiges en parasol, le *big tree* de Mariposa offre aux regards son tronc prodigieux à l'écorce sèche comme de l'amadou. Mais le *Sequoia gigantea* ou *big tree* n'est pas le seul colosse arraché aux forêts du Far-West. Le chêne géant, dont le feuillage abrite tout un hameau de pionniers, y lutte encore avec son rival en magnificence et en force.

Le coton et le tabac se retrouvent ici dans leurs variétés presque infinies. Tout à côté, les céréales jonchent le sol, au pied même d'un moulin dont les ailes vont frôler jusqu'aux fermes de la toiture. D'autre part, les tissus et les lainages alternent avec les machines agricoles les plus diverses. Plus loin se présentent les trésors savoureux de la pomme, cause de tant de méfaits depuis que notre mère Ève y goûta subrepticement. Enfin ce sont les fruits délicieux de la Californie, les vins, la bière et les liqueurs de l'Amérique entière. Rien que cet aspect pantagruélique suffirait pour affoler un membre convaincu des sociétés de tempérance.

Tous les États de l'Union sont représentés dans la vaste enceinte où sont réunies tant de précieuses collections. De quelles immenses ressources jouissent ces pays favorisés de la nature ! Comme on comprend, à ce spectacle, que le prolétariat de l'ancien continent y déverse chaque année le trop-plein de ses populations nécessiteuses ! Au prix de tant de merveilles agricoles, que sont l'or et l'argent arrachés aux mines du nouveau monde ? C'est bien dans ses plaines fertiles que se trouve l'eldorado rêvé par les besogneux, et non dans les placers et dans les entrailles des montagnes.

sont bien franchement des Américains ; cependant ils témoignent, en plus, des habitudes de politesse et de serviabilité assez rares en ce pays, habitudes dues sans doute à leur descendance de race française. On sait, en effet, que beaucoup de colons haïtiens se réfugièrent à Philadelphie à la suite des massacres de

L'ARSENAL DE PHILADELPHIE (Voy. p. 61).

Mardi, 20 juin. — Temps un peu couvert. Le thermomètre monte de 27 à 30 centigrades.

La demeure particulière où j'ai loué un appartement est bien le type des habitations bourgeoises d'une ville nommée par excellence « la ville du *sweet home* ». Bâtie à un seul étage sur rez-de-chaussée, elle abrite, sous son toit exigu et entre ses murs de brique rouge, indépendamment de votre serviteur, la respectable Mme X.. ainsi que ses deux fils et ses quatre filles. Les sept membres de cette famille indigène

Saint-Domingue. Malgré l'absence de luxe, soit dans le salon commun donnant sur la rue, soit dans les autres parties de la maison, il règne une sorte d'aisance qu'on se plaît à constater. Le piano, meuble presque indispensable aux États-Unis, y trône à la plus belle place.

Aujourd'hui, comme je rentre au logis plus tôt que de coutume, je trouve nos jeunes *misses* en train de musiquer, suivant l'expression en usage au siècle dernier. Parmi les morceaux bien américains, c'est-à-dire pleins de répétitions et de banalités, que je leur entends jouer, il en est qui mériteraient une critique moins sévère; mais rien n'approche, évidemment, des belles pages écrites par nos compositeurs d'Europe. Après ce que nous avons déjà dit sur les beaux-arts de l'Amérique, je ne relèverais pas le fait une nouvelle fois, si cela ne m'amenait à constater qu'ici, plus que partout ailleurs, les petits talents d'Euterpe sont volontiers prétexte à causerie, comme à flirtation. Le modeste salon de la rue Franklin, où Mme X. reçoit régulièrement ses parents et amis, est en ce moment le rendez-vous de quelques beaux cavaliers et gentilles demoiselles, dont la conversation animée contraste singulièrement avec le défilé monotone du répertoire local. — Entendons-nous, d'ailleurs. — La flirtation, dont on apprécie assez mal en nos pays le sens particulier, n'est rien autre que le moyen de se connaître moralement de fiancé à fiancée, et la base de tout mariage entre jeunes gens de race anglo-saxonne.

Mercredi, 21 juin. — Beau temps (th. + 30° cent. . Je me propose de partir ce soir pour Washington en excursion de quelques jours.

Le côté sud de Philadelphie est certainement le moins attrayant de la ville. Pourtant, comme je tiens à tout voir dans cette cité, où j'aurai fait, en somme, un séjour assez prolongé; comme, d'autre part, je suis libre de toute ma journée, je me dirige à pied par les grandes voies monotones qui se prolongent jusqu'au Delaware. N'était le Navy Yard, arsenal maritime situé dans une des grandes îles du fleuve et où je vois nombre de bâtiments de guerre en construction, je regretterais presque une promenade sans intérêt, absolument faite pour me mettre sur les dents. Philadelphie, au surplus, est un des ports de l'Union où les chantiers pour navires sont le plus considérables. Mais cela ne constitue pas le pittoresque et l'agrément du coup d'œil. Je reviens donc, un peu désillusionné, par Broad-street, et j'y dîne en attendant qu'il soit onze heures et demie du soir, l'heure du départ du train pour Washington.

J'avais cru faire route en *sleeping-car*, mais c'est à peine si je puis obtenir une méchante chaise longue dans un wagon-salon. Cela me sera d'autant plus pénible que, la chaleur aidant, j'éprouve un besoin extrême de me reposer.

LE RAPPEL SUR LE WISSAHICKON. Voy. p. 60.

IV

WASHINGTON ET BALTIMORE

Température sénégalienne. — Monuments et promenades. — La Maison-Blanche.
— Smithsonian Institution. — Le Capitole. — Une séance au Parlement. —
Mœurs politiques. — L'œuvre de Washington et celle de Jefferson. — Nordistes et sudistes. — *Væ victis!* — Les faux électeurs. — Rotation des emplois
et malversations. — Assoupissement général. — Baltimore.

Jeudi, 22 juin. — Arrivé à Washington, vers six heures du matin, harassé de fatigue et dans un état d'épuisement presque complet, je descends à Arlington-House, hôtel fort bien tenu et fréquenté spécialement par le monde officiel. C'est, sans doute, en raison de cette circonstance qu'il est sensiblement plus cher que les autres établissements du même genre. On ne m'y demande pas moins de huit dollars par jour, soit quarante francs, alors que le prix habituellement payé dans les grands hôtels américains n'en excède pas cinq.

C'est avec bonheur que je m'y jette sur un lit, à l'abri d'une ample moustiquaire qui, pour le moment, sert à me préserver d'une légion de mouches fort agaçantes.

Quelque peu soulagé par plusieurs heures de repos, je me décide, vers onze heures, à commencer les visites de politesse inscrites sur mon carnet. Peine perdue : je ne trouve presque personne. On est déjà dans la saison où la plupart des gens inoccupés fuient un climat torride pour la fraîcheur des villes d'eau et les plaisirs de la villégiature. Le fait est que, sur ce point des États-Unis, appartenant encore cependant à la zone dite tempérée, on souffre beaucoup plus de la chaleur et du manque d'air que dans certaines régions situées sous l'équateur lui-même.

En revenant vers l'hôtel, j'ai lieu de voir, sur mon passage, quelques monuments intéressants.

Voici d'abord le Treasury, ou Trésorerie publique, immense édifice dont la colonnade ininterrompue, de cent mètres environ de longueur, a été modelée sur celle du Parthénon. A ce propos, empressons-nous de dire que le plus grand nombre des monuments de House, c'est-à-dire la Douane, est taillé dans le même ordre somptueux. Il n'y a pas jusqu'aux travaux hydrauliques de Fairmount, à Philadelphie, qui n'affectent les belles lignes architecturales inventées par Ictinus et interprétées par Apollodore.

Pour en revenir au Treasury, cet édifice forme un vaste parallélépipède rectangle dont la façade principale rappellerait assez la colonnade de Perrault. Un premier bâtiment, décrété en 1789, occupait cette même place. Il fut détruit en 1814 par les troupes anglaises. Celui qui le remplaça devint la proie des

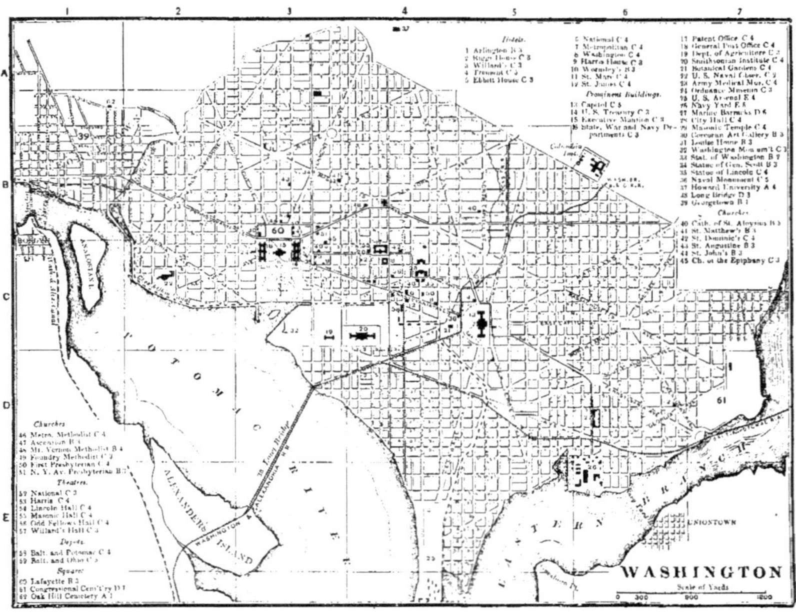

PLAN DE WASHINGTON

Washington, qu'ils remontent à la date de la fondation ou qu'ils lui soient postérieurs, semblent coulés dans le même moule. Le grand style a eu le don suprême de séduire les architectes de l'époque. Ils lui ont emprunté, pour ainsi dire, la totalité de leurs façades. Au surplus, ce plagiat de l'antiquité n'est pas seulement visible dans la capitale de l'Union. A chaque pas, aux États-Unis, on retrouve l'inévitable temple grec, avec des chapiteaux plus ou moins doriques, avec des frises plus ou moins corinthiennes. A Philadelphie, notamment, le collège Girard est la reproduction exacte de la Madeleine, ce pastiche néo-romain de la Maison Carrée de Nîmes. Le Custom-flammes en 1833. Le monument actuel, commencé en 1836, recouvre un espace beaucoup plus étendu que ses aînés, tous les services publics ayant pris avec le temps une extension énorme. En 1855, on avait été obligé d'y adjoindre, sur les dessins de Walter, l'architecte du nouveau Capitole, un nombre respectable de dépendances. Actuellement la Trésorerie publique mesure environ cent soixante-quinze mètres de long sur quatre-vingt-dix mètres de large. Il a coûté près de sept millions de dollars. Quant à la disposition intérieure de cette luxueuse bâtisse, elle est remarquable. Les corridors, tout plaqués de marbre de couleur, sont larges et nombreux, donnant accès à des escaliers d'un caractère tout à fait monumental. On n'y compte pas moins de deux cents chambres et salles de travail, où se meut une armée de commis appartenant aux deux sexes. Détail caractéristique : je remarque que les femmes y sont même en majorité.

La Maison-Blanche, appelée aussi Executive Mansion et située à côté du Treasury, sert, comme on le sait, de résidence au président de la République américaine. D'apparence fort modeste, elle fut commencée le 13 octobre 1792 sur les plans de l'architecte James Hoban, Irlandais de naissance, lequel ne se mit guère en frais d'imagination. Il se borna purement et simplement à reproduire l'hôtel du duc de

où le président est, en quelque sorte, forcé de recevoir, à jours dits, les visites du premier venu. Le tout est d'une sobriété remarquable au point de vue décoratif.

Telle qu'elle est placée, entre le Treasury et les différents ministères de la guerre et de la marine, la Maison-Blanche semble comme écrasée par les immenses constructions qui l'avoisinent. Cependant un beau parc baigné par le Potomac en doit rendre le séjour vraiment enviable, surtout si on s'en rapporte aux convoitises que celui-ci semble entretenir dans certains esprits.

De ce point fameux et très intéressant, quoi qu'il

LA MAISON-BLANCHE. — FAÇADE PRINCIPALE (Voy. p. 67).

Leinster à Dublin. Cette résidence présidentielle, si réputée dans le monde entier, n'est donc qu'une construction sans prétentions architecturales, en vulgaire maçonnerie, badigeonnée de blanc, ce qui lui fit donner le nom populaire sous lequel elle est connue. De plus, elle ne présente, en tout et pour tout, ainsi qu'on dit en langage notarié, qu'un étage carré élevé sur rez-de-chaussée. Enfin, elle ne mesure guère que cinquante mètres de long sur vingt-six mètres de large. Comme toujours, en revanche, la façade principale est affublée au centre d'un fronton grec supporté par des colonnes. Un modeste jet d'eau, en forme de bouquet, s'élance à quelques pas du perron, dans une disposition tout à fait bourgeoise.

A l'intérieur, on me montre une partie des appartements privés et la salle de réception, l'endroit même

en soit, je vais visiter le Patent Office, construction massive et d'aspect sévère, où le style de Poestum, cette fois, a été mis à contribution. Le Patent Office renferme différents services publics, entre autres celui des brevets ou *patent*, duquel il tire son nom. Dans la salle des modèles, on me montre le type de toutes les inventions qui jouissent d'un privilège d'exploitation depuis 1836. A cette époque, en effet, un incendie avait déjà détruit le commencement de la collection, c'est-à-dire plus de dix mille modèles accumulés depuis quarante-six ans. La collection nouvelle est fort curieuse. Elle comprend cent soixante-quinze mille brevets. On conserve également ici plusieurs des objets ayant appartenu à Georges Washington, la presse de Franklin, et le manuscrit de la proclamation de l'indépendance, ce fait historique de si haute portée, dont on célèbre chaque année l'anniversaire [1].

Le Post Office, qui se trouve non loin de là, offre comme particularité, outre un revêtement de marbre blanc, une belle façade corinthienne soutenue par des colonnes monolithes du plus beau carrare ou, tout au moins, d'un marbre similaire. L'ensemble rappelle à s'y méprendre le fameux palais Pitti, cette merveille de l'art florentin.

Vers trois heures, au cours des quelques visites que j'ai encore à faire, je suis plus heureux que le matin et rencontre M. D., ministre de Belgique, dont la demeure est située dans Pensylvania-Avenue. Nous causons longuement des hommes et des choses de l'Amérique, qu'il a appris à connaître par un très long séjour en ces parages. M. D. me donne des renseignements précieux et se met, avec la meilleure grâce du monde, à ma disposition pour me fournir les documents statistiques utilisés dans les présentes notes. Au sortir de chez lui, nous nous faisons conduire vers les points de la ville principalement dignes d'attention.

En suivant une sorte de parc bordé par le Potomac, et au delà d'un tertre sur lequel on a dressé un monument à la mémoire Washington, nous passons devant le Département de l'Agriculture, com-

LE TREASURY (Voy. p. 66).

prenant plusieurs édifices et un jardin botanique assez bien entretenu, puis enfin devant Smithsonian Institution. Le bâtiment ainsi appelé, si connu du monde savant, est une sorte de castel écossais, à tourelles de granit rouge, dû à la libéralité d'un Anglais, James Smithson, fils naturel d'un duc de Northumberland. Homme de science avant tout, auteur d'ouvrages estimés sur la chimie, la minéralogie et la géologie, Smithson fonda cet établissement dans le but de vulgariser les connaissances utiles par la diffusion des publications scientifiques.

Là encore, le feu a exercé ses terribles ravages. Une vaste salle de lecture, une galerie de beaux-arts, un laboratoire de chimie et une bibliothèque immense ont été totalement détruits. Dans la partie restaurée l'on a installé un musée d'histoire naturelle, une collection de métaux et de minéraux. En outre, toute une série de salles spacieuses y ont été affectées aux expériences et à l'étude.

1. Un nouvel incendie a ravagé le Patent Office, depuis la date où nous le visitions. On n'a pu en sauver que les reliques de Washington et de Franklin ainsi que l'original de l'acte d'indépendance. Tous les modèles et une grande partie des archives ont été réduits en cendres.

C'est à peu de distance de l'Institution et en s'élevant graduellement sur une hauteur d'où l'on domine toute la cité, que l'on arrive au Capitole.

Nous avons réservé pour la bonne bouche ce dernier pèlerinage. Le Capitole est, en effet, l'édifice le plus considérable des États-Unis, j'allais dire du monde entier, s'il n'en est pas tout à fait le plus beau, comme d'aucuns voudraient bien le donner à entendre. Sans nous rallier aux comparaisons hasardées par les Américains et qui seraient, somme toute, a leur entière confusion, il est permis d'affirmer, qu'indépendamment de ses proportions monumentales et de la richesse des matériaux employés, la situation qu'il occupe au centre de la capitale tend à imprimer à l'ensemble un caractère de grandeur vraiment surprenant. Un dôme colossal le surmonte, et la façade principale, développée sur une très grande longueur, est formée de trois avant-corps à colonnades et à frontons, répondant à chacune des trois parties suivant lesquelles le plan est divisé.

La première pierre du monument primitif, aujourd'hui modifié, fut posée par Georges Washington, le 18 septembre 1793.

Par une coïncidence bizarre, c'est à l'époque même où la France — dont les fils avaient si puissamment contribué à l'émancipation des colons américains — voyait s'écrouler dans l'impéritie tout l'échafaudage du passé, que les protégés de la veille, saluant l'avenir glorieux sous la conduite d'un législateur de génie, entreprirent la construction de leur fameux Capitole, au milieu d'une éclosion industrielle et commerciale sans précédent.

Si je dis que les plans primitifs du Capitole ont été modifiés, je fais erreur. L'édifice a été bel et bien incendié, comme la plupart de ses congénères. En 1814, pendant la guerre, les Anglais le vouèrent aux flammes, ainsi que la Maison-Blanche d'alors, la bibliothèque du Congrès et bien d'autres monuments. Dans ce lamentable sinistre disparurent les portraits de Louis XVI et de Marie-Antoinette, dont on avait décoré l'ancienne salle du Sénat, en reconnaissance des services rendus par la France. Ce n'est qu'en 1856 que le dôme, façonné d'abord en brique, charpente et feuilles de cuivre, fut remplacé par une coupole de fer élevée d'après les dessins de Walter, l'architecte chargé d'achever les contructions. Toutefois, bien avant cette époque, dès 1818, l'ancien Capitole était déjà presque complètement restauré.

Au président Fillmore revint, le 4 juillet 1851,

l'honneur de poser la pierre angulaire des formidables annexes de cette bâtisse gigantesque. Elles devaient porter la surface totale des lieux couverts à cent cinquante-trois mille pieds carrés, soit environ quarante-sept mille mètres superficiels. Si l'on ajoute à cela trente acres, c'est-à-dire quatorze hectares de terrain, ornés de fontaines et de statues, on aura une idée assez exacte de cette conception grandiose et de son entourage imposant.

Avant de nous aventurer dans l'intérieur du Capitole, promenons sur l'horizon un coup d'œil circulaire, du haut de l'immense terrasse sur laquelle repose le monument. De ce point nous embrassons l'ensemble de la ville et les campagnes qui l'environnent. Vers l'est se déroule une plaine semée d'élé-

du monument, et franchissons la magnifique porte de bronze qui en ouvre l'entrée. Cet ouvrage, dû au ciseau du statuaire américain Randolph Rogers, et modelé à Rome en 1858, a été coulé à Munich en 1861 par le fondeur F. von Müller. Il est traité en hauts reliefs et comprend huit panneaux, se rapportant tous à la découverte de l'Amérique par Christophe Colomb. Cette porte, dont le poids excède vingt mille livres, a plus de cinq mètres de haut sur trois de large. Elle n'a pas coûté moins de trente mille dollars.

Du portique, on accède à la rotonde par une même enjambée. Aussitôt l'œil embrasse une vaste salle mesurant quatre-vingt-quatorze mètres de circuit et dont le dôme se referme à soixante-sept mètres au-dessus du dallage. De tous côtés, la paroi s'y montre

LA MAISON BLANCHE. — FAÇADE POSTÉRIEURE (Voy. p. 67).

gantes villas et bornée par les eaux limoneuses du Potomac. La façade ouest domine, au contraire, toute la ville de Washington. Je puis y suivre des yeux l'interminable avenue de Pensylvanie, aboutissant à nos pieds, et sur laquelle je reconnais successivement le Treasury, la Maison-Blanche et les différents ministères. Sur des hauteurs peu éloignées, rappelant vaguement les sept collines sacrées de la ville éternelle, s'étagent çà et là d'autres bâtiments officiels de l'aspect le plus monumental. Vers la gauche, en revanche, est New-Park, où les tourelles rouge-brique de Smithsonian Institution contrastent avec les vertes feuillées du voisinage. Enfin, au loin, les habitations de Georgetown apparaissent, presque perdues dans les plis d'un rideau de montagnes. C'est un panorama d'une richesse, d'une grandeur et d'une beauté admirables.

Dirigeons-nous maintenant vers la partie centrale

surchargée de peintures et de hauts reliefs. Mais la muse qui présida à cette débauche de couleurs et de coups de ciseau n'a pas été aussi bien inspirée qu'on l'eût souhaité. La fresque de la coupole, notamment, représentant des scènes de l'histoire américaine, ne vaut pas la peine de rappeler le nom de l'auteur. Rien de plat et de boursouflé à la fois comme cette pauvre composition, où ne figurent pas moins de soixante-trois personnages dont pas un n'exprime un sentiment exact. Le groupe principal nous présente un « Washington » de haute fantaisie, flanqué d'une « Liberté » et d'une « Renommée » à l'avenant. — Et dire que certains Américains vont jusqu'à comparer cet indigeste morceau aux peintures de la chapelle Sixtine et aux œuvres de Michel-Ange! Pure affaire de patriotisme, sans doute.

Le bâtiment central renferme encore l'ancienne Chambre des représentants, dont le plafond est sou-

tenu par vingt-quatre colonnes taillées dans un pou-
dingue verdâtre provenant de la vallée du Potomac.

C'est dans les ailes du Capitole que sont établies,
à gauche, la Chambre des représentants actuelle, et,
à droite, un local correspondant où siège le Sénat.
Commençons par la visite de cette seconde partie du
monument. De la tribune diplomatique, où nous prenons place, je suis admis à contempler le corps entier
des sénateurs. A l'exception de quelques *patres cons-
cripti* en humeur de somnolence et moelleusement
étendus les pieds sur leur pupitre, la tenue générale
est assez conforme à ce qu'on est en droit d'attendre
d'une aussi haute assemblée. Par contre, le hideux
crachoir se montre uniformément placé à côté des

encore, ou, pour parler plus exactement, plus libres
qu'au Sénat. L'absence totale de formes, le sans-gêne
le plus débraillé, voilà ce qui distingue particulièrement les députés américains. Chacun s'y montre
coiffé à sa guise, d'un chapeau mou ou bossué, vêtu
d'un complet gris ou brunâtre, et *tous, tous, sans
exception*, cette fois, mâchent la feuille de nicotine
comme les Indiens d'Orient mâcheraient du bétel.
Quant à la galerie réservée au public, elle comprend
douze cents places assises, sans compter les loges
pour la presse et pour les ambassades. Les curieux
y sont, pour l'instant, beaucoup plus nombreux
qu'au Sénat. Dans l'assistance je remarque foule de
noirs, formant autant de points sombres qui trouent

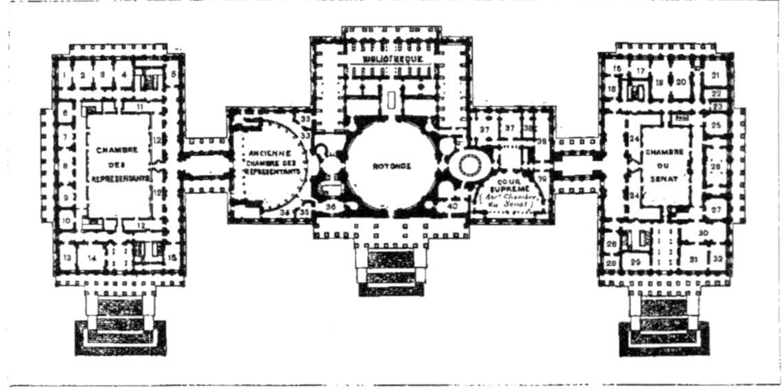

PLAN DU CAPITOLE

1. Cabinet du président de la Chambre
   des représentants.
2. Sergents d'armes.
3. Copistes.
4. Rédacteurs.
5. Greffe.
6, 7, 8, 9, 10. Salles de réunions.
11. Couloir.
12. Vestiaire.
13, 14, 15. Salles de commissions.
16. Secrétariat du Sénat.
17. Questure.
18. Caisse.
19. Chef du personnel.
20. Copistes et commis d'ordre.
21. Bureau des crédits.
22, 23. Projets classés.
24. Vestiaire.
25. Cabinet du président des États-
    Unis.
26. Parloir des sénateurs.
27. Cabinet du vice-président.
28. Commission du budget.
29. Rapporteurs officiels des débats.
30. Salle de réception.
31. Bureau de poste.
32. Sergents d'armes.
33. Archives.
34. Fournitures.
35, 36. Salles de commissions.
37. Greffe de la Cour suprême.
38. Vestiaire des juges.
39. Parloir de la Cour suprême.
40. Huissier de la Cour suprême.

honorables membres, qui, pour la plupart, mâchent
le tabac comme de véritables loups de mer. On discute en ce moment une simple question de chiffres,
qui laisse la réunion dans un calme parfait. Les ora-
teurs s'expriment clairement, posément, tout en retournant de temps à autre l'inévitable... pastille dans
leur bouche *entabaquée*. Cette évolution fréquente
paraît remplacer ici le geste traditionnel de nos
hommes politiques scindant leurs périodes soit en
avalant une gorgée d'eau, soit en se passant la main
dans la chevelure.

La Chambre des représentants, située dans l'autre
aile, quoique assez luxueusement disposée, manque
absolument de lumière. Parmi les portraits qui garnissent les panneaux, on distingue à gauche celui de
La Fayette, à droite celui de Washington.

Ici les attitudes individuelles sont moins réservées

le fond des tribunes. En revanche, je ne vois pas un
seul homme de couleur parmi les élus de la nation.

Outre ces deux salles de séances, le Capitole contient
encore une quantité de locaux accessoires. Dans l'un
des plus importants siège la Cour suprême ; un autre
renferme la bibliothèque du Congrès, riche de plus
de trois cent mille volumes.

Dans les immenses corridors, ouverts au public,
des vendeurs empressés débitent des rafraîchissements, des pâtisseries, des cigares, du tabac à fumer,
à priser et, naturellement, à chiquer, des photographies, des journaux, etc., etc. Partout aussi sont
placés les inévitables crachoirs, dont il est fait un
usage si constant. Ce singulier tableau ressemble si
peu à ce que nous voyons en Europe, où la discussion des affaires publiques est encore entourée d'un
certain apparat, que, par moments, on croirait rêver.

Chaque chose, en effet, prête à l'étonnement dans ce pays extraordinaire. Les habitudes vulgaires et le sans-gêne absolu y coudoient les programmes transcendants et les projets les plus grandioses. C'est un méli-mélo étrange d'idées opposées et de faits contradictoires. Excès d'individualisme, dira-t-on. — Je ne saurais en affirmer la cause. Le fait existe, voilà tout.

Quoi qu'il en soit, il est fort à craindre qu'une telle passion d'indépendance, apportée au seuil de la vie par tout Américain et soigneusement cultivée dans la suite, n'expose sa logique à de cruels mécomptes. Qui nous fera croire, par exemple, qu'une organisation politique basée sur le nivellement général et sans restriction, ne soit pas appelée à dégénérer en césarisme devant le génie d'un homme supérieur ou

tyrannie s'est insinuée sous une autre forme dans le pays de la terre qui semblait être le boulevard de la liberté.

La guerre de Sécession, dont le résultat immédiat fut l'abaissement et l'écrasement des États méridionaux, a consacré aux États-Unis l'effroyable principe du *væ victis*. Au lendemain même de la paix, l'élément nordiste ou yankee, jaloux de l'influence morale conservée par les vaincus, qu'il désignait sous le titre ironique de « chevaliers du Sud », a traité en véritables parias ces frères de la veille un moment hostiles, et maintenant « ramenés à la parfaite Union ».

On sait à quoi s'en tenir aujourd'hui sur le but avoué de l'abolition de l'esclavage. Celle-ci fut plutôt le prétexte d'une nouvelle et intolérable servitude

LE CAPITOLE. — FAÇADE PRINCIPALE (Voy. p. 68).

sous les coups d'un intrigant? Il suffit de jeter un coup d'œil sur les événements des dernières années, pour constater jusqu'à quel point déjà certains chefs de parti, à la faveur d'une popularité éphémère, ont méconnu les idées de liberté tant prônées.

Qu'est-il, en effet, advenu de la fameuse constitution de Washington, destinée à assurer pendant des siècles la fédération de tous les États de l'Union? Le pacte primitif existe-t-il encore, ou, du moins, sauvegarde-t-il absolument les droits particuliers de chacun en délimitant les obligations de tous? — On peut affirmer que non. — L'œuvre sage et populaire de l'illustre fondateur de la grande République américaine n'est plus qu'un écrit inobservé. Les disciples de Jefferson, en visant à l'unitarisme politique, ont insensiblement substitué à l'ancienne balance des intérêts fédéraux la prépondérance du pouvoir central et la répartition des charges et des emplois au profit de la faction dominante. Il s'ensuit que l'odieuse

imposée par le « Nord » à une race que nous lui croyons totalement étrangère; nul doute que si le « Sud » était enfin émancipé du joug fédéral, imposé avec tant de hauteur et supporté avec une semblable amertume, il constituerait à lui seul une importante nation du globe. Certes, l'esclavage est une iniquité qu'on a bien fait de rayer du code social. Mais les préjugés et les répugnances contre les noirs — physiologiquement inférieurs et décidément antipathiques à la race blanche — n'ont pas cessé de subsister, même au milieu de ceux qui s'intitulaient des libérateurs. Sans doute, le jour où le parti nordiste fut victorieux, il appela sans transition à l'exercice de la vie publique quatre millions de nègres répandus dans le Sud. Mais cet acte, généreux en apparence, n'était inspiré que par une pensée de haine contre leurs anciens maîtres. Du même coup, en effet, on enlevait à ces derniers le droit de voter et on confisquait leurs biens. D'ailleurs les vainqueurs n'avaient garde de mettre les nègres sur le même pied dans les États du Nord. Encore aujourd'hui, ces mêmes nègres ne sont ici électeurs que sur justification d'un revenu foncier de deux cent cinquante dollars. Dans tous les théâtres de New-York et de Philadelphie, quand on veut mettre à la scène un personnage ridicule, on ne manque jamais de le présenter sous les apparences d'un homme de couleur. Enfin, tandis que, dans les assemblées législatives du Sud, on voit siéger des noirs qui, pendant la morte saison parlementaire,

ment fédéral de Washington s'est assez bien transformé en autocratie pour que toutes les décisions importantes y soient prises en dernière instance.

On comprendra, du reste, qu'il surgisse fatalement des abus en un pays immense soumis à la loi du suffrage universel, alors surtout que le droit de vote dépend uniquement d'un an de résidence dans l'État, pour les élections législatives, et de trente jours seulement dans la circonscription, pour les élections locales. Et puis, ainsi que cela se présente trop fréquemment,

ENTRÉE PRINCIPALE DU CAPITOLE.
LA PORTE DE BRONZE CISELÉE PAR ROGERS (VOY. P. 69).

servent à table sur les bateaux du Mississipi ou se chargent, au rabais, de vos commissions, dans le Nord, au contraire, jamais le mandat de député n'est conféré aux gens de cette race, réduits à se contenter des seules et humbles attributions de serviteurs et de commissionnaires. Quant aux blancs du Sud, déchus encore en partie de leurs droits politiques, rançonnés et ruinés, soumis au régime du sabre ou à l'arbitraire, ils se voient souvent imposer par la force ceux qu'ils traitaient naguère en esclaves. A la Nouvelle-Orléans, notamment, on n'a point reculé à soutenir par la voie des armes des candidats que l'opinion publique avait évincés. Bref, le gouverne-

les bureaux de vote se trouvent présidés par les champions du parti le plus fort. On fausse audacieusement les listes électorales; il n'est pas rare que le même individu s'en aille voter cinq ou six fois dans une seule et même journée, très abondamment pourvu des certificats obligatoires. On voit également des trains entiers d'électeurs se transporter d'une circonscription à l'autre et vendre publiquement les voix au dernier et plus fort enchérisseur. A cet effet, chaque parti possède, ainsi que nous l'avons déjà vu, une organisation spéciale, un budget, des tribuns, des agents et des journaux salariés. Quant aux hommes sans passion politique, ils se contentent de laisser

WASHINGTON

faire, ne pouvant rien empêcher et ne cherchant même plus à défendre leurs privilèges individuels contre le flot toujours montant des politiciens en rut.

Quels qu'aient été les mérites et les aptitudes du général Grant, il est certainement un des hommes qui ont le plus contribué à propager ces mœurs déplorables. C'est sous sa présidence que le favoritisme d'une part et l'oppression de l'autre se manifestèrent le plus ouvertement. De pareils agissements pourraient évidemment mener tout droit à la dictature militaire si, par un de ces revirements qu'on ne voit qu'aux États-Unis, le président n'était justement délogé à temps et ne rentrait tout à coup dans l'obscurité. Un seul fait caractérisera l'audace et l'énergie de cet homme, investi d'une puissance presque sans limites. En 1873, étant assuré de sa réélection comme

De plus, en vertu du pitoyable système de la « rotation des fonctions publiques », système tendant à renouveler le personnel administratif à chaque élection présidentielle, sans même en excepter la magistrature, le président de la République américaine se réserve toute une armée de fonctionnaires intéressés à le maintenir au pouvoir. Aussi les chefs des différents services, toujours incertains sur leur avenir, ne visent-ils qu'à tirer leur épingle du jeu, en s'enrichissant par tous les moyens. Les faits sont là qui nous montrent constamment des législateurs se faisant indemniser des lois qu'ils votent, des ministres accusés de complicité dans les exactions que commettent leurs subordonnés, des administrations entières licenciées pour cause de hautes malversations.

On connaît l'histoire du fameux « Tammany ring »,

président, il réunit à la Maison-Blanche les principaux membres du Congrès et ne craignit pas de leur déclarer qu'il convenait désormais de fixer au double sa liste civile, ainsi que le traitement de ses ministres. Or, cette motion n'était rien moins qu'une dérogation à la loi fondamentale, qui défend d'augmenter les émoluments du président pour et pendant la période où il a été élu. De vives protestations s'étant aussitôt produites, il étendit la portée de sa proposition aux membres du Sénat et de la Chambre des représentants eux-mêmes, avec effet rétroactif de deux ans, ce qui fit immédiatement voter la mesure à une forte majorité. A ce propos, on raconte qu'un député émit un argument magnifique. Il insinua que, si le président actuel n'avait pas le droit de réclamer une augmentation de traitement, il avait bien celui de favoriser son successeur. Et comme le successeur d'Ulysse Grant était bien, juridiquement parlant, une autre personne que l'Ulysse Grant de la première élection, tout était pour le mieux dans le meilleur des mondes possibles. *Ab uno disce omnes.*

espèce de bande noire formée en vue de tout dominer. Cette association de coquins s'emparait successivement de chacune des fonctions publiques laissées à sa portée. Par elle le domaine de l'État fut littéralement mis en coupe réglée. Le détail des fraudes souffertes, des fausses livraisons endossées, des majorations de subsides accordées à des concessionnaires et payées vingt fois au delà des conventions, est encore dans toutes les mémoires. Grâce à cette mutualité cynique, le palais de justice de New-York, qui avait été évalué à deux cent cinquante mille dollars comme frais de construction, en coûta près de huit millions. C'est également dans le compte fantastique présenté par les concessionnaires que figurent trois douzaines de sofas, cotés, sur les registres de la municipalité, au prix modeste de six cent mille francs. En trois ans, la dette municipale fut plus que triplée, et cela sans entreprises extraordinaires. A cette époque, on voyait couramment des fonctionnaires de la ville et de très humbles commis entrés sans un sou vaillant au service de l'État, afficher en public un luxe véritablement scandaleux.

Le Ring fut dissous, il est vrai ; son chef fut même mis en prison. Mais l'esprit de rapine et d'exploitation a laissé des traces dans tout le giron administratif. En général, grands et petits s'y empressent de faire leur main, protégés tantôt par l'esprit de parti, tantôt par l'espoir universel de faire un jour comme eux. Ce tableau est sombre, on en conviendra ; il est malheureusement trop exact. Pour bon nombre d'indigènes, en réalité, la vie politique se réduit à deux objectifs : occuper les emplois ou chercher à les détenir.

Dans le Sud, comme complément à ces misères, les magistrats refusent de faire justice aux blancs. La loi de Lynch y a pris le caractère d'une Sainte-Vehme, soutenue et acclamée par la population opprimée.

Autour de moi, quelques dineurs, groupés par couples ou par familles, apparaissent doublés d'un même personnage sans importance et cependant bien utile. Quant aux autres voyageurs, ils sont étendus sur les divans voisins, dans les positions les plus locales. Plusieurs d'entre eux me semblent n'avoir pas bougé depuis ce midi, comme s'ils avaient passé dans le sommeil les heures que j'ai mises à profit pour parcourir la cité. Ne voudraient-ils sortir, par hasard, de cet état léthargique qu'une fois la nuit venue et pour aller se mettre au lit ?

Une nouvelle promenade en voiture, opérée après mon ombre de repas, me fournit l'occasion de remarquer l'heureux plan de Washington. Sur tout mon parcours, je traverse de larges avenues plantées d'arbres, entre lesquelles se croisent régulièrement les

L'AVENUE DE PENSYLVANIE, A WASHINGTON (Voy. p. 76).

Évidemment le but des « nordistes » est de forcer les propriétaires à céder leurs biens aux *noirs* à des conditions désastreuses. Ils savent bien à qui le sol reviendra tôt ou tard.

Telle est, en effet, la marche des choses : après les Indiens, les « Sudistes » ; après les Sudistes, les noirs. Mais qui saurait affirmer si, dans cette absorption successive, les Nordistes eux-mêmes ne seront pas dévorés à leur tour, au septentrion par les Irlandais et les Allemands, à l'ouest par les Chinois ? Cela pourrait bien être le châtiment !

Vers sept heures du soir, je fais une tentative de dîner. Je dis tentative, car je suis encore bien mal à l'aise, étant donné la chaleur que nous subissons.

Par les fenêtres largement ouvertes de Arlington-House, au milieu des bouffées d'air chaud insupportable à respirer, pénètrent des myriades de mouches qu'un nègre, planté derrière ma chaise, écarte à grand peine au moyen d'une sorte de martinet.

voies secondaires. Chacune d'elles porte le nom d'un État de l'Union. La plus importante, celle dont j'ai déjà parlé, l'avenue de Pensylvanie, relie les principaux quartiers de la ville au Capitole, en en formant, pour ainsi dire, la « voie Appienne ». C'est vaste et superbe à la fois. On dirait d'une création de Louis XIV. La configuration de la cité fédérative rappelle à certains égards celle du Versailles monarchique. Il se pourrait, d'ailleurs, que la première ait été inspirée par la seconde, et d'autant mieux que l'auteur du plan d'ensemble, le major L'Enfant, était au nombre des ingénieurs du corps expéditionnaire envoyé par la France. Enfin, — détail assez curieux, — toutes les rues à l'est et à l'ouest du Capitole sont désignées par des lettres, et celles au nord et au sud par de simples numéros.

Vendredi, 23 juin. — Une nuit réparatrice m'a complétement rétabli. À huit heures, je me trouve en état de partir pour Baltimore, où j'arrive vers neuf heures.

Ne me souciant guère de rester ici longtemps, par ces chaleurs sénégaliennes, je me mets immédiatement en quête d'une voiture et parcours la ville en tous sens. Celle-ci n'est pas la première venue, comme on sait, puisqu'elle a mérité d'être surnommée *Monumental City*, en raison des nombreux monuments qui s'y rencontrent. Toutefois, cette appellation me

fort nombreux et répartis sur tous les points de la cité. Par contre, ils se font remarquer, en général, par la modestie de leurs proportions et par une grande sobriété dans la décoration. La cathédrale catholique, bâtie en granit et surmontée d'un dôme, se distingue entre tous par son aspect massif et imposant. Deux hautes tourelles en forme de minarets contribuent, du reste, à lui imprimer un caractère plein d'originalité. Outre la cathédrale, on compte encore à Baltimore une

LE PARC DE DRUID-HILL, A BALTIMORE. Voy. p. 78.

semble être un peu présomptueuse, car je ne vois rien, dans l'architecture locale, qui soit vraiment de nature à la justifier.

Dans la plupart des édifices affectés aux services publics, c'est l'ordre ionique qui a été mis à contribution. Le City Hall, l'un des monuments les plus remarquables de la ville, est en quelque sorte le seul pour lequel on n'ait point emprunté ce genre d'architecture. A vrai dire, tous les styles s'y confondent, mais c'est l'art de la Renaissance qui a dicté les grandes lignes de l'ensemble.

En ce qui concerne les édifices religieux, ils sont

quarantaine d'églises catholiques. Le fait ne paraîtra pas surprenant si l'on songe que la population appartient pour plus du tiers à la confession romaine.

Ainsi que Philadelphie, Baltimore possède un nombre considérable d'institutions de bienfaisance, attestation vivante de l'inépuisable charité de ses habitants. Mais ces asiles sont dépourvus de tout détail artistique.

Au résumé, si le titre de *Monumental City* convient à Baltimore, c'est moins en raison du caractère architectural que du grand nombre de ses monuments.

En revanche, les voies de communication qui sil-

lonnent la ville sont à la fois larges, régulières et
plantées d'arbres magnifiques.

Market-street, nommée aussi Baltimore-street,
constitue l'artère la plus animée de la vaste agglomération. On y remarque notamment de brillants magasins d'orfèvrerie, ceux-là mêmes où se débitent des articles d'argent repoussé très appréciés en Amérique.

Le cocher de mon véhicule, à qui j'ai recommandé
de se rendre successivement sur tous les points intéressants de la localité, probablement piqué du peu
d'enthousiasme que je témoigne en face de tant de
merveilles plus ou moins attrayantes, me mène enfin
au jardin municipal, connu sous le nom de Druid-
Hill-Park, rendez-vous habituel de la société élégante. Là, mon indifférence est bien forcée de faire
place à la plus vive admiration. Cette promenade, en
effet, dont certains points dominent la ville et les
campagnes environnantes, est semée de délicieux ombrages et coupée de vastes bassins au milieu desquels
surgissent des pavillons rustiques. C'est un véritable

enchantement. La végétation de ce climat privilégié y
offre, à chaque pas, les spécimens les plus variés et
les plus vivaces qu'il soit possible d'imaginer.

Dîner à Barnum's-City Hotel, situé dans Calvert-
street, rue assez fréquentée où se dresse une colonne
commémorative appelée Battle Monument et érigée à
la mémoire des combattants de 1814. Saluons, en
passant, ce pieux hommage rendu aux défenseurs de
la cité investie par les armées britanniques !

Pour couronner ma visite de Baltimore, je fais l'ascension d'une autre colonne surmontée de la statue
de Washington, représenté en uniforme de général
en chef des armées fédérales. Le principal attrait de
ce monument consiste dans le panorama étendu qu'on
y découvre sur la ville, sur le port ainsi que sur les
eaux de la baie de Chesapeake, laquelle relie Baltimore à l'Océan.

Vers deux heures et demie, je reprends le train
pour Philadelphie, où je débarque sur les sept heures
du soir.

MINISTÈRES DE LA GUERRE ET DE LA MARINE, A WASHINGTON (Voy. p. 67).

PHILADELPHIE A VOL D'OISEAU

V

PHILADELPHIE

Au bord de l'Atlantique. — Long-Branch. — Meubles mécaniques. — Un programme de concert. — Les cadets de West Point. — Girard et son collége. — Les fêtes du centenaire. — Le coffre commémoratif. — La plume de Longfellow. — La veillée des armes. — Cortéges et illuminations. — Les réclames patriotiques. — Un sabbat d'enfer. — Minuit. — La cloche de l'Indépendance ou Liberty Bell.

Samedi, 24 juin. — Nuit excellente et beau temps (th. + 30° cent.).

Toute ma journée se passe à mettre ordre à mes travaux et à ma correspondance.

Dimanche, 25 juin. — Temps superbe, mais chaleur excessive. Un vrai soleil de bain de mer, s'il en fut.

Dès huit heures, je pars pour Long-Branch, localité située à quatre-vingts milles environ. Le billet d'aller et de retour n'est pas taxé plus de deux dollars et demi. C'est le voyage le moins coûteux que j'aie fait jusqu'à ce jour dans la riche Amérique.

Pendant que nous filons à toute vapeur, au milieu d'un désert de sable, où l'on rencontre cependant quelques villas et même plusieurs agglomérations, je promène mes regards autour de moi. Nous sommes — Dieu me pardonne ! — en très plaisante société. Bon nombre de coquettes Philadelphiennes ont profité de cette belle journée de dimanche pour se rendre, ainsi que votre serviteur, aux bains fashionnables de Long-Branch.

Arrivée à destination vers onze heures.

Long-Branch est une des plus jolies stations balnéaires de la côte environnante. Située au nord de Philadelphie, elle se trouve, tout à la fois, à proximité de New-York. En prenant le chemin de fer jusqu'au point extrême du cap qui fait face à l'Empire City, puis le bateau de service, on arrive dans cette dernière ville au bout d'une heure et demie tout au plus. A une demi-lieue de Long-Branch, une autre station de bains, appelée Océanville, offre aux amateurs des sources d'eau minérale appréciées.

En raison de ces avantages, Long-Branch est naturellement fort habité. De nombreux et beaux chalets, de grands hôtels généralement bien construits s'étendent le long de la plage, au bord d'une allée carrossable. Plusieurs notabilités de New-York et de Philadelphie y ont leur pied-à-terre entouré de merveilleux jardinets plantés de sapins et d'arbres toujours verts. Malgré l'âcreté des brises marines, les pelouses et les bosquets sont d'un éclat remarquable. Auprès de la mer s'étend un large boulingrin, sur l'herbe fine daquel sont établis des pavillons ouverts de tous côtés. Devant ceux-ci, le sable se déroule en contre-bas. On est réellement surpris de rencontrer une végétation aussi luxuriante jusqu'au bord de l'Océan.

Bien que la plage soit assurément fort belle, elle présente une pente un peu trop rapide. Aussi les baigneurs qui ne sont pas de force à se soutenir sur l'eau se gardent-ils avec soin de s'aventurer à plus de quelques pas. On ne voit partout que grappes de faux tritons suspendus à des cordes disposées de distance en distance, et se cramponnant pour ne pas couler à fond.

Après un dîner passable à Central Hotel, établissement tenu par des Allemands, je reviens me promener au bord du flot, sous une chaleur torride, heureusement tempérée par une brise légère soufflant du large à intervalles réguliers. Quelques groupes seulement se montrent de loin en loin, car, en dépit de la haute température que nous subissons, nous ne sommes pas encore entrés dans la saison balnéaire. Ce n'est qu'à partir du mois de juillet que les nombreuses stations éparpillées le long de l'Atlantique et dans les îles environnant New-York verront l'animation, les concerts et les bals succéder sans interruption au calme et à la solitude actuels.

Lundi, 26 juin. — Chaleur excessive, mais beau temps. — Le matin, le thermomètre ne marque que 29° centigrades. Pendant le reste de la journée, il en accusera régulièrement 35.

C'est sans doute en prévision de ces hautes températures que mes hôtes, toujours pleins d'attention, ont complété, depuis quelques jours, le modeste mobilier de mon salon. Ils ont mis à ma disposition un de ces sièges particuliers au pays et dont toutes les pièces, articulées comme un être vivant, se plient naturellement aux positions les plus excentriques. On peut s'y asseoir ou s'y coucher — dit la manière de s'en servir — de trente façons différentes. Enfin, l'objet en question a le don de devenir à volonté fauteuil, sofa, lit et même bureau de travail.

J'ai vu nombre de meubles semblables, à quintuple face, depuis mon arrivée en ce pays. Ils dénotent une recherche du bien-être tout à fait caractéristique. Les habitudes nomades des Américains, la nécessité de faire servir un même objet à plusieurs fins, de le transporter sans encombre, a rendu la spéculation ingénieuse et féconde. Plus que partout ailleurs, on possède ici le goût des armoires à glace se transformant en lits, des canapés contenant un matériel de toilette ou de bureau, des tables se déployant et s'allongeant à volonté.

Tout cela, comme on le pense bien, n'a rien de très artistique, les ais en ayant été façonnés à la machine-outil. Pas de sculpture au surplus ; la commodité seule est prise en considération. Pour ce qui me regarde, je suis enchanté de mon fauteuil. Malheureusement, je n'aurai pas lieu d'en profiter longtemps, puisque dans quelques jours j'aurai quitté Philadelphie.

Soirée passée dans un concert de Broad-street, le même que j'ai déjà décrit antérieurement. J'ai le plaisir d'y rencontrer deux de mes compatriotes, respectivement consuls généraux à la Nouvelle-Orléans et à San-Francisco. On nous y offre, entre autres « nouveautés », l'*Invitation à la valse*, des fragments du *Songe d'une nuit d'été* de Mendelssohn, la *Rapsodie hongroise* de Liszt, et, en fin de compte, quelques morceaux de Wagner. Pour la vingtième fois, j'entends la *Marche du Centenaire*. Elle produit d'autant moins d'effet que, succédant à l'ouverture du Tanhauser, un pur chef-d'œuvre à mon avis, les défauts m'en paraissent plus évidents.

Très curieux les programmes composés pour ces demi-solennités. Ce ne sont rien moins que de petites brochures contenant, outre le portrait du directeur, la matière des concerts de la semaine et les annonces, obligatoires là comme dans toutes les publications américaines, à quelque ordre qu'elles appartiennent ; on y insère également des citations notées des principaux morceaux de musique exécutés pour la première fois.

Mardi, 27 juin. — Température très élevée. — Dès le matin, 30° centigrades ; à midi, 38° bien comptés.

Aujourd'hui même avait lieu la revue des « cadets militaires » de West Point, l'école technique des États-Unis, d'où sont sortis les Grant, les Lee et les Sherman. Malgré la chaleur accablante, ces jeunes gens, astreints à la discipline la plus sévère et adonnés aux plus fortes études, ont défilé avec un ensemble et une précision admirables.

Dîner au Fairmount-Park, dans un vaste restaurant organisé à la parisienne. La chère y est vraiment exquise par rapport aux établissements similaires. Au moment où j'entre, la longue terrasse à véranda est littéralement encombrée de dîneurs, heureux de respirer un peu d'air, tant la température est devenue écrasante.

Vers sept heures, l'orage se déchaîne sur la ville, avec une violence inouïe.

Mercredi, 28 juin. — Beau temps le matin, et pluie le soir. A midi, le thermomètre marque 37° centigrades.

La journée tout entière est consacrée à mes travaux. La besogne officielle est presque terminée. Bientôt je pourrai me borner à ne plus consigner dans ce journal que les rapides impressions recueillies au cours d'un voyage sans arrêt.

Jeudi, 29 juin. — Temps un peu couvert et comparativement assez frais (th. + 26° cent. le matin, 31° seulement à midi).

LE CHATEAU D'EAU, DANS FAIRMOUNT-PARK

Visite du collège fondé par feu Girard. Ce collège est situé sur un plateau dominant Fairmount-Park. C'est un superbe bâtiment d'ordre corinthien, rappelant, comme je l'ai déjà dit, la Madeleine de Pierre Vignon. Depuis la base jusqu'au faîte, il est entièrement de marbre blanc. Je me suis imposé de grimper au-dessus du fronton, et j'ai pu constater que, même sur les combles, ce sont des dalles de marbre qui y remplacent l'habituelle couverture de zinc ou d'ardoises. En se promenant le long de cette surface presque plane, on pourrait se croire sur un immense sarcophage.

Le fait est que Girard College sert de tombeau à son fondateur. Étienne Girard, natif de Périgueux, embarqué à Bordeaux comme simple mousse, était parvenu, après des péripéties sans nombre, à une fortune colossale. A sa mort, il tenait la tête de la haute banque à Philadelphie. Parti de si bas, le banquier richissime crut devoir songer aux enfants pauvres et abandonnés, lesquels ont souvent tant de peine à se frayer un chemin dans la vie. D'après le testament qu'il laissa, deux millions de dollars devaient être consacrés à l'érection d'une institution pédagogique où ces enfants seraient largement accueillis. Actuellement Girard College compte plus de quatre cents élèves. En y comprenant le bâtiment principal,

les dépendances et les jardins, il occupe une superficie qui n'est pas inférieure à vingt hectares.

Dans le collège proprement dit, une pièce, connue sous le nom de Girard's Room, contient les livres et objets ayant appartenu au fondateur. Sa statue, sous laquelle ses restes reposent, est placée au pied du grand escalier.

Girard avait, dit-on, laissé une fortune de soixante-dix millions de francs. Il la légua tout entière à la ville de Philadelphie. En fait, il passait, de son vivant, pour être d'une avarice sordide. Combien cette parcimonie contraste avec la grandeur de son legs ! — Par une disposition spéciale du testateur, aucun ministre de n'importe quelle religion ne peut pénétrer, même en qualité de visiteur, dans l'enceinte de Girard College. On est fondé à croire qu'en insérant cette clause dans son testament, Girard, disciple convaincu de William Penn, a voulu soustraire sa fondation aux intrigues des nombreuses sectes protestantes qui déjà se disputaient la prééminence. Après un enseignement de pure morale, comme il l'ordonne en propres termes, chacun y est libre de choisir en conscience et en connaissance de cause « le chemin qui doit le mener à une autre vie ».

En sortant de ce somptueux établissement, je vais revoir une dernière fois Fairmount-Park et ses jolies terrasses, ses viaducs et ses tourelles pittoresques, ses installations hydrauliques et ses magnifiques points de vue !...

Vendredi, 30 juin. — Beau temps (th. + 32° cent.).
Soirée passée dans un délicieux jardin où l'on donne un concert symphonique. J'y écris plusieurs lettres au son de la musique de Mozart, de Meyerbeer, de Donizetti et de Strauss, et reviens au logis écrasé de mélodie.

Samedi, 1er juillet. — Beau temps (th. + 34° cent).
C'est aujourd'hui que commencent les nombreuses cérémonies destinées à marquer la célébration du centenaire de la République américaine. Meetings et congrès de toute nature attirent partout une foule compacte. Il doit y avoir des adresses, des hymnes patriotiques, des odes et des poésies chauvines à Independence-square. Après cela on se répandra en processions. Programmes de fêtes et textes récités ou chantés iront rejoindre, en fin de cause, dans le grand coffre de fer préparé à cet effet depuis le 1er mai, les divers documents relatifs au centenaire. Le coffre dont nous venons de parler ne sera rouvert que dans cent ans. Les arrière-neveux des Américains d'aujourd'hui trouveront là l'occasion de faire une exploration bien curieuse. Ils verront conservée, avec une fidélité rare, la physionomie exacte d'une époque peut-être encore plus intéressante au point de vue national que ne l'a été celle de la déclaration d'indépendance elle-même. Pour tous ceux, en effet, qui jugent froidement de la situation, il est clair que les États-Unis traversent actuellement une phase de laquelle il serait oiseux d'inférer n'importe quel pronostic.

Quoi qu'il en soit, les archives du coffre de fer contiendront toutes les conventions, règlements, publications, photographies, portraits, etc., relatifs à ce glorieux anniversaire. De plus, on y conservera, dans des albums spéciaux, les autographes et signatures des personnages les plus influents qui auront concouru aux solennités actuelles, ainsi que l'encrier et les plumes ayant servi à ce testament ultra-paternel. Enfin, comme souvenir du grand poète national Longfellow, les Américains du siècle prochain y retrouveront la plume qui a écrit tant de chefs-d'œuvre, destinés à rayonner sur l'avenir comme sur le présent d'un ineffaçable éclat.

Dimanche, 2 juillet. — Beau temps (th. + 30° cent. le matin, et 38° dans la journée).

Ce matin a eu lieu la célébration du premier épisode qui marqua la déclaration de l'indépendance, je veux dire la résolution, adoptée à l'unanimité par le Congrès, de rompre définitivement avec la métropole anglaise. Cette cérémonie s'est passée sans trop de faste et dans le plus grand calme à Independence-Hall.

Il fait, d'ailleurs, une chaleur insupportable. Impossible de s'occuper de quoi que ce soit. L'air fait presque entièrement défaut.

Quant à moi je n'y tiens plus : du soleil, soit, mais de l'oxygène à tout prix ! Vers le milieu du jour, je me fais conduire jusqu'à l'embarcadère des bateaux à vapeur desservant Schuylkill-Falls. Je ne descends à terre qu'au point extrême de l'excursion, c'est-à-dire à deux milles au delà de cette localité, non loin de l'embouchure du Wissahickon, dont je parcours à nouveau les rives enchanteresses. Tout au bord de l'eau s'élève un excellent restaurant bien ombragé, où je dîne et passe quelques heures de paresseuse rêverie.

Lundi, 3 juillet. — Beau temps. Forte chaleur : le thermomètre marque encore 38° centigrades dans la journée.

La ville est de plus en plus animée. C'est demain, définitivement, qu'on fêtera le grand jour où fut signée la déclaration d'indépendance.

Philadelphie regorge de visiteurs accourus de tous les points de l'Union. Dans les rues, on ne rencontre que cortèges, députations officielles ou officieuses avec tambours et musique en tête. Quel vacarme étourdissant ! De plus, des gamins de tout âge, profitant d'une si belle occasion, lancent des pétards et allument des pièces d'artifice en plein soleil. Pour moi, qui n'éprouve pas ces liesses patriotiques, j'avoue que cette journée est un rude cap à franchir.

Au milieu d'une des processions, je remarque une bande de jeunes garçons costumés en soldats et traînant un petit canon qu'ils bourrent et déchargent à tout moment. Le diable soit de ces artilleurs enragés !

Le soir, toute la ville est sur pied. En certaines rues, il n'est plus possible de circuler. On se porte en foule vers Broad-street, dans laquelle se déploie, vers neuf heures, une grande marche aux flambeaux.

Comment décrire cette promenade incohérente, ce tohu-bohu charivaresque de personnages illustres et de porteurs d'annonces en goguette ? Le cortège me paraît être composé de deux parties bien distinctes. Un premier groupe, qu'on pourrait appeler « officiel », ouvre solennellement la marche. On y voit les gouverneurs de provinces, au nombre desquels figure Mr. Georges Hayes, dont nous avons déjà parlé. Sa calèche est précédée d'un transparent gigantesque, où son nom se lit proclamé comme celui du futur président de la République. Mr. Hayes n'est cependant que simple candidat à la *convention* de Cincinnati. Dans ce même groupe défilent les commissions étrangères, anglaise, turque, chinoise, escortées de sociétés et de clubs politiques, industriels ou commerciaux. Mille acclamations enthousiastes retentissent sur son passage.

Ce premier flot une fois passé, c'est au tour d'un peuple innombrable à se ruer dans le même sens, en formidables bacchanales. Jamais je n'ai vu pareil débordement. Quel spectacle étrange, unique en son genre ! Il y a là des soldats, des gens costumés, des hommes en frac, des ouvriers en blouse, tous portant un flambeau en ignition. On dirait d'une ronde fantastique. Si on ajoute à cette cohue des milliers de voitures illuminées, à deux, quatre, six et même huit chevaux, on se fera une pâle idée du coup d'œil. Chose à noter : la plupart de ces véhicules sont de simples chariots sur lesquels des hommes en manches de chemise, et coiffés de chapeaux défoncés, maintiennent d'énormes transparents. Chaque compagnie, en effet, chaque grande maison d'affaires a tenu à comparaître dans ces assises patriotiques par un témoignage ou une annonce. Lignes de chemins de fer et de bateaux à vapeur, marchands de tabac ou de confections, raffineurs de sucre et cabaretiers, toute profession, la plus élevée dans l'ordre comme la plus modeste, fête l'anniversaire de l'indépendance, en donnant au public et son adresse et l'aperçu de ses prix.

Voici d'abord la maison « Singer » des machines à coudre, qui passe en lançant, du haut de ses échafaudages lumineux, des pétards et des fusées pour alterner avec des feux de Bengale. Presque tous les autres grands établissements qui suivent en font autant. C'est à donner le vertige. L'un de ces industriels en est venu jusqu'à monter sur son chariot une machine à vapeur dont les coups de sifflet retentissants mettent l'oreille à la torture. Un peu plus loin, sur le sommet d'un robuste véhicule, on a hissé un canon de gros calibre. Les détonations qu'il multiplie à plaisir font trembler sur leur base les maisons avoisinantes. Ce qui m'étonne le plus, au milieu de ce tapage diabolique, c'est que les chevaux mêlés aux passants aient la bonne volonté de trouver cela tout naturel et poursuivent paisiblement leur course, comme si de rien n'était.

Pendant que l'interminable cortège ondule par les rues en feu, vers minuit, en plein Independence-square, cinq cents chanteurs se réunissent, en vue de répondre par l'hymne *Star spangled banner* aux échos de la cloche fêlée qui avait si glorieusement sonné il y a cent ans, et aux tintements de la cloche nouvelle offerte par un citoyen généreux à la ville de Philadelphie. Un moment, le chant de la délivrance, entonné par ce demi-millier de poitrines enthousiastes, couvre le vacarme de la rue.

A une heure du matin, le défilé n'est pas encore achevé. S'il est vrai que le cortège doive revenir sur ses pas, les manifestants en auront jusqu'à l'aurore.

Ces joies bruyantes, quoique légitimes, ne sont pas

de mon domaine. Les pétards, les fusées jetées de toutes les fenêtres, les coups de feu, les hourras sible. Il est près de trois heures du matin quand je m'endors sur ma couche.

frénétiques, sont chose pie à coup sûr. mais un peu de repos, après cette brûlante journée, ne saurait être défendu. Arrachons-nous donc à ce spectacle inénarrable et tâchons de fermer l'œil, si c'est pos-

Mardi, 4 juillet. — Temps chaud, mais agréable (th. + 30°). Allons, il n'y a plus qu'à dire : « Le jour de gloire est arrivé. » Aujourd'hui Philadelphie va célébrer la date anniversaire de l'émancipation américaine.

En attendant, vu le grand nombre de pétards, de fusées et de coups de canon, vingt incendies ont éclaté sur différents points de la cité. Chaque année à pareille époque, d'ailleurs, ce sont, aux États-Unis, de véritables catastrophes où s'engloutissent des quartiers de villes dévorés par les flammes. Pas de bonne fête sans poudre ni flambeaux. Pas de solennités où le feu de joie ne se transforme en instrument de désolation. Heureusement, cette fois, du moins à Philadelphie, il n'y a pas eu trop de dégâts.

Ce matin a eu lieu une revue des troupes fédérales, représentées par les délégations de chacun des États. Les élèves de West Point et de Girard College ont, paraît-il, excité le plus vif intérêt. Cette armée, assez disparate, en raison de la multiplicité des uniformes, a défilé à Independence-square, devant les immenses tribunes qui y avaient été dressées en moins de vingt-quatre heures.

Je ne me rends au même lieu que vers dix heures, en vue d'assister à la cérémonie principale. A mon grand étonnement, la multitude n'y est pas trop compacte. Quant à la cérémonie, elle se passe sans grande pompe et en l'absence très remarquée du chef de l'État. Après l'exécution d'une ouverture du maestro Georges Bristol, de New-York, on prononce la prière d'usage, accompagnée d'un très beau chœur enlevé par douze cents voix. Puis, Richard-Henri Lee donne lecture au peuple, assemblé pour fêter son indépendance, de l'acte officiel soumis au Congrès par son aïeul en la mémorable année de 1776. Cette lecture a lieu sur le texte original envoyé de Washington.

Encore un hymne, quelques discours et une marche triomphale, et voici la cérémonie déjà terminée. En somme, peu de mise en scène, enthousiasme modéré. Il est clair qu'on se ressent un peu de la veillée et des excitations fébriles qui ont accompagné les préliminaires de la fête.

Je me hâte de retourner à mon logis pour faire mes préparatifs de départ, car, dès demain, j'entreprends toute une série d'excursions qui me retiendront au dehors un certain temps. Je compte aller successivement aux chutes du Niagara, à Montréal, et pousser jusqu'à Québec, pour revenir par la région des petits lacs et l'Hudson. Afin de ne point m'encombrer, je n'emporterai que le strict nécessaire et laisserai le reste de mes bagages en dépôt à Philadelphie, où je ne ferai plus qu'une courte apparition, pour de là gagner le Mississipi à la façon des écoliers, c'est-à-dire par Boston, Chicago et Saint-Paul.

LA CLOCHE DE L'INDÉPENDANCE (Voy. p. 84).

LA RIVE CANADIENNE DU NIAGARA

VI

LE NIAGARA

A travers la Pensylvanie. — Bethléem et les frères moraves. — Mauch-Chunk, Penhaven, Withehaven et les mines de houille. — Aspect de la cataracte du Niagara pendant la nuit. — Le « Tonnerre des eaux ». — Chute américaine et chute canadienne. — Les rapides. — *Burning springs*. — Les deux éléments. — Ponts suspendus. — Foire en raccourci. — Le Whirlpool. — Le trou du Diable. — A l'île de la Chèvre. — Excursion sous les eaux. — La grotte des Vents. — Un moment scabreux. — Maigre chère. — Le village.

Mercredi, 5 juillet. — La journée s'annonce bien.

A huit heures trois quarts, départ de Philadelphie par *Lehigh Valley railroad*. La gare est située au bas bout de Fifth-street. C'est le chemin le plus court pour aller au Niagara.

La contrée que nous traversons est fort riche en mines de houille, de fer et d'ardoises. Elle est en même temps très accidentée. De toutes parts, les hauteurs, dernières ramifications des monts Alléghanys, sont couvertes de forêts touffues, dessinant sur l'azur

du ciel des masses imposantes terminées par de fins
contours. Çà et là des vallées fraîches et verdoyantes.
Les tableaux se déroulent aux regards, toujours saisissants et variés.

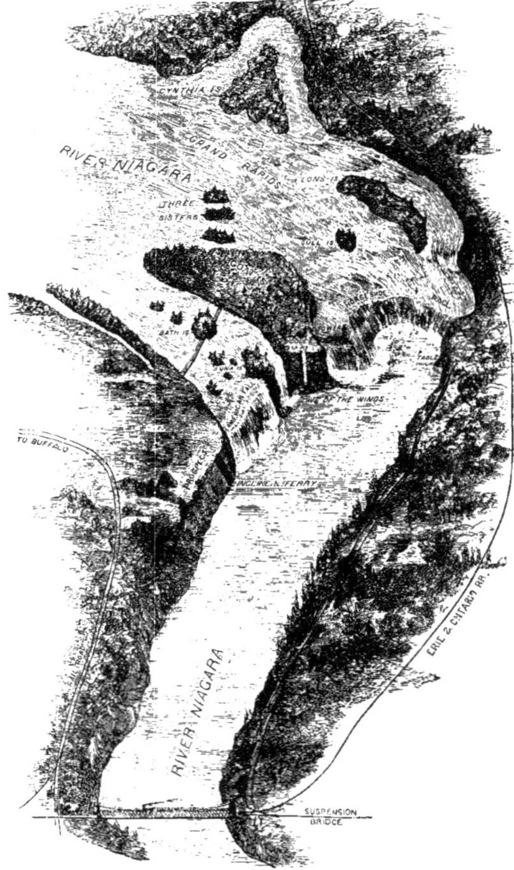

VUE A VOL D'OISEAU DE NIAGARA, AVANT L'ÉTABLISSEMENT
DU DEUXIÈME PONT SUSPENDU

Nous passons, tout en y faisant les haltes réglemen-
taires, devant plusieurs localités qui méritent d'être
citées : Bethléem, petite ville fondée, en 1741, par le
comte de Zinzendorf, et centre principal des frères
moraves en Amérique ; Mauch-Chunk, agglomération
cachée entre les montagnes qui la resserrent et la
surplombent, où l'on réalise des affaires très impor-

tantes en houille et en bois de construction, et dont
les environs, renommés dans tout le Nord pour leur
caractère pittoresque, offrent mille jolies promenades
desservies par un chemin de fer à plan incliné ; enfin,
Penhaven, où je puis distinguer, de
mon car, les wagonnets chargés du
précieux combustible descendant à
pic dans la vallée.

Vers une heure de l'après-midi
nous stoppons, à Whitehaven, bourgade ainsi nommée par ressemblance
avec le petit port d'Angleterre, et qui
possède les houillères les plus profondes du monde entier. A huit heures nous soupons à Hornell's-ville,
aux grondements solennels d'un violent orage. Ajoutons que ces repas de
grands buffets sont assez mal composés, et que le voyageur un peu délicat saurait difficilement s'en accom-
moder.

Ce n'est qu'à une heure du matin que
nous débarquons enfin à la station de
Niagara-Falls. De la gare un omnibus
nous conduit aussitôt à Clifton Hotel.
Chemin faisant, nous traversons un
immense pont suspendu au-dessus des
eaux et d'où nous sommes admis, pour
la première fois, à contempler les
chutes à la clarté frisante de la lune.

En ce moment, du fond du gouffre,
une sorte de vapeur, engendrée par
la cataracte, monte en forme de
nuage au-dessus des rives escarpées.
Ce brouillard empêche de mesurer
l'immensité du site qui se déroule devant les yeux. Toutefois l'effet produit par le formidable effondrement
d'une pareille masse d'eau remplit
l'âme d'émotion.

On a beaucoup parlé du bruit produit par certaines cataractes. Celui
que fait le Niagara en se précipitant
dans le vide est tellement intense et
continu, qu'on croirait entendre le
roulement de plusieurs trains sur un
pont de fer branlant.

Bien que la température se soit
notablement abaissée, je reste à considérer le spectacle jusqu'à deux
heures de la nuit. Je ne me décide à
gagner mon lit qu'après l'avoir encore une fois admiré
du haut de la terrasse qui court devant ma chambre.
Nulle parole ne saurait dépeindre l'aspect de ce magique paysage, en partie éclairé par la lune, en partie
enveloppé des ombres les plus épaisses.

Jeudi, 6 juillet. — Beau temps (th. + 25° cent.).

VUE GÉNÉRALE DES CHUTES DU NIAGARA

Depuis que nous avons franchi, dans la soirée d'hier, le pont suspendu dont nous avons parlé, nous ne sommes plus sur le territoire des États-Unis. L'hôtel Clifton, en effet, relève du gouvernement canadien; il se trouve dans la province d'Ontario, sur la rive gauche du Niagara, lequel sert de limite aux deux pays. Bien qu'il porte le nom de Clifton, localité située en face d'une autre appelée Suspension-Bridge, cet hôtel s'élève à deux kilomètres de l'agglomération, en face même de la cataracte. C'est pour cette dernière raison que je l'avais choisi.

De ma fenêtre, ouverte aux effluves du matin et donnant en plein sur les chutes, je note mes dernières impressions. Les eaux coulent toujours mugissantes. Mais, si déjà la cataracte était superbe aux rayons de la lune, autant elle devient imposante lorsque le soleil l'inonde à son tour des flots éblouissants de sa lumière. Il ne me semble pas, malgré tout ce qu'on a pu en dire, que rien de plus majestueux puisse être offert aux regards du voyageur. En vérité, les termes manquent pour exprimer le religieux transport dont on se sent pénétré.

Vers onze heures, je me mets en mesure de visiter les chutes et les rapides en détail, me confiant aux soins d'un cocher qui, moyennant un dollar et demi par heure, me conduira sur chacun des points dignes d'attention. D'autre part, l'hôtelier a eu soin de me pourvoir d'une ample provision de dollars et demi-dollars, dont j'aurai, paraît-il, besoin durant le cours de l'excursion.

Mais avant d'entreprendre le récit de cette promenade, fournissons quelques mots explicatifs sur l'ensemble des rapides et des chutes dont il doit être question.

Ce que les Américains appellent Niagara River n'est, comme on sait, qu'une sorte de canal naturel formé par la communication du lac Érié et du lac Ontario et mesurant tout au plus une douzaine de lieues. On n'ignore pas non plus que ces deux larges bassins sont eux-mêmes les derniers déversoirs de toute une série d'autres grands lacs communiquant entre eux, suivant une pente régulière, à commencer du lac Supérieur, et se jetant en fin de course dans le fleuve Saint-Laurent. Or, Niagara River, après avoir accompli sa chute vertigineuse, à huit lieues environ de son origine, bouillonne encore pendant quelques kilomètres sur son lit de pierres et de rocailles, et finit par se noyer tranquillement dans le lac Ontario, déjà nommé.

Les berges de ce canal ou de ce fleuve, comme on voudra, offrent presque partout un réel et puissant intérêt. Avant de bondir

au-dessus de la rampe granitique qui en forme le principal objet d'attraction, il se partage en plusieurs branches, séparées par des îlots richement boisés et dont le nombre se modifie chaque année. On conçoit, en effet, que les parcelles arrachées aux berges des rochers et des terrains, obstruant le passage, tendent à former de nouveaux obstacles qui se déplaceront tour à tour jusqu'à la consommation des siècles. Pourtant le cours du fleuve ainsi divisé se rejoint, vers Goat Island ou île de la Chèvre, en deux grandes sections principales, lesquelles trouvent tout à coup

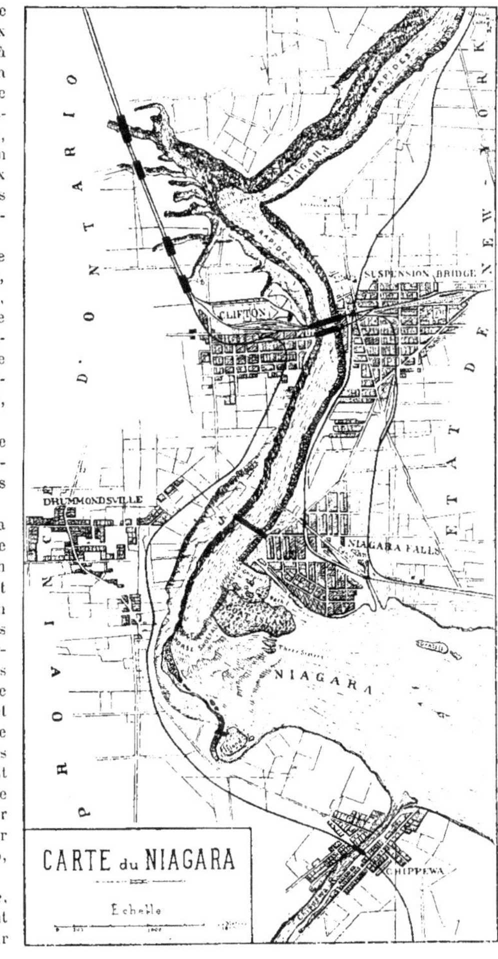

le néant devant elles et s'y précipitent aveuglément. Ces deux cataractes distinctes avaient été surnommées par les Indiens « le Tonnerre des eaux ». La comparaison nous semble être d'autant plus naturelle que, en Afrique, là où le Zambèze se déverse par des chutes deux fois plus élevées que celles du Niagara, les indigènes ont trouvé une appellation presque identique. Ils désignent ces chutes sous le mot générique de « Mosi ou tounga », c'est-à-dire « Fumée tonnante ».

L'une des deux cataractes américaines appartient aux États-Unis, l'autre au Canada. Cette dernière est la plus considérable. Elle décrit, en son épanouissement, un arc de cercle de six cents mètres environ, ce qui lui a valu le surnom de Horse Shoe Fall ou chute du fer à cheval, alors que sa rivale, moins orgueilleuse, ne présente qu'une ligne droite dont l'étendue est moitié moindre. La hauteur uniforme des deux chutes est de cinquante mètres en moyenne. Cette masse liquide, s'écroulant sur un fond de rochers, in-

LE COURS DU NIAGARA

cessamment creusé, incessamment comblé, forme des tourbillons et des rapides auxquels rien ne pourrait résister. Tout ce qui tombe dans le gouffre est immédiatement englouti. Au bas même de la cataracte, les profondeurs de l'eau sont considérées comme insondables, ce qui n'empêche pas de passer immédiatement sous ses arches liquides. Toutefois, on verra plus loin que l'entreprise n'est pas tout à fait dépourvue de dangers.

A distance, l'effet produit par ces immenses nappes d'eau, qui s'abiment et rejaillissent de toutes parts, est grandiose. De près, il est saisissant. Je ne pourrais guère mieux comparer l'impression qu'on éprouve en se rapprochant du Niagara qu'à celle produite par la vue des grandes pyramides de Ghyzeh. Celles-ci paraissent presque petites, même à deux cents mètres de la base, alors qu'on les voyait depuis plusieurs lieues. C'est seulement au pied même de leurs colossales assises que l'on demeure écrasé par le spectacle de leur étrange majesté. En ce qui concerne les cataractes, il est d'autant plus difficile d'en estimer les proportions, que les embruns projetés autour d'elles forment un épais nuage, que le regard ne saurait

percer. Ainsi, à la place même où j'écris en ce moment, c'est-à-dire à plus de trois cents mètres des chutes, je sens des gouttelettes que la brise du matin me renvoie au visage.

Les rapides qui précèdent la cataracte et y succèdent produisent un spectacle tout au moins aussi saisissant. Pendant la durée de quelques milles, les flots s'abattent les uns sur les autres avec une fureur telle, qu'on en reste anéanti. Ce déchaînement des eaux révoltées n'a d'ailleurs rien d'extraordinaire, si l'on songe que le volume liquide déversé par la seule brèche de la rive canadienne est de plus de sept millions d'hectolitres par minute.

Ainsi que je l'ai dit, je suis parti vers onze heures, me confiant au sens esthétique de mon cocher, mais très désireux de tout voir avec ordre et en détail.

Le premier soin de mon guide est de m'arrêter devant un photographe, à côté de New Suspension Bridge. Ce pont, pour véhicules et piétons, est une merveille de hardiesse et de légèreté. Il relie le village de Niagara-Falls, situé sur la rive de l'Union, au territoire canadien, par un tablier qui ne mesure pas moins de trois cent quatre-vingt-sept mètres.

Ceci dit, revenons à notre photographe. Moyennant la somme de deux dollars et demi, accordée sans difficulté, il braque son appareil sur notre équipage. Deux dollars et demi, c'est une bagatelle pour la localité. Encore y a-t-il lieu de supposer que sur ce prix, annoncé comme réduit, mon automédon perçoit quelque honnête commission. On m'a prévenu que tout le monde ici, hôteliers, cochers, détaillants, parait s'entendre à merveille pour écorcher le touriste. Quoi qu'il en soit, me voici assis dans ma voiture en face de l'objectif et posant gravement devant l'opérateur, tout comme un simple marchand de porcs de Cincinnati ou de Chicago. Quant au fond du tableau, il est formé par la cataracte même. Aussi suis-je loin de regretter les dollars qui m'ont été demandés et le temps que j'ai perdu à les dépenser. C'est bien quelque chose, pour notre petit amour-propre, que de se trouver encadré, seul, dans un site aussi merveilleux. Il y a, en somme, des fantaisies moins excusables.

Le cliché une fois développé, nous faisons demi-tour pour gagner la chute canadienne, où, sans perdre de temps, on me décide à revêtir un costume imperméable, à seule fin de descendre sous l'immense colonne diluviale. Cette excursion, en quelque sorte sous-marine, me semble d'autant plus séduisante qu'elle ne se trouvait pas prévue dans mon programme. Toutefois, ce n'est pas sans une vague appréhension que je m'aventure dans le chemin de plus en plus étroit et jonché de débris rocailleux que surplombe la cataracte. C'est à peine si je réussis à m'y tenir debout. Le pied y glisse à tout moment. Aucune balustrade, d'ailleurs, pas même une simple corde ne saurait être fixée à demeure dans la paroi du rocher, tant celui-ci se dégrade et se détache par écailles sous l'action de l'humidité. Le principal en cette affaire consiste donc

SOUS LA CHUTE CANADIENNE (Voy. p. 92.)

à ne point être sujet au vertige. Faire un faux pas serait la disparition instantanée et sans recours. Pour le reste, l'unique danger réside dans l'effondrement des voûtes d'où s'élance la cataracte. Il arrive, en effet, que des parties plus ou moins considérables du rocher, désagrégées par l'action permanente du torrent, dégringolent dans l'abîme ou recouvrent le sentier ménagé sur le bord. On peut estimer à un pied environ le retrait annuel de la cataracte usant l'extrémité de son vertigineux tremplin. Déjà, Table Rock, bloc immense surplombant autrefois les chutes, n'existe plus qu'à l'état de souvenir. Il y a une quinzaine d'années, la puissante corniche qu'on appelait de ce nom s'est effondrée presque en entier.

On est vraiment saisi de stupeur, lorsqu'on se trouve au-dessous de l'avalanche liquide, précipitée dans le gouffre et mesurant tout près de six à sept

De Burger. Les péripéties de mes différentes excursions se chargeront de le démontrer.

Après la descente sous la chute canadienne, je suis invité à me rendre dans une sorte de musée attenant à l'endroit même où j'avais endossé le costume imperméable. Ce musée contient quelques pièces anatomiques, des objets d'histoire naturelle, des statues indiennes, voire égyptiennes. Il ne vaut pas le demi-dollar qu'on y arrache à la curiosité mise en éveil.

Revenons maintenant sur nos pas, en vue de remonter à gauche, par un chemin terreux, vers une source d'eau sulfureuse, située à un quart d'heure tout au plus, et qu'on désigne sous le nom ronflant de Burning Springs, ou sources brûlantes. Là encore il y a quelque droit à payer, en franchissant la barrière : un quart de dollar, une misère. Cette source dégage une forte quantité d'hydrogène carboné, gaz

LES TROIS ÎLES SŒURS (Voy. p. 96).

mètres d'épaisseur. Ici, désormais, ce n'est plus qu'un fracas épouvantable, un tumulte indescriptible, provoquant un serrement de cœur analogue à l'angoisse. Le vent produit par la chute de toute une montagne d'eau vous ébranle sur votre base. Il unit ses sifflements suraigus au hurlement plaintif des ondes comprimées. A certains moments, le terrain semble se dérober sous vos pas. Nous pouvons nous croire transporté dans les cavernes où Virgile nous montre l'impérieuse Junon s'en allant auprès d'Éole pour le prier de déchaîner la tempête sur la flotte d'Énée :

Là, sous de vastes monts,
Le dieu tient enchaîné dans leurs gouffres profonds
Les vents tumultueux, les tempêtes bruyantes
S'agitant de fureur dans leurs prisons tremblantes.

C'est un nègre qui m'a servi de guide en ce premier voyage sous les eaux. Le prix en a été d'un dollar, plus, naturellement, le pourboire au bénéfice du cicerone.

Dollars et demi-dollars vont plus vite, dans ce prodigieux pays, que les morts défilant dans la ballade

inflammable, comme chacun sait. Moyennant le demi-dollar de rigueur, on fait brûler le fluide devant vous, et l'on vous offre en même temps un verre d'eau à boire ayant un goût de soufre très prononcé. O mœurs hospitalières de l'Arabie ! ce n'est pas dans les déserts de Bahr Abiad eux-mêmes qu'on vous ferait payer ainsi l'eau et le feu !

Au retour de cette petite fugue, je suis admis à contempler les rapides qui s'en vont former plus loin la cataracte canadienne. Sur plusieurs points de la berge on peut s'approcher tout contre les eaux. Leur course vertigineuse est calculée en cet endroit à raison de quarante-quatre kilomètres à l'heure. Vue ainsi en amont de la chute, cette coulée formidable est d'un effet magique. Pour mieux me la faire apprécier, on m'invite à monter sur une sorte de pyramide en charpente, d'où je découvre tout le pays environnant. A une certaine distance, dans le lointain, on me montre une colonne érigée à la mémoire du général Brock, tombé mort, en 1812, sur le champ de bataille de Queenstown. Coût : un demi-dollar seulement...

De là, nous nous dirigeons vers Suspension Bridge, situé à deux milles au-dessus des chutes. Ce pont, qu'il ne faut point confondre avec celui qui avoisine l'hôtel Clifton, a une longueur de deux cent cinquante mètres, et s'élève de quatre-vingts au-dessus du niveau de l'eau. Quatre câbles monstrueux, en fils de fer entrelacés, suffisent pour tenir en suspens la robuste construction à deux tabliers superposés, où passent à la fois les trains de chemin de fer, les voitures et les piétons. Cet ouvrage merveilleux, jeté si hardiment à travers l'espace, semble, vu de côté, être l'œuvre patiente de quelque araignée gigantesque. Du haut du pont, que nous traversons pour longer la rive américaine, — observatoire dont l'accès coûte encore un demi-dollar, — je suis gratifié d'une vue magnifique sur les rapides de gauche, encaissés profondément entre des rochers presque à pic. Au-dessous de nous, à droite, l'œil embrasse, dans le lointain, l'ensemble déjà décrit de la cataracte, avec New Suspension Bridge, qui précède les chutes immédiatement.

Nous voici arrivés à Mountain Rapids. Pour apprécier le déchaînement du Niagara en cet endroit précis, je me fais descendre jusqu'au bas du roc, dans un ascenseur mû par les eaux mêmes du torrent impétueux. Le spectacle est à la fois grandiose et terrifiant. Les lames qui se brisent à nos pieds nous renvoient des panaches d'écume et de gouttelettes. Niagara River semble vouloir s'élancer vers les cieux dans un accès de fureur et ne réussit qu'à retomber lourdement sur lui-même, en mêlant sa mousse blanchissante au vert pâle des eaux affolées. Il roule ses flots avec une telle violence que le courant, bombé en dos d'âne, s'élève au milieu à dix pieds au-dessus du niveau qu'il atteint près des rives. On dirait qu'une série de cratères, placés dans le lit du fleuve, mettent la masse liquide en ébullition. Qui oserait jamais affronter le cours de ces eaux bouleversées ? Cela a été tenté pourtant. Il y a longtemps déjà, des hommes téméraires, montés sur un petit vapeur, n'ont pas craint de traverser les redoutables rapides. Et ils n'ont point échoué dans leur incroyable aventure. En souvenir de leur intrépidité, on a conservé la coque de l'esquif échappé par miracle aux hasards de la plus inutile des bravades humaines.

On s'arrêterait des heures et des jours en face de ce tableau incomparable. La contemplation, trop restreinte, de tant de merveilles ne nous coûte, du reste, qu'un demi-dollar en plus.

Mais d'autres attractions nous réclament.

Passons d'abord, en y jetant seulement un coup d'œil, devant l'étalage des marchands de curiosités venus là pour offrir au touriste des objets de bois sculpté importés d'Europe, des éventails de plumes ornés d'oiseaux-mouches, d'une facture charmante et fabriqués dans le pays, enfin toute une série de bibelots en cuir, en bois ou en perles travaillés soi-disant par les Indiens.

Rendons-nous ensuite au Whirlpool, vaste tourbillon situé à trois milles en aval des chutes. Là, les rapides, emprisonnés soudain par une vaste muraille de rochers perpendiculaires, présentent l'aspect d'un lac tournoyant à l'infini, dans un nouvel accès de désespoir et de colère. Parfois, pendant des jours entiers, on y voit des arbres, déracinés par le courant, se démener au sein des vagues concentriques, tout comme un fétu de paille dans le giron d'un entonnoir.

Toutefois, la marche impétueuse des eaux n'en est que momentanément ralentie. Après avoir, encore une fois, franchi cette profonde excavation, on les aperçoit reprenant leur fuite échevelée vers la droite, où je les abandonne, non sans regret.

Prix de ce nouveau regard jeté sur les vagabondes : un demi-dollar.

Allons maintenant, pour une même somme à débourser, surprendre les rapides sous un aspect différent. Il s'agit d'un certain trou du Diable, autre excavation, dont les parois s'abaissent verticalement dans le fleuve. Il livre passage à un ruisseau qui se précipite follement au milieu du gouffre en mêlant ses eaux mousseuses à celles du Niagara.

Nous visitons encore plusieurs points de vue analogues, chacun d'eux assaisonné, comme il convient, du demi-dollar réglementaire. C'en est fait, au surplus ; Niagara nous a livré son secret : et tous ces rapides, mis bout à bout, ont fini, par antithèse, par sécher l'abondante provision de dollars dont notre hôte nous avait muni[1].

J'intime donc l'ordre à mon cocher de tourner bride, de me conduire à la chute américaine, devant laquelle nous avons été photographiés tout à l'heure, et de m'arrêter en face des îles Sœurs, point le plus intéressant de l'excursion.

Un pont, où l'on acquitte un droit de péage de trois quarts de dollar, me mène à Goat Island ou île de la Chèvre, bande de terre formant, comme nous l'avons dit, le trait d'union entre les deux chutes. Jeté au-dessus des rapides d'amont, ce pont semble à chaque instant devoir être anéanti dans le tourbillon qui mine sa base. A mesure que l'hydre torrentueuse, aspirée par le vide, se rapproche du lieu où elle va s'abîmer, ses convulsions deviennent de plus en plus effrayantes. Elle se démène littéralement comme une mer en furie.

L'île de la Chèvre, couverte d'une épaisse végétation, est bien, avec les îles Sœurs, auxquelles elle est étroitement reliée, la promenade la plus exquise qu'on puisse imaginer. Rien de vigoureux, de charmant, de coquet, d'inattendu comme les frondaisons dont cet archipel en miniature, battu de tous côtés par les flots déchaînés, est somptueusement décoré. De nom,

---

1. A la date actuelle, les chutes du Niagara font partie du domaine national. Depuis lors, l'exploitation éhontée pratiquée dans ces parages, exploitation devenue proverbiale en Amérique et que nous nous sommes efforcé de mettre en lumière, a été fortement atténuée.

LE WHIRLPOOL, OU TOURBILLON (Voy. p. 96).

breux chemins relient les îlots entre eux, si bien que, de ponts en passerelles et de passerelles en ponts, tout en admirant la série des tableaux offerts à la curiosité, on arrive, comme pièce finale, devant la grande cataracte américaine, dont les aspects multiples, la prestigieuse puissance, l'effrayante soudaineté, vous pétrifient d'étonnement, de crainte et d'invincible attrait.

C'est comme un changement à vue, ménagé avec l'art le plus scrupuleux.

Il s'agit, à présent, d'entreprendre une autre série d'excursions dont le cycle n'est pas exempt d'émotions. Le moment est venu, en effet, d'opérer une sorte de descente au Maëlstrom, sous la cataracte ellemème et en un point particulièrement scabreux. Cela ne se fait pas sans quelques préparatifs. Le voyageur qui prétend risquer l'aventure commence par se dé-

spectacle de la puissante avalanche dominant notre petitesse et notre débilité est vraiment de nature à impressionner l'âme la mieux trempée.

« En avant, » s'écrie le guide, assourdi comme moi, tout en désignant l'immense nappe d'eau qui semble nous barrer la route. Aussitôt, et sans regarder en arrière, je m'élance sur le petit pont de bois qui, gagnant de roche en roche, au-dessus du fleuve, me permettra de voir la chute en face, dans son plein développement. J'ai à peine hasardé quelques pas dans cette direction que mon cicerone m'arrête court. « Pas de ce côté, fait-il, revenez! Il faut d'abord passer sous la cataracte. En la contournant autrement, vous vous heurterez à des difficultés imprévues. »

Mais, comme je préfère, au contraire, me familiariser avec la vue du géant avant de l'affronter de près, j'avance de nouveau et pour tout de bon sur la

DANS L'ÎLE DE LA CHÈVRE (Voy. p. 96).

barrasser de tout habillement et par endosser un costume de flanelle recouvert d'un paletot imperméable à capuchon. En outre, en vue d'assurer l'équilibre sur les rochers glissants, on emprisonne le pied dans une chaussure spéciale parfaitement ajustée.

Soumettons-nous donc, puisqu'il le faut, à des exigences aussi naturelles, et comme les Arabes, en signe de résignation, jetons aux nues le fameux « Allah Kérim » (Dieu est grand), dont ils accompagnent chacune de leurs décisions.

Nous descendons d'abord, mon guide et moi, l'escalier qui a été pratiqué dans une sorte de tourelle en charpente, le long de la rive escarpée. A peine avons-nous franchi la dernière marche, que nous nous trouvons au flanc même de la chute, le pied hésitant sur des rochers humides et moussus. La cataracte surplombe ici de toute sa hauteur. C'est d'un coup d'œil incomparable. Sans lyrisme aucun, rien ne saurait rendre la grandeur du tableau. Le

passerelle embrumée. Un premier avertissement vient corroborer l'assertion que j'ai cru pouvoir mettre en doute. Une forte douche d'eau glacée m'atteint en pleine poitrine, et je perds pied, sans cesser heureusement de me retenir aux barres d'appui dont chaque passerelle est munie. Cet incident ne laisse pas que de me décontenancer, mais il ne s'agit plus d'hésiter.

Au bout de quelques minutes d'une marche chancelante sur les planches délavées, le chemin s'interrompt tout à coup. Le guide se jette résolument devant moi et le voici, dorénavant, qui prêche d'exemple et m'entraîne après lui. Force est alors d'escalader à sa suite les blocs de rochers immergés dans le fleuve, et de sauter de l'un à l'autre, au milieu d'une pluie torrentielle qui aveugle et qui suffoque. Par bonheur, une dernière passerelle se présente, menant, tout compte fait, à une sorte d'escalier dressé en pleine cataracte.

Respirons donc un moment, puisque nous en avons

le loisir et que d'autres péripéties nous sont désormais réservées. Et cependant, respirer n'est pas commode au milieu de ce déchaînement. A peine sommes-nous engagés sur l'étroit escalier que le fleuve se déverse sur nos têtes de toute l'épaisseur de sa masse puissante. Comment exprimer l'impression ressentie au travers de cette nuée diluvienne ? On ne saurait mieux comparer la situation qu'à celle dont les marins sont coutumiers quand, par une grosse mer, le pont du navire est balayé par les vagues irritées. C'est, pour ainsi dire, sans avoir pu distinguer quoi que ce soit, sans avoir ressenti d'autre impression qu'une gêne physique innarrable, que je me

l'abîme, placé à quatre ou cinq mètres en contre-bas de l'étroite plate-forme où nous nous tenons. Tout, autour de nos personnes, me semble clos comme la nef d'une cathédrale. Pour ma part, j'en suis à me demander par quelle issue nous pourrons nous échapper. Mais, point d'inquiétudes stériles : il faut songer à la retraite.

Sur un nouveau signe, rapidement ébauché, de mon conducteur, je comprends qu'il m'invite à me laisser glisser jusque dans les eaux tourmentées qui baignent la base de notre plate-forme. Pour le coup, je résiste et veux protester. Peine perdue ! Mon guide se précipite dans le tourbillon en m'entraînant par le bras.

LA CHUTE AMÉRICAINE (Voy. p. 99).

retrouve soudain, toujours à la suite de mon guide, derrière la cataracte elle-même.

En ce moment précis, nous sommes groupés sous la paroi de rocher du haut de laquelle les eaux se précipitent comme dans un accès d'insanité. Mon compagnon me fait comprendre par signes ce qu'il essayerait en vain de me décrire avec la parole. Les hautes pressions atmosphériques, au milieu desquelles je perds presque l'équilibre, m'empêchent — je dois l'avouer — de goûter tous les charmes d'une pareille situation. Du reste, la pensée du retour commence à me tracasser.

Tandis que, derrière nous, une muraille de cinquante mètres de haut se dresse comme une immense forteresse, devant nous la cataracte, glissant au-dessus de nos têtes, se précipite en hurlant dans

En vérité, le pauvre diable serait-il devenu fou subitement, ou a-t-il résolu de trouver une mort glorieuse dans ce Niagara témoin de ses exploits journaliers ? Mais la pression que le gaillard exerce sur ma personne ne souffre pas de résistance.

En moins de rien, je me sens de l'eau jusqu'à mi-corps. Va-t-il donc falloir se mettre à la nage maintenant et lutter contre les courants ? Mais ce n'est pas le moment de plaisanter. Posant machinalement les pieds aux endroits que me désigne le guide, je constate bientôt, non sans satisfaction, qu'au fond de cette eau, si effrayante à la surface, il existe assez de roc debout pour nous supporter l'un et l'autre. Nous parcourons ainsi une distance de plusieurs mètres, au milieu d'une obscurité intense causée par tous les éléments en désordre.

Aussitôt après, la muraille de granit se présente plus en retrait de la cataracte, et nous reprenons pied sur une nouvelle plate-forme. Ici nous sommes en pleine « grotte des Vents », à l'endroit même où les eaux de la chute, un instant divisées par une crête, se rejoignent dans le bas comme dans une cuvette de granit. La grotte des Vents est ainsi appelée, paraît-il,

de ce que l'air, comprimé de tous côtés, s'y engouffre avec bruit. Pour moi, je n'entends absolument que le mugissement de la cataracte, mugissement effroyable dont je me trouve plus que rassasié.

Heureusement une sorte d'aube sans cesse grandissante s'élève autour de nous à mesure que nous avançons, et bientôt nous voilà complétement rendus à l'air libre.

« Eh bien, me dit alors le guide, n'avais-je pas raison de vous prévenir? La route était mal choisie! C'est le tour contraire qu'il fallait exécuter. Nous en aurions été quittes à meilleur marché. »

Ce dernier mot était plein d'embûches, un si beau sauvetage ne pouvant demeurer sans généreuse récompense.

Au moment où, remonté par la tourelle, je reprends les vêtements que j'avais abandonnés, je reçois le certificat ci-contre, rédigé en anglais :

« Grotte des Vents, rive américaine. — Ceci est pour attester que M. I. E..... a traversé la grotte des Vents au pied de l'île de la Chèvre et derrière la chute centrale.

« George W. Wright Lessee.

« Chutes du Niagara. N. Y.

« M. Mamfort ayant servi de guide. »

Heureux et fier de cette pièce authentique, je reprends allégrement ma voiture et me fais reconduire à l'hôtel Clifton, où j'arrive vers cinq heures et demie.

Je ne devais pas m'y trouver à bout de peines. Lorsque je demande à me réconforter, l'on me répond cyniquement qu'il ne fallait pas manquer l'heure du dîner. À présent, il n'y a plus rien à se mettre sous la dent. Ainsi, là, comme dans presque tous les hôtels américains, les repas ont lieu de telle heure à telle heure. Ordinairement on y déjeune de sept à dix heures et l'on y lunche à midi. Quant au dîner, il est servi de deux à cinq heures, et le sou-

MOUNTAIN RAPIDS Voy. p. 96.

per de sept à dix. S'il vous arrive de vous présenter passé les délais prévus, il n'y a plus qu'à ramasser les croûtes de la table, déjà desservie.

Enfin, sur mes objurgations, on se résigne à m'apporter un soupçon de rosbif froid, que j'absorbe avec un vif plaisir, étant donné les exercices violents de la journée.

Après ce repas frugal, simplement assaisonné d'un

brillant appétit, je retourne pédestrement me promener sur la rive des États-Unis, à travers la petite ville désignée sous le nom de Niagara-Falls. Comme dans toutes les agglomérations américaines de peu d'importance, l'artère principale y est bordée de maisons basses, construites de bois ou de brique, et d'une architecture uniforme, comportant toujours une espèce de véranda. C'est là que résident les marchands de curiosités indigènes ou étrangères, qu'on rencontre aussi au détour du moindre chemin. On y voit également quelques grands hôtels. Quant aux habitations particulières, elles sont situées dans des rues latérales et se présentent sous forme de cottages entourés de jolis jardins.

A la brune, je pénètre dans Prospect-Park, jardin public établi sur la droite même de la chute américaine, entre celle-ci, qu'on voit de profil, et le pont suspendu, placé en aval.

Le Prospect-Park recouvre un espace de terrain relativement très restreint. En revanche, il offre des allées bien tracées et de gracieux parterres. De plus, en guise de distraction, les visiteurs y sont admis à user d'un chemin de fer en miniature, dont les wagonnets, retenus par des câbles, descendent par une pente rapide jusqu'au bas du torrent.

Une foule nombreuse s'est donné rendez-vous aujourd'hui sur ce délicieux coin de terre, en vue de trouver le repos et la fraîcheur, la fraîcheur surtout, car, en dépit d'une légère brise qui s'élève peu à peu, la soirée est devenue tropicale. La proximité du Niagara contribue à imprimer à la promenade un charme indéfinissable. En ce moment la voix mâle et puissante de la cataracte semble encore grandie par le contraste des sons aigus que des dilettanti de rencontre tirent péniblement de leurs instruments de cuivre. Vers neuf heures, quelques maigres pièces d'artifice sont lancées au milieu des buissons ornés de lanternes vénitiennes. — C'est un pâle couronnement de cette splendide journée. J'aimais mieux, en somme, les émotions périlleuses de la cataracte.

LES RAPIDES, EN AVAL DES CHUTES

VII

LE LONG DU SAINT-LAURENT
MONTRÉAL ET QUÉBEC

Le lac Ontario. — Un brouillard épais. — Toronto. — Le fleuve Saint-Laurent. — Les Mille Iles et les rapides. — Un pilote indien. — Passe de la Chine. — Au milieu des écueils. — Vingt-cinq milles à l'heure. — Un cicerone jovial. — Victoria Bridge. — Montréal. — A travers les rues. — Québec. — La haute et la basse ville. — Chute de Montmorency. — L'escalier des Géants. — La cascade de Lorette. — Un village de Hurons. — Les plaines d'Abraham. — La citadelle et l'ours apprivoisé. — Monuments et tableaux. — Promenades du soir.

Vendredi, 7 juillet. — Temps couvert (th. + 25° cent.).

Aussitôt après déjeuner, je m'installe sur la terrasse de l'hôtel faisant face aux chutes, afin de mettre ordre à mes notes et à ma correspondance.

A dix heures, départ de Niagara-Falls, rive droite, par le chemin de fer qui doit me conduire à Lewiston, sur la route de Montréal et de Québec.

La voie ferrée suit les bords du Niagara. Nous semblons fuir dans le sens des rapides comme par sympathie, car, grâce à la pente naturelle du terrain pendant les premiers kilomètres, nous avançons sans le secours de la machine, laquelle nous précède à quelque distance. En route, on me fait voir les restes d'un pont suspendu qui, il y a une vingtaine d'années,

s'est écroulé dans le torrent. A gauche, je reconnais le Brock's Monument, entrevu hier de loin, et sous lequel le vaillant général de ce nom repose à côté de Mac Donnel, son lieutenant.

Au bout d'une demi-heure de voyage, nous arrivons à Lewiston. Là, à la descente du wagon, il nous faut parcourir un trajet de quinze à vingt minutes dans des espèces de camions où l'on entasse pêle-mêle gens, bêtes et marchandises, jusqu'au point précis où l'on s'embarque sur le Niagara devenu navigable.

Le *City of Toronto* — c'est le nom de notre bateau — ne tarde pas à lever l'ancre.

Dès le début du voyage, de sombres nuées, envahissant le ciel, ne présagent rien de bon. Et en effet, peu après, nous sommes assaillis par un orage épouvantable. Il ne dure pas, heureusement. A l'heure où nous dépassons, sur notre gauche, la petite ville de Niagara, dernier centre habité du grand pertuis qui porte le même nom, nous nous engageons sur le lac Ontario, où bientôt la pluie et le vent sont remplacés par un brouillard des plus épais. Cela ne nous empêche pas de filer à toute vitesse. Gare aux voiliers qui n'entendraient pas nos coups de sifflet ou qui dédaigneraient de se mettre hors de notre direction !

Ainsi conduite, une telle navigation n'est pas exempte de dangers, pour nous comme pour les autres. Aussi comporte-t-elle quelque anxiété. D'une part, le brouillard ne se dissipe pas, et, de l'autre, il nous faut éviter certaine île située en face de Toronto, la ville où nous devons aborder et sous l'égide de laquelle nous avons l'honneur de voguer. Or, le capitaine, en dépit de sa boussole, ne sait pas trop où nous nous trouvons. Force lui est donc de modérer notre marche. Nous n'avançons plus maintenant qu'avec une extrême circonspection, en jetant continuellement la sonde. Notre sifflet résonne sans interruption. Un gabier, placé en vigie, tâche, avec ses yeux exercés, de percer le voile opaque qui nous enveloppe. Un autre, juché au haut du mât, est commis au même office. Tous enfin sur le pont, passagers comme matelots, ont le regard fixé vers la même direction. Tout à coup le mot « terre » retentit à l'avant, répercuté par les échos. C'est ce que l'on attendait. Nous stoppons immédiatement; puis, tout en continuant à avancer sous l'impulsion primitive, nous découvrons sur la droite l'île malencontreuse contre laquelle il importait de ne pas se briser.

L'île une fois dépassée, nous n'avons plus qu'à nous engager dans le canal qui sépare celle-ci de la terre ferme pour arriver à Toronto, but de notre traversée. Il est deux heures quand nous atterrissons. L'*Algerian*, steamer qui fait le service du lac et du Saint-Laurent entre Toronto et Montréal, est là qui nous attend. Tant de navigation ne me tente pas. Je préfère rester ici jusqu'au soir et rattraper le bateau en chemin de fer, à Kingston. Un omnibus me conduit donc à un hôtel connu sous le nom de Rossin-House, où je me fais tout d'abord servir à dîner. Bonne bière du pays ressemblant à de l'*ale* anglaise. On lui donne le nom de *O Keefe*.

Toronto, que je parcours ensuite dans tous les sens, offre peu de choses intéressantes à voir. La population y dépasse pourtant soixante-quinze mille âmes, alors qu'il y a moins d'un siècle elle se bornait à la réunion de deux familles indiennes. Parmi les monuments qui décorent la ville, je me contenterai de citer Osgoode Hall, qui sert de palais de justice et dont la salle principale renferme une importante bibliothèque; Normal School, contenant une galerie de peinture et de sculpture, quelques curiosités égyptiennes et assyriennes, entre autres certains moulages d'objets figurant au Musée britannique de Lon-

dres; le Jardin d'horticulture et enfin les bâtiments de l'Université.

Ce dernier édifice, le seul qui soit véritablement digne d'attirer l'attention, est situé au milieu d'un beau jardin public appelé Queen's Park. Un adroit mélange de gothique anglais et de byzantin en forme l'architecture assez complexe. Aux deux extrémités, des corps de logis, coiffés de toits en mansarde, viennent en compléter le bizarre éclectisme. Ce sont là de curieux amalgames, comme on n'en voit qu'aux États-Unis. N'empêche que ce bâtiment présente ainsi un caractère franchement monumental. L'Université de Toronto fut fondée en 1827. Toutefois les installations n'en furent achevées que vers 1859. Elle possède, m'a-t-on dit, quelques belles collections scientifiques et une riche bibliothèque. Impossible d'en juger par moi-même. Les portes sont fermées à partir d'une heure.

Tout en me promenant par la ville, j'ai lieu de passer par Jarve-street, rue entièrement réservée aux habitations particulières. Des deux côtés de la chaussée, soigneusement macadamisée, d'élégants cottages attirent les regards. Ajoutons que cette rue constitue une heureuse exception, car la voirie publique laisse beaucoup à désirer. Les autres rues, à peine empierrées, ne peuvent manquer d'être impraticables en temps de pluie. Quant aux trottoirs de Toronto, ils sont uniformément en bois.

Retour à l'hôtel par King-street. C'est la principale artère de la localité. Mais, bien que six heures aient à peine sonné, les magasins vont déjà se fermant tour à tour, comme des coquillages à la disparition du soleil.

En somme, Toronto, ainsi que je l'ai déjà dit, offre peu d'attraits, et je ne conseillerais à personne de s'écarter de sa route pour la visiter.

A sept heures et demie, départ en chemin de fer afin d'aller m'embarquer à Kingston. Quelques minutes auparavant, j'avais fait connaissance d'un assez singulier voyageur, au restaurant de la gare, où — soit dit en passant — le service est confié à des *maids*, c'est-à-dire à des jeunes femmes, comme dans les brasseries de la Bavière. Un gentleman s'était approché de moi, à brûle-pourpoint, tout en me présentant sa carte portant un nom français, voire des plus aristocratiques. De telles manières ne sont pas habituelles, même et surtout en Amérique. Quoi qu'il en soit, disons tout de suite que la physionomie du personnage ne me revient nullement. Mieux vaut — je crois — s'en tenir à des prémices. Certaines allures trop empressées, des questions indiscrètes, ne sont pas faites pour inspirer la confiance. Aussi, malgré tant de politesses, me tiens-je aussi impénétrable que le grand sphinx de Thoutmès III.

Nuit excellente passée en Pullman-car. Je ne dors qu'un somme jusqu'au petit jour.

Samedi, 8 juillet. — A quatre heures du matin,

QUÉBEC

on a fait cercle autour de lui. Par une faconde intarissable, par des jeux de mots et des calembredaines sans fin, il réussit à dérider hommes d'équipage et voyageurs. En vérité, je regrette de n'avoir pu graver sur une plaque de verre collodionné les traits inimitables de cet amuseur émérite. Elle serait digne de figurer dans la galerie des Lassagne, des Ravel et des Grassot. Quelles étourdissantes saillies, nullement préparées et toujours empreintes de bonhomie ! Il s'occupe de tout, fait des fugues en mille sens contraires, et commente chaque fait d'après un critérium particulier ; avec cela, prônant les menus du bord comme s'ils étaient les siens, en vue probablement de s'y faire donner les bons morceaux.

comme sur les gradins d'un vaste amphithéâtre. De nombreuses tours, quelques dômes et des monuments d'un aspect plus ou moins sévère, forment pour nos yeux séduits comme autant de points d'arrêt. C'est un beau panorama, trop brusquement interrompu, peut-être, par le cours du fleuve, que le grand nombre des îles semblent rétrécir.

Il paraît que nous avons marché bonne vitesse. Dans les rapides, — à ce que me dit un voyageur indigène, — nous aurions fait jusqu'à vingt-cinq milles à l'heure.

Avant d'arriver au port de débarquement, nous passons en dessous de l'immense pont tubulaire que le fameux Robert Stephenson a jeté sur le Saint-Lau-

FLEUVE SAINT-LAURENT. — LES RAPIDES DE LA CHINE (Voy. p. 105).

Entendez-le recommander gravement les admirables repas qu'on nous sert :

« Il y a deux tables ici, — nous fait-il de sa voix fluente, — l'une à midi, l'autre à deux heures. Toutes les deux sont également bonnes, la seconde comme la première, et ce qui le prouve (il se passe douillettement la main sur l'abdomen en en faisant ressortir les formidables rotondités), c'est que je n'ai jamais mangé qu'à cette table-là. »

Le reste à l'avenant. Et il ne se borne pas à ce genre de plaisanteries *ad hominem*, où il serait infailliblement amené à se répéter. Il varie sans cesse d'un sujet à l'autre et, de plus, nous fournit les explications les plus complètes, les plus instructives, sur toutes les particularités qui se présentent à nos regards. Il ne serait pas possible de rencontrer un cicerone plus capable de charmer les longueurs d'une traversée.

Vers six heures, nous naviguons enfin sur des eaux plus hospitalières, et nous approchons de Montréal. La ville nous apparaît s'étageant sur la hauteur

rent, et dont la réputation est universelle à juste titre. Il ne mesure pas moins de trois kilomètres. Ce pont, appelé Victoria Bridge, sert à relier l'île de Montréal à la terre ferme, et est exclusivement réservé au passage des trains de chemin de fer. Le tablier porte sur vingt-trois piles munies de contre-forts. Bien qu'il remonte déjà à un grand nombre d'années, il a pu résister jusqu'ici, sans même en paraître écorné, au choc violent des glaces que le courant y accumule à la mauvaise saison. En revanche, on ne s'est guère préoccupé des apparences. S'il était possible de hasarder ici une comparaison, je dirais qu'il ressemble assez exactement, de près, à toute une série de fourgons emboîtés les uns dans les autres et reposant de distance en distance sur des supports arrondis. Ce fut le prince de Galles, visitant le Canada vers l'année 1860, qui inaugura cette merveille du génie civil.

Nous atterrissons près de quais fort massifs construits en pierre de taille. Quais et écluses se développent sur une étendue de plusieurs milles. Montréal, en effet, quoique située à plus de deux cent cinquante lieues de l'Océan, sert à la fois de port principal aux navires venant des Grands Lacs et à ceux qui remontent le fleuve depuis son immense estuaire. La population passe pour en être de cent cinquante mille

Mes appréhensions à l'égard du trop brillant personnage dont nous avons signalé la présence à bord n'étaient que trop fondées. L'un des passagers, descendu comme moi à l'hôtel Ottawa, établissement situé au centre de Montréal, m'apprend, en effet, que des constables l'auraient invité à les suivre

L'ÉGLISE DE NOTRE-DAME, A MONTRÉAL. (Voy. p. 111.)

Copyright, 1892, by Harper & Brothers.

habitants. Le Canada n'a pas de centre commercial plus actif. D'ailleurs le mouvement maritime y est doublé d'un mouvement industriel très développé.

Près de l'endroit où nous débarquons s'élève le Bon-Secours Market. C'est un bel édifice à colonnes doriques et à trois étages, affecté en grande partie aux fêtes locales. Il est couronné au sommet d'un dôme dont la coupole d'étain, frappée par les lueurs du soleil, brille comme du vieil argent.

quand il mit pied à terre. Nous en serons donc débarrassés pour tout de bon.

Après avoir soupé rapidement, je parcours la ville en voiture. Les rues en sont larges et aérées. Les plus commerçantes, et en même temps les plus fréquentées, sont Saint-Paul, Saint-James et Notre-Dame-street.

A tout moment, je rencontre, sur mon passage, quelque bel édifice. C'est d'abord la cathédrale fran-

çaise, consacrée au culte romain sous le vocable de
Notre-Dame de Lourdes, et qui rappelle assez bien
l'église Saint-Sulpice à Paris. Ouverte en 1829 et pouvant contenir près de dix mille personnes, elle est
de beaucoup la plus importante construction religieuse que j'aie rencontrée dans le nouveau monde.
On y compte six tours, dont les deux principales

ou City Hall, il est en voie d'achèvement. De même
que la nouvelle cathédrale, il écrasera complètement
son aîné et sera peut-être un des plus beaux palais
de tout le continent américain.

En outre, de tous côtés des églises élèvent dans les
airs leur élégant clocher.

Enfin, la ville possède nombre de belles places,

VICTORIA-SQUARE, A MONTRÉAL (Voy. p. 111).

s'élèvent comme des phares au-dessus de la cité, à
la hauteur de soixante-dix mètres. Elle ne sera dépassée en proportions que par la cathédrale, qu'on
bâtit actuellement sur les plans un peu réduits de la
basilique de Saint-Pierre de Rome. Devant les degrés
du portail, un vaste square lui sert de parvis.

Dans ce même quartier de la ville, plusieurs monuments sont placés l'un près de l'autre. Le plus
intéressant à mes yeux est l'ancien Court House, édifice de style ionique. Quant au nouveau Court House

parmi lesquelles, et non loin de l'hôtel Ottawa, se
remarque Victoria-square. Bordé d'arbres régulièrement plantés, il est orné d'un bassin et de magnifiques pelouses au milieu desquelles se dresse une
statue de la reine d'Angleterre.

Au résumé, bien que j'aie dû me résigner à voir
Montréal, pour ainsi dire, à la volée, l'impression
que j'en éprouve est de tout point excellente. Pour
compléter cet aperçu, on me conseille de faire l'ascension de la montagne qui domine la ville, et de la-

quelle on jouit d'un point de vue admirable. Mais cette excursion me prendrait deux heures pleines. Force m'est donc de la remettre à plus tard ou d'y renoncer.

Au lieu de retenir mon billet par eau jusqu'à Québec en descendant de l'*Algerian*, j'ai préféré me décider à parcourir la distance qui m'en sépare à l'aide du chemin de fer. Question de gagner du temps. Au reste, le train et le bateau n'arrivent guère qu'au même moment.

Vers dix heures, je m'installe donc en Pullman-car. Nous mettons dix minutes bien comptées à tra-

du cap Diamant, semble couronner la ville d'un vaste diadème scintillant aux rayons lumineux du soleil levant. Ce sont comme des pointes de feu qui s'irradient tout au haut de la masse restée dans l'ombre. Les flancs abrupts de l'énorme rocher schisteux, sur lequel elle repose, s'en vont descendant presque à pic jusque dans le lit même du Saint-Laurent, tandis que la cité court s'étageant en pente douce, le long d'un promontoire pointu, et se déploie en regard de la forteresse. Serait-ce en raison de cette situation topographique que certains étymologistes

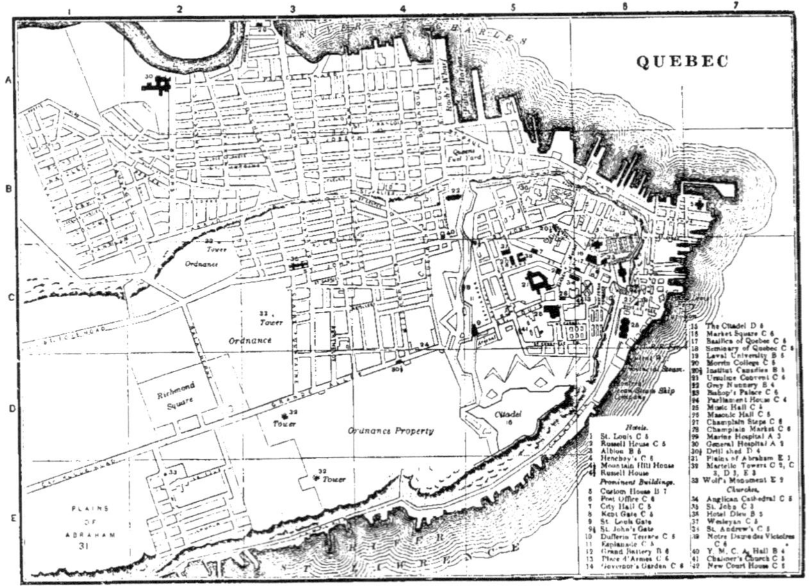

PLAN DE QUÉBEC

verser la gigantesque tubulure de Victoria Bridge. Ce singulier tunnel ne mesure pas moins de sept mètres de haut sur cinq de large. Comme la journée avait été suffisamment remplie, je ne tarde pas à m'endormir d'un profond sommeil.

Dimanche, 9 juillet. — A six heures et demie, le garde du *car* est là qui me prévient de notre prochaine arrivée à Québec.

A sept heures, en effet, nous nous trouvons en face de la ville, que l'on aperçoit de l'autre côté du fleuve, comme posée à cheval sur les hauteurs avoisinantes.

Du point où nous sommes, la vue est vraiment superbe. Devant nous, la citadelle, juchée au sommet

ont cru pouvoir placer dans la bouche des premiers marins normands qui l'aperçurent, l'exclamation typique de : « Quel bec? »

De nombreux navires, mouillés auprès des quais ou sillonnant le fleuve, impriment à ce tableau magique le cachet de la vie et de l'animation.

Un bateau à vapeur chargé de traverser la rivière nous transporte bientôt à destination. Le temps est beau, un peu chaud cependant. Le thermomètre marquera 28 centigrades entre midi et quatre heures.

Aussitôt débarqué, je me fais conduire à Albion Hotel, établissement qu'on me dit être passable.

Québec est une ville de soixante-dix mille habitants tout au plus, bâtie au confluent du Saint-Laurent et du

LA CHUTE DE MONTMORENCY (Voy. p. 115).

Saint-Charles. Elle est la plus ancienne colonie du Canada et se présente, au point de vue maritime, comme la rivale de Montréal. Ainsi qu'on l'a vu, la cité normande s'élève sur l'extrémité nord d'un promontoire et semble être dominée par une forteresse imprenable. Cette particularité lui a valu le nom de « Gibraltar américain ». L'agglomération se divise en ville basse et en ville haute. La première, où le commerce est le plus actif, constitue la partie ancienne. Québec se distingue des autres centres américains par le tracé irrégulier de ses rues, ce qui lui donne une apparence plus pittoresque. On y parle encore un français se rapprochant, dans les classes aisées tout au moins, de la langue écrite par l'abbé Prévost, mais qui, chez le peuple, affecte les dehors d'un patois bas normand. Ceci, bien entendu, n'a trait qu'aux nombreux descendants des Français établis au Canada antérieurement aux désastres de 1759 et de 1760 ; car, autrement, l'idiome habituel s'y imprègne tellement d'anglo-saxon, qu'il devient à peu près inintelligible pour des oreilles mal exercées.

Mon premier soin est de retenir une voiture pour aller visiter les chutes de Montmorency, situées à treize kilomètres de la ville. A neuf heures je suis prêt. Nous mettrons une bonne heure à franchir la distance, car la route est toute en montée. Nous n'en mettrons qu'une demie pour rentrer à l'hôtel. La voiture est d'ailleurs fort légère, et elle est attelée d'un excellent trotteur.

Toute la région que nous traversons est admirable. Semée de cottages gracieux et de fermes pittoresques, elle diffère assez peu, comme aspect, de nos campagnes flamandes. A droite, nous gardons constamment en vue le Saint-Laurent et la ville de Québec ; à gauche, au contraire, les hauteurs vont en s'affirmant jusqu'au delà du point où nous nous arrêtons.

La chute de Montmorency est formée par une rivière accourue des montagnes et qui se laisse choir à l'aveuglette du sommet d'un roc qu'elle ne réussit point à creuser. La tranquillité parfaite qu'elle accuse en s'abîmant au fond du cirque en entonnoir placé sous ses pieds, contraste singulièrement avec la vigueur de son premier élan. La hauteur de cette cataracte est plus élevée qu'à Niagara même et n'est pas inférieure à quatre-vingts mètres. En revanche, la masse liquide est bien moins large, bien moins profonde, et, conséquemment, le cube déversé est beaucoup moins important. Mais, si Niagara l'emporte par la majesté des lignes, Montmorency vous séduit par ses bouillonnements gracieux. Par le fait,

les eaux n'y tombent point tout d'une pièce. Sans cesse arrêtées dans la descente par des anfractuosités de rocher, elles s'en vont ondulant et rebondissant à l'infini comme une avalanche désagrégée.

On arrive au pied de la chute par un long escalier pratiqué juste en face, et d'où l'on peut admirer le mouvement des ondes dans les détails les plus minutieux. L'opposition des rochers aux parois sombres avec la blancheur des cascades et la douceur des végétations qui les surplombent est d'un effet char-

LA RUE CHAMPLAIN, A QUÉBEC
(Voy. p. 119.)

mant. Le site qui sert de cadre à ce joyau merveilleux est lui-même rempli d'attraits. Derrière nous, le Saint-Laurent semble couler à pleins bords entre des berges peu élevées, tandis que la rivière qui vient de s'abandonner à cette chute formidable va rejoindre le fleuve qui l'attirait, et se perd définitivement dans ses bras, après avoir mis en mouvement une scierie hydraulique.

De la chute de Montmorency, je me rends à travers la forêt à des rapides qui la précèdent de plusieurs milles. Le torrent y dévale impétueusement sur un fond de rochers et dans une sorte de joyau bordé par des rampes régulières qui présentent la conformation de véritables degrés taillés par la main de l'homme. Aussi donne-t-on à ce lieu particulier le nom de Marches naturelles ou d'escalier des Géants. Tout le long et des deux côtés du torrent, des bois épais enchevêtrent leurs branches rugueuses et touffues. La nature revêt, sur ce point, un caractère sauvage plein d'un attrait mystérieux.

Vers midi, nous sommes de retour à Québec. Je m'empresse d'y dîner à une heure, pour ne pas m'exposer aux mêmes désagréments qu'à Niagara.

Bien que la ville de Québec soit aux trois quarts de religion catholique, on y observe aussi rigoureusement le repos dominical que dans les bourgs protestants de l'Angleterre. Il est juste de dire que ce respect, ultra-romain, est imposé aux habitants par une belle et bonne loi dictée par l'administration. Partout les rues sont désertes à cette heure. Ou la population est retirée dans ses demeures, ou elle est réunie dans les églises. Quoi qu'il en soit, on se croirait ici en pleine France. Le caractère local y est gai, spirituel. On sent que l'héritage en a été transmis par descendance et qu'il s'est conservé, malgré la fusion des races, dans le sang des premiers colons. Le méthodisme anglican s'y déride lui-même, à ce contact incessant.

À trois heures, nouvelle excursion aux environs de Québec, cette fois à l'effet de voir les chutes de Lorette. Ces chutes sont situées à un peu plus de huit milles, soit à peu près à la même distance que les chutes de Montmorency, mais dans une direction toute différente. L'aspect en est des plus gracieux. Le torrent auquel elles donnent naissance décrit de nombreux méandres entre les crevasses des rochers, et court de pierre en pierre pour se perdre au loin dans le Saint-Laurent. Rien de joli comme ces eaux montueuses, se précipitant dans tous les sens, tantôt unies, tantôt séparées, toujours vives et sémillantes, occupant sans cesse le regard par leur jeu changeant et varié. Lorette est, avec Montmorency, le rendez-vous de prédilection des promeneurs endimanchés.

Un bourg très ancien de Hurons, composé d'une cinquantaine de familles établies en ces parages depuis 1697, après la défaite de leurs tribus par les Iroquois, s'élève à proximité du village canadien de Lorette. Tout ce monde vit en parfaite intelligence, les sauvages d'autrefois s'étant complètement ralliés à notre civilisation. Ces Indiens de sang mêlé, dont très peu seraient en état de parler leur langue primitive, sont maintenant de fervents catholiques. Leur petite église, calquée sur la chapelle italienne de Lorette, est, à l'heure où j'y passe, remplie de fidèles assistant aux vêpres. Un missionnaire européen est attaché à la petite colonie.

Je fais le tour de l'agglomération. Des Indiens et des Indiennes se tiennent sur le seuil des portes. Dans quelques habitations, on débite des objets fabriqués par les indigènes, tels que mocassins, boîtes, porte-cigares en paille tressée, ceintures de perle, etc., etc. Vers le centre on me montre la demeure du chef; mais celui-ci est, paraît-il, à la pêche. Ses deux filles

s'empressent de me faire les honneurs de la maison, car il ne s'agit plus ici, comme on le pense bien, de la tente de peaux de bêtes ou du *wigwam* en écorces d'arbres. Ce sont bel et bien des habitations régulières, bâties de brique ou de bois, et presque semblables aux maisonnettes hollandaises, dont elles revêtent l'exquise propreté. Après avoir causé avec mes deux Indiennes, lesquelles parlent assez correctement le français, et m'être informé des us et coutumes de la colonie, je fais emplette de quelques objets fabriqués en cuir et ornés de broderies.

Retour en ville par un autre chemin que celui dont nous nous étions servis pour venir, avec l'intention de visiter la citadelle. Avant d'y arriver, on traverse les plaines dites d'Abraham, le sanglant champ de bataille où, le 13 septembre 1759, Anglais et Français se disputèrent la possession du Canada. Wolfe et Montcalm périrent dans cette mémorable journée, laissant les deux armées ennemies sans chef. La victoire resta aux premiers. Elle fut suivie de la reddition de Québec. On a érigé dans ces plaines deux monuments commémoratifs, l'un consacré au marquis de Montcalm, le glorieux défenseur de la colonie française, l'autre au général Wolfe, dont le succès était dû surtout au nombre des soldats qu'il commandait. Sur le dernier, on lit l'inscription suivante :

HERE DIED WOLFE, VICTORIOUS. 1759.

Tout à côté des deux monuments commémoratifs, au sommet même du cap Diamant, ainsi nommé à cause des cristaux de quartz qui y abondaient autrefois, se dresse la citadelle de Québec. C'est une belle place forte d'où l'on découvre l'immense panorama de la cité entière ainsi que de la vallée baignée par le Saint-Charles et par le Saint-Laurent, et coupée dans le lointain par de hautes montagnes.

La garnison qui s'y trouve en ce moment n'est composée que de cent quatre-vingts soldats, tant Français qu'Anglais, Italiens ou autres. Quant à l'armement de la forteresse, il comprend plus de deux cents canons. D'ailleurs, la position commande le cours du Saint-Laurent, et l'on conçoit qu'avec de pareilles défenses Québec ait pu si vigoureusement résister aux assauts des Américains à l'époque de la lutte pour l'indépendance.

On me montre dans la cour de la citadelle un ours brun qu'on dit âgé de deux ans, et qui vit attaché à une longue chaîne. Cet animal est des mieux apprivoisés. Il se dresse sur les pieds de derrière, fait le beau pour avoir du sucre et s'approche de vous en vue d'être caressé. Suivant l'exemple que m'en donne mon guide, je passe la main sur le museau de l'enfant des bois. Il se contente de la lécher.

Ce n'est plus là — comme on le voit — l'ours féroce du Jardin des Plantes de Paris, ce fameux Martin si connu de tous les enfants et de toutes les bonnes du quartier, qui — s'il faut en croire la complainte — dévora le vétéran commis à sa garde

En un clin d'œil jusqu'aux pieds,
Ne laissant que ses souliers.

Au bas de cette même citadelle, un faubourg populeux, du nom de Saint-Louis, développe à nos regards ses maisons difformes et ses rues mal bâties. Il y a trois semaines environ, le 31 mai dernier, plus de quatre cents immeubles y ont été réduits en cendres. Tous étaient habités par de pauvres familles, auxquelles on a donné asile dans les casernes et dans les édifices publics. Par une coïncidence bizarre, trente ans auparavant, et jour pour jour, ce même quartier avait été atteint par un semblable désastre.

Le faubourg de Saint-Louis confine à celui de Saint-Jean, lequel remonte jusqu'aux plaines d'Abraham et constitue en quelque sorte la limite de la ville moderne. A l'encontre de son voisin, le faubourg Saint-Jean est enrichi de beaux établissements et de résidences vraiment luxueuses.

N'ayant plus que quelques heures à mettre à profit pour visiter Québec proprement dit, je me fais conduire aussitôt sur les différents points dignes de fixer l'attention. Je note donc successivement sur mon carnet, au fur et à mesure que j'y parviens : Palace Gate ou la Porte du Palais, assez beau spécimen d'architecture militaire ; l'Obélisque, élevé en 1827, dans Governor's Garden, à la mémoire des mêmes marquis de Montcalm et général Wolfe dont nous avons remarqué les monuments commémoratifs dans les plaines d'Abraham ; Laval University, avec la batterie

LE PONT VICTORIA, A MONTRÉAL (Voy. p. 109).

qui semble comme en défendre les approches par une menaçante rangée de canons tournés vers le fleuve; une grande terrasse, dominant la ville basse et d'où l'on jouit d'une vue peut-être unique dans le monde entier; enfin la cathédrale romaine, élevée dans Market-square, sur la place la plus importante de la ville, et qui rappelle un peu comme style certaines églises Renaissance de la Vieille-Castille et de l'Aragon. L'intérieur de cette basilique est richement décoré. On y présente, comme authentiques, des tableaux attribués à Carrache, à Van Dyck et autres maîtres éminents. L'ombre qui gagne de plus en plus la nef m'empêche de contrôler une assertion que je ne juge pas être sans réserve, tant l'Amérique est réputée riche en copies de toutes sortes et pauvre en bons originaux. Pourtant Québec n'est pas sans prétentions en matière de beaux-arts. Justement, en ce même Laval University dont je viens de parler, et dans la chapelle du séminaire, existe, paraît-il, une collection d'anciens tableaux qu'on aurait transportés ici en d'autres temps et qui se seraient conservés à travers les mille péripéties de la guerre. Il faut, en vérité, que les peintres dont on voudrait nous faire admirer les œuvres aient brossé des kilomètres carrés de toile, pour qu'on en retrouve ainsi partout, jusqu'au Canada.

Après souper, nouvelle promenade. La ville est un peu plus animée qu'en plein jour. Ce qui m'y frappe surtout, c'est de rencontrer une grande quantité de jeunes femmes non accompagnées. Jusqu'à dix heures du soir en effet, celles-ci peuvent parcourir librement les rues sans qu'on y trouve à redire. Et il n'y a pas là — comme on pourrait le croire — de ces vierges folles cherchant aventure. Non; toutes appartiennent à des familles respectables, et le sont elles-mêmes au plus haut point. D'ailleurs il n'est pas d'exemple qu'on les ait jamais importunées. La population ne saurait s'y tromper. L'usage de se promener seules, le soir, particulier aux honnêtes femmes, est d'autant mieux entré dans les mœurs locales, qu'on défend précisément à celles qui ne le sont pas de circuler par les rues

MONUMENT DES GÉNÉRAUX WOLFE ET MONTCALM (Voy. p. 117).

VIII

LES PETITS LACS

SARATOGA. — L'HUDSON

Le vieux Québec. — Anglais et Indiens. — Les vainqueurs du jeu de *cross*. — Une agréable rencontre. — Richmond. — Aide-toi, le Ciel t'aidera. — Montréal, pour la seconde fois. — Une réception en musique. — Vaste panorama. — Deux compagnons de voyage. — Plattsburgh. — Le lac Champlain et le lac George. — Caldwell. — Bals et toilettes. — Glen's Falls. — Un pont provisoire. — Saratoga. — Les caravansérails de la « gentry » américaine. — Sources et geysers. — Le Rhin de l'Amérique. — Hudson et Fulton. — Les villes, les rocs et les échappées. — L'école de West Point — Sunnyside. — Les palissades.

Lundi, 10 juillet. — Beau temps (th. + 28° cent).

Avant de reprendre notre route vers les petits lacs et l'Hudson, j'ai tenu à explorer, ce matin, le vieux Québec et à parcourir les artères qui relient la haute et la basse ville. Parmi celles-ci signalons Break-Neck-street, autrement dit rue du Casse-Cou, l'une des plus pittoresques. Cette rue n'a pas volé son titre inquiétant. Il faut avoir le pied sûr pour s'y aventurer, surtout en temps de pluie ou de verglas. Pourtant, aucune voie de Québec n'est plus populeuse ni plus journellement fréquentée. Les savetiers paraissent l'avoir choisie comme le centre de leurs opérations. Avant de nous y engager, nous avions descendu Little-Champlain-street, du nom de l'armateur dieppois qui fonda la ville, en 1608. La physionomie de cette ruelle, peuplée presque exclusivement de pauvres artisans, n'est pas moins originale. Comme habitations, de misérables maisons en briques s'effritant sous l'action du temps ; en guise de pavage, un simple plancher mal joint ; çà et là, aux fenêtres entr'ouvertes, quelques jardins suspendus, à l'instar de ceux de Sémiramis, ou plutôt de Jenny l'ouvrière. Très

UNE RUELLE DE LA VILLE BASSE, A QUÉBEC (Voy. p. 120).

curieuses, d'ailleurs, toutes les antiques ruelles qui descendent vers les quais du grand fleuve par des rampes ménagées en escalier et incessamment parcourues par la foule affairée. Il est heureux qu'on en ait fixé l'aspect par la photographie, de peur qu'elles ne disparaissent quelque jour dans la flamme des incendies ou dans un effondrement général.

Vers une heure, j'abandonne Québec et passe de l'autre côté de la rive, à Point Levi, pour prendre le train de Montréal.

Ce nouveau trajet entre les deux grandes villes est accidenté de toutes les façons.

À peine me suis-je installé dans le *car*, qu'une société d'Indiens et d'Anglais y fait irruption. Ces messieurs reviennent d'un « tour » en Angleterre, où ils ont dû prendre part à un concours de jeu de *cross*. Les Indiens, du reste, excellent dans cet exercice, dont l'invention leur revient. Ils y ont battu complètement les Anglais, — j'entends parler des Anglais du Canada. Sur trente parties, ils en ont gagné vingt-trois. Toutefois, le nombre de sept « tricks », atteint par la députation anglo-canadienne, serait déjà un succès relatif, étant donné l'infériorité des « partners ». Aussi prépare-t-on à Montréal une magnifique réception, tant en l'honneur des vaincus qu'en celui des vainqueurs. Les uns et les autres ont été fort bien traités sur le territoire britannique. Ils racontent avec orgueil que la reine leur a fait divers présents. Le malheur est qu'à force d'arroser leurs lauriers, les lutteurs, qui sont d'ailleurs loin d'appartenir au *high life* local, en sont arrivés petit à petit à méconnaître jusqu'aux dernières notions de la politesse. L'un d'eux, entre autres, rendu furieux par l'alcool, se démène comme un forcené et profère des discours si inconvenants que le garde du *car* se voit dans la nécessité de réclamer immédiatement son expulsion. Le délinquant a prononcé, paraît-il, un violent juron devant une société de femmes, et cela suffit. Ce trait ne peint-il pas tout à fait les mœurs américaines ? Entre hommes, tout est permis. Il s'agit de faire son trou dans le monde *unguibus et rostro*. Devant les femmes, on est tenu à mille égards, sous peine d'encourir une pénalité.

Cependant, tout se termine à l'amiable.

L'individu rappelé au respect du cotillon, finit par s'apaiser peu à peu. En considération de ses succès et de l'exaltation qui les a suivis, on passe généreusement l'éponge sur les déjections de son triomphe. Pour ma part, comme je ne tiens guère à ce bruyant voisinage, je me mets en quête d'une autre place. Deux jeunes dames sont assez gracieuses pour m'en offrir une à côté d'elles.

C'est passer de l'enfer au paradis.

En vérité, bien qu'il entre peu dans mes goûts de faire l'empressé, surtout en Amérique, je serais plus ours que le mammifère de la citadelle, si je restais insensible à tant de prévenance et d'amabilité. Par bonheur, mes interlocutrices parlent admira-

blement le français. Elles portent du reste un nom essentiellement gaulois. J'apprends, en outre, qu'en raison d'étroites relations avec certaines familles d'Europe, elles connaissent fort bien plusieurs de mes amis. C'en est assez pour que la glace soit définitivement rompue.

Quelle douceur de parler ainsi à cœur ouvert ! Après la longue réserve que j'ai dû m'imposer, dans un pays où l'on rencontre tant d'aventuriers, ce m'est un véritable soulagement de m'exprimer en cette claire et bonne langue française, à l'exclusion de l'éternel anglais, dont j'ai les oreilles rebattues.

Mes aimables voisines sont parties ensemble de Québec pour aller retrouver des amis à la campagne. Bien qu'elles habitent à Montréal, elles ne s'arrêteront pas dans cette ville. Elles comptent, au contraire, profiter de l'occasion pour aller, aussitôt après leur visite, faire une petite tournée d'agrément, comme nous pourrions en faire soit en Suisse, soit en Italie. C'est, d'ailleurs, une chose curieuse pour nos antiques civilisations que cette facilité avec laquelle les dames et même les jeunes filles entreprennent, en Amérique, des excursions de plusieurs centaines de lieues, tout comme nos Européennes s'en iraient à la promenade habituelle. Grâce à leurs manières honnêtes, grâce au respect de ceux qui les rencontrent, ces derniers appartinssent-ils à la classe la plus infime, elles n'auront jamais d'insultes ni d'ennuis à redouter.

Hélas ! jugez de mon désappointement quand mes deux aimables compagnes m'annoncent qu'elles doivent descendre à Sommerset, petite station intermédiaire, que j'envoie intérieurement à tous les diables. Elles y vont assister à un concert qui se donne en famille. Je m'engage à ce propos, en prenant congé de ces dames et pour leur rappeler le souvenir de notre fugitive rencontre, à leur adresser un exemplaire d'une dernière élucubration musicale, en ce moment à la gravure.

Chose bizarre, à peine mes charmantes Canadiennes se sont-elles éloignées, que leur place se trouve prise par deux autres dames, dont la plus jeune parle également le français avec une rare correction. C'est le jour des bonnes fortunes décidément. Malheureusement l'aimable fille, accompagnée de sa mère, descend du train à quelques stations de là ; et je n'ai plus qu'à m'enfoncer dans le coin de la voiture, tout en redoutant d'être sevré, pour bien longtemps peut-être, de rencontres agréables et de conversations en français.

À cinq heures, arrêt à Richmond. On y dine d'habitude, quoique fort mal. En ce qui me concerne, j'y suis exposé à un contretemps assez fâcheux pour être rapporté, d'autant qu'il montre l'américanisme sous une de ses faces les mieux caractérisées. Ayant eu à changer de train, j'avais eu la précaution de placer mes bagages dans une voiture menant à Montréal sans transbordement nouveau. Or, quelle n'est pas

MONTREAL.

ma surprise, en sortant du buffet, de ne plus apercevoir le train qu'on m'avait désigné! J'ai beau m'adresser aux gens qui me paraissent appartenir au service, je ne puis tirer d'eux aucune explication. Évidemment la chose ne saurait les regarder. S'imagine-t-on un citoyen de la libre Amérique s'abaissant à renseigner un voyageur dévoyé! Ma foi, jugeant qu'il n'y a rien à attendre de ces Iroquois, et en souvenir de la fable du *Charretier embourbé*, je me mets moi-même à la recherche de mes colis, en faisant tour à tour l'inspection des *cars* exposés à ma vue. Au bout de quelque temps, je retrouve enfin le butin dans le même

plicité des services qu'on exige d'eux, aucune marque distinctive ne les signale à l'attention. Le voyageur dépourvu de flair ou qui n'aurait point l'usage des grandes routes serait ici bien livré!

Un certain Mr. Clark, surintendant de la Compagnie des Pullman-car, à Montréal, témoin de cette aventure et se proposant sans doute de l'atténuer par une plaisanterie de son cru, ne trouve rien de mieux à me dire qu'il faut toujours garder ses bagages avec soi, « dût-on les pendre à son nez ou à ses oreilles ». Sans vouloir me formaliser d'un conseil emprunté à la parure des Peaux-Rouges, je lui

LE LAC GEORGE, A CALDWELL (Voy. p. 126).

wagon où je l'avais primitivement placé, mais de l'autre côté de la gare et sur une ligne tout à fait différente. Une manœuvre avait déterminé le changement de voie.

L'incident ne mériterait point d'être mentionné, à coup sûr, s'il ne démontrait une fois de plus jusqu'à quel point le « help yourself » est érigé en système dans le nouveau monde. Il nous est, en tout cas, une nouvelle preuve du peu de complaisance qu'on témoigne habituellement ici au passant, quel qu'il soit. Vous trouvez-vous dans l'embarras, n'attendez pas qu'on vous en sorte. Parfois un seul mot suffirait. On se gardera bien de le prononcer. L'amabilité ne rapporte rien.

De plus, outre que le nombre des employés de chemins de fer est notoirement insuffisant pour la multi-

riposte en riant que cette obligation ne serait pas bien pénible pour lui, puisque tout son bagage pourrait évidemment tenir dans une de ses poches. Bien que la réponse m'ait été suggérée par la vue des vastes ouvertures qui correspondent aux magasins placés à droite et à gauche de son vêtement, l'excellent Mr. Clark ne daigne pas s'en offenser. Il m'invite même à pénétrer dans le compartiment qui lui est réservé à l'extrémité du *car*, m'y fait accepter un verre d'excellent bordeaux et m'y présente l'un de ses amis, fraîchement débarqué d'un voyage au Japon. Comme l'Empire du Soleil Levant est un de mes plus chers objectifs, nous voyageons bientôt, l'un et l'autre, par un phénomène de la pensée, vers cet intéressant pays. Mon nouvel interlocuteur le décrit dans les termes les plus chaleureux. Quant à notre compagnon, en sa qualité de Yankee, il n'en veut rien connaître, se bornant à n'apprécier que l'Amérique.

Tout en discourant de la sorte, nous arrivons, vers neuf heures, à Montréal.

Une foule considérable se trouve massée à la gare, en vue de recevoir triomphalement les illustres joueurs de crosse. Certaine musique militaire a même été convoquée. Les cuivres lancent aux échos des sonorités bruyantes, tandis que — Dieu me pardonne ! — le canon se met à tonner régulièrement. A quoi tient la gloire cependant ! En ce qui me concerne, je m'empresse de me dérober à tout cet enthousiasme et de me faire conduire à Saint-Lawrence Hotel, qu'on me dit être le meilleur de la ville.

Le soir, promenade jusqu'à minuit dans les rues, très animées, par exception sans doute.

Mardi, 11 juillet. — Beau temps (th. + 25° cent.).

L'excursion au Mont-Royal, duquel la cité tire son nom, est décidément attrayante. On m'en fait un éloge si mirifique, que je serais inexcusable d'avoir passé deux fois ici sans l'avoir accomplie. Aussi, dès hier, me suis-je retenu une voiture pour la faire commodément.

Le véhicule vient me prendre vers neuf heures.

L'ascension se fait par un chemin circulaire nommé « Around the mountains ». Ce chemin contourne la hauteur sur une étendue de neuf milles. Nous y rencontrons une foule de jolies villas. Comme à Québec, c'est dans la ville nouvelle, c'est-à-dire dans les quartiers élevés de l'agglomération, que la « gentry », le haut commerce et la finance, ont établi leur résidence.

Après une montée ardue on parvient à Mountain-Park, jardin public dépendant de la municipalité. Nous y faisons halte pour jouir du point de vue annoncé. Déclarons de suite que l'on ne m'avait point trompé. Le panorama qui s'étale devant mes yeux est vraiment admirable. Tandis que tout au pied Montréal, baigné par le fleuve, déroule ses toitures élégantes, ses clochers aux flèches gracieuses, ses promenades remplies d'ombre et ses squares aux allées fantaisistes ; qu'à distance Victoria Bridge relie, dans un effort de hardiesse, les deux rives opposées par un gigantesque trait d'union, à l'horizon les campagnes verdoyantes se montrent délimitées par une succession de collines richement boisées.

Je dîne vers une heure et demie à Saint-Lawrence Hall, et repars définitivement à trois heures par le *Grand Trunk railroad*, avec l'intention de gagner Rousses-Point et Plattsburgh.

La région des Petits Lacs, dans laquelle nous allons entrer, est comme le point de partage des eaux entre le Saint-Laurent et l'Hudson. Composée d'une infinité de petites hauteurs appelées Adirondacks, courant du nord-est au sud-ouest, elle est de plus parsemée d'innombrables nappes d'eau, gisantes dans le fond des vallées comme des vasques marécageuses dans un terrain mal drainé. Ces petits lacs, estimés à plus de mille, sont placés à des altitudes variables qui n'atteignent pas moins de quinze cents pieds. Le lac Perkins, le plus élevé d'entre eux, est suspendu à près de mille mètres au-dessus du niveau de l'Océan.

Le lac Champlain et le lac George, situés au pied des Adirondacks, en contre-bas des petits lacs, est comme le déversoir naturel de cette région, dont la Suisse, avec son lac des Quatre-Cantons ou plutôt le lac Léman, donne une idée assez exacte. En effet les eaux qui en sortent vont alimenter l'Hudson, de même que celles du Léman alimentent le Rhône. Pourtant vers le nord les eaux s'épendent également vers le Saint-Laurent, et un canal exécuté de main d'homme permet aux navires de gagner le grand fleuve canadien entre Montréal et Québec.

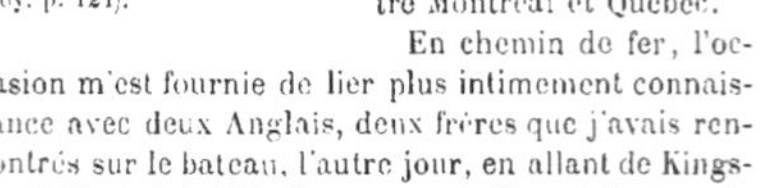

PLATTSBURGH (Voy. p. 124).

En chemin de fer, l'occasion m'est fournie de lier plus intimement connaissance avec deux Anglais, deux frères que j'avais rencontrés sur le bateau, l'autre jour, en allant de Kingston à Montréal. MM. S... exercent, l'un et l'autre, la profession de chirurgien de l'autre côté de l'Océan.

Arrivés à six heures et demie à Plattsburgh, nous allons descendre de compagnie à l'hôtel Fouquet, situé en face du débarcadère et donnant sur le lac Champlain. La vue qu'on y découvre est superbe. L'hôtel est bien tenu, et le service fait par de jeunes et jolies Américaines, ce qui est — on le conçoit — infiniment plus agréable et moins sévère que le service par les nègres, si général aux États-Unis.

Après un souper servi « par la main des Grâces », nous allons explorer la coquette petite ville de Plattsburgh. Celle-ci est délicieusement bâtie et coupée d'allées plantées de beaux arbres. Nous nous apercevons tout de suite, au surplus, que nous avons repassé la frontière, rien qu'à l'allure sémillante des dames américaines, très différente de la tenue réservée qui distingue le beau sexe canadien.

La soirée, d'ailleurs, est splendide. Nous en profitons, dès notre rentrée, pour faire de la musique. Je pianote, et l'on chante. Mr. S... junior joue de la flûte en virtuose. Bref, nous nous livrons à des ébats plus ou moins harmonieux, nos fenêtres toutes grandes ouvertes, en laissant de temps à autre glisser nos regards sur les eaux scintillantes du lac. Quel admirable clair de lune ! quel site enchanteur ! quelle soirée !

O Lac, t'en souviens-tu ?

en ménageant toutefois sur leurs bords des campagnes bien cultivées et entrecoupées de villages, de hameaux ou d'établissements agricoles. Çà et là, quelques petites îles d'un aspect séduisant viennent en accidenter la surface. Nous touchons successivement à quelques stations balnéaires et lieux de plaisance fort suivis : Port Kent, Burlington, Essex, West-Port, Port-Henry et Crown-Point. Tout près de West-Port, nous remarquons, échouée sur les rochers de la rive, la coque d'un steamer naufragé. C'était, paraît-il, le plus grand navire de la compagnie qui exploite le lac Champlain. Trompé par l'obscurité, il s'est perdu

L'HÔTEL FORT-WILLIAM-HENRY, A CALDWELL (Voy. p. 126).

Mercredi, 12 juillet. — Dès cinq heures du matin, je suis sur pied. Le temps est superbe, mais déjà chaud : le thermomètre accuse 26° centigrades.

Vers sept heures et demie, nous montons en voiture pour nous rendre au bateau. Notre attelage s'éloigne de la jolie petite ville au grand galop des chevaux, et bientôt le modeste clocher a disparu à nos yeux. Adieu, Plattsburgh, vous serez une page courte et charmante de ces mémoires sans prétention.

Un quart d'heure plus tard, nous sommes à bord du *Vermont.* C'est un navire « en sucre », comme tout ce que l'on voit dans cette région.

Le lac Champlain, à proprement parler, n'est qu'une sorte de long canal, dont la largeur varie d'un demi-mille à quinze tout au plus. Des montagnes assez élevées, recouvertes de bois et qui descendent en pente douce vers les eaux, l'encaissent de chaque côté,

l'année dernière, heureusement sans qu'il y eût de victime à déplorer.

A midi, dîner à bord.

Vers une heure et quart, nous arrivons à Ticonderoga, où l'on voit encore les vestiges d'un fort que les Français y ont bâti. A ce point, nous abandonnons le lac, lequel se poursuit jusqu'à Whitehall, et, prenant le chemin de fer pour quelques minutes, nous arrivons au lac George un quart d'heure après. Dès la station, nous nous embarquons sur le *Minne-ha-ha,* petit bateau à vapeur, et continuons notre délicieux voyage.

Le lac George est beaucoup moins étendu que le lac Champlain, puisqu'il n'a que trente-six milles de longueur sur quatre dans sa plus grande largeur. En revanche, il est beaucoup plus intéressant que le premier et semble être encore plus fréquenté par la société américaine. Il diffère surtout de son important voisin en ce que les hauteurs richement boisées qui le cernent, plongent, pour ainsi dire, leur base rugueuse dans les flots mêmes. La nature en est, d'ailleurs, tellement agreste et variée, que, dans quelques endroits, les rochers vont s'étageant les uns au-dessus des autres et saillissent en encorbellement sur les eaux transparentes, comme pour s'y mirer à l'infini. De gracieux îlots, renfermant simultanément des villas d'été et des hôtels pour la saison, ont le don d'y attirer toute une classe de gens riches, soucieux de vivre loin du monde, livrés à la méditation et au repos.

A cinq heures et demie, nous parvenons à Caldwell, localité située à la pointe méridionale du lac George. Nous y descendons à l'hôtel Fort-William-Henry, vaste construction à galeries couvertes établie en vue même du lac.

L'objet qui frappe à première vue en débarquant est un grand globe réflecteur placé au beau milieu du jardin. La surface miroitante est disposée de telle façon que l'on peut y voir à la fois la façade de l'hôtel, une partie du lac, et les voyageurs qui se promènent. Quelqu'un a eu l'idée originale d'en prendre la photographie. Dans l'épreuve que je m'en fais délivrer, le praticien lui-même est figuré debout à côté de son appareil en batterie. Quant à l'hôtel, il est installé sur le pied des meilleurs et des plus grands établissements de ce genre visibles aux États-

LE LAC DE SARATOGA (Voy. p. 128).

Unis. La salle de bal me semble pourtant ornée de peintures légèrement risquées pour un lieu si bien fréquenté.

Le soir, vers huit heures, grand concert. Une douzaine d'instrumentistes composent l'orchestre. Exécrable musique. Disons, à sa décharge, qu'elle n'a d'autre but que d'aider à battre des « cavalier seul » et à marquer des mesures de valse plus ou moins enivrante. Il m'est donné, par contre, de prendre sur le vif un trait de mœurs du *high life* américain. Dans ces sauteries improvisées des villes de bains, les dames font autant de toilette que les nôtres pour les grandes solennités d'hiver. Robes de soie richement historiées, dentelles, bijoux, tout y est déployé à profusion.

Pendant que mes deux compagnons de route ont été se plonger dans les eaux froides du lac, je vais parcourir le pays. Rien de plus aimable que ce coin de terre. Ma promenade m'amène à Lake-House, établissement rival de celui où nous sommes descendus.

Au demeurant, nous avons peut-être eu tort de ne pas en avoir fait choix. Non seulement l'hôtel paraît excellent en lui-même, mais il n'a point le caractère de vaste caravansérail comme le premier ; de plus, on y est servi par des *maids*, de même qu'à Plattsburgh, au lieu de l'être par des nègres d'une propreté toujours équivoque. Ma foi ! qu'on me jette la pierre ou non, je déclare préférer des minois coquets, juvéniles et souriants, à des cheveux de laine, des bouches lippues et des nez épatés.

Soirée délicieuse. Qu'il y a plaisir à respirer l'air rafraîchi par la brise des nuits !

Jeudi, 13 juillet. — Beau temps, mais chaud (th. + 30° cent.).

Nous nous arrêterions bien volontiers, pendant quelques jours, soit à Caldwell, soit dans un des îlots avoisinants, mais nous ne nous sommes déjà que trop attardé. Certains travaux urgents me rappellent d'ailleurs à Philadelphie et à New-York. Je regagnerai donc cette dernière ville par Saragota et la vallée de l'Hudson.

Dès cinq heures et demie, nous montons en voiture pour franchir une distance de neuf milles à travers des campagnes magnifiques. Arrivée à Glen's-Falls six quarts d'heure après. C'est là que nous devons prendre le train pour Saratoga. Nos deux docteurs sont encore du voyage, mais ils sont littéralement brisés de fatigue.

Quant à moi, puisqu'il me reste vingt-cinq minutes à dépenser, profitons-en pour courir à la chute de Glen, située à plus d'un demi-mille de la station. Un moment arrêté sur un pont jeté en aval, au-dessus des rapides, je puis la contempler dans son ensemble. Formée par le cours d'eau qui donne naissance à l'Hudson et descendant en pente douce durant un parcours de près de mille pieds, elle sert principalement à faire mouvoir des moulins et des scieries de bois ou de marbre, au profit des riverains établis sur ses bords.

Lorsque je reviens, fort essoufflé, à la gare, je retrouve mes deux Anglais installés dans le wagon et plongés dans le sommeil le plus réparateur. Je n'ai que le temps d'y monter moi-même, car l'on part aussitôt.

A la station de Fort-Edward, où nous avons à changer de train, nous devons subir un retard de plus d'une demi-heure. On construit, en effet, un nouveau pont sur l'Hudson, et force nous est de passer, en attendant son achèvement, sur une passe-relle provisoire qu'on juge à propos de consolider devant nous. Voilà qui n'est guère rassurant.

Un débitant de livres et de journaux, comme il en circule sur presque tous les trains, a profité du retard pour nous offrir son éventaire. Il est là qui remet aux voyageurs des monceaux de petites brochures trai-

secours tous les pavots de la reine Mab, je mets ces notes au courant, tout en écoutant un orchestre qui jette ses gais accords dans les jardins de l'hôtel.

Vers deux heures, je m'apprête à visiter la ville et ses fameuses sources. Celles-ci sont au nombre de vingt-huit, dispersées sur différents points de Saratoga et chargées principalement d'iode, de soufre, de ma-

L'HUDSON, A LA HAUTEUR DE PEEKSHILL
(Voy. p. 134).

tant des sources thermales de Saratoga. Au-tant de texte, autant de réclame en faveur des industriels qui exploitent les eaux curatives de cette ville renommée.

Dès notre arrivée à Saratoga, vers les neuf heures, nous allons descendre à l'hôtel des États-Unis, situé près de la gare. Immense édifice. Avec les onze cents chambres qui le composent, on peut loger plus de deux mille voyageurs. C'est un vrai Capharnaüm. On n'en saurait trouver de semblables que dans cette étonnante contrée. Les hôtels de Saratoga sont, en effet, classés parmi les plus vastes de toute l'Améri-que, et conséquemment du monde entier. Pour donner une idée de ces dimensions fantastiques, il suffira de dire que l'un d'eux, le Grand-Union Hotel, comprend, outre des installations innombrables, une salle de spectacles et de concerts pouvant contenir jusqu'à seize cents personnes assises.

Déjeuner à onze heures. Mes compagnons sont fourbus. L'un grelotte la fièvre, et l'autre ne fait guère mieux. Tous les deux vont se coucher aussitôt après le repas. J'ai vraiment pitié de ces médecins, si accessibles aux maux qu'ils ont la prétention de guérir. Cela valait bien la peine de se baigner dans les eaux du lac! Pendant qu'ils appellent à leur

gnésie ou d'acide carboni-que.

A une lieue plus loin se trouvent des geysers, ou plutôt une demi-douzaine de fontaines jaillissantes dont les eaux salines seraient, paraît-il, favorables aux personnes anémiques. Le site en est peu at-trayant. Comme seul agrément, une cascade s'échappe prosaïquement du milieu de plaines sablonneuses et dépourvues de végétation, et va remplir un petit lac. On m'y fait boire une eau glacée tout imprégnée d'acide carbonique.

Saratoga est décidément un séjour dont, jusqu'à présent du moins, je ne puis comprendre la vogue qu'au seul point de vue médical. Le fait est que la région manque absolument de pittoresque.

L'unique promenade véritablement attrayante des environs est la promenade dite du Lac. Au moins ici trouve-t-on de l'ombre et de la fraîcheur. Aussi est-ce avec une indicible satisfaction qu'après l'insipide course aux geysers je me trouve entraîné, pendant environ sept kilomètres, sur une route verdoyante abritée par une triple rangée d'arbres. Et c'est presque de l'enchantement quand on arrive aux bords du lac. La vue de ses eaux miroitantes, la fraîche végétation qui l'entoure, les lignes quelque peu montagneuses qui encadrent l'horizon, tout y contribue à reposer le regard et l'esprit fatigués des plaines de sable entrevues tout à l'heure. Pour ne rien omettre, nous mentionnerons un *boarding house* établi dans ces parages, dans un site vraiment séduisant. Il constitue un excellent lieu de réfection ou de repos. C'est

larges, ombragées par de grands arbres et agrémentées de villas dont quelques-unes paraissent très belles. Le parc est également remarquable. La chaleur extrême du jour était-elle donc la cause de ma première appréciation? Le fait est que, le soir, Saratoga devient extraordinairement animé. La rue principale, encore un Broadway, bordée d'hôtels luxueux, de magasins et d'échoppes, est sillonnée par de nombreux équipages. Il n'y a pas à dire : partout on joue, on chante, on danse, on polke, on flirte... Ce que c'est, pourtant, que de se laisser aller à des préventions!... N'importe, je n'aime guère ces villes de « fashion », tout ce bruit destiné à guérir les malades ou à reposer les éreintés. Vivent les belles solitudes, les campagnes souriantes au soleil, et foin des déserts transformés en villes d'agrément!

LE PENSIONNAT DU SACRÉ-CŒUR, A MONT-VINCENT, SUR L'HUDSON (Voy. p. 135).

délice d'y respirer l'air pur et vivifiant qui arrive du lac.

Retour à Saratoga vers six heures. Il y règne encore une température étouffante. Comment cette ville d'eau peut-elle exercer tant d'attraits? La seule vertu de ses sources ne peut cependant suffire à y attirer une si grande affluence de visiteurs. Ce qui est certain, au contraire, c'est que les somptueux et immenses hôtels y sont fréquentés par toute la « gentry » américaine. Question de mode, sans nul doute! En tous cas, salles de spectacles, salons merveilleux, bals magnifiques, rien ne manque, la haute gomme se trouvant ici chez elle et le plaisir y tenant ses grandes assises à chaque saison.

Après le dîner, je parcours la ville en tous sens. L'impression que j'en ressens est, je l'avoue, meilleure que précédemment. Autant les campagnes qui l'environnent sont généralement peu attrayantes, autant la ville est supérieurement bâtie. Les rues en sont

Vendredi, 11 juillet. — Beau temps (th. + 30° cent.). L'après-midi, le ciel se couvre et le mercure marque 33°.

A sept heures et demie du matin, départ en chemin de fer pour Albany, d'où nous prendrons la voie fluviale jusqu'à destination. En passant à Troy, située à quelque distance de notre première étape, nous remarquons de loin une nouvelle cataracte de l'Hudson.

A huit heures trois quarts précises, nous nous embarquons à Albany sur le *Vibbard*, grand bateau à vapeur qui nous transportera à New-York, c'est-à-dire jusqu'à l'embouchure même de l'Hudson. Le pont est encombré de passagers. Le type yankee a refait son apparition. Partout siffle ce fameux *sing song* tant décrié, et si particulièrement désagréable aux oreilles britanniques.

Quant à Albany, elle a été choisie comme capitale de l'État de New-York. Établie sur une langue de terre à

L'HUDSON, A WESTPOINT

plus de soixante-dix mètres au-dessus du fleuve, elle fait honneur à son rang par la beauté de ses rues et le grand nombre de ses édifices. Le mouvement industriel et commercial y est également fort important. Enfin, de belles résidences y couronnent les

hawk, aient un cours peu important, il entraîne, sur son parcours de trois cent vingt-cinq milles, des masses d'eau considérables.

C'est, on le sait, Hudson qui, pour la première fois, en 1609, s'aventura jusqu'à Albany, dans l'espoir de

L'ÉCOLE DE WESTPOINT
(Voy. p. 133).

trouver un passage direct vers la Chine. On sait aussi qu'il fut lâchement abandonné par son équipage, et qu'on ne reçut plus jamais aucune nouvelle de lui. Or, deux cents ans ans plus tard, le fleuve auquel il avait donné son nom portait le premier bateau à vapeur qui ait été construit en Amérique. L'homme de génie Fulton, traité de maniaque par Napoléon Ier, devait faire école dans ce pays. Aujourd'hui, le Rhin américain, comme on l'appelle, a une légende toute faite. Washington Irving, dont on montre encore la villa à Sunnyside, a largement mis à contribution, dans ses écrits, le maître fleuve sur lequel nous allons naviguer.

hauteurs, agrémentées de nombreux clochers et clochetons.

Bien qu'Albany soit notre point de départ en bateau, c'est à partir de Troy, la ville dont nous avons parlé plus haut, que l'Hudson devient navigable. Il n'est séparé des lacs George et Champlain, tributaires du Saint-Laurent, que par les monts Adirondaks. Bien que ses nombreux affluents, à l'exception de la Mo-

Il existe, sans doute, en Europe des cours d'eau plus célèbres que l'Hudson. Le Rhin, auquel on le compare, serait même à mes yeux et plus large et plus imposant; mais le fleuve américain a un caractère tout particulier, très différent de son rival européen. Tandis que, sur les bords du premier, les montagnes couvertes de vignobles, les cités séculaires peuplées de souvenirs, les *burgs* ruinés hantés par des fantômes et par l'âme des héros, se succèdent sans discontinuer, la végétation exubérante, les villes indus-

L'HUDSON, DE GLEN'S FALLS A BARRYTOWN

trieuses aux larges panaches de fumée, les superbes et vastes constructions à la moderne, d'un aspect plus confortable que réellement pittoresque, se pressent et se confondent sur les rives du second. Ce qui a déterminé la comparaison, c'est que tous deux offrent une telle variété de points de vue, qu'il serait presque impossible de citer d'autres fleuves placés dans les mêmes conditions.

Pourtant, le commencement du voyage est, à tout prendre, assez peu attrayant. Les rives, basses et monotones, n'annoncent même en rien les surprises qui nous attendent. Nous longeons d'abord Colombia Springs, sources situées dans la vallée de Claverack. Tout autour se sont groupées de nombreuses villas, et dans le voisinage se dresse un hospice destiné à recevoir des invalides. Puis, sur un promontoire, apparaît la ville d'Hudson, centre important de navigation fluviale, et, bientôt après, le mont Mérinos. Cette hauteur est ainsi nommée des six cents acres de pâturages aménagés sur ses flancs et où paissent d'immenses troupeaux de moutons.

Catskill Station avec le magnifique Prospect-Park Hotel, bâti sur la côte, ouvre la région que les Américains ont appelée à bon droit « la partie pittoresque ». A l'horizon, les monts Catskill étagent leurs assises majestueuses. Nous dépassons successivement Saugerties, petit bourg très industrieux ; celui de Tivoli, qui lui fait presque face, et les villes florissantes de Rondout et de Kingston. Ces localités sont encadrées de paysages ravissants et suivies de rives ondoyantes d'aspect marécageux, mais fertiles et bien cultivées. Plus loin Hyde Park, élevé sur un terre-plein, domine le fleuve à plus d'un kilomètre de distance.

De nombreuses colonnes de fumée nous avertissent que nous approchons de Poughkeepsie, la cité la plus considérable qui existe entre New-York et Albany. La ville s'élève en pente à près de soixante-dix mètres au-dessus des eaux, et compte non loin de vingt-cinq mille habitants. Vers la rive opposée, on aperçoit au loin le profil harmonieux de la chaîne montagneuse du New Palz. C'est auprès de Poughkeepsie qu'on voit le célèbre collège de femmes institué par Matthew Vassar, lequel compte environ trois cent cinquante élèves. On y traduit couramment Virgile et Cicéron, et l'on y pousse les études féminines aussi loin que dans les meilleurs collèges destinés à l'éducation des hommes.

Pendant plus de seize milles, l'intérêt qui s'attache à ces rives demeure à peu près suspendu. Mais bientôt les accidents de terrain se représentent de plus belle. Voici Newburg, découvrant à cent mètres de hauteur son front large et majestueux. Au-dessus des rues populeuses, des groupes d'arbres géants forment des dômes de verdure étincelante. Sur les coteaux s'éparpillent de riches villas égayant les deux rives.

Devant Cornwall, jolie ville bâtie sur la colline, au milieu de vignobles entretenus avec soin, nous sortons de la boucle dessinée par l'Hudson, pour pénétrer dans la région des Highlands, dont les montagnes, perdues au milieu des nuages, vont se prolongeant sur un espace de plus de quinze milles. En ce lieu, le paysage devient de toute beauté. Les rochers de

LA CHUTE DE BUTTERMILK DANS L'HUDSON
Voy. p. 134.

Breakneck ou Casse-cou, dont les plus hauts n'ont pas moins de cinq à six cents mètres d'élévation, et du sommet desquels on distingue parfaitement New-York, rappellent tout à fait quelques-uns des plus beaux points de vue du Rhin et du Danube. Le flanc de ces masses rocheuses est tapissé, par endroits, d'une couche de terre végétale où croissent des bois verts d'un aspect vraiment décoratif.

L'immense panorama qui se déroule à nos regards ne cesse plus désormais de nous offrir les merveilles de son écrin. C'est Coldspring, village dressé au pied du mont Taurus, sur une pente escarpée; Stormking ou le Roi des tempêtes, anciennement appelé du nom moins poétique de Butterhill ou Montagne du beurre; la Vallée du Tempé, qui se prolonge jusqu'à Cro'Nest, un des points les plus élevés du parcours; enfin West-Point, où se trouve la célèbre École des cadets fondée

par Washington, et dont nous avons déjà eu l'occasion de parler. On l'aperçoit distinctement du fleuve. Elle est établie, dans un vaste pli de la montagne, suivant des dispositions architecturales du plus superbe effet.

Le nombre des élèves de West-Point est limité à deux cent cinquante, tous reçus par voie de sélection. Toutefois, les études y sont poussées à un tel degré que plus d'un tiers des lauréats sont congédiés pour cause d'incapacité avant d'avoir subi l'examen final de sortie. Nous avons déjà dit que la plupart des officiers qui se sont distingués dans la guerre de Sécession sor-

taient de cette école, laquelle, sous le rapport de la discipline, l'emporte peut-être sur toutes les institutions similaires de notre vieux continent.

West-Point semble être en même temps un des centres les plus en vogue pendant la belle saison, pour peu qu'on s'en rapporte aux nombreux hôtels

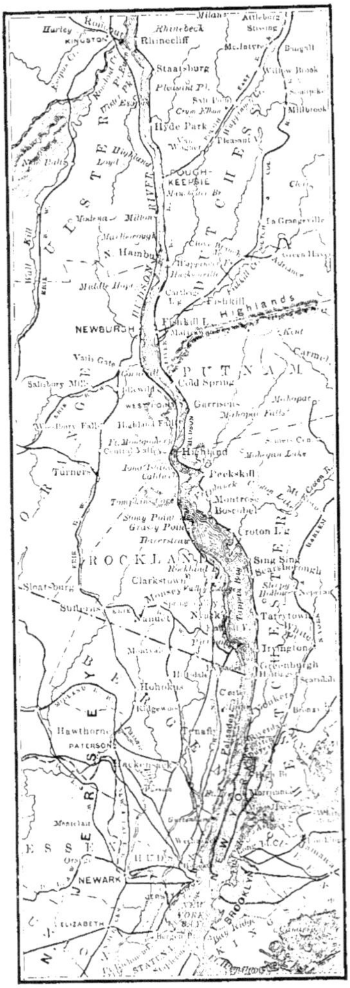

L'HUDSON, DE KINGSTON A NEW-YORK

qui y sont établis. Parmi ceux-ci, le plus en vue est Cozzen's Hotel. Il est pittoresquement juché au sommet d'un pic, sur les pieds ombreux duquel se préci-

pite, à flots écumants, Buttermilk Fall, c'est-à-dire la Chute du Petit-Lait.

Rien de magnifique et de gracieux comme toute cette zone privilégiée. Partout les ombrages, les résidences d'été, les promenades, les excursions, tendent à y constituer un lieu de rendez-vous pour les habitants de New-York en rupture d'occupations. West-Point est, de plus, en grande faveur auprès des amoureux, lesquels y ont notamment *Flirtation Walk*, sentier plein de fraîcheur et de poésie où Roméo et Juliette vont échanger de tendres aveux aux doux rayonnements de la lune. C'est là qu'entre deux séances de la Bourse a dû s'ébaucher plus d'un hymen couronné bientôt par le « tour » obligé au Niagara ou aux bains régénérateurs du lac George et de Saratoga.

Mais le *Vibbard*, notre steamer endiablé, continue sa route. Nous côtoyons maintenant Sugar loaf Mountain, hauteur s'élevant à deux cent soixante mètres, en forme de cône arrondi. Les tempêtes qui se déchaînent dans ce passage, relativement étroit, sont fort redoutées de la batellerie. Un peu plus loin, nous découvrons le fort Montgomery, non loin de l'île Iona, tout autour de laquelle on canote à qui mieux mieux.

Déjà la brise de mer commence à se faire sentir, à la fois plus fraîche et plus insinuante. La végétation en paraît même impressionnée. On la dirait moins vivace, moins touffue. C'est que nous allons quitter les Highlands qui nous protégeaient par leur altitude et voguer sur les eaux beaucoup plus larges de Tappan Bay. Le grand promontoire de Anthony's noise, élevé à trois cent cinquante mètres au-dessus de nous, et percé d'un tunnel qui livre passage à la voie ferrée, semble être placé à la fin de cette longue phrase admirative comme le point d'exclamation qui la clôt.

Encore un coude subit, et nous découvrons Peek's Hill, plateau faisant face à la falaise de Dunderberg ou Montagne du tonnerre. Un quart d'heure plus tard nous sommes dans les eaux de la baie de Haverstraw, où Henri Hudson jeta l'ancre. Cette baie précède immédiatement Tappan Zee, c'est-à-dire l'endroit même où le fleuve atteint sa plus grande largeur. Là, Sing-Sing (en indien, pierre sur pierre) s'étage en vis-à-vis à Rockland Lake. C'est dans ce dernier réservoir, enfoncé d'un demi-mille au milieu des terres, que la ville de New-York vient s'approvisionner de glace, à la saison froide. Un peu plus loin, la jolie ville de Tarrytown regarde, à distance de plus de deux lieues, la petite cité de Nyack, assise sur l'autre rive, au pied de montagnes recouvertes de bois. La vue de cette immense nappe d'eau, bordée de chaque côté par des hauteurs, par des agglomérations populeuses et des villages pittoresques, mériterait des pages entières de description.

Au-dessous de Nyack, à Piermont, le fleuve se rétrécit de nouveau. Presque en face, on montre le modeste mais gracieux cottage où le célèbre littérateur Washington Irving composa les ouvrages pleins d'hu-

Le paysage varie d'ailleurs à chaque tour de roue. Voici d'abord la petite ville de Hastings, aux environs de laquelle de nombreuses villas sont éparpillées le long des rives. Cette contrée a été le théâtre des derniers épisodes qui marquèrent la guerre de l'Indépendance. C'est là que Washington avait établi son quartier général, où le commandant en chef des forces britanniques vint, en 1783, négocier l'évacuation de New-York. A quatre milles de Hastings, une autre cité, plus populeuse, Yonkers, élève dans les airs ses clochers à forme grêle. Yonkers tire son nom du mot hollandais *Yonkheer*, qui signifie « gentilhomme ». Ce nom lui fut donné par les premiers colons qui la peuplèrent et qui faisaient partie de la Compagnie des Indes néerlandaises. Un peu au delà nous dépassons Mount Vincent, avec son beau pensionnat dirigé par les Dames du

mour dont la matière lui avait été fournie par ses voyages et au cours des fonctions publiques qu'il accepta à l'étranger. Ce cottage, connu sous le nom de *Sunnyside*, disparaît en grande partie sous des touffes de lierre plantés par Irving lui-même et provenant d'Abbotsford, la fameuse résidence de son ami Walter Scott.

Quelques milles plus loin commencent les Palissades, sortes de hautes murailles naturelles s'étendant sur une longueur non interrompue de vingt milles, et rappelant quelque peu les beaux points de vue namurois de Marche-les-Dames. A certains endroits, les rocs se dressent à pic et semblent taillés à coups de hache. Dans les anfractuosités, des arbres croissent et tranchent, par leur verdure éclatante, avec la teinte grisâtre accusée par les falaises.

LES PALISSADES (Voy. p. 135).

Sacré-Cœur. Dans une déchirure de la rive, Palissade-Cascade descend tout à coup en projetant ses eaux sur des rocailles suraiguës. N'était le fleuve qui remplace la plaine et les sentiers verdoyants, on se dirait presque au pied des cascatelles de Tibur chantées par Horace. Enfin Mountain House, huchée sur la hauteur comme l'Ehrenbreitstein à Coblentz, précède de peu le fort Lee et son voisin d'en face, le fort Washington.

Nous sommes parvenus au but du voyage. L'Hudson montagneux et pittoresque a dit son dernier mot.

Voici les faubourgs de New-York, les villes de Jersey et de Hoboken. En neuf heures de temps, nous avons parcouru la moitié, à peu près, de ce fleuve admirable, sillonné par des milliers d'embarcations de toute forme et de tout tonnage. Le rêve est évanoui. Désormais nous allons en revenir aux courses, aux fatigues, à la chaleur, à l'encombrement des villes américaines en général, et de l'Empire City en particulier, dans laquelle nous rentrons pour la deuxième fois.

SUNNYSIDE (Voy. p. 135).

INTÉRIEUR DE L'HÔTEL DES POSTES, A NEW-YORK (Voy. p. 141).

IX

NEW-YORK ET PHILADELPHIE

Le service des pompiers. — Ce qu'on peut faire en neuf secondes. — Promenade dans la baie de New-York. — Débuts d'une métropole. — Brooklyn, Hoboken et Jersey-City. — En zigzag dans New-York. — Le journalisme américain : reportage et réclame. — L'économiste Carey. — Vue panoramique de Philadelphie. — Quarante degrés à l'ombre. — Le temple maçonnique. — Snobbisme yankee. — La religiosité aux États-Unis. — L'art dramatique. — Independence-Hall. — A propos des Indiens. — La guerre d'extermination. — Départ définitif.

Vendredi, 14 juillet (suite). — Débarqué à New-York vers cinq heures trois-quarts, je vais me loger à Grand Central Hotel, magnifique établissement que je place à plusieurs milliers de coudées au-dessus de mon Hôtel Espagnol, de si piteuse mémoire.

Tout en me promenant le soir par les rues, j'ai l'occasion de visiter un dépôt d'appareils à incendie. Non seulement on veut bien m'y donner tous les renseignements désirables, mais, comme on le verra, j'y suis même mis en position, fort à point nommé, de juger *de visu* de la façon dont le service des pompiers est organisé à New-York.

Le dépôt où je suis entré ne comporte qu'une remise et une écurie.

La remise contient une pompe à vapeur dont l'eau d'approvisionnement est toujours maintenue à la plus haute température au moyen de tuyaux communiquant avec une chaudière souterraine. De plus,

comme le foyer de la pompe est bourré de combustible, il suffit, au moindre signal, d'en approcher un flambeau en ignition pour mettre la machine sous pression. A côté de ce premier appareil est une charrette contenant des tuyaux mobiles et autres engins d'extinction et de sauvetage.

Dans l'écurie contiguë, trois chevaux tout harnachés se tiennent prêts pour la manœuvre.

Le dépôt est complètement ouvert du côté de la rue et ne renferme aucun objet qui puisse présenter un obstacle à la sortie des voitures. Contre le mur latéral je remarque, toutefois, un pupitre soutenant un registre et surmonté d'une sonnerie dont le préposé à la surveillance me fournit l'explication. C'est un avertisseur électrique pour les gens du poste. Le fluide électrique sert également à détacher l'attelage, et même à faire tomber la barre fixée en travers de l'entrée du dépôt. Le nombre des coups fournis par le

9

timbre indique le lieu exact du sinistre, et l'horloge, arrêtée automatiquement, annonce l'instant précis où l'alarme a été donnée.

Toutes ces opérations s'accomplissent avec une rapidité prodigieuse. Ainsi, le temps qui s'écoule entre le signal et le départ des pompiers ne peut excéder, sous peine de réprimandes, l'incommensurable délai de... *neuf secondes*.

Il y a déjà trois jours qu'il ne s'est pas produit d'alerte. Mais au moment même où l'obligeant préposé me fait remarquer les avantages d'un système à la fois si simple et si complet, le timbre se met tout à coup à résonner. Aussitôt les chevaux, dont les attaches se disjoignent, sortent au petit trot de l'écu-

d'y introduire un combustible nouveau. Les chevaux, après un instant de repos et avant de rentrer dans leurs stalles, sont reconduits chacun à leur place de bataille, ceci pour leur rafraîchir la mémoire par un exercice constant.

Étant donné le système que je viens de décrire, on comprend qu'il ne puisse exister dans chaque poste qu'une seule pompe, avec les accessoires qui la complètent; autrement il y aurait cohue et, par suite, perte de temps appréciable. En revanche, les dépôts sont nombreux, répartis sur les différents points de la ville et tous organisés de la même façon. Le point capital, en fait de sauvetage, est d'aller vite en besogne. Or le problème est ici résolu magistralement.

AU FEU ! (Voy. p. 137.)

rie et gagnent d'eux-mêmes la place qui leur est affectée. Deux s'attellent à la pompe, et le troisième se place devant la charrette. En même temps les hommes dégringolent d'en haut, en glissant le long de l'escalier. A peine ai-je le temps de me garer. En moins d'instants, assurément, qu'il ne m'en faut pour le raconter, tout a été mis en mouvement, et pompe, charrette, pompiers, ont disparu comme l'éclair. Je me précipite, à mon tour, dans une voiture sur la trace des ombres fuyantes. Quand j'arrive à destination, l'incendie est déjà maîtrisé par d'autres pompiers qui avaient réussi à prendre les devants. Remarquons que des primes sont instituées en faveur des postes qui se présentent les premiers sur le lieu du sinistre.

Je m'empresse de retourner au dépôt avec le cortège qui opère sa rentrée. Au moment où j'y pénètre on s'occupe déjà de vider le foyer de la pompe et

Samedi, 15 juillet. — Beau temps (th. + 30° cent. dès le matin).

Journée consacrée à visiter, dans la baie de New-York et au moyen des petits steamers qui la sillonnent dans tous les sens, les diverses localités où la population va chercher, les jours de fête, le repos et la distraction. On y trouve de jolies promenades, des hôtels spacieux, des restaurants très bien approvisionnés et des établissements de bains éparpillés le long des plages.

Je finis ma tournée par Staten-Island, la plus grande des îles qui peuplent la baie. C'est à la pointe orientale de Staten-Island que se dressent les forts Tompkins et Wadsworth. Je dois constater que les canons y sont dans le plus piteux état. Ce dernier fort, situé près de la Quarantaine, est justement celui qu'on remarque en arrivant d'Europe. On y jouit d'une belle vue sur la rade et sur toute la baie en général.

La température est redevenue torride. Vers trois heures, le thermomètre ne marque pas moins de 36° centigrades.

Le soir, je passe une heure aux Variétés Parisiennes, théâtre des plus fréquentés par la population new-yorkaise. Le programme, haut de deux mètres, contient un salmigondis de vaudevilles, de saynettes, de chansons comiques, de pantomimes, de danses et de tableaux vivants dont je n'entreprendrai pas l'analyse. Certains acteurs, costumés et grimés en nègres, bien connus sous le nom générique de *minstrels*, se livrent sur la scène à des ébats qui tiennent plutôt du répertoire des clowns que de celui des chanteurs. Ils ca-

grandit et se transforme, grâce aux ressources de toute nature que lui vaut sa situation privilégiée.

Ce fut, comme on le sait, en 1609 que Henri Hudson, capitaine de marine au service de la Compagnie des Indes orientales, découvrit le fleuve auquel il donna son nom. Quelques années après, en 1614, une petite colonie de matelots, des Hollandais probablement, achetèrent pour la somme de vingt-cinq dollars l'île de Manhattan, sur laquelle devait plus tard s'élever la Tyr des temps modernes. A la pointe extrême de l'île, regardant la baie, au lieu dit « la Batterie », ils établirent quelques habitations protégées par un blockhaus et donnèrent à cette chétive agglo-

LA GARE DU GRAND-CENTRAL-RAILWAY (Voy. p. 140).

briolent et roucoulent des « bamboulas », à la jubilation du parterre, lequel rit à se désarticuler la mâchoire. Bon public, vraiment, que ce public américain...

Dimanche, 16 juillet. — Je m'aperçois que, lors de mon arrivée à New-York, pressé de me rendre à Philadelphie pour gagner du temps, je n'ai parlé qu'incidemment de cette première ville et, pour ainsi dire, au hasard de mes rapides promenades. Comme j'ai l'occasion de la visiter plus en détail, je crois le moment venu de combler cette lacune, en donnant une idée de son importance et comme cité et comme centre industriel ou commercial.

New-York a été bien souvent décrite. Elle le sera de plus en plus, car tous les jours la ville-monstre

mération le nom ambitieux de Nouvelle-Amsterdam. Pourtant la ville se formait petit à petit, si bien qu'en 1648 elle comptait déjà un millier d'habitants. Les Anglais, de tout temps amateurs de colonies étrangères, la prirent en 1664. Le chef de l'expédition, un duc d'York quelconque, la débaptisa aussitôt et l'estampilla de son nom, en signe de haute et puissante suzeraineté. Trente-six ans plus tard, la population avait sextuplé.

A dater de cette époque, malgré les sinistres et les luttes, prise et reprise vingt fois, ravagée par la guerre civile, évacuée seulement en 1783 par les anciens possesseurs, New-York semble offrir au monde un des plus étonnants spectacles qu'il ait eus à contempler depuis l'œuvre de Pierre le Grand. Mais tandis que là un autocrate de génie ne pouvait avancer que pas à pas, ici l'activité de tout un peuple, sans cesse renouvelé dans sa sève par une immigration quotidienne, a produit l'essor le plus rapide, le plus prodigieux qu'il soit possible d'imaginer. En même temps, de l'autre côté de l'Hudson comme de la rivière de l'Est, grandissaient la ville de Brooklyn, fondée par une bande de Wallons, et celle de Jersey, de création néerlandaise. Plusieurs autres agglomérations s'établirent aux alentours, le plus près possible du foyer principal. Bientôt tous ces centres populeux se réunirent les uns aux autres, formant comme autant de faubourgs industriels et commerçants directement reliés à New-York. Les deux cours d'eau qui les séparaient ne furent plus que de simples artères sillonnées de bateaux et communiquant la vie à l'ensemble. La navigation à vapeur, née sur les eaux mêmes de l'Hudson, vint aider encore à ce développement extraordinaire. Aujourd'hui, l'Empire-City, avec son million et demi d'habitants, appuyée sur Brooklyn, qui n'en compte pas moins de cinq cent mille, sur Hoboken et Jersey-City, qui, à elles deux, en possèdent bien autant, passe certainement en seconde ligne après Londres pour le chiffre de la population.

Et pourtant, rues et places continuent toujours à s'élever les unes à la suite des autres, pour abriter le flot humain qui ne cesse pas de monter. Déjà l'île de Manhattan presque entière est recouverte de constructions. Ainsi que l'a dit, non sans raison, un écrivain local : « A New-York, chacun, enfant ou vieillard, peut toujours se souvenir d'anciennes limites, successivement atteintes et dépassées. » Ne pouvant empiéter de face, la ville s'étend par derrière et possédera bientôt des quais à l'autre extrémité de l'île, devenue trop étroite pour la contenir. Les rues, en effet, y sont déjà tracées, la bâtisse absorbante envahit chaque jour l'espace resté libre. Où, hier encore, se balançait un bois touffu, s'aligne aujourd'hui un boulevard, s'adosse un parc ou un square, ou s'élance hardiment une voie de tramway. Et ce phénomène se renouvellera jusqu'au moment où la grande ville, crevant de pléthore dans son berceau primitif, sera elle-même obligée d'émigrer plus loin pour accomplir son œuvre d'incessante expansion.

Nous venons de parler des dimensions colossales de la ville et de ses multiples ressources. Est-il besoin de constater, à nouveau, que son développement architectural n'est pas en rapport avec les immenses richesses dont la construction dispose ? On peut improviser les grandes agglomérations : les belles cités s'édifient lentement. Celles-ci résument dans leur ensemble un certain nombre d'étapes historiques, une synthèse de l'art et de l'esprit locaux. Nuremberg, Ypres et Bruges, amoindries et presque désertes à l'heure qu'il est, resteront d'admirables musées lapidaires où l'on viendra toujours s'inspirer de tous les points du globe. New-York, malgré Broadway, malgré Fifth-Avenue, malgré mille palais de marbre calqués sur l'antiquité grecque ou la Renaissance italienne, n'est intéressante, jusqu'à ce jour, que par sa merveilleuse vitalité. C'est une ruche où tous les êtres se pressent et se démènent ; ce n'est point une ville artistique. Elle ne le sera peut-être jamais.

Lundi, 17 juillet. — Beau temps, grande chaleur (th. + 36° cent.).

Je parcours la ville dans tous les sens, sans y rencontrer rien de bien digne d'attention.

Comme nous l'avons déjà dit, malgré toute la réputation dont on se plaît à recouvrir la métropole américaine, on ne doit y chercher à voir que le port, quelques rues commerçantes et aristocratiques, Central-Park et ses environs.

Durant ma course à l'aventure, je remarque un certain nombre de bâtiments servant d'écuries et disposés d'une manière assez originale. Ces écuries n'ont pas moins de trois étages : les chevaux y sont montés par des ascenseurs. Leurs congénères, en Europe, ne se soucieraient pas assurément d'occuper des positions aussi... élevées.

Parallèlement aux deux rivières qui enserrent l'île de Manhattan, autrement dit New-York, et dans le sens des grandes artères qui la coupent dans toute sa longueur, se développe le chemin de fer métropolitain. J'en rencontre plusieurs tronçons sur mon passage. Les voies, supportées par des colonnes de fer de sept à huit mètres de haut, courent simplement le long des chaussées, au-dessus de la tête des passants. Les diverses branches de ce chemin de fer urbain desservent la cité entière depuis la pointe méridionale, où se trouve la Batterie, jusqu'aux rues, encore en partie désertes, tracées au delà du Parc Central.

A la jonction de Fourth-Avenue et de Forty-Second-street s'élève la gare de chemin de fer dépendant du Grand-Central-Railway. L'architecture des bâtiments en aile rappelle un peu, toute proportion gardée, celle des Tuileries de Napoléon III dans les pavillons angulaires.

Ramené dans le quartier central, j'y visite successivement les somptueux édifices publics et privés qui ornent cette partie de la cité. C'est là que se groupent banques, bureaux de chemin de fer, sociétés d'assurance, télégraphes, etc. Le tout est luxueusement installé, particulièrement dans Broadway et aux environs de Wall-street. Les plus remarquables d'entre ces établissements sont le City Hall, avec son élégante coupole ; le Palais de justice, d'une architecture néo-romaine ; le Western Union Telegraph, bâtisse à sept étages, de brique, de marbre et de granit, surmontée d'une sorte de beffroi ; les locaux de la *Tribune*, — le journal le plus répandu peut-être du monde entier, — élevant dans les airs une flèche élevée ; enfin la Poste, superbe construction à quatre façades, conçue dans le style Renaissance et couronnée d'une toiture ram-

pante à la façon des pavillons du Louvre. Les installations de ce colossal édifice, ouvert au service public
en 1875 et que desservent douze ascenseurs, sont
peut-être uniques au monde. Très curieux surtout
le rez-de-chaussée, qui se présente aux regards sous
l'aspect d'un *hall* immense où se meut, au milieu du

du sacristain, et une demi-douzaine de quidams
lisant tranquillement leur journal. L'endroit pourrait être mieux choisi. — Un champ de repos s'étend
tout autour de l'église. De grands arbres y abritent
sous leur ombrage quelques monuments funéraires
aux proportions imposantes. Ces riches mausolées
modernes contrastent avec les modestes pierres
tombales placées à côté et rongées par la mousse,
bien que ces dernières recouvrent la dépouille
de plus d'un homme illustre dans les fastes américains.

C'est également dans Wall-street que se trouvent
le Treasury, fort bel édifice à colonnes, ainsi que la
Bourse. Cette dernière n'offre rien qui sollicite l'attention, si ce n'est le parquet. Grâce aux funestes
habitudes des chiqueurs, ce parquet me semble avoir

L'ÉGLISE DE LA TRINITÉ (Voy. p. 145).

fouillis des colonnades, une nuée d'employés triant
les lettres et les paquets.

Juste en face de Wall-street est la belle église
protestante de la Trinité, une des plus anciennes de
New-York. Le clocher gothique qui la distingue apparaît flanqué de quatre tourelles finement dentelées.
Il est midi. Je n'aperçois à l'intérieur du temple que
quatre ou cinq couples d'amoureux, flirtant à la barbe

acquis une patine qu'on chercherait en vain dans les
établissements similaires d'Europe.

Entrons pour nous désaltérer chez Delmonico, le
traiteur plusieurs fois millionnaire, dont l'établissement est désormais le rendez-vous de tous les bras-
seurs d'affaires de la grande ville. Dans le corridor,
un télégraphe communiquant directement avec le
Stock-Exchange et typographiant le cours des va-

leurs au moment même de leur proclamation, fonctionne pour les habitués. Je n'y vois point de chaises, mais un long comptoir devant lequel on mange et boit debout, le chapeau sur la tête, et, pour être plus exact, où l'on ingurgite à la hâte des sandwiches, des pâtisseries et de la salade de homard. Déjeuner est une affaire beaucoup moins importante que toute autre ; aussi la bâcle-t-on en deux moments. Quelques tables seulement sont retenues par des sybarites assis autour d'une bouteille de rœderer. Il est vraisemblable que la matinée aura été lucrative. Pour moi, j'avoue qu'elle a été fort bien remplie, et il me tarde de regagner l'hôtel pour y prendre, plus à l'aise que chez Delmonico, un repas tout à fait mérité.

Pour terminer la journée, je me rends au Parc Central et m'y repose face à face avec une excellente limonade glacée. Les Américains sont passés maîtres en ce genre de préparations, réclamées instamment par la température insupportable qui règne ici pendant plusieurs mois, dès que l'été a paru. Ils en ont à tous les fruits et pour tous les goûts.

Mardi, 18 juillet. — Beau temps, forte chaleur (th. + 36° cent.).

Après quelques visites faites aux agences de publicité, visites ayant pour objet principal de saisir quelque trait de mœurs locales, je vais dîner vers trois heures à mon hôtel et prends le train pour Philadelphie.

On a beaucoup écrit sur le journalisme américain. On a même fait assez souvent son éloge pour que je n'aie pas la tentation de le recommencer. Contentons-nous de constater les faits.

Depuis le *Boston-News Letter*, fondé en 1704 par le maître de poste John Campbell, — de qui, s'il faut en croire Buckingham, les articles ne se distinguaient des coupures faites dans les feuilles de Londres que par une absence complète d'orthographe et de ponctuation, — le journalisme a fait un pas colossal aux États-Unis. Le nombre des organes publics, qu'ils soient officiels ou simplement l'écho de partis opposants ou d'entreprises rivales, qu'ils s'accusent les protecteurs de la littérature ou de la chapellerie, est déjà bien considérable en Europe. Aux États-Unis, il dépasse toute proportion.

Ainsi, les statistiques nous apprennent qu'en 1860 déjà il s'y vendait annuellement neuf cent vingt-huit millions de numéros de feuilles quotidiennes, c'est-à-dire, en moyenne, trente-cinq à trente-six par tête d'habitants ; que pour le seul État de New-York, en 1872, ce chiffre se montait à près de cinq cents millions, et que, de nos jours, les cinquante millions de citoyens répandus sur la surface entière des États-Unis ont, pour se repaître, intellectuellement parlant, la manne de plus de dix mille publications périodiques, soit plus qu'une pour cinq mille habitants.

On sait, d'autre part, que le fameux Stanley, rédacteur du *New-York Herald*, vivant sur le pied de cent mille francs par an, en a pu dépenser cent cinquante mille pour aller à la recherche de Livingstone ; que la première lettre de Henri Rochefort, après son évasion de la Nouvelle-Calédonie, n'a été payée que cinq mille francs, alors que les *ambassadeurs* mandés à sa rencontre avaient mission de lui en offrir jusqu'à vingt-cinq mille ; que telles feuilles tirant journellement à un chiffre énorme mettent au rancart, du jour au lendemain, des machines très coûteuses et presque neuves pour leur en substituer d'autres fournissant un travail plus rapide et plus économique ; enfin que des trains spéciaux chauffent le dimanche pour le service particulier de quelques journaux à court de nouvelles.

Cet étonnant conte de fées, si souvent rapporté par les mille voix de la presse européenne, n'a plus rien qui surprenne notre imagination. En Amérique, la presse semble avoir atteint d'un coup le « summum » de son individualité, tant au point de vue des informations et des sacrifices que de la « virtuosité ».

Ce n'est point sans intention que je souligne ce dernier mot. Les journalistes américains sont bien, en effet, de véritables virtuoses. Envoyez-les dans n'importe quel État de l'Union ; expédiez-les en Europe, au Kamtchatka, en plein Soudan, au diable même, je déclare qu'ils feront strictement et audacieusement leur office. Toutefois, dans cette chasse à l'ut dièse on ne pourrait garantir la sérieuse exécution, l'étude approfondie ni surtout la véritable critique. Si les États-Unis, et nous, à leur imitation, voulons aujourd'hui tout faire à la vapeur, il s'en faut que le cerveau humain s'accommode de ce régime. Celui-ci demande le repos, la réflexion. Or, allez donc lui en fournir avec la sténographie ambulante, transmise elle-même télégraphiquement ! A force d'être « journaliste », c'est-à-dire d'écrire au jour le jour, on en arrive à n'être plus qu'un simple « reporter ». Tel est le cas de la plupart des publicistes américains.

Il est vrai qu'à côté de cette littérature des faits divers il y a celle des revues. Les revues sont généralement écrites dans un esprit familial et moralisateur fort caractérisé. D'ailleurs les États-Unis comptent bien des poètes, des romanciers, et même des historiens comme Bancroft ; mais, ainsi que dit Virgile :

Apparent rari nantes in gurgite vasto.

Le plus grand nombre y est absorbé par le dévorant journalisme. Ils sont tenus, pour vivre, de servir au public et à point nommé, toujours au rabais, des informations, des nouvelles à la main, des chiffres, de la polémique et des réclames,... des réclames par-dessus tout.

Si le fameux paradoxe d'Émile de Girardin, soutenant que la presse n'exerce aucune action, bonne ou mauvaise, sur la conscience publique, avait un semblant de vérité, ce serait assurément en ce pays. Les articles de journaux n'y sont jamais que l'expression adéquate d'un intérêt passager. Rien de prévu, de stable, de logique, ne s'y trouve réfléchi. Ainsi, le *New-York Herald*, qui, l'année dernière, s'était largement apitoyé sur le sort des malheureux Indiens, réclamera soudain — tout en se disant « indépendant » — leur extermination immédiate, à la nouvelle du premier échec subi par un simple détachemen. des troupes fédérales. Et le jour suivant un trouvère, éclos dans l'un ou l'autre État, publiera

merce, à l'industrie et même aux lettres, puisqu'il utilise tant de facultés cérébrales, tant de bras disponibles, tant de capitaux importants. Comme existence matérielle, la presse des États-Unis a tout droit de se proclamer la première du monde entier. Les locaux, les moyens d'investigation, le choix du personnel, la publicité intensive, tout y mériterait une étude que nous n'avons pas le loisir de creuser.

Au cours de mes excursions à travers les agences

L'HÔTEL DES POSTES (Voy. p. 140).

dans sa chronique une apologie enthousiaste des héros en mocassins de Fenimore Cooper. Au fond, chacun vise à l'actualité, au débit de la feuille dans laquel e il écrit, à rien plus.

Il s'ensuit que l'Américain, lisant tout, le pour et le centre, finit par devenir extrêmement sceptique en matière de presse, et se forme sa propre opinion comme il peut. La vente est immense, car on a soif de nouvelles; mais la pression exercée par le journalisme est, pour ainsi dire, nulle.

Le seul résultat pratique d'un aussi formidable reportage, c'est la salutaire impulsion donnée au com-

de publicité de New-York, j'ai eu la bonne fortune de rencontrer Henry Carey, le célèbre économiste américain. Né à Philadelphie avec le siècle, il a conservé toute l'activité d'esprit de sa jeunesse laborieuse. M. Carey, d'abord libre échangiste, est devenu protectionniste déclaré. Toutefois il est foncièrement opposé aux doctrines de Ricardo concernant la hausse forcée des produits agricoles. Selon lui, — je rapporte ses propres paroles, — « à mesure que la population et la civilisation progressent, les subsistances doivent s'obtenir au moyen d'efforts moindres et baisser de valeur, inversement à la main-d'œuvre ».

C'est la condamnation pure et simple de la théorie de Malthus, si contraire à l'accroissement excessif de la population. En outre, M. Carey estime que le pro-

LE CHEMIN DE FER MÉTROPOLITAIN DE NEW-YORK (Voy. p. 140).

grès moral découle naturellement du bien-être matériel. Il veut bien me remettre différents opuscules, qu'il a récemment publiés et dans lesquels il développe sa manière de voir en matière économique. — Dès

les premiers mots qu'il avait prononcés, je m'étais senti en présence d'une intelligence supérieure. Aussi est-ce avec admiration et respect que j'ai serré la main que m'a tendue ce grand remueur d'idées doublé d'un gentleman accompli.

À huit heures du soir je me retrouve à Philadelphie.

Mercredi, 19 juillet. — Beau temps (th. + 35° cent.).

Mon dernier et court arrêt dans la métropole pensylvanienne est motivé par quelques recherches indispensables. Bientôt, enfin, je serai complètement débarrassé d'une besogne absorbante. Ces haltes forcées auront eu cela de bon, tout au moins, qu'elles m'auront mis à même d'étudier à loisir les mœurs du pays. En quittant la partie orientale des États-Unis, je n'aurai plus à m'étendre sur un sujet déjà connu, et pourrai borner mon récit à la description des tableaux et des incidents qui se présenteront successivement sur notre route.

Vers deux heures, je me rends en chemin de fer à Belmont et y dîne à Belmont-Mansion, vaste hôtel situé sur le point le plus élevé du parc Fairmount. Par cette chaleur insupportable, c'est un délice que de respirer les fraîches bouffées d'air qui montent de la vallée ombreuse où coule la rivière Schuylkill. Afin de prolonger et d'accentuer cette sensation de bien-être, je me fais monter par un ascenseur jusqu'au sommet d'une espèce d'observatoire construit à proximité de l'hôtel. On y jouit d'une vue générale de la ville et de l'immense jardin naturel qui l'environne. Pour le moment, le soleil darde ses derniers rayons sur la cité enveloppée d'un brouillard transparent. On n'en distingue plus que les grandes lignes, formant un tout assez monotone, alors que les constructions de Fairmount-Park, plongées dans leur cadre magnifique, représentent autant de temples et de palais féeriques.

Jeudi, 20 juillet. — Beau temps, le matin : chaleur extrême, 40° centigrades !!!

Décidément, c'est à ne plus y tenir. Pendant la journée, il s'est produit plusieurs cas d'insolation chez des hommes et même chez des animaux, bien que le parasol soit d'usage général, pour les bêtes comme pour les gens. Ici, en effet, on abrite la nuque des chevaux au moyen d'une sorte d'ombrelle attachée au frontal de a bride.

Rentrée au logis vers huit heures du soir, au milieu d'un orage violent, accompagné de pluie torrentielle. Les éclairs et les roulements du tonnerre se succèdent sans discontinuer jusqu'à une heure fort avancée de la nuit. Cette colère olympienne a quelque chose de grandiose et d'effrayant à la fois.

Vendredi, 21 juillet. — Beau temps (th. + 30° cent.)

L'orage d'hier est le plus violent qui ait été constaté de toute l'année. Il a eu pour résultat une amélioration sensible dans la température ambiante. En revanche, il a causé des dégâts assez considérables.

Sur tous les points de la ville on signale des édifices dont la toiture a été emportée.

LE CHEMIN DE FER MÉTROPOLITAIN AUX CONFINS DE LA VILLE (Voy. p. 140).

Pendant la soirée, j'ai l'occasion de visiter un grand magasin de confections portant pour enseigne « The World » situé au coin de Market-street, vis-à-vis des Public Buildings.

Ce magasin, fondé il y a une quinzaine d'années sur un pied modeste, est devenu le plus vaste établissement de ce genre existant aux États-Unis. On n'y emploie pas moins de deux mille ouvriers tailleurs. La coupe des étoffes s'y faisant à la machine, on peut entamer à la fois jusqu'à quarante pièces déployées et superposées et préparer la matière de quarante pantalons, habits et gilets, sur un même patron. En présence du bon marché inouï résultant de cette simplification extrême, on se demande pourquoi les Américains, même ceux-là qui appartiennent à la meilleure société, sont en général si mal habillés.

Je passe les heures qui me restent dans une sorte de casino tout récemment achevé. Sous l'immense voûte de bois supportée par des fermes en fer résonnent les échos d'une musique militaire allemande. La construction de ce spacieux jardin d'hiver, orné de massifs de verdure et d'une cascade éclairée à la lumière électrique, n'a pas exigé plus de vingt-huit jours de travail. J'en ai vu jeter les fondations. Nous sommes bien ici dans le pays des merveilles et des transformations à la baguette magique. Mais, hélas ! le ramage de ce bel oiseau bleu ne ressemble guère à son plumage. Quelle pitoyable exécution ! Passe encore pour quelques *lieder*, d'une interprétation d'ailleurs facile. Mais le programme est bourré d'Offenbach. Or, notre placide orchestre manque absolument de l'entrain nécessaire pour interpréter la musique de l'Orphée parisien, dont la verve endiablée est si appréciée des Alcibiades au petit pied et des Laïs de la nouvelle Athènes.

Samedi, 22 juillet. — Beau temps (th. + 25° cent. au matin ; dans la journée, 30° tout au plus).

A onze heures, déjeuner au restaurant Keystone, qui fait face au temple maçonnique. Le service y est réservé à des nègres du plus beau noir. Ceux-ci sont peut-être plus empressés que les garçons américains, mais ils sont à coup sûr plus malpropres. Les obscurs descendants de Cham le Maudit portent en eux le terrible « sudoris odor » propre à leur race et qui rend leur fréquentation des plus désagréables.

De là, je vais visiter la Monnaie. Comme toujours, l'édifice, bâti en marbre blanc, est dans le style des temples de la douce Ionie. Bien qu'il soit modeste en surface, le nombre des dollars qu'on y frappe est considérable. Il renferme une collection de médailles fort curieuse.

Dimanche, 23 juillet. — Temps couvert et pluie ; dans l'après-midi, beau temps (th. + 28° cent.).

A huit heures, départ pour Cape-May, cette station balnéaire que nous avons déjà décrite.

J'y dîne vers deux heures à Congress-Hotel, où, soit dit en passant, je fais moins bonne chère que la première fois.

En me promenant sur la plage, je retrouve presque intactes des lettres que, naguère, j'avais vu façonner dans le sable au moyen de coquillages rassemblés. Il y a plus d'un mois de cela. Que d'écrits soi-disant littéraires n'ont pas même cette durée !

Un peu au delà, des groupes épars s'exercent à la natation en présence d'une multitude de marsouins s'ébattant en pleine eau. Société mêlée, comme on voit.

Dès cinq heures, retour à Philadelphie, où j'arrive à sept heures et demie. Sur le soir, la température est graduellement descendue à 25°. On s'habitue si bien même à la chaleur, que nous en éprouvons tous un vrai sentiment de froid. Ces vingt-cinq degrés d'Amérique nous font l'effet de douze à quinze degrés d'Europe, tout au plus.

Lundi, 24 juillet. — Beau temps, mais vraiment frais, cette fois. Le thermomètre ne marque, le matin, que 22° centigrades. Il monte, dans la journée, jusqu'à 28°.

Le soir venu, je m'élève, par la voie d'un ascenseur capable de contenir une quarantaine de personnes, jusqu'au sommet de la tour du Colosseum. Un petit carillon y gazouille les heures comme une nichée de fauvettes.

Le Colosseum est un immense bâtiment dressé dans Broadway en forme de rotonde, et qui n'a rien d'antique, ainsi qu'on le pense bien. On y visite un Cyclorama, de facture médiocre, représentant « Paris le soir ». Du haut de la plate-forme, au contraire, on jouit d'une vue magnifique sur la ville, à ce moment constellée de lumières et plongée tout autour dans les brumes épaisses de la nuit.

Mardi, 25 juillet. — Beau temps (th. + 24° cent. le matin, et, dans la journée, 27°).

Le mardi est le jour où le public est admis à visiter le colossal édifice dédié à la Maçonnerie internationale. Ce temple est assurément le plus vaste, le plus imposant et le plus somptueux de tous ceux du même genre qui existent dans le monde entier. Il a coûté la somme honnête de un million cinq cent mille dollars, c'est-à-dire près de huit millions de francs, et ce chiffre ne paraît guère élevé en présence des proportions monumentales de la bâtisse et des installations grandioses qui la meublent.

L'ensemble de l'édifice mesure environ quatre-vingts mètres de long sur cinquante de large, et sa hauteur atteint vingt-quatre mètres. Quant à la tour massive qui flanque l'encoignure de droite, elle s'élève à quatre-vingts mètres au-dessus du sol.

Le style du monument rappelle notre roman du douzième siècle et constitue un assez beau pastiche de cette architecture. C'est d'ailleurs l'époque que les artistes du nouveau monde se plaisent le mieux à faire revivre, toutes les fois qu'ils ne cèdent pas à la tentation de copier servilement Rome et la Grèce.

A l'intérieur du temple maçonnique, de larges

escaliers et de spacieux corridors séparent les salles les unes des autres. En ce qui concerne ces dernières, la décoration en a été empruntée à des styles différents, correspondants à celui de chaque pays où la maçonnerie s'est développée. Un des plus curieux exemples de ce méli-mélo artistique consiste dans la reproduction exacte de l'Alhambra de Grenade, tel que ce palais devait être au temps fastueux de la chevalerie arabe, et lorsque le triste Boabdil, versant des pleurs amers sur son trône perdu, retournait pour toujours vers les déserts africains. Moins vaste, mais plus remarquable encore, est la salle, dite égyptienne, où l'Ordre se réunit. Douze piliers massifs en forment

maçonnique est d'une richesse extrême, et la visite en offre un intérêt véritable.

Mercredi, 26 juillet. — Beau temps (th. + 23 cent. dans la matinée, 28 l'après-midi).

Toute la journée est employée à travailler.

Vers sept heures, excellent dîner dans un restaurant portant une étiquette essentiellement parisienne : « Aux Frères provençaux ». Décidément la France est la vraie patrie du gastronome.

Jeudi, 27 juillet. — Beau temps (th. + 25 cent. et 30° dans la journée).

L'HÔTEL DE VILLE ET LE PALAIS DE JUSTICE (Voy. p. 140).

la contexture, dans un fac-similé saisissant des grandes architraves pharaoniques et ptolémaïques qu'on admire, sur les rives du Nil, à Karnak, à Denderah, à Edfou, et surtout en cette délicieuse vision qu'on appelle l'île de Philé. En outre deux sphinx, placés à l'orient du sanctuaire, gardent la chaire du vénérable. Celle-ci est entièrement fabriquée de l'ébène le plus noir, et richement damasquinée. Les bancs d'œuvre sont également en ébène et garnis de tapisseries sombres avec crépines d'or. La salle du banquet n'est pas moins curieuse. Elle mesure plus de trente mètres de longueur; le plafond en est soutenu par douze colonnes, dans les chapiteaux desquelles ressortent en relief des groupes de fleurs, de fruits et d'oiseaux. Quinze candélabres y distribuent à flots une lumière éblouissante. Somme toute, le temple

Un joli trait de mœurs noté au cours de mes promenades. En ce pays, nous savons que tous les citoyens sont égaux, socialement parlant. Toutefois, lorsqu'on y a joué un certain rôle, on ne se résigne pas volontiers à remplir celui des « utilités ». En temps d'affluence extrême pourtant, ces personnages secondaires ne laissent pas que de faire bonne recette. Les pourboires tombent dru dans leurs mains incessamment tendues. Les étrangers se disputent leur société, soit en vue d'obtenir des renseignements, soit même pour réclamer d'eux le secours d'un bras robuste. Ne faut-il pas se faire piloter dans les musées, dans les expositions, dans les établissements offrant quelque intérêt au voyageur ou à l'homme d'affaires, et, par cette chaleur sénégalienne, ne faut-il pas se faire convoyer dans les chaises roulantes circulant le long des salles et des jardins? Sensible au bénéfice, l'Américain ne l'est pas moins au « déshonneur ». Eh quoi! lui, l'homme libre par excellence, il s'astreindrait à voiturer un vulgaire agriculteur, un négociant ou même un étranger plus méprisable encore? En pareille occurrence, rien de mieux qu'un *mezzo termine*. Il se donnera donc l'accent irlandais. Tous, cicérones, portefaix, loueurs de chaises et de voitures à bras, tous sont désormais les protégés de saint Patrick. Malheureusement le bout de l'oreille *yankee* reparaît sous la coiffure en feutre mou. Le *sing song* décèle la mar-

En vue de me soustraire aux fortes chaleurs que nous subissons depuis quelques jours, je vais me réfugier sous les ombrages qui environnent Schuyl-killfalls, traversant en chemin de fer, pour y arriver, une grande partie de la cité.

Ainsi qu'on peut s'en rendre compte par l'inspection du plan, Philadelphie est sillonnée par une foule de voies ferrées établies sans aucun souci de la circulation publique. Il en est qui passent au milieu des rues les plus fréquentées de la ville, telles que Market et Broad-street.

L'ÉGLISE DE SAINT-PIERRE-ET-SAINT-PAUL, A PHILADELPHIE (Voy. p. 152).

que d'origine. Ces citoyens de la libre Amérique en sont pour leurs frais de patois; et leur fausse honte se tourne bientôt en confusion véritable, si quelque Irlandais pur sang, quelque Anglais de la bonne souche, prend malicieusement la peine de mettre nos égalitaires au pied du mur.

Vendredi, 28 juillet. — Forte pluie (th. +25° cent. le matin, 30 dans la journée et 26 le soir).

Consacré tout le jour à régler le long arriéré de ma correspondance.

Samedi, 29 juillet. — Beau temps. Même température qu'hier.

Un pareil système, qui étonnerait en Europe, ne surprend ici personne. Le passage des trains contribue seulement à augmenter l'énorme mouvement des omnibus, des voitures et des piétons. A chacun de veiller sur sa propre sécurité, les administrations publiques ne se chargeant guère d'un tel soin. Et d'ailleurs, permission à tous de monter en voiture ou d'en descendre comme bon semblera, le train fût-il lancé à toute vitesse. Malgré cela, il se produit, paraît-il, fort peu d'accidents par imprudence. Il est possible, après tout, que l'imminence du danger inspire à chacun des précautions que nos compagnies d'Europe sont toujours si soucieuses de recommander. En somme, si nous avons lieu d'être surpris de la licence accordée

PHILADELPHIE, VUE DES HAUTEURS DE BELMONT (Voy. p. 144).

en Amérique soit aux voyageurs soit aux exploitations de chemins de fer, les Américains doivent, de leur côté, trouver bien ridicules nos manies de réglementation quand même. Comment pourraient-ils comprendre, dans leur fureur d'indépendance, qu'on n'ait pas même la liberté de se casser le cou ?...

Dimanche, 30 juillet. — Th. -|- 27° cent.

Le soleil, emmitouflé de nuages noirs, se lève de nouveau sur un dimanche. Dès lors, plus d'animation, tout est fermé au public. Les familles, ou bien prendront leur volée vers les stations de bains les plus voisines, ou bien passeront de longues heures dans la méditation.

Au reste, les associations pieuses sont plus nombreuses et plus importantes à Philadelphie qu'en aucun point de l'Union. La variété des confessions et des sectes qui se partagent l'ancienne ville de W. Penn, essentiellement tolérante en matière de croyances, fournirait les éléments d'une étude vraiment curieuse sur l'instabilité et les caprices du sentiment religieux aux États-Unis. Il n'y existe pas moins de cinq cents temples, dont quarante-trois sont affectés au culte catholique romain sous la haute direction d'un évêque, et onze à la religion israélite.

Quant aux communions protestantes, divisées à la fois par tant de schismes, de dissidences, souvent même par de simples innovations aussi excentriques que dangereuses, telles que le mormonisme, elles sont, pour ainsi dire, fractionnées à l'infini.

Avant que Penn établit sur le Delaware, avec le concours de ses quakers, la « Cité de l'Amour fraternel », comme il se plaisait à l'appeler, il y avait déjà, tout près de l'endroit où le Navy-Yard aligne ses vastes ateliers, un blockhaus dont la construction remontait à 1677 et qui avait été élevé par quelques Suédois. Ce fortin, tout en ayant pour mission de protéger la petite colonie européenne établie à son ombre contre les attaques réitérées des Indiens, servait éga-

BUREAUX ET ATELIERS DU JOURNAL « LA TRIBUNE », A NEW-YORK
(Voy. p. 140).

lement à l'exercice du culte. En 1700, ce temple embryonnaire fut remplacé par l'église suédoise que l'on voit encore aujourd'hui et qui n'offre d'autre intérêt que son antiquité relative. En ce qui regarde les quakers, ou *friends*, bien que débordés par le luthéranisme et la religion anglicane, ils comptent encore quinze temples, répartis entre orthodoxes, hicksites et primitives. Les protestants épiscopaux en possèdent quatre-vingt-dix, les méthodistes épiscopaux quatre-vingt-neuf, les presbytériens soixante-quinze, les baptistes soixante-trois, et les réformés des États-Unis seize. Puis viennent les luthériens anglais et allemands, les luthériens indépendants, les méthodistes africains, nègres pour la plupart, les méthodistes libres, les réformés épiscopaux, l' « Evangelical Association », les congrégationaux, les « christian independents », l' « Advent christian church », les mennonites, les moraves, les unitaires, les universalistes, etc., etc. Il y en a, comme on le voit, pour tous les goûts, pour tous les tempéraments, pour toutes les exigences, ainsi que pour tous les scrupules.

Mais cela ne suffisait pas. Chaque secte a établi, en outre et séparément, des locaux pour les comités de propagande et pour la vente des livres où sont exposées les doctrines particulières, ainsi que des *meeting houses*. Dans Chesnut-street seulement il y a trois établissements considérables, appartenant l'un aux presbytériens, l'autre aux baptistes, et le troisième au Sunday School Union, autrement dit « l'Union de l'école du dimanche ». Je citerai encore l'association méthodiste établie dans Arch-Street, et la Société des jeunes chrétiens, sise au coin de la Quinzième Rue. Cette dernière institution, espèce de club-école, est pourvue de salles de lecture et de conférence, d'un gymnase, de jeux divers et de classes de musique, de dessin, de langues, etc., etc. Telle est l'alliance du spirituel et du temporel, de l'agréable et de l'utile, de la culture profane et de l'exercice sacré.

J'ai parlé des édifices du culte. Comparés à nos

cathédrales gothiques et même à nos églises modernes, la plupart de ceux qu'on rencontre dans tous les États-Unis offrent assez peu d'intérêt au point de vue monumental comme au point de vue artistique. L'immuabilité catholique et sa merveilleuse cohésion pouvaient seules enfanter ces immenses basiliques, œuvre des siècles et des peuples. Là, au contraire, où souffle le vent de la controverse et de la discussion, il ne peut évidemment sortir de terre que des chapelles plus ou

WESTERN UNION TELEGRAPH (Voy. p. 146).

moins vastes, plus ou moins riches. Quoi qu'il en soit, la générosité des souscripteurs locaux a su élever ici des églises ayant encore un certain caractère de majesté. Saint-Pierre-et-Saint-Paul, la plus grande de toutes, commencée en 1846 sur les plans de l'architecte Lebrun, est un monument assez bien conçu, et dans ce style roman si habituellement traité de nos jours. Couronnée d'une coupole de soixante-dix mètres d'élévation et revêtue intérieurement de fresques archaïques, elle est précédée d'un beau portail dessiné par Notmann, l'architecte du temple épiscopal de Saint-Marc. Le style byzantin de cette même église Saint-Marc, bâtie en 1849, témoigne également de certaines connaissances archéologiques. Mais je préfère à toutes les deux Christ-Church avec ses bizarreries, ses originalités et son clocher fluet où babille toute une congrégation de cloches, en rupture de semaine sainte. Christ-Church fut commencé en 1727 et livré au culte en 1753. Notons encore, en passant, Saint-Paul, l'église catholique de l'Assomption, l'église suédoise dont j'ai déjà parlé, et enfin Saint-André, copié sur le modèle païen du temple de Bacchus, on ne sait trop pourquoi, étant donnée l'influence des tempéranciers qui pullulent dans ce pays.

Le dimanche, temples, églises, clubs et meeting-houses regorgent de fidèles. Partout on chante des hymnes, on prêche des sermons, chacun se laissant aller à des contemplations mystiques. Tant de haltes chroniques dans une existence à toute vapeur, tant d'élévation spirituelle en pleine chasse aux biens de ce monde, ne sont pas un des contrastes les moins frappants offerts par ce peuple à la fois tenace et ondoyant, foncièrement sceptique et naïvement crédule. Un tel spectacle contribue à rendre moins inexplicables la ferveur et la propagande des fameux *revivals* dont nous avons déjà parlé. Toutefois ces tourmentes fanatiques, provoquées par de simples bourgeois et sévissant des mois durant sur une population exaltée, finiront par émietter encore les sectes dont se compose le protestantisme américain, chaque jour de plus en plus morcelé.

Lundi, 31 juillet. — Temps couvert (th. $+22^e$ cent. le matin, et le soir 27e).

Soirée passée à Museum Theater. On y joue en anglais le drame si intéressant des *Deux Orphelines*. L'interprétation en est médiocre. Ce n'est d'ailleurs plus la saison théâtrale. Le grand répertoire a interrompu le cours de ses magnificences. Plus de Shakespeare; pas d'opéra non plus. Les chanteurs sont tous en villégiature. J'aurais été cependant curieux de comparer les vrais acteurs du nouveau monde aux tragédiens de l'Angleterre. On se contente donc de reprendre, de temps à autre, quelques pièces dues pour la plupart à des écrivains sudistes et dans lesquelles les mœurs politiques et la morale courante sont vigoureusement flagellées. C'est ainsi qu'on donne, en ce moment, une comédie fort amusante d'un nommé Florence, inti-

toire français, traduit pour toutes les scènes. Ici, Dennery, Paul Féval, Alexandre Dumas fils et Sardou

LE MAIL, AU PARC CENTRAL (Voy. p. 159).

tulée *the Mighty Dollar*, c'est-à-dire « le puissant collar ». Le gouvernement y est maltraité presque à chaque mot. Toutefois, le répertoire auquel on revient le plus souvent est naturellement le réper-

sont extrêmement connus et goûtés. Les dramaturges réaliseront des fortunes le jour où quelque convention littéraire aura été signée entre la France et les États-Unis.

10

Mardi, 1er août. — Beau temps (th., le matin, + 22° cent.; dans la journée, 30).

Durant la matinée je fais la rencontre fortuite d'un certain A. P., de Naples, avec qui j'avais jadis entretenu une correspondance assez suivie au sujet de son invention, le « Pianographe ». Il m'apprend que son appareil est actuellement à Philadelphie. Sans perdre de temps nous allons l'examiner.

Cette idée du clavier inscrivant toutes les notes qu'on y frappe m'avait constamment séduit. Voir fixé d'une façon précise ce qui arrive brusquement sur les ailes de l'inspiration, n'avoir point à compter avec les retards de la notation lorsque la verve déborde à jets brûlants, cela me semblait être le rêve de tous les vrais compositeurs. Dans l'improvisation, la pensée se traduit toujours d'une manière plus poétique et surtout plus naturelle que lorsque les préoccupations de l'harmonie et du contre point viennent en entraver la libre expression. Et que d'idées perdues, desquelles on aurait pu tirer parfois quelque heureux parti !

Déjà dans le Weltausstellung, à Vienne, un certain F., de Stuttgart, avait exposé une machine à transcrire la musique. Mais, si je m'en rapporte aujourd'hui à celle que j'ai sous les yeux, l'invention italienne est évidemment supérieure à l'appareil allemand. Reste à savoir si le pianographe a une marche suivie et régulière. Cela ne pourrait être établi que par une expérience suffisante.

Mercredi, 2 août. — Temps couvert (th. + 22 cent. le matin, et 25 dans l'après-midi).

Journée passée tout entière à prendre les mesures indispensables à la poursuite de mon voyage.

Jeudi, 3 août. — Temps couvert (th. + 30 cent.). Dernière visite à Fairmount-Park. Après-demain je quitterai Philadelphie définitivement.

Vendredi, 4 août. — La température varie de 24 à 30 centigrades. La pluie ne cesse de tomber.

Courses et visites d'adieu.

Jusqu'à ce jour, je n'avais pas eu la curiosité d'aller voir l'intérieur de Independence Hall, bien que je passe à tout propos devant le monument. Remplissons cette lacune à l'instant même. Mieux vaut tard...

A vrai dire, la bâtisse en elle-même est assez laide, bien qu'elle ait été reconstruite à neuf en l'année 1813. Le State-House primitif, commencé en 1729, n'avait coûté que la somme minime de cinq mille six cents livres. On le flanqua, en 1740, de deux ailes et d'une arcature aujourd'hui démolie.

Ce qu'on remarque de plus intéressant à Independence Hall, c'est assurément la salle où fut signée, sur une table que l'on montre encore aux visiteurs, la fameuse déclaration dont il a été déjà tant parlé. L'encrier qui servit à cet acte, le fauteuil de John Hancock, président du Congrès, et une douzaine de sièges remontant à la même époque, ont été religieusement conservés. Non moins curieux est le musée historique installé dans les salles basses. Les portraits de Hancock, de Lafayette, du baron Steuben, du commodore Porter, de Roger Sherman, etc., y figurent côte à côte. C'est là enfin qu'on garde le *Liberty Bell*, c'est-à-dire la cloche qui, fondue en Angleterre, sonna à toute volée la déchéance de la mère patrie, ainsi qu'un morceau de balcon d'où fut lue au peuple enthousiasmé la proclamation votée par le Congrès.

PHILADELPHIE. — SALLE OÙ FUT SIGNÉE LA DÉCLARATION D'INDÉPENDANCE
(Voy. p. 154).

En face de l'entrée principale s'élève une statue de Washington. Les frais qu'elle a nécessités ont été couverts par les seules souscriptions des enfants réunis dans les écoles publiques. Bien qu'elle passe ici couramment pour un chef-d'œuvre, j'estime qu'il faut des yeux de bon patriote pour ne pas en découvrir l'incontestable médiocrité.

En somme, la visite de Independence Hall est loin d'être dépourvue d'intérêt, puisqu'elle évoque tout un monde de souvenirs héroïques.

Samedi, 5 août. — Beau temps (th. de 25 à 31° cent.).

C'est aujourd'hui que je fais pour tout de bon mes adieux à Philadelphie. A minuit, départ pour New-York par le chemin de *Pensylvania Railroad*.

Dimanche, 6 août. — Excellente nuit passée en

Pullman-car. Arrivée à New-York vers cinq heures du matin. Le thermomètre marque 32° centigrades. Il n'y a pas un souffle dans les airs.

Je vais descendre à Metropolitan Hotel. C'est un établissement magnifiquement installé au centre même de Broadway. Le déjeuner que je m'y fais servir ne laisse rien à désirer. Me voilà tranquille sous le rap-

temps à autre ils lancent au loin des jets de nicotine. Avouons, du reste, pour leur excuse, que la chaleur est vraiment insupportable, et que l'inaction complète à laquelle ils s'abandonnent est un peu commandée par les circonstances extérieures. Seul, un groupe de lecteurs, au milieu duquel je prends place, offre l'image de la vie dans cet antre somptueux où Mor-

INDEPENDENCE HALL (Voy. p. 154).

port de la nourriture ; en voyage, — croyez-le bien, — la table est de grosse importance.

Avant le *tiffin*, sorte de repas que l'on prend ici vers trois heures, le hall de l'hôtel présente le spectacle le plus curieux. Il est encombré de gens oisifs, fêtart le jour dominical en s'étirant voluptueusement les membres et en mâchant force tabac. La plupart d'entre eux, renversés en arrière, les jambes arc-boutées et les pieds appuyés sur une colonne, s'abîment dans la contemplation de leurs bottes, avec le sérieux des flamines examinant le feu céleste. De

phée trône en maître absolu. Encore est-il juste de dire que plusieurs de mes voisins sont, pour ainsi dire, hypnotisés par les caractères mouvants de l'alinéa qu'ils relisent pour la centième fois. Afin de ne pas céder à cet exemple contagieux, je me décide à écrire plusieurs lettres, à prendre certaines notes et à parcourir les dernières dépêches.

Parmi celles-ci, je vois que les Sioux sont descendus dans le *Path of war*, c'est-à-dire dans le Sentier de la guerre. Tous les journaux, grands et petits, regorgent des aventures sanglantes où les « visages pâles » n'ont pas toujours eu l'avantage. Naturellement, et comme toujours, c'est le pauvre lapin qui s'est jeté sur le chasseur.

Voici d'ailleurs ce qu'on raconte. Quelques mineurs ont été assassinés dans les Black Hills ou Montagnes Noires. — Qu'allaient-ils faire dans ces montagnes et de quel droit exploraient-ils une contrée abandonnée aux Indiens par un bel et bon traité? C'est ce que l'on ne dit point; mais je crains que ce soit justement en raison du droit que s'attribue *proprio motu* l'Américain du Nord, toujours prêt à se déclarer partout le maître absolu du territoire. Pour ma part, il me semble que les *rowdies* qui s'empressent de crier à l'assassinat, quand ils ont commis eux-mêmes mille attentats odieux, ne sont pas si à plaindre. Ils me font plutôt l'effet de ce bourreau du moyen âge témoignant avec amertume son mécontentement de ce qu'un condamné à mort lui eût marché sur le pied. Condamnés à mort, ils le sont bien en effet, ces misérables Peaux-Rouges, les propriétaires autochtones de cette magnifique contrée, eux qui vivent déjà refoulés dans des limites soi-disant infranchissables, mais toujours violées par les envahisseurs.

A ce propos, un fait scandaleux, inouï, survenu il y a peu de temps, montrera de quelle tolérance le gouvernement de Washington use à l'égard des persécuteurs de cette race dépossédée et proscrite. Une famille de Sioux avait été invitée officiellement à se rendre dans une localité voisine. Elle abandonne donc pour quelques jours le territoire qui lui avait été assigné depuis plus de dix ans, et où elle s'occupait paisiblement d'agriculture. Pendant son absence, un certain nombre de blancs, avec qui ces Indiens n'avaient jamais eu maille à partir, viennent prendre tranquillement possession des habitations, des terres, du bétail et des récoltes restés sous une garde insuffisante, puis se refusent obstinément à rien restituer. De tels actes de brigandage restent sans punition et se renouvellent tous les jours.

Mais revenons aux faits qui se sont passés dans les Black Hills.

On avait donc concédé ce territoire aux Indiens, lesquels y trouvaient du gibier à abattre, à défaut du bison devenu de plus en plus rare de ce côté. Et ceux-ci se contentaient de vivre en paix dans leurs enclaves sombres et agrestes, mettant le mieux possible à profit les maigres subsides en couvertures, poudre et argent qui leur sont alloués par l'État et sur lesquels, disent les mauvaises langues, les agents du gouvernement trouveraient encore à prélever des *black-mails* ou *pots-de-vin* fantastiques.

Malheureusement pour les Sioux, ces Montagnes Noires contiennent de l'or. En présence d'une pareille constatation, le droit concédé aux Sioux devenait une duperie pour les intérêts américains. Il s'agissait bien de leur conserver un domaine dont ils ne tiraient aucun parti! Mieux valait en finir avec eux, et du précepte à l'action il n'y a qu'un pas. Ce pas a

été maintes et maintes fois franchi. Toutefois, dans le cas présent, l'entreprise pouvait se heurter à de grosses difficultés. Les Black Hills sont terriblement accidentés, et les troupes régulières n'y ont pas toujours raison des tirailleurs dispersés.

Sur ces entrefaites, le général Custer fut envoyé en exploration. Les Indiens réclamèrent et firent montre d'indignation. Cependant, pour cette fois, l'expédition put s'en retourner saine et sauve, en publiant que le pays était magnifiquement boisé, qu'il était giboyeux et que, par-dessus tout, il était plein de gisements aurifères.

Aussitôt les mineurs s'ébranlent du nord au sud et de l'est à l'ouest. Les Black Hills sont inopinément envahis. L'administration centrale a beau prévenir les orpailleurs qu'il y va de leur vie et de leur chevelure. Ils n'entendent rien et se confient aveuglément à leur *rifle*, à leur revolver, à leurs *bowie-knives*. Là-dessus, coups de feu à droite, coups de couteau à gauche, du sang partout! Les Sioux sont mandés à Washington chez le « Big Father », *alias* le président de la République. On leur offre jusqu'à vingt-cinq mille dollars pour la région des montagnes qui recèle, croit-on, tant de richesses, pour tout un État doublé d'un trésor souterrain. Les misérables se bornent à refuser.

« A-t-on idée d'un cynisme pareil? dit un journal indépendant, qui, par parenthèse et sous forme humoristique, flagelle vigoureusement la cupidité des envahisseurs. Comment, ces Indiens s'entêtent à ne point abandonner une région abondante en gibier, pour telle autre parfaitement inhabitable, et dans laquelle on ne rencontre que des serpents ou des chiens de prairie! Faudra-t-il donc les massacrer tous pour leur faire entendre raison? Si le va-nu-pieds de Sioux ose maintenant préférer douze mille acres de terrain à une descente de lit et à vingt-cinq *cents*, où allons-nous? »

C'est alors qu'une nouvelle entrevue a lieu. Elle n'aboutit à aucun résultat. Les Indiens s'en tiennent toujours à leur traité, dans l'ignorance absolue où ils sont du distique

Je suis bon de vouloir t'engager à le vendre!
Sais-tu que, sans payer, je pourrais bien le prendre?

Car, s'il existe des juges à Berlin, comme on disait autrefois, il n'y en a guère aux États-Unis. La race primitive n'y relève plus aujourd'hui que du coup de couteau en détail et de la fusillade en masse. Et puis, l'Américain se moque bien du grand Frédéric et de sa magistrature!

En attendant, les mineurs accourent toujours de plus en plus pressés, de telle façon que les Indiens exaspérés finissent par se mettre en état de rébellion. Chaque pli de terrain est vigoureusement défendu. Aventuriers ou travailleurs tombent bientôt comme des poupées de tir, et leur sang vient teinter de rouge les roches de couleur sombre qu'ils ont osé violer. La force armée est enfin requise. Le capitaine Roland, avec le sixième régiment d'infanterie, est chargé d'opérer contre *Crazy Horse* (le cheval caduc), *Black Moon* (la lune noire) et *Kill Eagle* (le tueur d'aigle) de la tribu des Pieds-Noirs. Les pertes sont également grandes des deux côtés, mais force devra bien finir par rester au gouvernement « paternel » qui siège à Washington.

Qu'on ne croie pas, en lisant ce qui précède, que le sentiment public demeure impassible en face de pareilles monstruosités. Le journal dont nous avons cité quelques lignes n'est pas le seul à les déplorer ni même à les flétrir. J'ai justement sous les yeux un article d'actualité publié à propos des fêtes du 4 juillet par le *Bulletin de New-York*. L'article, écrit en un français dithyrambique, porte la date du 8 juillet. Il est d'une violence extrême. On en jugera par cet extrait :

« Peu s'en est fallu que les bruyants éclats de cette bacchanale patriotique (les fêtes de l'Indépendance) ne fussent troublés par la nouvelle d'un désastre militaire qui est bien de nature à mettre en relief la vanité des pompes nationales dont on vient de nous régaler. Pendant que quinze ou vingt mille bourgeois, cossus et bien nourris, se préparaient à venir parader leur parfaite inutilité en uniformes de milice dorés sur tranches, trois cents soldats, de véritables soldats, commandés par des officiers braves et éprouvés, tombaient dans un guet-apens de Sioux, dans un ravin des Montagnes Rocheuses, et mouraient jusqu'au

NEW-YORK. — UN COIN DU PARC CENTRAL.
(Voy. p. 159).

dernier le sabre au poing[1], victimes, il faut bien le dire, de la plus odieuse espèce de corruption et de malversation dont l'administration de cette république modèle puisse être coupable. Après avoir refoulé le pauvre Indien, le propriétaire légitime du sol américain, dans une plaine aride ou sur des rochers stériles, où le buffle même, le seul soutien de l'homme sauvage, a de la peine à vivre, on lui garantit la possession de cette dernière retraite par un traité solennel, pas si tôt signé qu'il est violé par des hordes d'aventuriers, lesquels, sous prétexte de civilisation, envahissent les réserves indiennes, tuent ou dispersent le gibier et font cible de tout aborigène, homme, femme ou enfant, qu'ils rencontrent sur leur chemin. En y regardant de près, on découvre que ces malfaiteurs sont le plus souvent à la solde des fournisseurs ou « contracteurs » de l'armée, qui ne peuvent s'enrichir assez vite en temps de paix et dont les amis, associés ou protecteurs forment une chaîne continue de voleurs publics, depuis les postes des frontières les plus avancées jusque dans le foyer du Congrès national ou aux antichambres du chef exécutif. Voilà vingt-cinq ou trente ans que cela dure. Des millions d'argent, des milliers d'enfants de la nation sont sacrifiés annuellement pour alimenter cette infâme et criminelle spéculation. Et voilà la nation chrétienne par excellence, trop chrétienne pour ouvrir une exposition nationale aux enfants du peuple le dimanche ! »

Admettons, si vous voulez, que le journal en question ait des tendances sudistes trop caractérisées, ou même qu'il exagère le mal : il n'en est pas moins certain que l'extermination définitive des Indiens est, sciemment, le dernier mot de la politique actuelle.

[1]. Le journal fait indubitablement allusion à la récente défaite du général Custer. Celui-ci a été tué, avec ses deux frères, le 3 juillet dernier, dans une rencontre fort sanglante dont pas un homme n'est revenu.

Là où le Français civilise, où l'Anglais pacifie, où tous deux fusionnent les races, l'Américain déposséde et supprime. L'Indien, pour lui, est un être hors la loi. Il ne juge même plus nécessaire d'invoquer des prétextes pour mener à bonne fin la tâche qu'il lui plait d'assumer.

Sommes-nous assez loin de cette grandeur d'âme

NEW-YORK, — LA CATHÉDRALE DE SAINT-PATRICK
Voy. p. 158.

à laquelle W. Penn doit une partie de sa réputation ! A ce moment, en effet, la race rouge venait d'ouvrir généreusement son territoire à la secte des quakers persécutée. Chaque jour elle lui prêtait aide et protection contre les bandes de voleurs et de pillards ameutées contre elle. Son illustre chef conclut avec les Indiens un pacte qu'il sut toujours et loyalement respecter jusqu'à la fin de sa vie.

C'est qu'à cette heure les Sioux n'avaient pas encore appris à se défier de la « langue fourchue » des « visages pâles ». On en était à l'époque lointaine, si bien décrite par Chateaubriand, par Fenimore Cooper, et chantée plus tard par Cullen Bryant, époque où l'on voyait les blancs fraterniser avec les Peaux-Rouges.

Mais, hélas ! aujourd'hui il n'y a plus d'alliance possible. Non seulement tout partage à l'amiable semblerait absurde aux petits-neveux de Washington, mais ceux-ci pensent encore, ainsi que le mauvais riche de l'Écriture, arracher la brebis au malheureux qui ne possède rien de plus.

La besogne d'écrasement va d'ailleurs bon train. Chaque jour la mortalité sévit, avec une violence de plus en plus caractérisée, parmi ces hommes primitifs voués systématiquement à la démoralisation la plus abjecte, grâce à l'abus des liqueurs fortes. L'apathie résultant de la subite transformation de races chasseuses en groupes agricoles devient même un élément de dépopulation. De six cent mille environ que les Indiens étaient encore, il y a tout au plus une centaine d'années, le nombre en est réduit maintenant à moins de deux cent mille. La Nouvelle-Bretagne seule offre l'exemple d'Indiens croisés avec des noirs et même avec des blancs. Tandis que les dernières bribes des vieilles tribus du haut Missouri, *Sioux, Pawnies, Paunch* et *Padoulas,* livrent exaspérés leur suprême partie contre une civilisation envahissante, un groupe de vingt mille Peaux-Rouges, appartenant aux *Six Nations,* subsiste encore au Canada. Ceux-ci y vivent sous la protection de lois équitables, évangélisés et non proscrits, protégés et non traqués. On y retrouve les membres de cette lamentable famille tels qu'ils étaient autrefois, c'est-à-dire bons, hospitaliers, généreux, ayant le culte de la vérité, actifs dans une certaine mesure et résignés à leur condition nouvelle.

Les Américains prétendent que toute cette race a fait son temps, qu'elle se meurt d'épuisement et de vieillesse. Eh bien, que ne la laisse-t-on s'éteindre en paix ? Aux yeux des gens impartiaux, ce sera toujours insulter à l'humanité que d'écraser, pour cause de faiblesse, quiconque a droit de vivre comme tout le monde.

Vers cinq heures, promenade en voiture à Central-Park. Nous nous étions promis — comme on sait — d'aller le visiter une dernière fois.

Sur notre chemin, nous avons lieu de remarquer la cathédrale catholique de Saint-Patrick, considérée à juste titre comme la plus belle église de New-York et peut-être du nouveau monde. Traitée dans le style de Reims et d'Amiens, c'est-à-dire de la fin du treizième siècle, elle offre un tout harmonique, un peu sec, mais incontestablement élégant et somptueux. On en jugera quand on saura qu'à part le soubassement en granit, l'édifice tout entier, jusqu'au sommet des flèches dressées à plus de cent mètres de hauteur, est construit en marbre blanc.

Central-Park, but de notre excursion, est établi, comme son nom l'indique, au milieu de la ville. Il comporte une étendue considérable, puisqu'il ne mesure pas moins de huit cent cinquante acres de superficie, c'est-à-dire près de trois cent cinquante hectares. Le dessinateur a tiré fort bon parti du terrain, lequel est agréablement accidenté. On y trouve de vastes étangs et de splendides pelouses. C'est là aussi que sont établis les réservoirs d'eau qui alimentent la cité. L'espace que ceux-ci recouvrent est immense. Le plus grand d'entre eux n'a pas moins de quatre cent trente mille mètres carrés de superficie et une capacité d'un milliard de gallons, soit environ quarante-six millions d'hectolitres.

Central-Park est à la fois le rendez-vous de la haute société et de la population ouvrière. Les équipages les plus élégants y croisent l'humble carriole et le char à bancs de louage.

Un petit jardin d'acclimatation et un musée d'histoire naturelle situés aux confins du parc attirent, le dimanche et les jours fériés, ainsi que je puis m'en rendre compte, un public nombreux d'artisans et de familles bourgeoises.

De Point-View, plate-forme dominant la portion septentrionale du parc, on découvre l'admirable panorama de High-bridge, immense pont jeté sur le Harlem-river. Ce pont supporte les conduits qui amènent les eaux dans les réservoirs sus-mentionnés.

Ramené au milieu du parc, je continue ma visite par les allées réservées aux piétons.

En face de Central-Lake, sous les arches d'un viaduc dont la vue est vraiment charmante, une jolie buvette regorge de consommateurs. Les *cream-ices* et les limonades y sont littéralement mises au pillage. J'ai toutes les peines du monde à me faire servir un modeste verre de bière. Sur les eaux transparentes, de légères embarcations, à voiles ou à rames, vont sillonnant la surface unie.

C'est dans cette partie du Central-Park, la plus fréquentée de toutes, que les oisifs trouvent leurs plaisirs favoris et leurs promenades de prédilection. Parmi celles-ci notons l'allée du « Mail », spacieuse et admirablement entretenue, d'où les yeux découvrent sur une grande étendue le paysage environnant. Cette allée est bordée de statues en bronze personnifiant les arts et les sciences, mais avec lesquelles — soit dit en passant — l'art proprement dit n'a rien de commun. En revanche, le cadre est magnifique et formé par une rangée d'ormes de toute beauté, dont le feuillage tamise mystérieusement les rayons du soleil couchant.

Lundi, 7 août. — Beau temps (th. + 27° cent. le matin ; vers cinq heures du soir, 33°, accentués par un orage).

Dernières dispositions prises pour mon prochain voyage à travers le continent américain.

Mardi, 8 août. — Beau temps, mais grande chaleur comme toujours (th. de 28 à 33° cent.).

Ce soir, enfin, je dirai adieu à l'Empire-City ainsi qu'à ses magnificences un peu trop hâtives. Mon itinéraire, désormais sans haltes obligatoires ou de longue durée, embrasse les États-Unis dans toute leur étendue, de l'est à l'ouest. Ce qui précède n'a donc été, en quelque sorte, que le préambule de notre voyage *Autour du Globe*.

UN FERRY-BOAT, LA NUIT

II

A TRAVERS LES ÉTATS-UNIS

X

NEWPORT ET BOSTON

Adieux à New-York. — La huitième merveille du monde. — A bord du *Bristol*. — Newport. — La plage et la ville. — Boston. — Coup d'œil général. — L'obélisque de Bunker-Hill. — Les parcs. — Édifices publics et privés. — Haut goût architectural. — Faneuil-Hall. — Le Berceau de la Liberté. — Cambridge. — Le cottage du poète Longfellow. — Harvard University. — Une institution modèle. — Ponts à vapeur. — Pickpockets ambulants. — Nouvel arrêt à Niagara. — Carême en mois d'août.

Mardi, 8 août (suite). — A cinq heures, je suis à bord du *Bristol*, magnifique bateau à quatre étages, qui va me transporter jusqu'à Newport. Par malheur, les voyageurs y abondent et l'on manque littéralement de cabines pour les recevoir tous. Mais les compagnies de steamers ne sont pas embarrassées pour si peu. On installera des literies dans le salon commun. En ce qui me concerne, je serai obligé de passer la nuit sur une chaise, position qui laisse bien un peu à désirer. Qu'importe d'ailleurs aux actionnaires de la Compagnie? Pourvu qu'ils fassent des bénéfices, tout le monde ne doit-il pas s'estimer heureux? Telle est la marche des choses en Amérique.

La sortie de New-York est admirable. Nous longeons d'abord, sur l'Hudson, les débarcadères réservés aux navires transatlantiques. Il y en a pour le moins une quarantaine, espacés le long des quais comme les dents d'une gigantesque crémaillère. Puis,

après avoir contourné la Batterie, nous nous engageons sur East-river, lequel n'est qu'une sorte de bras de mer entre la terre ferme et Long-Island et sépare New-York de Brooklyn.

De ce point on aperçoit comme deux tours colossales se dressant majestueusement sur chacune des rives. Ce sont les piles du pont suspendu qui relie le faubourg à la métropole. La hauteur du tablier a été calculée de manière à ce que, dans les plus hautes marées, les navires de fort tonnage puissent passer dessous, toutes voiles dehors. La longueur totale de l'œuvre excède dix-huit cents mètres, et celle de la travée du milieu seule n'est pas inférieure à cinq cents. Six paires de rails, deux pour chemin de fer et quatre pour tramways, y courent parallèlement avec une chaussée centrale en contre-haut réservée aux piétons. C'est dire que le tablier n'a pas moins de vingt-six mètres de largeur, étant lui-même en proportion avec les dimensions générales de cette huitième merveille du monde. Malheureusement l'ingénieur Rœbling, le même auquel on doit le pont du Niagara, est mort sans avoir pu mener à bonne fin son œuvre titanique.

A quelque distance du pont de Brooklyn, nous circulons entre des îles verdoyantes agrémentées de cottages. D'autres sont occupées par des hospices, des asiles, des prisons. Toujours pratiques en fait d'installation, les Américains relèguent hors des centres populeux, naturellement malsains, les établissements de bienfaisance, de philanthropie et de répression.

A bord, un orchestre dont les accords assez peu mélodieux ne feront jamais concurrence aux sirènes

Steps, ou les quarante marches. En sortant de l'onde salée, je me sens tout à fait remis des fatigues occasionnées par la chaleur et le voyage.

Après déjeuner, promenade en voiture à travers la ville. Celle-ci n'offre rien de bien séduisant. Déchue comme port de mer, elle est ressuscitée comme ville de bains. Dorénavant elle attire le monde élégant et figure au premier rang des stations balnéaires américaines. Newport est en quelque sorte le Trouville et l'Ostende des États-Unis. Ainsi que les autres *bathing-places*, elle est semée de cottages bien ombragés. Toutefois on n'y trouve pas, comme à Long-Branch, — la plus attrayante des villes de bains que nous ayons visitées sur ces côtes, — des constructions regardant la mer. Pas de promenades non plus le long de

de cette nouvelle Parthénope, ne cesse pas un moment de nous régaler de son répertoire plus ou moins varié. Cela communique à notre voyage un air de fête, à la faveur duquel nous côtoyons bruyamment des rives tout à fait endormies.

A trois heures du matin, débarquement à Newport. Nous allons nous y loger dans une grande bicoque assez médiocrement installée et qu'on désigne ici sous le nom pompeux de Ocean-House.

Mercredi, 9 août. — Beau temps. Grande chaleur (th. + 32° cent.).

Vers neuf heures, je me rends à l'une des trois plages consacrées aux baignades. La distance à franchir depuis l'hôtel est d'un peu plus d'un mille. Complètement isolée et encaissée comme les conches du littoral charentais, cette plage est dominée à droite par de hautes falaises connues sous le nom de Forty-

la plage, laquelle est d'un abord sablonneux et rocailleux.

Tout le mouvement des voitures se concentre dans la charmante allée de Bellevue, qui conduit à Spouting-Cave. On appelle ainsi une grotte où la mer s'engouffre à marée montante, et des profondeurs de laquelle s'échappe avec le reflux tout un fleuve violent et écumeux.

Un peu en deçà de Spouting-Cave se dresse le promontoire de Brenton, sur lequel se sont perdus bien des navires et qui est considéré à juste titre comme un des parages les plus périlleux du littoral.

Le point extrême de la promenade est le fort Adams, qui protégeait jadis la ville de Newport. On y embrasse une vue d'ensemble de la rade et de la cité. L'après-midi, durant la belle saison, les élégants équipages s'y pressent autour de la musique militaire de la garnison.

Sur l'île de Conanicut, qui fait face au fort Adams de l'autre côté de la baie, s'élevait un second fort, durant la guerre de l'Indépendance, la flotte française venait annuellement prendre ses quartiers d'hiver.

ABORDS DU PONT DE BROOKLYN (Voy. p. 163).

connu sous le nom de « Dumpling », et dont il ne reste plus qu'une tour démantelée. A l'abri de ces murailles, aujourd'hui sans valeur stratégique, et Le véritable intérêt que ce vieux fort présente maintenant est d'être une ruine respectable au milieu d'un pays qui en possède si peu.

Comme chose curieuse, dans la ville même, nous citerons une place, ornée de la statue du célèbre commodore Mathew Perry, natif de Newport, le même qui fut chargé, vers 1852, d'ouvrir le Japon au commerce des États-Unis. Un peu en arrière de cette statue, on remarque une vieille tour de pierre, « Old stone mill », toute tapissée de plantes grimpantes et remontant — disent les uns — à plusieurs siècles avant la découverte de Christophe Colomb, et les autres — ce qui est plus vraisemblable — au gouverneur Benedict Arnold, mort en 1678, à preuve que celui-ci en aurait fait mention dans son testament. Cette ruine, dont on n'a jamais connu exactement la destination, bien qu'elle soit désignée sous le nom de Moulin, a été chantée par Longfellow, qui en fait la

lure très sémillante. Je prends place à l'une des tables du plus élégant, situé au bas bout de Tremont-street. Après avoir dégusté une excellente glace, rendue encore plus exquise par la haute température dont nous sommes gratifiés, je rentre à l'hôtel enchanté de ce que j'ai vu dans ce premier aperçu de Boston.

Jeudi, 10 août. — Beau temps (th. + 28° cent.).

Vers onze heures je quitte l'hôtel, en vue de compléter la tournée ébauchée hier soir.

Boston, capitale du Massachusset, compte environ trois cent cinquante mille habitants. Cette ville est, sans contredit, une des plus intéressantes de toute l'Union, aussi bien par son histoire que par la culture

Copyright,   by Harper & Brothers.

L'ENTRÉE DU PORT DE BOSTON (Voy. p. 167).

douce retraite d'un Viking scandinave égaré sur ces rivages :

> There for my lady's bower
> Built I the lofty tower,
> Which, to this very hour
> Stands looking seaward.

A trois heures trois quarts, départ pour Boston, par le *Old colony Railroad*.

Nous n'arrivons à destination qu'à sept heures et demie du soir, au lieu de six.

Je vais aussitôt m'installer à United-States Hotel, dans une excellente chambre, où je serai au mieux pour me reposer de mes excursions.

Le souper expédié, flânerie par la ville jusqu'à onze heures. Tout est vivant et plein d'animation. Des tramways larges et bien éclairés sillonnent les rues en sens divers. Les restaurants et les cafés, installés avec luxe, regorgent de consommateurs. Je remarque que dans plusieurs de ces établissements le service est fait par un personnel féminin, d'al-

des lettres et des sciences à laquelle elle semble s'être particulièrement vouée. De plus, au point de vue pittoresque, Boston diffère de ses grandes rivales en ce que les rues n'y sont point uniformément alignées en quinconce et au cordeau.

La partie ancienne de la ville, bâtie sur une péninsule à triple sommet, — particularité à laquelle Boston a dû son nom primitif de « Tremont », — est reliée à la portion nouvelle, qui la circonscrit, par de nombreux ponts à longue portée. Plus de cinquante îlots sont semés dans la rade au fond de laquelle l'agglomération est assise, et le port qui en dépend est un des plus spacieux de tout le littoral américain.

Parmi les principales artères de Boston, on remarque surtout Washington et Tremont-street. Ce sont deux magnifiques rues qui coupent la masse de part en part. La première surtout est vraiment admirable par la richesse des constructions et des magasins dont elle est bordée. On peut dire en quelque sorte qu'elle date d'hier, car dès 1872 un formidable incendie en avait détruit la majeure partie. Ce fut dans ce sinistre que des édifices vraiment royaux et plus de neuf cents maisons furent dévorés par les flammes. Mais on sait avec quelle promptitude le génie local répare les plus grands désastres. Quelques mois après cet événement, la rue dévastée renaissait de ses cendres plus resplendissante encore que par le passé. Sur tout son parcours, la circulation se montre

mer appelé Charles-river. On y remarque un monument commémoratif de la bataille de Bunker-Hill, lequel n'est autre qu'une sorte d'obélisque creux et sans aucun ornement extérieur. Toutefois, un aussi bizarre trophée n'est pas dépourvu d'intérêt, car il ne mesure pas moins de soixante-dix mètres de hauteur. Le sommet en est percé, sur les quatre faces, d'ouvertures auxquelles on accède par deux cent quatre-

LE « VIEUX MOULIN » ET LA STATUE DU COMMODORE PERRY, A NEWPORT
(Voy. p. 166).

active et incessante. Les *cars* ne cessent de déverser dans ce milieu privilégié une foule affairée. De quelque côté, d'ailleurs, que l'on se dirige, la voirie semble être traitée d'une manière irréprochable. Le pavage suffirait pour recommander la ville à l'attention du touriste.

Commençons notre excursion par le nord des quartiers nouveaux, c'est-à-dire par Charlestown, agglomération annexée à Boston en 1875. Ce faubourg est séparé des anciens quartiers par un véritable bras de

vingt-quinze marches et d'où les regards planent charmés sur le magnifique panorama de la ville et des environs. De cet observatoire, on peut se rendre un compte très exact de la singulière conformation de Boston, éparpillée, pour ainsi dire, au milieu des eaux, sur des presqu'îles et des portions de terre détachées du continent, le tout relié par des ponts immenses et nombreux. Sous ce rapport, la capitale du Massachusset me rappelle un peu Cadix, en Espagne. En jetant les yeux du côté de la pleine mer, on découvre nombre d'îlots inhabités qui se poursuivent jusque dans la baie et semblent encombrer l'accès du port.

Non loin du monument de Bunker-Hill se trouve Navy-Yard, vaste chantier de constructions maritimes, pourvu de cales sèches et doté d'une interminable corderie, en ce moment abandonnée.

Mais rentrons dans la vieille ville.

Au centre est Common-Park, jardin d'une super-

entouré d'une balustrade, et dont les citadins de Boston paraissent très fiers. Le tronc ne mesure pas moins de sept mètres de circonférence.

A côté du Common s'ouvre un second parc, Public-Garden, occupant à peu près la moitié de la superficie du premier. De magnifiques parterres y sont artistiquement aménagés, et, le soir, les habitants viennent se livrer au plaisir de la circumnavigation sur le vaste bassin à forme irrégulière dont le délicieux jar-

LE MONUMENT DE BUNKER-HILL, À BOSTON (Voy. p. 167.)

ficie d'au moins vingt hectares. Il s'étend en pente douce, à partir de Tremont-street, jusqu'à State-House, qui dresse au-dessus des arbres verts les flancs rebondis de sa coupole dorée. Ce dernier monument n'offre rien de bien remarquable. On y visite les salles affectées aux délibérations des sénateurs et des représentants de l'État. Le style en est simple et fort sobre d'ornementation.

Le véritable intérêt de Common-Park consiste dans la puissante végétation des allées et des massifs. On s'arrête notamment devant un orme gigantesque

din a été enjolivé. Des fontaines et des statues de marbre ou de bronze, parmi lesquelles une statue équestre de Washington, contribuent en outre à l'agrément de la promenade.

Aux environs de ces deux parcs, séparés l'un de l'autre par Charles-street, s'élèvent de riches constructions.

Après un repas dont je ferai mon dîner et que je prends à quatre heures, je me dirige vers la partie sud de la ville, très étendue de ce côté. On y rencontre les plus délicieux cottages qu'on puisse rêver.

LE VIEUX FORT DUMPLING, DANS LA BAIE DE NEWPORT. Voy. p. 165.

Puis, je vais explorer les quartiers neufs de l'ouest, où se trouve Common-Wealth, superbe avenue dont le centre est occupé par de larges pelouses bordées d'arbres et de voies carrossables courant parallèlement. Cette avenue aboutit à Public-Garden.

Enfin, je pousse jusqu'à Beacon-street, laquelle est plutôt une allée qu'une rue et où l'on va prendre l'air le soir en voiture, au bord de la mer, comme à la Chiaia de Naples. A l'heure où j'y fais apparition, la chaussée est sillonnée par tous les équipages de Boston, et pour ainsi dire inondée par la cohue des piétons avides de respirer un peu d'oxygène.

à l'exception de la flèche, très gracieuse de forme et d'une légèreté incomparable. Celle-ci est l'œuvre d'un architecte américain, sur le talent duquel il n'y aurait, cette fois, aucune réserve à formuler. On s'occupe en ce moment de nettoyer les façades de la vieille construction.

Tout autour, au contraire, les maisons de commerce, les banques, les compagnies d'assurance et les clubs ont un caractère franchement architectural. Plusieurs de ces constructions privées, flanquées de tours élevées, revêtent l'aspect d'édifices nationaux. Nulle part je n'ai rencontré de ville où les habita-

BOSTON. — STATE-HOUSE (Voy. p. 168).

La partie de la ville où se trouve Beacon-street comprend un certain nombre de rues, improprement baptisées du nom de *park*, en raison des jardinets disposés dans le milieu. Ces parcs — puisque l'usage en a consacré le nom — sont les rendez-vous des enfants du voisinage, qui viennent s'y ébattre au grand soulagement de leur famille.

Vendredi, 11 août. — Beau temps; th. + 24° cent.).

Vers neuf heures, nouvelle promenade à pied au travers de l'ancien Boston. Cette fois, c'est surtout vers les édifices publics et les constructions monumentales que nous dirigerons notre attention.

Voici d'abord Old-South-Church, située dans Washington-street, à l'angle même de Milk-street. Cette église, datant de l'année 1729, est de style assez banal,

tions particulières fussent en général aussi fastueuses qu'à Boston. Partout la richesse s'affirme par de splendides aménagements.

Le Post-Office est un vaste bâtiment de granit dans le même style que celui de New-York. Il est malheureusement placé à l'intersection de rues quasi étroites, entre Devonshire, Milk et Water-street. Dans le voisinage s'élève Rialto-Building, maison de banque style Louis XIV, d'une magnificence extraordinaire.

Ici, la moindre agence tranche du palais. Sur une zone de terrain relativement restreinte, les façades décoratives se présentent en nombre tel que les plus grandes capitales en seraient fières elles-mêmes. C'est ainsi qu'aux environs de la Poste j'avise deux maisons de banque, la première toute de marbre blanc, couronnée par un beffroi élevé, l'autre de matériaux

presque aussi choisis et surmontée d'un groupe aux
proportions majestueuses. On dirait d'une église à
côté d'un muséum. L'une de ces superbes construction renferme les bureaux du *Mutual Life Insurance
Company*. Les simples commis y sont évidemment
mieux logés que chez nous les archevêques.

Superbe aussi le temple maçonnique, bâti dans le
style du quinzième siècle. En face, une élégante construction gothique abrite le club des Jeunes Chrétiens.

Par contre, la Bourse ou Merchants-Exchange,
située dans State-street, est d'un aspect très ordinaire. Même remarque pour un marché couvert élevé
non loin de là.

Mais entrons dans le célèbre Faneuil-Hall, offert
en 1742 à la ville de Boston par un négociant patriote,
à seule fin d'en voir affecter l'usage aux services
municipaux et aux transactions commerciales. Le
bâtiment primitif, détruit par
un incendie, a été réédifié aux
frais de la ville.

Le nouvel édifice n'a rien
d'architectural cependant. Élevé de trois étages, percé de
fenêtres cintrées et surmonté
d'un petit beffroi en dispropor-
tion avec les autres dimensions
du bâtiment, il n'offre même à
la curiosité que les portraits de
Faneuil et des hommes illustres
qui ont joué un rôle dans la
guerre de l'Indépendance. Mais
ce monument, dont la simplicité
contraste avec les constructions
nouvelles qui l'entourent, évoque à la mémoire de tout Américain les souvenirs les plus glo-
rieux de la grande épopée nationale. C'est, en effet,
dans Faneuil-Hall que furent adoptées les premières
résolutions tendant à entreprendre la lutte contre la
métropole. Cette haute circonstance lui a valu, dans
toute l'Union, le surnom de « Berceau de la Liberté ».

En remontant de Washington à Tremont-street,
rues constituant, ainsi que nous l'avons dit plus haut,
les deux artères principales de ce grand corps populeux, on débouche dans School-street, où se trouve
City-Hall, magnifique construction de style Renaissance, faite d'après un plan fort pratique. Le grand
escalier s'y trouve au milieu des bâtiments et contourne un ascenseur conduisant à tous les étages. Les
bureaux donnent sur des paliers courant eux-mêmes
autour de cet escalier central. Comme partout en
Amérique, un grand nombre de femmes sont em-
ployées à City-Hall en qualité de commis.

Comme je prolonge ma promenade sans dévier,
j'arrive à passer devant Tremont-Church, nommée
aussi Park-Church. C'est une jolie église située auprès
de Common-Park, sur l'emplacement d'un ancien ci-
metière, et couronnée d'une tour aussi gracieuse

qu'élancée. Puis, de là, tout en longeant le Parc, je
rattrape Beacon-street, que nous avons parcouru
hier, et où se trouve l'Atheneum, c'est-à-dire la bibliothèque publique. Mon but, en faisant ce détour,
était de visiter une certaine collection de tableaux et
de statues qu'on m'avait signalée comme fort intéressante. Malheureusement j'apprends, en parvenant au
lieu désigné, qu'on a transféré cette collection dans
un nouveau local. Je le regrette d'autant plus qu'il
m'eût été fort agréable de constater *de visu* si la ville
de Boston, très portée vers les sciences et les lettres,
témoigne des mêmes goûts pour la peinture et la
sculpture. A vrai dire, il n'y a pas lieu d'en douter,
tant l'architecture est entrée ici dans une voie vraiment originale et savante.

Vers une heure je prends le *car* pour Cambridge,
localité sise à quatre kilomètres de Boston et dans laquelle est établi Harvard-Uni-
versity, la plus ancienne Université des États-Unis. Une fois
de plus, je remarque que, pour
tous les services publics, on se
sert en ce pays d'une race de
chevaux excellents. Malgré la
grande chaleur, nous sommes
menés à toute vitesse jusqu'à
plusieurs milles de distance.

Nous longeons presque constamment de larges avenues bordées de cottages charmants. On
se demande comment ce mode
d'habitations ne tend pas à se
propager davantage dans nos
contrées. Outre qu'il est moins
coûteux que beaucoup d'autres,
il réunit, pour les classes aisées,

BOSTON. — FANEUIL-HALL (Voy. p. 172).

tous les agréments de la ville et de la campagne. Le
centre de Boston n'est, pour ainsi dire, réservé qu'aux
affaires et aux plaisirs. La véritable résidence, le lieu
de repos proprement nommé, — le *sweet-home*,
comme disent les Anglais, — est établi dans ces frai-
ches oasis, où l'on va se délasser des fatigues de la
journée et se consacrer aux joies de la famille.

Il est vrai que les Américains ont l'avantage de
posséder des services de tramways comme nous n'en
soupçonnons pas même l'existence. Les *street-cars* se
transportent ici à des distances énormes et roulent
indéfiniment, la nuit comme le jour. La seule différence qui existe entre les deux services, diurne et nocturne, est que les départs sont plus ou moins rapprochés. Il en résulte qu'il y a fort peu d'inconvénients à
demeurer loin du centre des affaires.

Comme conséquence de ce goût des populations
pour les cottages, les cités se développent avec une
incroyable promptitude. La ville de Boston, notamment, acquiert une étendue si excessive qu'on la croirait bâtie pour un million d'habitants.

Je remarque également que les édifices religieux

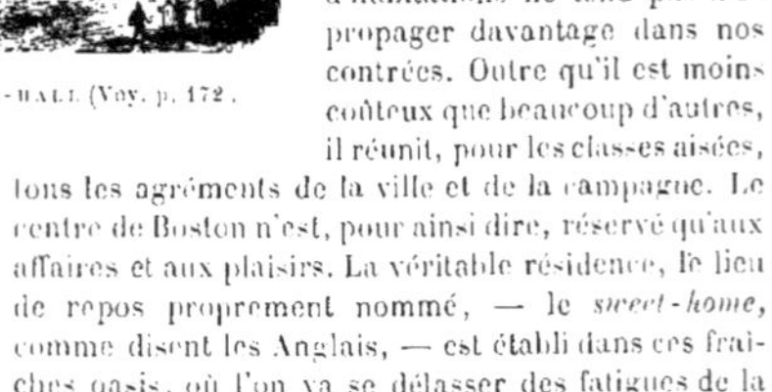

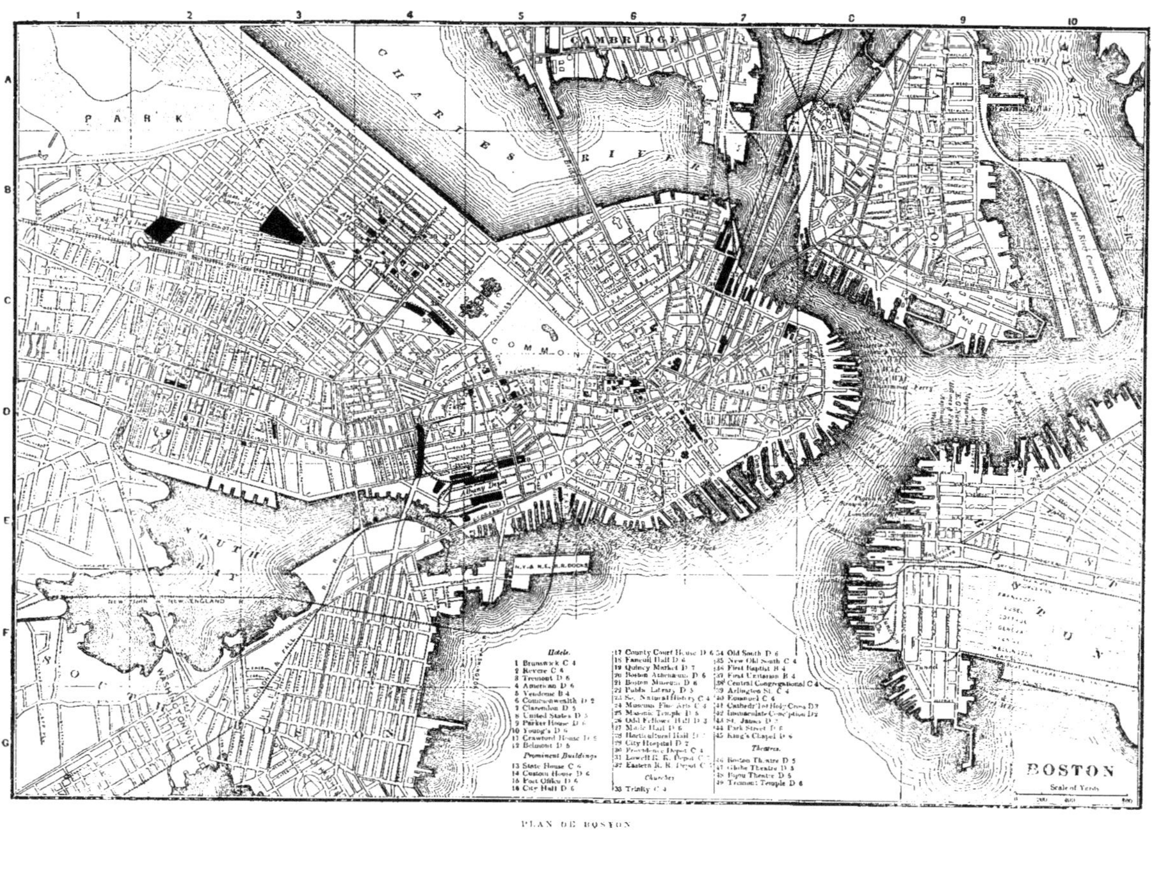

PLAN DE BOSTON

sont disséminés sur tous les points. Durant un parcours de quatre à cinq milles j'en compte un très grand nombre, aussi variés, comme style, que les cottages qui les environnent.

Cette revue, faite au vol et sans fatigue, est si attrayante que je ne descends du *car* qu'à l'endroit

chant de *Hiawatha*, une des productions les plus étonnantes de la jeune et libre Amérique; historique enfin, par le choix qu'en fit Georges Washington, pendant la guerre de l'Indépendance, en vue d'y établir son quartier général.

La pièce du rez-de-chaussée, située à droite de la

même où il s'arrête, après avoir laissé derrière moi Harvard-University, but de mon excursion. Nous ne le visiterons qu'en revenant sur nos pas.

Profitons de l'occasion pour aller voir, à un quart de lieue de distance, le cottage de l'illustre poëte Longfellow. Cette maison excite un double intérêt : littéraire d'abord, par le séjour de l'auteur de la *Légende d'or*, d'*Évangelina*, de l'*Étudiant de Salamanque*, des *Poëtes d'Europe*, et de ce merveilleux

porte d'entrée, servait de salle de conseil au grand homme d'État. Celle du premier étage, immédiatement au-dessus, était sa propre chambre à coucher.

Dans l'escalier, on remarque une vieille horloge, « the old clock on the stairs », que le poëte a chantée sous ce titre, à propos de son *home* tant aimé :

Somewhat back from the village street,
Stands the old-fashioned country seat.

En revenant sur mes pas, je passe devant l'imprimerie de l'Université, vaste et banal établissement au sujet duquel nous ne nous attarderons pas. Sur une place de belle apparence, et un peu au delà, se dresse City-Hall, dont l'aimable architecture, au contraire, est en parfaite harmonie avec la gracieuse agglomération de Cambridge.

Harvard-University, fondé en 1638 par le Révérend de ce nom, est, comme nous l'avons signalé, la plus ancienne Université d'Amérique. Elle en est demeurée la plus importante. Locaux, dépendances et jardins, semés sur les différents points de Cambridge, occupent une superficie d'environ trente hectares de terrain.

bliothèque contenant tout près de deux cent mille volumes appelée Gore-Hall, un observatoire, un gymnase, des musées de zoologie et d'histoire naturelle, un jardin botanique, etc., etc., offrent aux diverses études qu'on y poursuit des facilités vraiment exceptionnelles.

Le groupe des hommes éminents sortis de cette admirable pépinière est incalculable. Ainsi que les « Barbistes » de Paris, tous conservent, en vieillissant, le souvenir le plus vivace de leur jeunesse studieuse. Souvent même leur reconnaissance se traduit par des libéralités princières.

C'est ainsi que le bâtiment dit Memorial-Hall, érigé

L'UNIVERSITÉ DE HARVARD, A CAMBRIDGE (Voy. p. 176).

L'enceinte de l'Université proprement dite comprend jusqu'à quinze corps de bâtiment de deux à cinq étages et situés dans un beau parc. N'y cherchez pas une vaine ornementation dans l'architecture. Vous n'y trouveriez qu'un caractère d'austérité particulier ici aux établissements d'instruction publique. Autour est la pleine campagne : partout le grand air, la verdure, le calme, la sérénité. Les mâles plaisirs de l'étude n'auraient pu choisir une retraite mieux appropriée. On y enseigne à la fois la médecine, la chirurgie, le droit, les sciences exactes et la théologie. Au moment de ma visite, cent dix-neuf professeurs donnent la nourriture intellectuelle et morale à douze cent soixante-dix-huit étudiants, dont le plus grand nombre sont logés à l'Université même, et les autres à Cambridge et à Boston.

Plusieurs chapelles, des salles de lecture, une bi-

en l'honneur des élèves morts pendant la guerre de Sécession et dont les noms se trouvent gravés sur des tablettes de marbre, n'a pas coûté moins de six cent mille dollars, offerts spontanément par leurs anciens condisciples. Ce vaste corps de logis, d'architecture imposante et couronné d'un beffroi de plus de soixante mètres de haut, renferme une belle salle de conférence, de déclamation et de musique, disposée en amphithéâtre, ainsi qu'un réfectoire d'une très grande superficie, pouvant abriter, sous sa charpente gothique rappelant celle de Westminster-Hall au Parlement de Londres, plus d'un millier de dîneurs. Les lambris de cette dernière salle sont couverts de tableaux représentant les bienfaiteurs de l'Université, et le fond en est orné d'une verrière qui n'est pas inférieure, comme surface, à soixante-dix mètres carrés.

On ne se lasse pas d'admirer tout ce merveilleux

BOSTON

ensemble, l'une des plus nobles conceptions qu'ait enfantées le génie humain.

Nous étions venu par West-Boston-bridge. Pour retourner à Boston, nous prendrons le *car* de Cambridge-avenue.

commerciales et maritimes, à adopter ce système, l'ouverture trop prolongée des ponts y arrêtant sans cesse la circulation.

A six heures, je dis adieu à Boston et pars pour Albany et Suspension-Bridge (Niagara), par le chemin

BOSTON. — OLD-SOUTH-CHURCH (Voy. p. 171).

Cambridge est relié au territoire de l'ancienne ville par un certain nombre de ponts. A ce propos, je remarque que les ponts tournants de Boston, de dimensions gigantesques, sont mis en mouvement par des machines à vapeur, lesquelles servent en même temps à tirer les vaisseaux et à les conduire hors de la passe. On aurait grand avantage, dans nos villes

de fer de *Boston-Albany* d'abord, et ensuite par celui de *New-York Central*. Je m'installe, en conséquence, dans un Pullman-car, ou plutôt dans un Wagner-car, du nom d'un inventeur pastichant le premier. Il y a quatre ou cinq de ces voitures attachées à notre train. Celle dans laquelle nous avons pris place porte le titre prétentieux de *City of Hamilton*. Comme tant de promenades au travers de Boston n'ont pas manqué de me fatiguer, je me couche vers dix heures et passe une nuit excellente en dévorant la distance.

Samedi, 12 août. — Beau temps (th. + 30° cent.). Parti hier soir de Boston, ville dont nous conserverons toujours le plus brillant souvenir, je dois me retrouver aujourd'hui même et pour la seconde fois aux chutes du Niagara.

Pendant que le train roule à toute vapeur, occupons-nous à compléter les observations consignées antérieurement.

Il n'y a pas de doute, Boston produit sur le voyageur une impression infiniment plus favorable que les autres grandes cités que nous avons successivement entrevues. L'animation qui y règne, la beauté des rues et la splendeur des constructions, le nombre des parcs et des avenues, surtout les ravissantes villas qui lui font une ceinture pittoresque et pleine d'ombrages, tout, en un mot, contribue à charmer les yeux comme à séduire l'esprit du passant. Il n'y a pas jusqu'à la singulière disposition de la partie ancienne, excluant les rues tirées au cordeau, si monotones dans la plupart des villes neuves des États-Unis, qui ne soit un attrait de plus, à notre point de vue d'amateur.

Ce matin, vers sept heures et demie, nous avons bel et bien déjeuné à Syracuse. Hâtons-nous de dire que nous n'y avons rencontré d'autres tyrans que les conducteurs du train, beaucoup trop pressés de reprendre leur route. Nous avons, d'ailleurs, également passé par Troie, Utique, et même par Rome. Tout à l'heure, nous laisserons derrière nous Lyon, Palmyre, Rochester, Albion, et, sur notre gauche, Ithaque, Genève et Batavia. Le jeune peuple américain n'aime guère à se mettre en frais d'imagination pour dénommer ses villes nouvelles et les monuments qu'il y élève. L'antiquité lui fournit abondamment ce qu'il demande. Tendance de rhétorique, dira-t-on! En tout cas, une pareille propension semble être assez étrange dans l'esprit d'une nation si exclusivement tournée vers les intérêts matériels.

A notre droite disparaît graduellement le lac Ontario, que nous traversions au mois de juillet dernier.

A ce moment je m'aperçois que, durant mon sommeil, j'ai dû être victime d'un vol de dix dollars et d'une livre sterling. Point de doute à cet égard. Ma foi! réjouissons-nous d'en être quitte à si bon marché. La leçon me profitera. D'ailleurs j'aurais dû prendre des mesures de précaution. Il y a quelques jours à peine, on m'avait appris que des voleurs ont ici pour spécialité de faire le trajet, aller

UNIVERSITÉ DE HARVARD. — RÉFECTOIRE DANS MEMORIAL-HALL (Voy. p. 176).

Mais ce qui tend à faire de la capitale de l'État de Massachusset la première ville de l'Union, c'est le nombre et l'importance des établissements scientifiques et littéraires qu'on y rencontre, et, par suite, la distinction des mœurs engendrée par une si haute culture. Soit dans les diverses manifestations de la pensée publique, soit dans le cours des rapports sociaux, dans le langage comme dans les manières, tout se ressent d'un tel voisinage. Le développement d'une presse sage, éclairée, n'a pas peu contribué, d'ailleurs, à cet épanouissement spécial. Chaque jour, toutes les questions d'art, de littérature et de science y sont traitées de façon supérieure, à l'ombre d'une critique exercée. Aussi, Boston mérite-t-elle le surnom de « nouvelle Athènes », qui lui est attribué, en Amérique, dans une sorte d'hommage légitime rendu à sa valeur intellectuelle.

et retour, par chemins de fer ou par bateaux, à seule fin de dépouiller les dormeurs trop confiants.

Arrivé, dès deux heures, à Niagara-Falls, je vais descendre à Cataract-House, l'hôtel le plus considérable de la localité, justement situé à côté des grands rapides qui précèdent les chutes elles-mêmes. On m'y offre une chambre spacieuse donnant sur le splendide paysage et en face duquel je pourrai tout à mon aise m'abandonner aux plus douces rêveries.

Mais, pour le moment, il ne s'agit guère de poétiser. Une faim de cannibale s'est emparée de mon être. Depuis sept heures du matin je n'ai pas pris la moindre nourriture. Malheureusement nous sommes en plein hôtel américain et, dame! on m'y répond sans sourciller que je n'ai le droit de manger qu'aux heures prescrites par les règlements, c'est-à-dire de huit à dix heures du matin, de trois à cinq de l'après-midi et de sept à neuf heures du soir. Voici la seconde fois, si je ne m'abuse, que semblable aventure m'arrive en ce même lieu.

Il faudra nous résigner. En dépit du proverbe affirmant que ventre affamé n'a pas d'oreilles, je me vois, en attendant, régalé d'un concert donné par l'or-

de l'occasion pour augmenter ma collection de photographies.

S'il est une chose qui m'étonne, en ce pays d'outrance, c'est de voir dédaignée par l'industrie locale une force motrice capable de suffire à la mise en mouvement de toutes les machines du globe réunies.

LE COTTAGE DE LONGFELLOW, A CAMBRIDGE
(Voy. p. 175).

chestre de l'hôtel. Cette bruyante cacophonie me rappelle aussitôt nos foires et nos kermesses d'Europe. Hélas! où sont les beignets et les fritures d'antan? — Enfin, trois heures sonnent! Un nègre, armé de deux tampons à grosse caisse, s'en vient tambouriner à chaque porte. Aussitôt celles-ci de s'ouvrir et les voyageurs de se diriger vers la salle à manger! Bien que la chère soit loin d'être exquise, il ne me semble pas qu'on y fasse moins honneur. En réalité, je constate que la plus regrettable parcimonie a présidé à la distribution des parts. Ce Cataract-House doit réaliser de jolis bénéfices.

Après le repas, je cours revoir Goat-Island, les chutes, les trois Iles-Sœurs, les rapides, et je profite

A peine si un moulin à papier emprunte aux eaux torrentueuses des rapides un atome de force, en faveur du journal *la Tribune*. Mais n'éveillons pas le chat qui dort! Les lanceurs d'affaires seraient capables aussitôt de mettre le Niagara en actions.

Dimanche, 13 août. — Beau temps (th. +30° cent.). Dans l'après-midi, nouvelle et longue promenade autour des cataractes et des rapides. Je me serais peut-être laissé aller, encore une fois, à redescendre sous la chute, pour renouveler mes émotions de la première visite; mais c'est aujourd'hui dimanche, et les guides observent le repos très consciencieusement.

Pas de musique, non plus, à l'hôtel! Assez bon dîner toutefois : je l'arrose d'une bouteille de vieux bordeaux et d'un verre de rœderer, au très grand scandale de la galerie. Ma foi, tant pis! Si l'Amérique, pays de l'indépendance, se montre si formaliste, nous voulons bien lui abandonner le rhum et la chique; mais qu'elle nous accorde à son tour une légère dégustation de nos bons crus.

Le soir, flânerie de quelques heures à Prospect-Park. J'y descends jusqu'au pied de la chute par un petit chemin de fer hydraulique. Vue de ce point, lorsque la brume a déjà jeté son voile sur les rives environnantes, la chute est d'un aspect vraiment grandiose. La nappe liquide secoue dans l'air des myriades de gouttelettes, et la grande voix du cataclysme éclate furieusement dans le silence de la nuit.

Je ne suis chassé de ce lieu solitaire que par l'approche de deux individus à mine suspecte, lesquels, m'accostant sans façon, me proposent de me conduire en barque sur les rapides. Et, sans même attendre que j'y consente, ils en viennent aussitôt à se disputer ma clientèle sur le ton le plus bruyant, puis finissent par s'en prendre à ma personne. La ruse est cousue de fil blanc : mes deux compères — « quærentes quem devorent », — ont sans doute flairé l'aubaine. Ne me souciant pas, pour ma part, d'être dévalisé proprement ou de devenir, suivant la tradition populaire, une des deux victimes réclamées chaque année par le monstre Niagara, je me dérobe sans plus tarder à leurs obsessions. Deux minutes après, je reprends l'ascenseur qui m'avait amené.

Par le fait, comme il s'agira de se lever demain au petit jour, je regagne l'hôtel dès neuf heures et demie.

UNIVERSITÉ DE HARVARD. — MEMORIAL-HALL (Voy. p. 170).

XI

OIL-CITY, CHICAGO ET SAINT-PAUL

Oil-City. — L'extraction du pétrole. — Une forêt d'échafaudages. — Tout à l'huile. — Les raffineries. — Un sinistre. — Des sirènes d'un nouveau genre. — Caveau américain. — Aspect de Cleveland après le coucher du soleil. — Ne vous gênez plus! — Chicago. — Rues, ponts et tunnels. — Les Allemands. — Céréales, bois, bétail et porcs. — La ville-phénix. — Les élévateurs de grains. — Squares et parcs. — Le château d'eau. — *Porck packing*. — Le massacre des innocents. — Les prairies. — *Devil's lake.* — Une nature vraiment sauvage. — Saint-Paul. — Fort Snelling. — Les chutes de *Minne-ha-ha* et de Saint-Antoine. — La cascade d'argent. — Embarquement pour Saint-Louis.

Lundi, 14 août. — Beau temps (th. -|- 28° le matin, et 30 dans la journée).

Dès quatre heures trois quarts du matin, départ pour Oil-City.

A six heures nous arrivons à Buffalo, ville située au pied même de la chaîne des Grands Lacs et à la tête de Niagara-river. C'est le port le plus fréquenté du lac Érié. Nous y déjeunons.

Vers sept heures et demie, nous nous remettons en route; puis, après avoir changé de train à Brocton, nous arrivons à Oil-City sur les deux heures de l'après-midi. Je m'arrête à l'hôtel Collins, où l'on m'assigne un joli logement et où je fais aussitôt un lunch passable.

Mon premier soin, une fois les exigences matérielles remplies, est de prendre langue et de me mettre en campagne. Nous sommes en pleine région du pétrole. La description de cet étonnant foyer d'activité a été faite assez souvent pour que je puisse me dispenser de m'étendre longuement sur ce sujet. Cependant, en touriste exact et consciencieux, je ne saurais m'épargner de rappeler par quelques lignes mes observations personnelles et les renseignements que j'ai pu me procurer sur place.

Les sources de pétrole ont été découvertes vers l'année 1860, par le colonel Drake, qui les mit aussitôt en exploitation. Comme la plupart des innovateurs, il a payé de sa propre ruine son acte d'initiative. Depuis lors, nombre d'autres sources ont été captées. Aujourd'hui, les puits fourmillent. Il en existe dans toutes les directions et sur tous les points, accusés par de hautes charpentes en forme de pyramides tronquées, appelées *derrick*, auxquelles sont fixés les engins de forage. C'est comme une forêt de bois sec — comme on se plaît à l'insinuer, — le pétrole est excellent pour les rhumatismes. Il était le grand remède des Indiens, avant qu'il fût expédié, pour son pouvoir éclairant, dans toutes les parties du monde civilisé.

Voici comment on procède pour extraire l'huile des poches caverneuses où elle existe à l'état brut. Une

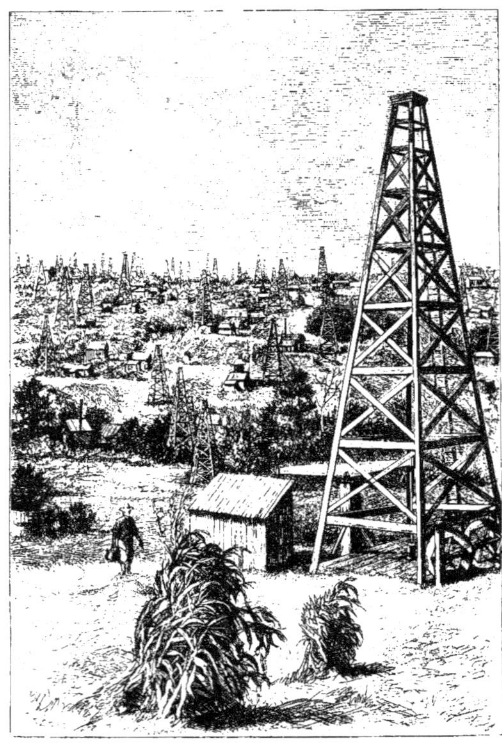

AU PAYS DU PÉTROLE (Voy. p. 183).

qui barrerait l'horizon transversalement. On dirait les apprêts d'illumination de quelque fête diabolique. Et, par le fait, il existe environ quinze mille puits dans cette seule région. Oil-City, la *ville de l'huile*, n'a pas volé son nom. La terre y suinte le pétrole, les habits des ouvriers en sont imprégnés, l'air qu'on y respire est chargé d'effluves âcres et pénétrantes.

Mais qu'importe aux habitants de ce lieu de délices ! On s'empresse d'y faire fortune et d'en déguerpir au plus vite, au profit d'un nouvel arrivant. D'ailleurs, série de tuyaux est enfoncée dans la terre jusqu'à la profondeur voulue, c'est-à-dire de deux cent cinquante à six cents mètres en contre-bas du sol. On pompe alors, à l'aide d'une machine à vapeur, et bientôt le liquide arrive à la surface en coulant avec abondance. En certains endroits même, pas à Oil-City cependant, point n'est besoin de se donner tant de peine. Ainsi, lorsque par le forage on a atteint la couche pétrolifère, l'huile en jaillit quelquefois d'elle-même comme l'eau d'un puits artésien.

Aussitôt extrait, le pétrole recueilli est conduit, soit par chemin de fer, soit par des conduites en fonte, jusqu'aux raffineries. Ces sortes d'usines sont très nombreuses à Oil-City. Nous nous bornerons à visiter celle qui se trouve dans le prolongement de la rue où est situé l'hôtel Collins.

Là le pétrole brut est emmagasiné dans de vastes

L'acide sulfurique qu'on y jette par douches a pour effet de ramener plus promptement le pétrole à une température modérée, ainsi que de le rendre transparent. Quant au précipité qui en résulte, il est aussitôt entraîné au dehors.

Dès que l'huile a été suffisamment remuée, elle est déversée dans d'immenses récipients, par un tube dis-

RÉSERVOIRS DE PÉTROLE EN FEU (Voy. p. 186).

réservoirs de fer appelés *stills*. Il y est chauffé à une haute température, au moyen du charbon ou du naphte. Les vapeurs dégagées par le liquide, après avoir traversé une couche d'eau, vont se condenser dans d'autres réservoirs.

Ensuite le pétrole, distillé, est amené dans ce qu'on nomme les *agitateurs*, c'est-à-dire de très grandes cuves où des colonnes d'air, constamment renouvelées, viennent soulever le produit et le refroidir.

posé au milieu de la cuve, puis lavée à grande eau et enfin projetée par une infinité de trous dans d'autres bassins, comme par le crible d'un arrosoir. Un peu de soude caustique facilite cette opération, rendue nécessaire par la présence des acides et des matières goudronneuses.

C'est alors seulement que le produit est bon à être utilisé, résultat que l'on consacre soit en renfermant l'huile dans de grands foudres de tôle à forme cylindrique, lesquels sont fixés sur des wagons de chemin de fer appelés *oil-tank-cars*, soit en la mettant directement dans les barils peints en bleu, où nous la recevons en Europe.

Ce transvasement dans les barils n'est pas une des choses les moins curieuses. Il s'opère avec une rapidité extraordinaire, au moyen d'une dizaine de tuyaux adaptés séparément à dix fûts. Un mécanisme ingénieux ferme automatiquement les conduits dès que le cube est atteint.

La fabrication des barils s'effectue avec une non moins étonnante promptitude. Grâce à un outillage perfectionné, on peut en livrer un en quelques minutes. Et encore ne parvient-on pas à suffire aux besoins de la consommation, puisqu'on en est réduit à faire revenir d'Europe les tonneaux ayant déjà servi,

industriels et détaillants, vivant de la seule et grande ressource offerte par la contrée.

Une fois ma visite terminée je retourne à l'hôtel où, tout en dînant je transcris les notes un peu techniques que j'avais recueillies sur mon calepin.

Dans la soirée, j'ai la bonne fortune, — si le mot n'est pas excessif quand il s'agit du malheur des autres, — d'être le témoin d'un événement qui a le don, et pour cause, de mettre toute la ville en émoi. Tandis que je m'occupe, en effet, à parcourir les feuilles locales, en attendant l'heure de me coucher, je suis attiré hors du logis par un bruit de cloches carillonnant à tout rompre, par des pas précipités et par de sourdes rumeurs s'élevant sur tous les points de l'agglomération. Un incendie vient de se déclarer à deux milles de l'hôtel. A l'horizon, une flamme im-

OIL-CITY. — RÉSERVOIRS A PÉTROLE
ET OIL-TANK-CARS (Voy. p. 185).

mense s'élève jusqu'au ciel, en répandant des torrents de fumée. C'est, dit-on, Imperial-Refinery qui brûle, ou du moins une de ses dépendances, ainsi que deux de ses réservoirs à pétrole.

Je m'empresse de me diriger vers le lieu du sinistre, en franchissant haies et barrières de chemins-de fer et j'arrive à temps pour assister à cet étonnant spectacle. Aucun de nos incendies ne pourrait en donner une idée. Heureusement que le service des pompes est organisé ici avec un déploiement de ressources en rapport avec l'imminence du péril.

Déjà plusieurs lances de pompes à vapeur sont dirigées vers le brasier, à seule fin de restreindre l'incendie au bâtiment qui a pris feu. Tout autour on asperge les parois des clôtures et les réservoirs les plus proches. Chacun de ces derniers reçoit le jet de deux autres lances. Quant à l'incendie des réservoirs en flammes, il est inutile, bien entendu, de songer à l'éteindre, l'eau n'ayant qu'une action extensive sur le pétrole enflammé. Tout ce qu'on peut faire en semblable occurrence, est donc d'étouffer le foyer sous de grandes masses de terre, et c'est à quoi s'occupe une légion de travailleurs. Bref, les moyens employés sont tellement énergiques et prompts, ils sont si bien mis en pratique, que bientôt tout danger a disparu.

bien que le rachat et le transport de ceux-ci coûtent plus cher qu'une nouvelle fabrication. Ainsi, dans l'usine que nous avons visitée, chacun d'eux est livré au prix de un dollar et trente cents, tandis que le coût d'un baril, revenu d'Europe, s'élève à un dollar et quarante cents.

Pour donner une idée de l'importance toujours croissante de l'extraction du pétrole, il nous suffira de dire que cette même usine, à elle seule, n'expédie pas moins de douze cents barils de pétrole chaque jour.

Bois compris, un fût de pétrole revient à huit dollars et demi. C'est, comme on sait, Anvers qui absorbe la plus grande partie du transit vers l'Europe septentrionale.

Oil-City, qui date de l'époque où Drake, en 1859, signalait la présence des immenses gisements de pétrole jusqu'alors inconnus, est peuplée actuellement d'une quinzaine de mille habitants, tous extracteurs, raffineurs, fabricants de barils, ouvriers,

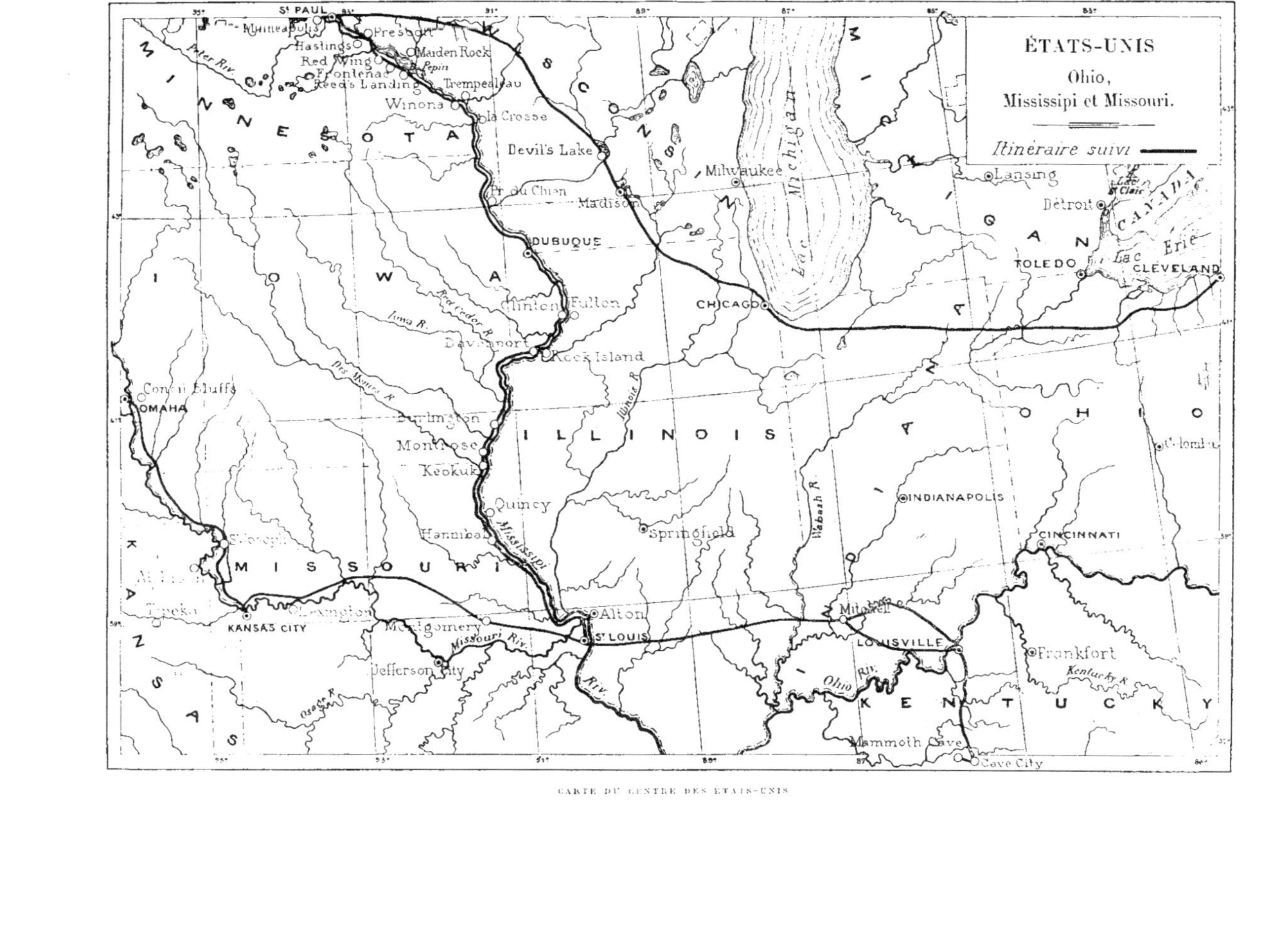

CARTE DU CENTRE DES ÉTATS-UNIS

La difficulté, pour moi, à cette heure, est de retourner à l'hôtel, car une profonde obscurité, succédant à ces lumineux torrents de flamme, m'empêche
de distinguer ma route. Après beaucoup de tâton-
nements, de méprises et d'indications obligeamment
fournies, je regagne enfin mon domicile provisoire,
encore tout ému par le spectacle auquel je viens
d'être convié.

Mardi, 15 août. — Ciel légèrement couvert (th.
+ 30° cent.).

Départ d'Oil-City à sept heures.

Le « Oil-city daily Derrick », journal de la localité, qui m'est offert en gare, parle justement de
l'événement d'hier soir. En somme, le sinistre a été
peu considérable, eu égard à la fréquence des incendies, dont cette région est toujours menacée.

Caveau local. Nos sirènes d'un nouveau genre ap-
portent une telle ardeur à leurs ébats lyriques, que,
si j'en avais la puissance, je recourrais volontiers au
moyen d'Ulysse pour infliger à ceux qui doivent les
écouter une surdité factice.

Vers le soir, aux approches de Cleveland, le lac
Érié, que nous avions longé depuis Buffalo et Brocton, est étoilé de fanaux. Le train en suit la rive,
battue par des flots très agités et dont les lames
viennent se briser jusque sur l'accotement de la voie
ferrée. Le phare, placé à l'entrée du port, rayonne
sur notre droite.

Il est sept heures et quart quand nous entrons en
gare de Cleveland.

Cette gare, très spacieuse, est éclairée par des appareils à gaz en forme de soleils d'artifice et se combinant avec la lumière électrique. L'effet en est aussi

LES ÉLÉVATEURS DE GRAINS SUR LES BORDS DU LAC MICHIGAN (Voy. p. 195).

Vers midi nous repassons par Brocton, où nous
dînons. Comme le train n'en repart qu'à deux heures
et demie, je profite du loisir qui m'est offert pour
mettre en ordre mes observations d'hier, tout en me
servant comme siège et comme pupitre des caisses de
marchandises déposées dans la station.

En guise de dédommagement, dès l'arrivée du
convoi je prends place sur le moelleux canapé d'un
Wagner-car. Hâtons-nous toutefois de dire que le
nommé Wagner est bien au-dessous de son précur-
seur Pullman, sous le rapport de l'aménagement des
wagons-lits. J'en suis d'autant plus désappointé que
nous n'arriverons à Chicago que demain matin, à huit
heures et demie.

A partir de Brocton, nous nous voyons favorisés de
la compagnie de plusieurs dames qui, pour tuer le
temps, se mettent à chanter en chœur et sans façon
des couplets de pèlerins. Ces sortes de cantilènes
forment, du reste, à peu près tout le répertoire du

séduisant qu'efficace. Et puisque nous en sommes
à l'application des procédés modernes, sachons reconnaître que le nouveau monde a bien distancé l'ancien sous ce rapport, comme sous beaucoup d'autres.
C'est ainsi qu'au lieu de nos wagonnets incommodes
et fermés aux deux bouts, servant au transport des
bagages dans l'intérieur des gares, on emploie ici
de longues brouettes dont le plateau forme un angle
obtus avec la claire-voie verticale. Il suffit dès lors
d'imprimer un mouvement de bascule, en soulevant
les brancards, pour charger et décharger les colis
avec la plus grande facilité. Ces brouettes sont d'u-
sage général en Amérique.

A vue de nez, car je n'ai pas le temps de m'en assurer autrement, Cleveland a tout à fait l'aspect d'une
grande cité. La navigation et l'industrie concourent
à en faire un des centres les plus importants des
États-Unis. De tous côtés mes regards se heurtent
à des hauts fourneaux empanachés d'étincelles et à

des usines en pleine activité. On dirait les laboratoires flamboyants d'autant de Vulcains, s'apprêtant à changer la face du globe au moyen de gigantesques leviers d'airain. Tout s'évertue, circule, peine et bruit.

Cleveland dépassé, ce qu'il y a de mieux à faire

Mercredi, 16 août. — (Th. + 25° cent.). Nous arrivons à Chicago à l'heure indiquée. Non loin de la gare s'élève l'hôtel du Grand-Pacific, qui m'a été fortement recommandé.

Chicago, surnommée « la Reine des Lacs », est la métropole du nord-ouest des États-Unis et le centre

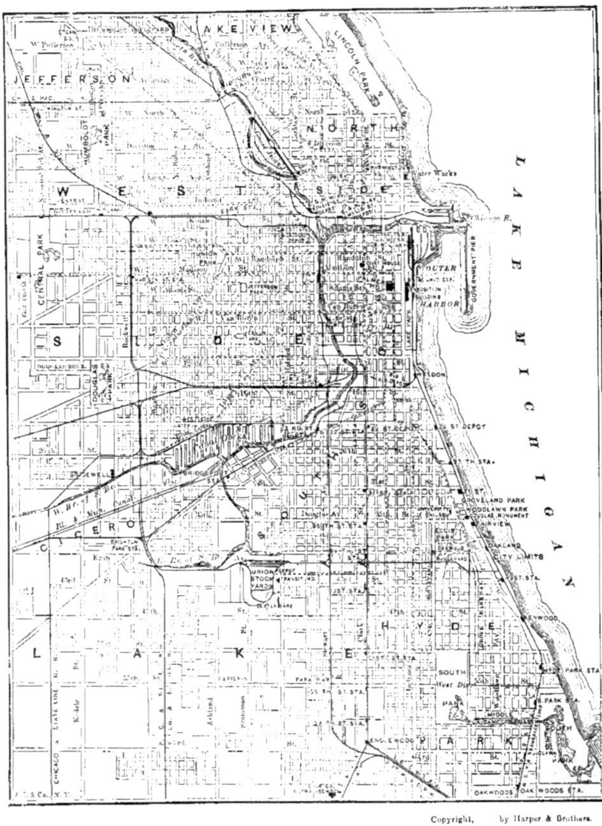

PLAN DE CHICAGO

c'est de goûter le sommeil. Je me prépare, en conséquence, à profiter de la maigre couchette qui m'est réservée dans notre Wagner-car. Observons, en passant, que la plupart de nos turbulentes compagnes ont, dès longtemps, procédé aux préliminaires de cette opération, déchaussées qu'elles sont depuis leur entrée dans le compartiment. Pourquoi donc se gêneraient-elles?

principal des chemins de fer de la région. Elle est assise au bord même du lac Michigan.

Peu de villes au monde offrent des ressources commerciales d'une importance pareille aux siennes. La prospérité dont elle jouit est d'ailleurs la conséquence naturelle de sa situation privilégiée. En effet, Chicago communique directement avec l'Atlantique par la voie des Grands Lacs et du fleuve Saint-Laurent.

En outre, plusieurs vastes canaux la relient, à l'ouest, avec le Mississipi et, conséquemment, avec le golfe du Mexique. Un navire chargé dans son port peut se rendre à Liverpool, au Havre ou à Anvers sans transborder sa cargaison.

Quelques détails de statistique feront apprécier mieux que toute autre considération le développement inouï atteint, en moins d'un demi-siècle, par cette ville, devenue une des plus considérables de l'Union.

En 1830, Chicago n'était qu'une misérable agglomération de cahutes, renfermant à peine une centaine d'habitants, blancs, mulâtres et nègres. Sept ans plus tard, le village obtenait rang de cité avec une

Jetons maintenant un coup d'œil général sur la ville.

Chicago-river, dont les deux branches se rejoignent, non loin de l'embouchure, dans le lac Michigan, divise la cité en trois parties distinctes, lesquelles sont reliées par une quarantaine de ponts et deux tunnels sous-marins à double section.

Comme toujours, les rues sont tracées en quinconce et la plupart d'entre elles sont pavées de bois; mais elles sont généralement mal tenues. La population qui y habite semble dédaigner tout autre soin que celui d'amasser de l'argent le plus abondamment et le plus vite possible. Aussi la réclame y fleurit-elle dans toute sa splendeur. Là, plus encore qu'à New-York, l'enseigne s'attache aux murailles, escalade les

STATE-STREET, A CHICAGO (Voy. p. 191).

population de quatre mille cent soixante-dix citoyens. En 1847, ce dernier chiffre s'élevait déjà à seize mille huit cent cinquante-neuf. Mais à partir de cette époque, la nouvelle ville était appelée à un accroissement encore bien plus rapide. Dès 1850, la population monte à vingt-huit mille âmes; en 1855, à quatre-vingt mille; en 1860, à cent dix mille; en 1865, à cent quatre-vingt mille; en 1870, à trois cent mille. Enfin en 1875, c'est-à-dire après la reconstruction qui suivit les grands incendies de 1871 et de 1874, Chicago et ses faubourgs atteignaient un demi-million d'habitants, chiffre qui a été sensiblement dépassé depuis lors, et qui n'est, à coup sûr, qu'une étape vers un avenir toujours plus brillant[1].

1. En 1890, la population de Chicago était évaluée à plus de huit cent mille âmes.

édifices, court le long des emmarchements, rampe sur les trottoirs, se balance aux fenêtres et s'envole avec audace à travers les airs. Le soir, un grand nombre d'annonces sont éclairées à giorno et entretiennent dans les rues une illumination permanente.

Parmi les artères les plus commerçantes et les plus peuplées, nous citerons Madison, Clark et surtout State-street, le Broadway de « la Reine des Lacs », voie qui court parallèlement au rivage du Michigan. Les deux dernières rues — dont une est parcourue par le chemin de fer, tandis que la seconde ne livre passage qu'aux tramways — relient directement la partie méridionale de la ville au parc Lincoln, situé au nord. La circulation y est incessante. Chacun semble aller et venir, comme dans un accès de fièvre, pressé de rejoindre ses affaires ou de regagner son *home*. Ici le travail n'est guère interrompu que

par les heures de repos, jugées indispensables afin
de le reprendre avec fruit.

Pour le reste, la physionomie de la ville ressemble
beaucoup à celle de certains quartiers de Berlin, ce
qui n'a rien d'étonnant, les habitants de Chicago appartenant, pour les deux tiers, à la blonde et proli-
fique Germanie.

Nous disions plus haut que le commerce de Chicago
est considérable. Il égale presque celui de New-York.

L'ÉTABLISSEMENT HYDRAULIQUE (Voy. p. 196).

cago que comme un élément exceptionnel dans la
construction courante. Aussi les incendies y ont-ils
toujours été plus fréquents et plus intenses que partout ailleurs.

On sait que cette ville a été le théâtre de sinistres
terribles, dont le plus désastreux fut, sans contredit,
celui de 1871. Cette épouvantable catastrophe, sans
précédents, même en Amérique, produisit une sensation profonde dans le monde entier. Près de dix-huit
mille maisons devinrent la proie des flammes, tan-
dis que deux cent cinquante personnes y perdirent la vie. Le chiffre
des habitants qui restèrent privés de domicile en ces circonstances
douloureuses se monta, dit-on, à quatre-vingt-dix-huit mille cinq
cents. Un grand nombre d'entre eux ne trouvèrent de refuge que
sous l'un des vastes tunnels avoisinant le quartier détruit. Le dommage fut évalué à cent quatre-vingt-dix millions de dollars, dont
cent millions seulement couverts par les sociétés d'assurances. C'est
à peine toutefois si quarante millions de dollars purent être récu-
pérés par les ayants droit, toutes les compagnies s'étant vues forcées
de déposer leur bilan.

Un autre événement du même genre, mais de moindre importance, survint en 1874. Le feu détruisit, dans le cœur de la cité,
dix-huit îlots de constructions
ne recouvrant pas moins de
vingt-six hectares.

Il a fallu cette double expérience pour engager les citoyens de la ville incendiée à
recourir enfin à la brique et
à la pierre. Une cité nouvelle
en est sortie de terre comme
par enchantement, plus vaste
et plus belle que sa devan-
cière. Le fait est que certains
quartiers neufs sont aussi élégants et aussi somptueux que
ceux de New-York et de Boston. Au cours de cette rénovation, la vitalité américaine
s'est révélée dans toute sa
prodigieuse expansion.

Si le commerce du bois et
des céréales est immense,
l'exportation des viandes
fraîches et salées atteint également, à Chicago, des chif-
fres quasi fabuleux. Bon an mal an, on y dépèce et
l'on met en boîtes environ quatre millions de porcs,
plus d'un million de bœufs et trois cent cinquante
mille moutons.

Enfin, si l'on ajoute à ces trois branches de commerce un certain nombre d'industries, parmi lesquelles nous signalerons surtout la métallurgie, dont le
développement est chaque jour plus étendu, l'on
pourra se faire une idée de la prospérité matérielle
de cette ville extraordinaire.

L'hôtel où je suis descendu est une des nombreuses constructions qui se sont relevées de leurs cendres,

Les échanges consistent principalement dans l'exportation des céréales.

Le chiffre de ces affaires s'élève, comme arrivages et expéditions, à non moins de deux cents millions de « bushels » ou boisseaux américains, mesure de capacité équivalant à peu près à trente-six
litres.

On exporte aussi de grandes quantités de bois. Il
arrive que, pendant une seule année, les chantiers
d'approvisionnement en reçoivent plus de deux milliards de pieds cubes. Dès lors il n'est pas difficile
d'expliquer pourquoi la pierre n'entrait jadis à Chi-

LE LAC ET LA PORTE DU DIABLE, PRÈS DE MADISON (Voy. p. 198).

comme le phénix de la fable. L'une de ses façades donne sur State-street, l'artère commerçante dont nous avons déjà signalé la grouillante animation. Dans cette colossale auberge
à six étages, laquelle occupe tout un pâté de
maisons circonscrit par des rues, on logerait
facilement le personnel de nos plus grands ministères. Reconnaissons, du reste, que le local
est fort bien tenu et que la table y est excellente.
Plusieurs établissements du même genre et tout
aussi somptueux se disputent la préférence des
voyageurs. Parmi les plus vastes d'entre eux,
je me contenterai de signaler Tremont et Pal-
mer's Hotel.

Après avoir déjeuné, vers midi, je me dispose à aller voir notre consul, désireux d'obtenir sur Chicago quelques renseignements
précis. Il est, me dit-on, logé tout à l'ouest de
Chicago-river, dont le cours m'apparaît littéralement hérissé de mâts et coupé par d'innombrables ponts tournants.

Profitons de l'occasion pour visiter un de ces
immenses bâtiments, appelés communément élévateurs, et dans lesquels on emmagasine les céréales.
L'une des façades baigne directement dans le fleuve.
Du côté de la rive, au contraire, les wagons tout
chargés pénètrent à l'intérieur, et les grains, aussitôt
élevés par une chaîne à godets, vont se déverser dans
les étages supérieurs, à moins qu'ils ne soient immédiatement transvasés dans la cale des navires amarrés
sur l'autre flanc. Cette double opération se fait avec
une étonnante rapidité. Des milliers de tonnes peu-

TUNNEL SOUS CHICAGO-RIVER (Voy. p. 191).

vent ainsi être déchargées et embarquées dans l'espace de quelques heures.

Le pont placé sur mon passage étant ouvert en ce
moment, je m'engage sous le tunnel établi en prolongement de Washington-street, voie qui court entre
Randolph et Madison-street jusqu'à Union-Park, un des
jardins les plus fréquentés de la ville. Puis je traverse
une foule de rues successives, plus monotones les
unes que les autres. Tout ce quartier a été, jusqu'ici,
épargné par le feu. Les maisons en sont basses, enfumées, construites de
bois pour la plupart, et
n'attendent vraisembla-
blement qu'un sinistre
pour faire place, elles-
mêmes, à de magnifiques
remplaçantes.

J'eusse été mieux avisé
de prendre, au sujet de
notre consul, de moins
vagues informations.
Lorsque je me présente
à l'adresse qui m'avait
été indiquée, on m'ap-
prend, à mon extrême
surprise, qu'il est mort
depuis quatre mois.

Je me rappelle alors
que, parmi les nom-
breuses lettres d'intro-
duction dont je suis mu-
ni, — lettres, soit dit en
passant, dont je fais ra-
rement usage, — j'en ai
une pour Mr. Cl. E., ar-
tiste compositeur, établi

CHICAGO-RIVER (Voy. p. 191).

à Chicago. Mr. E. avait naguère habité Berlin pendant trois ans, avec le double but de se perfectionner dans la langue allemande et de se pousser dans l'étude de la musique.

Me voici forcé, pour le rencontrer, de revenir sur mes pas, jusqu'au quartier avoisinant le lac. Si j'excepte les parcs, les squares et les boulevards, ornements bien nécessaires de cette grande ville industrielle, ce n'est que par des rues littéralement fastidieuses que j'opère mon retour obligé.

En vrais fils d'Euterpe, Mr. E. et moi, nous avons bientôt lié franchement connaissance. J'en profite pour interroger longuement sur l'Amérique une personne qui doit la connaître à fond, surpris de m'y intéresser chaque jour de plus en plus, en dépit des critiques qu'elle éveille dans mon esprit. Sous bien des rapports, mon obligeant interlocuteur semble abonder dans mon sens. En ce qui le concerne personnellement, il ne se cache pas pour avouer que Chicago, sa ville natale, n'offre à l'artiste, quelle que soit, d'ailleurs, sa spécialité, aucune ressource particulière. Tout y est uniquement, et à l'exclusion du reste, industrie, commerce et spéculation. Je suis bien aise de voir ainsi confirmée par un appréciateur évidemment impartial une opinion courante, à laquelle j'avais dû me rallier moi-même dès mon entrée dans cette vaste agglomération.

Vers trois heures, promenade en voiture à South-Park. Ce parc me paraît assez insignifiant, malgré l'immense superficie de terrain qu'il occupe. La distance qui le sépare de la ville proprement dite est considérable. Toutefois je n'ai pas lieu d'en regretter le parcours, lequel me fournit l'occasion d'observer, dans les avenues longeant ou avoisinant le lac, l'opulence des maisons privées et le luxe des jardins y attenant.

Fort remarquable, en revanche, est Lincoln-Park, tout orné d'étangs, de passerelles rustiques, de pavil-

Copyright, by Harper & Brothers.

ALDINE-SQUARE, A CHICAGO (Voy. p. 196).

lons et de bouquets d'arbres superbes. Placé à l'autre extrémité de Chicago, il a vue, comme South-Park, sur les ondes du Michigan, terribles dans leur colère, mais calmes aujourd'hui et unies comme une glace de Baccarat.

En nous rapprochant du centre, nous visitons l'Établissement hydraulique situé près du Michigan et destiné à fournir une partie de l'eau potable nécessaire aux habitants de la ville. Pour obtenir cette eau potable, on est contraint de l'aller querir en plein lac, à plus de trois kilomètres des quais, celle qu'on pourrait recueillir aux bords étant absolument corrompue par les matières organiques que les égouts y déversent. A cet effet on a construit au fond du lac un gigantesque aqueduc en briques, par quelle l'eau limpide et fraîche des couches inférieures est aspirée à l'aide de pompes d'une puissance extraordinaire. Les mêmes machines s'emploient à la refouler jusqu'au sommet d'une tour surmontée d'un dôme, d'où on la dirige vers la ville par les canaux de distribution. Ces pompes sont en état de fournir jusqu'à soixante-quinze millions de gallons, soit environ trois cent cinquante millions de litres par vingt-quatre heures. L'édifice qui abrite tout le système est une sorte de castel moyen âge, avec tourelles, mâchicoulis et créneaux. Il a été inauguré en 1867.

On me conseille d'aller voir le parc aux bestiaux et les abattoirs situés à quelques milles d'ici, à l'extrémité méridionale de la ville. Neuf voies ferrées y convergent des différents points de la cité. Le tout n'occupe pas moins de cent cinquante hectares de terrain, munis d'installations suffisantes pour parquer vingt mille bœufs, cent mille porcs et vingt-cinq mille moutons. On y a élevé un vaste hôtel à voyageurs, une banque et des bureaux nombreux. Toute une petite ville, comptant plusieurs milliers d'habitants, a surgi dans le voisinage de cet immense foyer d'affaires.

Plus de deux mille bouchers dépendent de l'abattoir. Ils y remplissent quotidiennement leur sanglante besogne.

L'un des spectacles les plus curieux, mais aussi les plus répugnants auxquels on puisse assister dans cette vaste enceinte, est celui de la multiple opération du *porck-packing*, comme on la dénomme ici. Quelle odyssée posthume que celle du compagnon de saint Antoine, depuis l'égorgement jusqu'à la mise en boîte! En moins de temps qu'il ne faut pour manger un sandwich, le porc est lié, soulevé, égorgé, échaudé à l'eau bouillante, ébarbé et éventré, refroidi par des procédés artificiels, dépecé, salé, et, comme disent les Américains, *empaqueté* de manière à pouvoir être livré à la consommation. Il est clair que la vapeur joue un rôle important dans une aussi rapide mani-

égouts enfin, béants à côté des trottoirs, que dans la capitale de l'Allemagne.

Plusieurs théâtres ont étendu au-dessus et en travers des rues leur programme dûment illuminé. Aucune de ces hautes séductions n'a le privilége de me tenter. J'ai déjà trop appris, à mes dépens, ce qu'est l'art scénique en ces pays. Puis, le temps est superbe, et de plus, toute la journée nous avons eu trente degrés centigrades. Qui voudrait, par une semblable température, s'enfermer dans un espace clos et couvert, surchauffé par le gaz? Je prolonge donc ma promenade et reviens tranquillement à l'hôtel vers onze heures.

Jeudi, 17 août. — Beau temps (th -+ 30° cent.).

SAINT-PAUL.

pulation, où l'on doit voir une nouvelle preuve du sens pratique des Américains, de cette savante division du travail à laquelle ils se consacrent avec tant de succès.

Malgré l'intérêt que peut présenter le spectacle en question, je ne puis me décider à l'aller voir de près. La seule description qu'on me fait de ces tueries en masse a le don de me soulever le cœur. Nous nous contenterons donc de la narration.

Après un repas sommaire pris vers huit heures, je vais parcourir les principales rues de la ville. L'impression ressentie tout d'abord s'accuse de plus en plus. Par moments on se croirait à Berlin, et la langue allemande, qu'on entend parler autour de soi, ne contribue pas peu à compléter l'illusion. Même système d'éclairage, mêmes lanternes-annonces, mêmes *bier-hauser* remplis de consommateurs, mêmes

Les plaisirs du touriste impliquent certaines exigences. Ainsi, je traîne à ma suite quelques grands diables de coffres que j'avais eu la précaution de faire expédier directement de New-York à Chicago. Je me vois contraint de renouveler l'opération vers Omaha, afin de conserver mes coudées franches.

A dix heures, départ pour Saint-Paul par le *Chicago and North-Western Railroad*.

Dès la sortie de la ville nous traversons d'immenses prairies semées de bois touffus. Il y a quarante ans à peine, les Indiens et les trappeurs y chassaient encore le gibier, alors fort abondant. De temps à autre nous rencontrons des fermes où tout respire l'aisance et l'activité. C'est dans ces vastes plaines intermédiaires que se dorent lentement au soleil les plantureuses récoltes de blé et de maïs que Chicago exporte dans toutes les directions. Combien de *farmers*, américains ou étrangers, venus ici avec quelques dollars, sont aujourd'hui à la tête de milliers d'acres cultivés ou de pâturages à perte de vue! Et cependant que de terres encore en friche, que de richesses agricoles encore inexploitées dans les immenses solitudes du Far-West.

Près de Madison, capitale du Wisconsin, nous dépassons une série de lacs dont les brises rafraîchissent l'air embrasé.

Jusqu'à présent le paysage avait peut-être laissé quelque peu à désirer sous le rapport du pittoresque. Il s'accidente bientôt et devient d'une variété extraordinaire. Partout maintenant ce sont des montagnes tapissées d'une végétation luxuriante et des vallées traversées par des ponts de bois pliant sous le passage du train.

Parmi les plus beaux points de vue, nous citerons

et des sapins se détachent seuls sur l'horizon; mais quelle exubérance! L'œil plonge, à proprement parler, dans un océan de verdure et parcourt avec volupté toute l'échelle des tons, depuis l'azur jusqu'au rouge foncé.

A la nuit, je m'endors bercé par le mouvement du Pullman-car, tout fatigué, mais ravi des impressions que tant de tableaux divers m'ont fait éprouver.

Vendredi, 18 août. — Beau temps (th. + 28° cent.).

A six heures du matin, arrivée à Saint-Paul. Une voiture me conduit rapidement à Metropolitan Hotel, que j'ai choisi de préférence, parce qu'il est le plus rapproché du Mississipi.

Notons, en passant, un détail des mœurs locales. Devant chaque maison de la ville se trouve déposé un monceau de glace. C'est, paraît-il, la consommation

LES CHUTES DE SAINT-ANTOINE, A MINNEAPOLIS (Voy. p. 200).

ceux qui avoisinent Devil's Lake, c'est-à-dire le lac du Diable. Les eaux, encaissées de toutes parts entre des montagnes et des rochers aux formes tourmentées, y offrent l'aspect le plus lamartinien. Une des curiosités de ces « rochers muets » est la « Porte du Diable », laquelle ne doit son appellation malsonnante, comme le lac lui-même, qu'à de vieilles légendes indiennes.

On nous accorde ici vingt minutes d'arrêt pour souper dans une ferme ravissante que l'on a transformée en restaurant et aussi en hôtel, — je suppose, — car j'y vois de nombreuses personnes, assises à l'entrée, m'ayant tout l'air de passer en cet endroit délicieux une partie de la saison brûlante. Le site est, du reste, des mieux choisis : un peu triste peut-être, mais plein de poésie.

A partir de ce point la campagne revêt un caractère tout différent. Désormais plus de champs cultivés : des forêts sauvages, et rien d'autre. Presque pas de routes, au surplus : une végétation inculte, des taillis de chênes, des cèdres, des érables

du jour. La glace est ici d'un usage général, je dirais presque abusif. A cet emploi excessif est dû, sans doute, le triste délabrement des mâchoires américaines. Comme on sait, les fabricants de faux râteliers réalisent ici des affaires d'or, à force de débiter du platine.

Je remarque aussi que, à quelques exceptions près, les habitations de Saint-Paul sont fort petites; mais elles sont coquettement aménagées. On s'aperçoit de suite qu'on ne se trouve pas ici dans une ville manufacturière, mais plutôt dans un centre agricole.

Des fenêtres de mon hôtel on jouit d'une vue magnifique sur le Mississipi. Malheureusement mon temps est compté. C'est à midi précis que je prendrai le bateau pour Saint-Louis. Je déjeune donc à la hâte, après avoir commandé une voiture, à seule fin de visiter les environs de la ville, car ici même il y a fort peu de choses dignes de l'attention du touriste, sauf pourtant le pont de bois à rampes inclinées, que nous avons traversé en chemin de fer, et dont le tablier est supporté par une série de piles en pierre de hauteur graduée.

Saint-Paul, choisi en 1849 pour être la capitale du Minnesota, — ce qui signifie « eau bourbeuse » en langage sioux, — compte au delà de cent mille habitants. En 1846 il n'y en avait pas une centaine. Quand elle fut pompeusement érigée au rang de métropole, elle n'en avait encore que quatre cents. Mais déjà le branle était donné, et l'on sait comment s'improvisent, croissent et se développent les centres populeux d'Amérique. Saint-Paul, situé à trois mille cinq cent quarante kilomètres de l'embouchure du Mississipi, marque la limite extrême où le grand fleuve devient navigable.

A sept heures et demie, la voiture vient me chercher pour me mener sur les quelques points remarquables échelonnés entre Saint-Paul et la ville de Minneapolis, distante d'une quinzaine de kilomètres.

Nous visitons d'abord Fountain-Cave, grotte contenant plusieurs salles naturelles, dont l'une a trente mètres de long sur huit de large et huit de hauteur. Fountain-Cave sert de passage à un ruisseau qui babille joyeusement, tout en roulant sur un lit de roche.

Au confluent de la rivière Minnesota et du Mississipi, sur un promontoire rocheux, s'élève un fort établi en 1820 par le colonel Snelling, qui lui laissa

LA CHUTE DE MINNE-HA-HA (Voy. p. 199).

A deux milles de ce point, la cascade de *Minne-ha-ha*, immortalisée par Longfellow, forme une délicieuse chute d'eau encadrée par des ramures verdoyantes et des rochers pittoresques. C'est au murmure de la petite rivière coulant à pleins bords, « Brimming river », que le grand poète américain fait éclore les rêves mystiques d'Hiawatha, son héros indien.

De Minne-ha-ha on me conduit à Minneapolis par des campagnes bien cultivées. Partout de riches métairies, de vastes champs s'offrent à la vue aussi loin qu'elle peut s'étendre, c'est-à-dire jusqu'à des allées de peupliers situées à l'horizon. Ce paysage tranquille et doux me rappelle certaines de nos échappées flamandes. Le pays natal est sans cesse présent à la pensée du voyageur. Sans qu'il s'en doute, les lieux qui l'ont vu naître lui serviront toujours de point de comparaison.

Dans cette immense plaine, ouverte de tous les côtés, l'air afflue pur et léger. Le climat doit être ici d'une salubrité exceptionnelle.

En courant la poste, car nous allons bon train, je remarque un chalet encore inachevé, dont le mode de construction me semble très original. La carcasse, complètement construite en bois et garnie de parois de planches, est revêtue d'une muraille de briques qui lui sert, pour ainsi dire, d'étui.

Bientôt nous arrivons en vue de Minneapolis. Cette ville, dont l'importance le dispute comme population à Saint-Paul, puisqu'elle compte également une centaine de mille habitants, offre une perspective des plus séduisantes.

Elle est partiellement formée de beaux et riants cottages, au milieu desquels se dressent des églises d'architecture gracieuse. Les rues avoisinant le Mississipi sont très animées. La circulation n'y est guère

son nom. Il s'agissait alors de tenir en respect les Indiens, et même de résister à un siège. Inutile de dire que l'ouvrage est loin d'offrir l'aspect que nous prêtons à ce genre de construction. C'est plutôt un poste-caserne qu'une forteresse, capable tout au plus de résister à des attaques de sauvages.

Nous traversons le Minnesota au moyen d'un bac sur lequel gens, voiture et chevaux filent de compagnie le long d'une corde jetée entre les rives.

Des hauteurs que couronne le fort, notre regard plane sur le superbe panorama qui se déroule au loin dans les vallées où serpentent les deux cours d'eau.

moins active que dans les plus grandes cités américaines. Chacun, du reste, s'y occupe exclusivement d'affaires et cherche à capter l'attention du client par un grand déploiement de réclames.

Minneapolis, qui fait surtout un important commerce de bois, s'est fusionné avec la petite ville de Saint-Antoine, située de l'autre côté du Mississipi.

C'est entre ces deux coquettes cités, reliées l'une à l'autre par un pont suspendu, que se déversent les chutes dites de Saint-Antoine, découvertes en 1680 par un missionnaire belge du nom de Hennepin.

Aussi nombreuses qu'intéressantes, ces chutes sont aujourd'hui utilisées par l'industrie privée. D'importantes scieries de bois, en effet, leur empruntent toute la force motrice dont elles ont besoin. Aussi les eaux sont-elles jaunes et grasses, tant la sciure de bois qui y est constamment déversée tend à en altérer la surface. Heureusement que le côté pittoresque reste sauf. Une série de cascatelles à pente douce, obtenues à l'aide de forts madriers plantés dans le lit de la rivière, contribuent même par leur disposition à rendre le spectacle plus attrayant. Est-ce encore dans quelque but pratique ? Il n'y a pas lieu d'en douter. — Renseignements pris, lesdites charpentes ne sont autres que des *slides*, ou glissoires, pour le flottage des bois. Quoi qu'il en soit, l'industrie qui a su tirer de ces chutes un si grand profit semble leur avoir rendu, dans un esprit de lucre, ce qu'elle leur avait enlevé par spéculation.

Des chutes de Saint-Antoine nous nous rendons aux Springs ou sources ferrugineuses placées dans la même localité. Ces sources n'ont que peu d'importance. Non loin de là, au bas de la côte et sur le fleuve même, une petite grotte sollicite la curiosité. On la visite en canot. Je ne puis mieux la comparer qu'à un égout de proportions insolites.

En retournant à Saint-Paul, mon conducteur tient à compléter ma promenade en me faisant passer par Silver-Cascade ou la Cascade d'argent. Le titre en est plus pompeux que l'objet. Quelques pas plus loin, il me montre encore Bridal-Veil, autre chute sans le moindre intérêt. Je pourrais ainsi pousser jusqu'au lac Como, où les habitants de Saint-Paul vont se livrer au plaisir du canotage, mais je n'en ai plus le loisir. On m'affirme d'ailleurs qu'il n'offre rien de particulièrement curieux.

Notre tournée n'a pas duré moins de quatre heures, bien qu'elle ait été accomplie avec une rapidité exceptionnelle. Nos chevaux, deux bons petits trotteurs, l'un originaire du Canada, l'autre de la Louisiane, ont marché fort lestement. Rentré à l'hôtel vers onze heures et demie, je n'ai que le temps de payer ma note et d'acheter quelques photographies.

J'arrive sur le quai juste au moment où le bateau, qui a nom *Chereal*, va démarrer. J'ai bien fait de ne pas compter sur le quart d'heure de grâce. A midi sonnant nous nous éloignons de la rive.

QUEEN'S BLUFF, PRÈS DE TREMPE-A-L'EAU (Voy. p. 201).

XII

LE MISSISSIPI

Le Père des Eaux. — A bord du *Chevreal*. — Cuisine de Peaux-Rouges. — Le Roc-de-l'Esprit. — Grands bateaux-hôtels. — Red-Wing. — Le lac Pépin. — Frontenac-les-Bains. — Une nouvelle Virginie. — L'île de Trempe-à-l'Eau. — Toujours les tempérancicrs. — Prairie-du-Chien et le rocher de l'Aigle. — Dubuque. — Folâtre escapade à travers la ville. — Musique et sauteries. — Les îles flottantes. — Un groupe de cités industrielles. — Méandres et retards. — Un coin du paradis. — L'embouchure du Missouri. — Saint-Louis. — L'Entrepôt des Vallées. — Parcs et monuments. — La Louisiane et son passé. — Un pont gigantesque. — Trop de provisoire!

Vendredi, 18 août (suite). — Le Mississipi ou Missi-Sepe, c'est-à-dire « grand fleuve », et, en indien, le *Cicunga* ou *Niotanga*, c'est-à-dire *Grande Eau*, a été popularisé en Europe par Chateaubriand sous le nom de Mescha-Cébé ou Père des Eaux. Si ce fleuve est ainsi qualifié comme le fut jadis le vieux Nil, il ne peut l'être assurément qu'à titre putatif, car, parmi les deux cents affluents qui lui servent une large pension alimentaire, quelques-uns sont d'un développement non moins respectable et dépassent même beaucoup, comme importance, nos plus grands cours d'eau européens. Fournissant, en somme, une carrière de plus de cinq mille kilomètres et communiquant avec la plupart des États américains par une multitude de rivières et de canaux toujours utilisés, le Mississipi ou Mescha-Cébé — comme on voudra — n'en est pas moins la plus étonnante artère de tout cet étonnant pays.

On sait que le Mississipi prend sa source dans l'État de Minnesota. Or, après avoir traversé un grand nombre de lacs et de marécages, il arrive, par une succession de rapides, — dont le plus impétueux est celui de Pécagama, situé à onze cents kilomètres de Saint-Antoine, — jusqu'à la chute que nous avons visitée aujourd'hui même et d'où il devient navigable.

Le lit du Mississipi est généralement peu profond. Comme celui de tous les grands fleuves, il tend à s'exhausser graduellement par la rapidité même du courant. Quant aux eaux, toujours inégales et changeantes, elles sont tantôt saumâtres et sablonneuses, tantôt semblables à un cristal liquide où l'on voit évoluer des myriades de poissons.

Tandis que son cours est parfois libre et majestueux comme celui du Nil, en beaucoup d'endroits il se montre embarrassé de milliers d'îles flottantes, coupé de bancs de sable à perte de vue, ou encombré de *planters*, — c'est-à-dire de troncs d'arbre déracinés par le courant et fichés obliquement dans le lit vaseux, — le tout offrant des difficultés sans nombre à la grande navigation. Ces mêmes *planters* sont, du reste, pleins de périls pour les navires, car leurs extrémités supérieures, aiguisées par la violence des eaux, se hérissent pointues comme de monstrueuses échardes. Cependant, malgré ces *impedimenta*, le Mississipi accomplit tous les ans un travail inappréciable, en rejetant des deux côtés de son estuaire un tribut d'alluvions estimées, comme volume, à trois milliards sept cent trois millions de pieds cubes. Depuis vingt-cinq ans, ces amas de terre végétale ont empiété sur l'Océan de plus d'un kilomètre.

Le Mississipi a été l'objet d'hyperboles nombreuses. Les Américains prétendent qu'à lui seul il supporte, comme navigation, un tonnage double de celui de tous les steamers réunis de la Grande-Bretagne. Nous ne nous inscrirons point en faux contre une pareille assertion, n'étant pas en mesure de la vérifier. Le fait est que le mouvement maritime prend tous les jours plus d'extension sur le Mississipi, et qu'il devient véritablement prodigieux à mesure qu'on se rapproche de la Nouvelle-Orléans.

Sous le rapport du pittoresque, je me hâte d'ajouter que la réputation dont le grand fleuve jouit dans le monde entier est loin d'avoir été surfaite, en ce qui concerne le haut Mississipi tout au moins. A cet égard, il occupera dans nos souvenirs une place d'honneur. Sans exagération aucune, les spectacles innombrables qu'il offre à la vue du touriste sont faits pour frapper l'imagination la plus réfractaire.

Résumons ces impressions en quelques traits. Nous en arriverons plus tard aux détails notés chaque jour, suivant le hasard et les caprices du voyage.

La partie la plus intéressante du haut fleuve est comprise entre Saint-Paul et Dubuque, soit sur un parcours de cinq cents kilomètres. Les eaux tumultueuses y serpentent constellées d'îlots verdoyants, entre des collines de cent à deux cents mètres de haut. A chaque instant, des ruisseaux tributaires viennent gonfler le colosse naissant. La plupart des hauteurs qui s'échelonnent sur ses bords présentent des flancs rugueux, tantôt à pic, tantôt en surplomb, rayés ou tigrés de teintes allant de la rouille au blanc-gris. Çà et là, la nature semble avoir pastiché nos plus orgueilleux monuments. Burgs, églises et statues défilent incessamment devant les yeux, plus imposants peut-être que si la main de l'homme les eût édifiés. A certains moments, enfin, on se croirait sur l'Hudson,

n'était la continuité, quelquefois fatigante, des mêmes aspects.

Après Dubuque, par contre, le sol s'affaisse et les collines deviennent de plus en plus modestes. La végétation forestière n'apparaissait tout à l'heure qu'à la base ou au sommet des rochers : elle s'étend désormais par plaques continues ; mais les hautes herbes qui croissent follement tout autour en rendent l'accès fort difficile. Il faut, en quelque sorte, y pénétrer la hache au poing. De temps en temps aussi, quelque ville commerçante ou industrielle fait succéder aux fastes de la nature les prodiges de la civilisation.

Enfin, au confluent du Mississipi et du Missouri, c'est-à-dire près de Saint-Louis, les eaux deviennent bourbeuses, comme elles le demeurent jusqu'à l'embouchure. A cet endroit, elles roulent, ainsi qu'un véritable torrent, entre des bancs de sable heureusement visibles, et la végétation se modifie du tout au tout. La flore devient, en effet, quasi tropicale, en parfaite harmonie avec la latitude.

Et maintenant que nous avons fait œuvre de géographe, abandonnons-nous au Père des Eaux !

Notre bateau a les proportions les plus modestes. A cette époque de l'année, où les eaux sont basses, les steamers d'un plus fort tonnage ne peuvent remonter le fleuve que jusqu'à Prescott, ville située à soixante kilomètres environ en aval de Saint-Paul.

Le *Cheval* — si l'on a voulu dire cheval — n'a pas volé son nom. Il tient véritablement de l'écurie sous le rapport de la propreté. De plus, le dîner qu'on nous y sert n'est pas mangeable. Viandes, poisson, légumes, tout est confondu sur le même plat, en une sorte de mélange indigeste et compact qui, malheureusement, est loin de rappeler l'appétissante *olla-podrida* des auberge andalouses. Tout a le même goût, et quel goût! Quant aux préparations liquides, elles sont chose absolument inconnue à bord. Ni potage ni sauce. Mais on nous assure — en manière de consolation — qu'on nous servira de l'un et de l'autre ce soir, à Prescott, sur un des grands bateaux qui desservent la vallée du Mississipi à partir de ce point.

Nous dépassons quelques petits villages, parmi lesquels je citerai Red-Rock, appelé « Wacon » par les Sioux, c'est-à-dire le « Roc-de-l'Esprit ». Les Indiens y accomplissaient autrefois les rites de leur culte sauvage, au pied d'un bloc de pierre peint en rouge.

Le *Cheval* s'arrête trois fois sur la route pour s'approvisionner de bois. Le chauffage des steamers, et même des locomotives, s'opère presque partout, dans la zone occidentale des États-Unis, avec ce combustible relativement peu coûteux.

Arrivée à Prescott vers cinq heures. Nous nous y embarquons sur le *Mitchell*, un de ces immenses bâtiments à roues et à trois étages comme on n'en voit guère que sur le Mississipi.

Dans le bas du *Mitchell*, au rez-de-chaussée si l'on

ve.t, sont rassemblés les dépôts pour marchandises et la machinerie.

Au-dessus s'étend la partie réservée aux passagers. Cet étage offre plus d'un rapport avec les hôtels américains. Le centre en est occupé par une longue nef servant à la fois de restaurant, de salle de danse, de concert et de conversation, à l'entrée de laquelle est établi l'office ou bureau, installé à la mode du pays. Au fond se dresse le piano, sans cesse tracassé par des mains trop souvent inexpérimentées. Les deux côtés de ce hall sont réservés aux cabines des voya-

le potage si impatiemment attendu ; mais le chef fantaisiste qui préside à nos agapes a cru devoir uniquement le composer au citron. Les autres plats sont tous à l'avenant. Par le fait, on dépose à la hâte, sous nos yeux, une dizaine de soucoupes contenant quelques fragments microscopiques de viandes ou de légumes, et voilà le dîner terminé ! En ce qui concerne le bœuf, il est aussi dur que le bois du bastingage. Chose au moins surprenante, les passagers ne semblent pas s'étonner de la frugalité du menu. Les mâchoires et les estomacs du nouveau monde seraient-ils

EN AVAL DE SAINT-PAUL (Voy. p. 202).

geurs. Celles-ci donnent sur une galerie extérieure qui fait tout le tour du bateau.

Quant aux logements de l'équipage et des domestiques, ils sont relégués sur la plate-forme supérieure.

Enfin, au-dessus du tout plane la cabine du pilote, affectant la forme d'une tourelle.

Comme certains points du thalweg manquent de profondeur, obstrués qu'ils sont par des bancs de sable sans cesse déplacés, les steamers du Mississipi n'ont guère qu'un tirant d'eau de deux à trois pieds. Le fond en est donc presque plat, et toute la capacité du navire se trouve reportée au-dessus de la ligne de flottaison.

Déception nouvelle ! la nourriture, à bord du *Mitchell*, est également détestable. On nous y apporte bien

autrement conformés que les nôtres ? Pourtant mes compagnons de voyage appartiennent à la classe aisée de la population, et les dames sont en grande majorité.

Samedi, 19 *août*. — Nous naviguons, pendant plusieurs heures, entre les États de Wisconsin et de Minnesota, dont le Mississipi forme la limite.

A Red-Wing, c'est-à-dire « Aile-Rouge », localité redevable de son nom à quelque chef sioux et ville très prospère aujourd'hui sous le rapport de l'industrie, nous entrons dans le lac Pépin.

Des deux côtés de ce lac, qui mesure quarante-huit kilomètres sur une largeur moyenne de cinq, les montagnes présentent l'aspect le plus fantastique. Elles vont s'échancrant vers le haut, et forment une série d'amphithéâtres qu'on croirait ménagés pour un public de Titans. Quant aux forêts, elles descendent jusqu'au bord de l'eau, dont la limpidité admirable n'est un moment troublée que par le sillage de notre steamer.

C'est vers le beau milieu du lac Pépin qu'est bâti Frontenac. Les noms français abondent tellement ici, qu'on se croirait transporté au delà de l'Atlantique. Ils datent de l'époque où Law échangeait contre de beaux louis d'or des papiers jaunes, blancs et bleus, tout en surfaisant encore à son profit les admirables richesses de la Louisiane. Qui eût pu prévoir, après la catastrophe, le brillant avenir réservé à cette contrée?

Ici le plaisir, sous toutes ses formes, semble avoir élu domicile. Bains, chasse, pêche et canotage, il y en a pour tous les goûts. On y abat les coqs de prairie par milliers. Sur la rive opposée on peut aller surprendre la truite défiante, si bien chantée par l'immortel Schubert.

Mais passons! — Plus loin se dresse, à cent trente mètres du niveau de l'eau, Maiden-Rock, ou le rocher de la Jeune Vierge. C'est du haut de cette aiguille qu'au siècle dernier une autre Virginie, promise à un guerrier Wabashaw, alors qu'elle aimait un autre Paul et était adorée de lui, se précipita de désespoir, après avoir entonné le chant du cygne. Le village, auprès duquel son corps mutilé roula porte aussi le même nom.

A la hauteur de Reeds-Landing (port des Roseaux) — ainsi appelé des grands herbes qui croissent follement aux alentours — le lac Pépin se referme. Les rives vont sans cesse en se rétrécissant, à partir de l'embouchure de la Chippewa, rivière seulement praticable au flottage des bois.

On passe ensuite devant les Cheminées, sortes de rochers basaltiques surgissant, dans une poussée gigantesque, au milieu d'une forêt d'érables, et rappelant plutôt les ruines féodales des bords du Rhin que les vulgaires constructions auxquelles le lieu emprunte son nom.

Pendant une dizaine de lieues, le voyage se poursuit alors au milieu du cadre naturel le plus somptueux qu'on puisse imaginer. Aux collines tapissées de bois succèdent sans discontinuer des points de vue d'une infinie variété. Ici, des contre forts de pierre montent à pic et se profilent tour à tour en dentelures imprévues. Là, de l'immense nappe liquide formée par le fleuve, émergent des îles nombreuses disparaissant sous une végétation exubérante.

Le point central de cette admirable contrée est l'île de Trempe-à-l'Eau, ou Mountain-Island, suivant l'appellation nouvelle. A la vérité, ce dernier titre paraît être justifié par la découpure des rives et par l'ampleur des masses qui s'élancent à cinq cents pieds au-dessus de nous. Mais le vieux nom français de Trempe-à-l'Eau me semble bien autrement caractéristique. On

dirait, en effet, d'un Titan chevelu se baignant dans un bras de mer.

Un peu au delà, Queen's Bluff, ou colline de la Reine, contraste par ses flancs décharnés avec le paysage environnant. Aux rayons du soleil, sa croupe blanchâtre, striée de crevasses aux tons azurés, fait penser aux horizons fantaisistes de Jean Breughel *de Velours*.

Winona et La Crosse sont les deux villes les plus importantes que l'on rencontre sur le parcours de cette région enchanteresse. La première n'est remarquable que par son grand commerce de grains. La seconde, dont le nom est dû aux jeux de balle qui y attiraient de très loin les populations indiennes, au temps de la découverte par les Français, est située dans une vaste plaine et présente aux regards l'aspect d'un centre industriel très développé.

Le dîner qu'on nous offre, ce soir, n'est qu'une mauvaise répétition de celui qu'on nous servait hier. En outre, tout liquide, excepté l'eau, y est décidément mis à l'index. M'étant aventuré, en vue d'une digestion moins laborieuse, à faire déboucher un modeste carafon de bière, je deviens aussitôt le centre de tous les regards et l'objet évident de toutes les conversations. Et cependant nous ne sommes pas à dimanche aujourd'hui. Pour le coup, la sobriété nationale prend des allures que je qualifierai de tyranniques. Mais qu'on ne s'y trompe pas : à bord du *Mitchell* on ne boit de l'eau qu'en apparence. Le sexe fort, notamment, trouve mille occasions de se départir de l'abstinence pénible à laquelle il se soumet à table. Une fois loin des regards pudibonds, à la buvette du bateau, il s'empresse de noyer dans des liquides variés son rigorisme de convention. Car c'est au *bar* surtout qu'il consomme ces dangereux mélanges de glace, d'amer, de gin, de tafia, de genièvre, de soda-water qu'il désigne sous les noms de *cock-tails*, de *bourbon-whisky*, de *mint-juleps*, etc., etc.

Quoi qu'il en soit, ici, comme dans les trains de chemins de fer, dans les hôtels et dans le moindre établissement public, le bocal en zinc de *ice water*, ou d'eau glacée, fonctionne d'une manière permanente. Il trône sur le pont du navire, et tout le monde, *ladies*, *gentlemen*, ouvriers blancs et noirs, viennent y puiser largement, en se servant du même gobelet, sans même prendre la peine de le rincer.

Dimanche, 20 août. — Nous nous rapprochons des régions méridionales. Les rives sont délicieusement entrecoupées de forêts admirables, de hauteurs pittoresques et de falaises dénudées s'abaissant à pic dans le fleuve. Les villes se succèdent plus riches et plus populeuses.

Voici Prairie-du-Chien, une des plus anciennes cités du Wisconsin. Elle tire son nom d'un ancien village indien dont elle occupe l'emplacement. Tous les steamers y font une halte.

Avant d'y parvenir, nous avions laissé derrière

nous l'État de Minnesota pour longer, sur notre droite, celui d'Iowa. Quant aux rives de gauche, elles dépendent toujours de l'État de Wisconsin et se prolongeront ainsi jusqu'à Dubuque, distante encore de vingt-cinq lieues. A partir de là, nous côtoierons l'État d'Illinois, connu par sa prodigieuse fertilité.

A six kilomètres au delà de Prairie-du-Chien, le fleuve reçoit les eaux de la rivière Wisconsin, qui a donné son nom à l'État, et les entraîne rapidement

rents qui accompagnent, tout le monde, en un mot, est d'une simplicité charmante et d'une prévenance rare. Leur conversation est à la fois des plus agréables et des plus instructives. Je dois à chacun d'eux plus d'un renseignement. Ce sont des *farmers* établis aux environs de Saint-Louis. Ils ont pris quelques jours de vacances pour se distraire de leurs occupations et sortir de leur isolement habituel. J'apprends par eux que la plupart de nos passagers habitent égale-

TROIS MILLES EN AMONT DE LA CROSSE (Voy. p. 201).

dans son lit large, mais peu profond, entrecoupé d'îlots verdoyants.

Eagle-Rock, rocher de cent cinquante mètres de haut, dont la masse granitique est taillée à pic comme les rives bretonnes, semble être un jalon dressé par la nature pour annoncer la ville de Dubuque. Celle-ci nous apparaît enfin, construite partiellement en amphithéâtre et partiellement sur les hauteurs. Elle constitue la plus vaste agglomération de tout l'État d'Iowa, et compte un peu plus de vingt-cinq mille âmes.

J'ai fait, à bord, la connaissance d'une famille américaine. Le père, la mère, leur fille miss Lilly, les pa-

ment la campagne et se livrent à la grande culture. Il y a là de gros propriétaires de l'Ouest, qui, sans doute, gagneraient à être quelque peu dégrossis, mais qui n'en possèdent pas moins des qualités fort solides. Je ne puis m'empêcher d'admirer ces hommes courageux, parvenus par leur travail et leur initiative à se créer une position indépendante.

Autant le contact des hommes est empreint d'une certaine rudesse, autant, en revanche, la société des dames qui les accompagnent est avenante.

Au surplus, ces dernières en usent sans bégueulerie avec les messieurs, qu'elles mettent gaiement à contribution. Telles sont les mœurs du pays. Ainsi, comme nous avons à passer la nuit à Dubuque, nos aimables voyageuses me proposent de les escorter par la ville. J'accepte naturellement des deux mains, et bientôt nous voilà courant les rues de compagnie et visitant les monuments publics !

De même que toutes les cités américaines, Dubuque possède un très grand nombre d'églises. Il y en a de cinquante sortes : presbytériennes, méthodistes, universalistes, etc., etc., sans compter les catholiques. L'église Sainte-Marie, bâtie par les Allemands, appartient à ce dernier culte. C'est un fort bel édifice surmonté d'un élégant clocher.

Dans la ville basse, où se concentre le mouvement des affaires, les constructions sont compactes et serrées. Dans la ville haute, au contraire, les rues, étagées, reçoivent abondamment l'air et le soleil.

Grâce à une rue de traverse, escaladant la falaise au milieu des maisons et des terrasses, nous parvenons aux quartiers aériens, d'où le regard découvre à chaque instant de vastes échappées. Au cours de cette ascension pittoresque, j'ai comme un ressouvenir des hauteurs de Montmartre, avec ses rampes abruptes et ses escaliers superposés. Le moulin seul manque au paysage. D'ailleurs, Dubuque a été fondé en 1788 par un Français de ce nom, et peut-être l'aspect tout parisien du site est-il dû lui-même à cette origine. On sait, en effet, que des Français, venus du Canada et attirés par la richesse du sol plombifère, ont contribué puissamment à peupler cette région et y ont même laissé des traces que le voyageur se plaît encore à reconnaître.

A part cela, rien de bien remarquable, comme architecture, dans cette petite ville provinciale. Le bâtiment contenant les administrations de l'État, cependant, possède une belle façade toute en marbre, et mérite d'être signalé. Citons aussi le Marché Central, et surtout quatre orphelinats admirablement installés. Ces derniers établissements attestent, une fois de plus, l'inépuisable charité, la prévoyance patriotique d'un peuple ayant assurément ses travers comme tous les autres, mais dont les instincts humanitaires sont hors de doute.

Toujours flanqué du charmant et bruyant essaim au milieu duquel je me fais à moi-même l'effet d'un vulgaire frelon, je pénètre dans un temple méthodiste épiscopal tout rempli de fidèles. Mais nous ne faisons qu'y paraître, de peur de troubler l'assistance, dont l'attention est, en ce moment, absorbée par la parole émouvante d'un prédicateur.

Peu après nous nous arrêtons dans une confiserie, où mes folâtres compagnes acceptent, sans se le faire répéter, les glaces, limonades et gâteaux variés que je m'empresse de leur offrir galamment. Notons, en passant, que les femmes américaines, surtout dans les provinces du Sud, sont très friandes. C'est ainsi, me dit-on, qu'à la Nouvelle-Orléans les représentations théâtrales à elles offertes le dimanche matin — car les représentations ordinaires ne sont suivies que par les hommes exclusivement — ne seraient, en définitive, qu'un prétexte à réunions dans les pâtisseries environnantes, prises littéralement d'assaut à chaque entr'acte.

Cette promenade, dont je conserverai un agréable souvenir, nous a tous mis sur les dents. Ce n'est pas sans un soupir de soulagement que nous regagnons le bateau.

Le soir, après le dîner, grand concert vocal et instrumental. En voyage, on secoue volontiers — paraît-il — le rigorisme des prescriptions dominicales. — Tant mieux ! — Je me fais bien venir de la société en bâclant quelques airs de valse au piano. Ce n'est point qu'il n'y ait d'autres virtuoses à bord du *Mitchell*. Les nègres, qui, pendant le jour, s'y donnent pour artistes capillaires, se transforment, le soir venu, en musiciens exécutants. Ils sont quatre : un violon, une guitare, une contrebasse et un chanteur, alternant les airs nationaux, mélodies et fantaisies, avec les polkas, les valses et les quadrilles. Et il faut voir comme, dès les premiers accords, on emboîte le pas régulièrement ! Nos voyageuses semblent être piquées de la tarentule. Elles s'en donnent à cœur joie, y compris une coquette sur le retour qui requiert d'autorité ses cavaliers successifs.

Il n'y a pas à dire : les Américains ne sont à l'aise que dans les hôtels, sur les plages, à bord des steamers, dans les *cars* des voies ferrées. Là, seulement, ils se retrouvent ce qu'ils sont, c'est-à-dire aimant le bruit et les plaisirs. En attendant, nos dames font toilette comme si elles se trouvaient en villégiature chez quelque lord et pair d'Angleterre. Elles changent de robe trois ou quatre fois par jour, et dans les bals improvisés, chaque soir, elles apparaissent revêtues de leurs plus brillants affiquets.

Lundi, 21 *août*. — A partir de Dubuque, les sites, quoique toujours attachants, contractent un caractère plus uniforme.

Nous rencontrons quelques échantillons d'îles flottantes. Ces îles, particulières au grand fleuve, ne sont, en définitive, que de simples amas de troncs d'arbre et de quartiers de terre arrachés à la rive au moment des crues d'automne et d'hiver. Elles forment des radeaux naturels, s'arrêtant parfois auprès des îles véritables ou des rivages proprement dits, et finissant par faire corps avec le sol lui-même. Certaines autres, au contraire, s'en vont tout droit vers l'Océan, ou sont interceptées au passage par l'industrie et la spéculation.

Désormais les villes se succèdent actives et commerçantes. Voici d'abord Fulton, avec un magnifique pont de fer tournant sur lui-même, à l'aide d'une machine à vapeur placée au-dessus du tablier ; puis Clinton, centre important pour le sciage et la coupe des bois ; Davenport, une des plus florissantes cités de l'Ouest, et Rock-Island, où les États-Unis possèdent leurs plus grands arsenaux.

Rock-Island rappelle West-Point sous le rapport des installations militaires et des promenades. Cette île est reliée, d'une part, à la ville du même nom établie sur la rive gauche du fleuve, et, de l'autre, à celle de Davenport, citée plus haut, au moyen d'un double pont sous les arches duquel bouillonnent une succession de rapides écumeux.

Nous dépassons enfin Burlington, la ville de commerce la plus importante de l'État d'Iowa après Dubuque et Davenport.

Mardi, 22 août. — Au lever du soleil, nous nous trouvons en face de Nauvoo, la petite cité fondée en 1840 par les mormons après les premières persécutions dont ils furent l'objet. Les sectateurs de la doctrine prêchée par Brigham Young y viennent encore en pèlerinage verser des larmes sur les ruines de leur temple détruit.

Dès cinq heures du matin, nous abandonnons le *Mitchell*, au débarcadère de Montrose, pour monter sur un petit vapeur dans le genre du *Cheveal*, de si piteuse mémoire. Ce transbordement est nécessité par de nouveaux rapides dont le cours se poursuit sur un fond de rocher, pendant l'espace de vingt kilomètres, entre Montrose et Kœkuk. Une demi-heure nous suffit pour les franchir.

Après avoir fait le pied de grue jusqu'à midi sur le quai de cette même ville de Kœkuk, laquelle est sans ressource aucune pour les passagers désœuvrés, nous aurons à reprendre un bateau de grandeur moyenne, nommé *Lake-Superior*: il doit nous conduire jusqu'à Saint-Louis.

Entre parenthèses, dans la saison des pluies les grands steamers se rendent directement de Saint-Paul à Saint-Louis sans transbordement. Cela plaît mieux à nos Américains, peu soucieux d'échanger le confort relatif de leurs hôtels ambulants contre les piètres installations d'un petit navire.

Nous démarrons à l'heure dite.

Le *Lake-Superior* décrit de nombreux détours dans le lit du fleuve,

à seule fin de conserver les profondeurs suffisantes. Il marche, du reste, avec une sage lenteur, conseillée à la fois par la présence de certains bancs de sable et par la profusion de ces terribles *planters* dont il a déjà été question. La coque d'un steamer serait plus sûrement transpercée par ces sortes de poignards sous-marins que par la corne aiguë d'un narval.

Les haltes pour descendre ou embarquer les voyageurs deviennent également plus nombreuses, et chaque arrêt prend un temps considérable. Aussi le trajet devient-il des plus longs.

Par opposition à toutes ces lenteurs, on se ressouvient, malgré soi, des traditions de vitesse dont les compagnies de bateaux se sont toujours fait tant d'honneur en Amérique. Chacun connaît, en effet, l'histoire de ces deux capitaines rivaux qui, ayant épuisé tout leur charbon, allaient jusqu'à jeter au foyer marchandises, meubles et pianos, et faisaient en dernière analyse sauter le navire et l'équipage, plutôt que de renoncer à quelque prime dérisoire. Le récit de ces folles gageures est des plus exacts, l'entraînement des voyageurs égalant alors l'imprudence des commandants. Nous sommes loin, comme on voit, d'assister à pareils *steeple-chase* nautiques, moins praticables, d'ailleurs, sur le Mississipi que sur les lacs.

Quoi qu'il en soit, nos retards auront eu pour résultat de dérouter tous mes calculs. Au lieu de deux jours que j'avais cru devoir consacrer à ce voyage par eau, j'en aurai mis près de cinq.

Nous naviguons maintenant entre les États d'Illinois et de Missouri. Des deux côtés les rives sont plates, couvertes de bois peu élevés, en forme de taillis et aux branchages enchevêtrés ou entremêlés de hautes herbes.

C'est auprès d'une de ces rives inhabitées et toutes pleines de poésie farouche, que nous stoppons quelques instants. Pendant que notre équipage fait du bois, nous nous glissons entre les massifs les plus rapprochés, pour y cueillir des fleurs et des raisins sauvages. Rien de charmant comme ce coin de terre, où l'on se croirait encore isolé de tout le reste de l'humanité. Les fourrés inextricables y forment des barrières de branches, de lianes et d'herbes puissantes, contrastant étrangement avec le fouillis multicolore des fleurs et des fruits qui s'abattent sur le sol au moindre effort.

Depuis Dubuque, la température n'a fait que s'élever. La nuit s'annonce mauvaise. La chaleur est devenue suffocante et nos cabines sont pleines de moustiques. Leur bourdonnement incessant et leurs piqûres envenimées m'empêchent littéralement de fermer l'œil. Roulé dans mon plaid, je me décide, en désespoir de cause, à finir la nuit sur le pont.

Mercredi, 23 août. — A cinq kilomètres de la petite ville d'Alton, les eaux du Mississipi et du Missouri se rejoignent, le premier se jetant littéralement dans le second, en dépit de la réglementation technique adoptée par messieurs les géographes. La démarcation des

eaux est, du reste, nettement tranchée : d'un côté, les ondes du Missouri coulent chargées de limon, et, de l'autre, celles du Mississipi glissent de concert, surprenantes de limpidité. Le spectacle de ces eaux, luttant de vitesse avant de se confondre, est d'autant plus impressionnant qu'en ce point les arbres déracinés flottent en plus grandes masses, arrivant en droite ligne des régions troublées par les crues périodiques.

Peu après avoir dépassé le confluent des deux immenses voies fluviales, nous venons enfin débarquer à Saint-Louis, à côté d'un pont fameux dont nous aurons l'occasion de parler.

Dix heures du matin viennent de sonner. La chaleur est insupportable, bien que le thermomètre ne marque que trente-deux degrés centigrades. Le temps est décidément à l'orage.

Je descends à Southern Hotel, spacieux établissement qu'on restaure actuellement de fond en comble, ce qui en rend le séjour des plus désagréables.

Après un repas que je me fais servir vers midi, une voiture me conduit rapidement sur les différents points de Saint-Louis dignes d'être visités.

A vrai dire, les parcs et les squares fort nombreux de la cité constituent, avec le pont jeté sur le Mississipi, les seules choses qui y soient à la fois intéressantes ou nouvelles pour nous. Je ne trouverais même rien de plus à remarquer, eussé-je plus de loisirs à dépenser ici que n'en comporte mon programme. En principe, les villes de l'Ouest se ressemblent toutes. Parler de l'une, c'est décrire l'autre.

Non loin du centre même de Saint-Louis je visite le parc La Fayette. Il est peu étendu comme surface et demeure spécialement réservé aux piétons. Au milieu d'ombrages admirables miroite un joli lac avec jets d'eau, où les amateurs se livrent aux plaisirs du canotage. Au point de vue de l'esthétique pure, deux statues se dressent dans ce jardin public. L'une est érigée en l'honneur de Washington, dont les théories sont encore ici en grande vénération, quand, dans le Nord, celles de Jefferson ont rallié plus de partisans. L'autre représente les traits du sénateur Benton, le plus chaud promoteur du chemin de fer du Pacifique, vaste projet auquel il attacha son nom sans jouir de la satisfaction de le voir réalisé pendant sa vie.

Le Tower-Grove-Park, situé à l'extrémité de Saint-Louis, est beaucoup plus considérable que le précédent et renferme des promenades délicieuses.

C'est aux environs de ce parc que se trouve le jardin botanique ouvert au public par Henri Shaw, un Anglais établi dans cette ville depuis plus de cinquante ans. Il est orné de plantes rares et curieuses, d'un labyrinthe, d'une villa, et comporte également quelques institutions scientifiques. Ce ravissant enclos, dominant la ville et les faubourgs, peut être regardé à bon droit comme un des plus beaux jardins publics qu'il y ait aux États-Unis. Il doit échoir à la municipalité lorsque le richissime Anglais qui l'a si magnifiquement doté aura quitté cette terre privilégiée.

VUE PANORAMIQUE DE DUBUQUE (Voy. p. 205).

Saint-Louis possède également un jardin zoologique très peuplé. Ce jardin est établi dans une partie
du boulingrin de Fair-Ground, lequel embrasse une
étendue d'environ quarante hectares et constitue un
champ de foire magnifique entrecoupé de bois. Chaque année, au mois d'octobre, le commerce forain
tient à Fair-Ground de solennelles assises, où vien-

véritable noblesse ni la masse imposante. Le dôme
qu'on aperçoit de partout, à Saint-Louis, des bords
du fleuve comme du pont ou des faubourgs, contribue puissamment à caractériser la ville, en lui
fournissant avec les nombreux clochers ou clochetons qui dominent les maisons un aspect monumental
et pittoresque. Quant au Four-Courts, ou, comme

RUE EN ESCALIERS, A DUBUQUE (Voy. p. 206).

nent se réjouir et s'approvisionner les populations
riveraines du Mississipi.

Peu de monuments à signaler à Saint-Louis, ainsi
que nous l'avons dit. Mentionnons seulement le Court-
House, dont il y a lieu d'admirer le portique ainsi
que la coupole de fer soutenue par une colonnade
circulaire. Cet édifice a coûté plus d'un million de
dollars et rappelle un peu comme aspect d'ensemble
le Panthéon de Paris, sans en avoir pourtant ni la

nous dirions, en style relevé, « le temple de la Justice », dont l'achèvement date à peine de quelques
années, et qui renferme des tribunaux ainsi qu'une
prison cellulaire, il est d'architecture assez imposante. Enfin la cathédrale catholique, bâtie sur l'emplacement de l'église édifiée par les premiers habitants de Saint-Louis, est un joli spécimen du style
roman modernisé.

La ville, considérée dans son ensemble, me parait

assez maussade, et — le dirons-nous — plus malpropre et même plus déplaisante que cette fameuse cité de Chicago, dont nous n'avons pas remporté un souvenir bien palpitant. On ne retrouve pas, il est vrai, dans « l'Entrepôt des Vallées », les maisons de bois de la « Reine des Lacs », avec laquelle elle est en rivalité directe et constante, mais on n'y rencontre pas davantage les constructions somptueuses que la grande sinistrée a multipliées au lendemain de ses désastres. En somme, l'architecture de la plupart des maisons nous donne plutôt l'idée d'une ville commerçante et industrielle, taillée sur le patron de nos cités d'Europe. N'était la noire patine produite par le voisinage des fabriques et par la fumée des steamers,

style Renaissance, que nous pouvons citer comme un type aimable d'architecture américaine, — les habitations ne sont que de vulgaires bâtisses, et les trottoirs, bâclés au rabais, se disloquent sur tous les points. Par le fait, ce ne sont que travaux entrepris sur une vaste échelle, mais toujours laissés inachevés. J'avais déjà remarqué ailleurs, dans les villes laborieuses de l'Union, ce caractère de provisoire à outrance. Il n'y a pas à le contester : les habitants ne vivent ici qu'en camp volant, jusqu'à ce que, fortune faite, ils puissent se rapprocher des centres élégants, où le mouvement des affaires n'entravera plus le cours de leurs plaisirs.

Mais nous aurions tort, à coup sûr, de nous laisser

INTÉRIEUR DE SAINT-LOUIS

patine sous laquelle tout semble avoir disparu, on pourrait se croire à Roubaix ou à Manchester. Malheureusement, en trop d'endroits, plus encore que dans ces grands centres d'activité, le coup d'œil est complètement sacrifié aux seules exigences du commerce et de l'industrie. Le reste — nous voulons dire l'art et le confort — n'est qu'accessoire. On s'en occupera dans les moments perdus; mais on a si peu de moments à perdre dans ce marché colossal! Ainsi les pavages sont en général très défectueux: les fils télégraphiques, dont le ciel est pour ainsi dire obscurci, courent au milieu des rues alignées en échiquier, escaladant successivement les trois terrasses où la ville est assise jusqu'à une hauteur de deux cents pieds au-dessus du fleuve; enfin, à quelques exceptions près, — notamment une maison de coin,

aller à cette impression défavorable. Malgré son aspect monotone, Saint-Louis possède une population aussi intelligente qu'expansive, pleine d'entrain et de gaieté. Quoi d'étonnant d'ailleurs? Les premiers occupants ont légué, en grande partie, à leurs successeurs les traits distinctifs de leur caractère national. Ainsi qu'on le sait, la Louisiane, autrefois province française, n'a été cédée aux États-Unis qu'en 1803, moyennant la somme dérisoire de quatre-vingts millions payés à Bonaparte par la République américaine.

Depuis l'époque où quelques trappeurs avaient obtenu le droit de faire la troque le long du Mississipi, l'humble bourgade avait, du reste, bien progressé. A cette même date de 1803, ils étaient déjà douze cents chasseurs et marchands qui passèrent, d'un jour à l'autre, du régime impérial au régime républicain, avec un territoire valant un million de fois ce qu'il avait été vendu. A partir de ce jour, l'activité américaine, alliée à la vivacité française, a centuplé vingt fois le premier capital.

Quoique Saint-Louis n'ait acquis le rang et le titre de ville régulière que depuis 1822, la population n'a pas cessé d'y croître dans les plus larges proportions. Partie de cent vingt habitants vers l'année 1764, elle compte actuellement, avec les faubourgs, d'après les derniers recensements, tout près de quatre cent cinquante mille âmes.

La prospérité commerciale et industrielle de Saint-Louis a naturellement suivi ce mouvement ascendant. Son prodigieux développement semble même devoir s'étendre indéfiniment, tant le vaste plateau au bord duquel la ville est située, présente de variété dans ses innombrables richesses. Le sol, littéralement bondé de gisements métallurgiques, offre des mines exploitables à l'entrée même de ses faubourgs.

Comme Chicago, Saint-Louis possède, en outre, des parcs à bestiaux, moins importants, il est vrai, mais mieux installés encore que ceux de sa rivale. A proximité de ces parcs, ainsi qu'à l'intérieur de la ville, fonctionnent également plusieurs grands abattoirs.

Outre le bétail et les viandes salées, le mar-

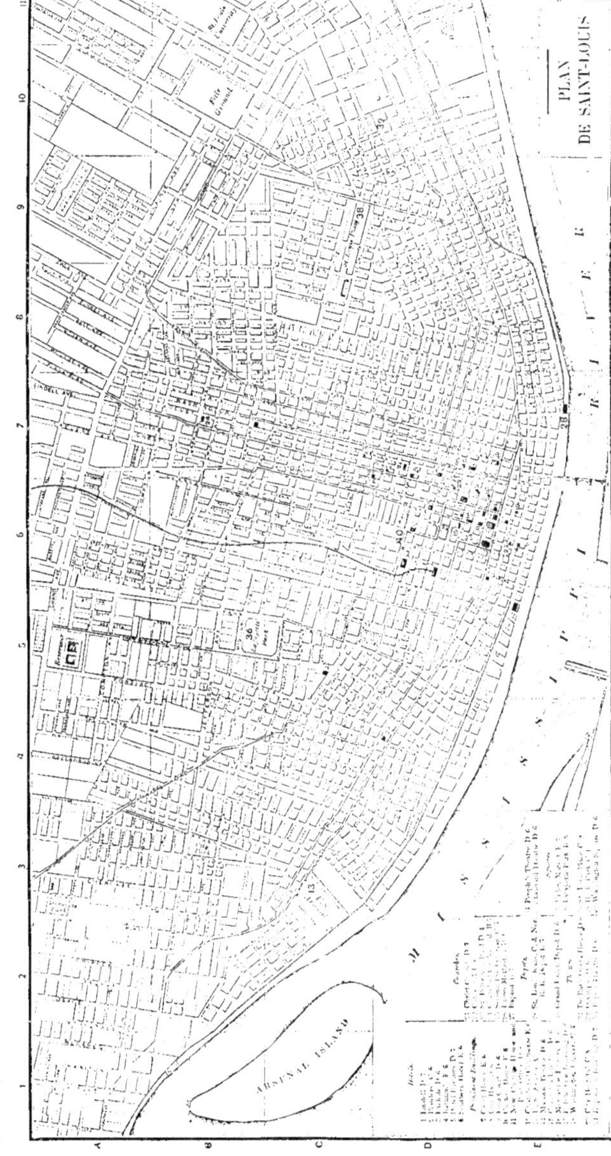

ché de Saint-Louis abonde en coton, en laines, en fourrures, en tabac, bois et épices, en sel, en cuir ainsi qu'en plomb provenant des mines du Missouri. Mais ce sont les céréales qui constituent la principale ressource de la place. Aucune ville de l'Union ne peut lutter avec elle dans le commerce des farines.

Plus industrielle encore que commerciale, la ville de Saint-Louis n'est dépassée, comme production manufacturière, que par New-York et Philadelphie. On peut se faire une idée de cette activité spéciale par le nombre des usines en exploitation, lequel s'élève à près de trois mille, occupant plus de quarante mille bras. La valeur totale de la fabrication annuelle est estimée, en moyenne, à environ cent cinquante millions de dollars.

En présence d'un essor aussi généralisé, on est en droit de se demander où s'arrêtera le mouvement ascensionnel des États-Unis. Alors que l'agglomération new-yorkaise compte maintenant plus de deux millions et demi d'habitants, Saint-Louis et Chicago, qui datent à peine d'un demi-siècle, possèdent à elles deux une population non inférieure à la moitié de ce chiffre. Or, la poussée vers l'Ouest continue à s'affirmer dans des proportions inusitées, et le jour viendra peut-être où les deux métropoles de l'intérieur, placées au centre d'un tel foyer d'activité, atteindront comme importance l'Empire-City elle-même.

Tandis que je parcours Saint-Louis dans tous les sens, j'ai lieu de constater combien la disposition des voies publiques et le numérotage des maisons y sont encore mieux entendus que dans les autres villes de l'Union.

Ici, les rues perpendiculaires au fleuve, c'est-à-dire allant de l'est à l'ouest, sont uniformément désignées par un nom d'homme ou de plante. On y voit notamment les rues Washington, Franklin et Cooper, ou, courant dans le même sens Chesnut-street (rue de la Châtaigne), Pine-Apple-street (rue de l'Ananas), Orange-street, etc., etc. Les voies, au contraire, qui sont parallèles au Mississipi, portent un numéro d'ordre. En outre Market-street, la principale artère et la plus centrale de Saint-Louis, également perpendiculaire au fleuve, partage la ville en deux parties et joue, par le fait, dans l'ensemble du système, un rôle des plus importants. En effet, c'est à partir de cet alignement que commence de droite et de gauche, c'est-à-dire au nord et au sud, le numé-

rotage des maisons situées dans les rues aboutissantes. Enfin chaque *block*, ou pâté de maisons formé par le croisement de toutes ces rues indistinctement, a été calculé de manière à contenir cent numéros au maximum sur chacune des quatre faces.

Il en résulte une clarté singulière pour toutes les indications à fournir ou à recevoir.

Voulant gagner — par exemple — Washington-

UN SPÉCIMEN D'ARCHITECTURE, A SAINT-LOUIS (Voy. p. 212).

street (nord), n° 650, étant sur le quai de débarquement, on cherchera Washington-street à droite de Market-street, et on trouvera le numéro indiqué dans le septième *block*, après la sixième rue transversale. Ayant, par contre, à se rendre au numéro 325 de la rue n° 10 (sud), on se tiendra sur la gauche de Market-street, à la hauteur du troisième block, et on suivra l'artère qui s'offre sur ce point jusqu'à la dixième rue qui la coupe à angle droit.

Rien de plus commode ni de plus simple. Avec cette clef, l'étranger se dirige à travers Saint-Louis

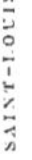

SAINT-LOUIS

aussi facilement que s'il était originaire de la grande ville américaine.

Nous finissons notre tournée par l'examen du pont jeté sur le Mississipi. C'est un ouvrage gigantesque et merveilleux s'il en fut, achevé seulement en 1874.

Pour construire ce pont on a dû asseoir les piles sur le roc vif, car aucun fleuve du monde peut-être ne modifie aussi rapidement son cours que le grand fleuve de l'Amérique du Nord. Dans certaines circonstances, même, il est arrivé que le lit présentât tout à coup des excavations de plus de douze mètres de profondeur, ou que le roc fût complètement mis à nu. Certaines précautions n'étaient donc pas inutiles. Bref, les piles ont été descendues aussi bas que possible, très différemment suivant le cas. Tandis que la

des piétons. Ces deux voies sont réunies entre elles par un treillis métallique, lequel communique à la colossale construction, en même temps que la robustesse, une légèreté d'aspect peu commune.

Le pont de Saint-Louis, très apprécié des ingénieurs comme prototype, n'a pas coûté moins de dix millions de dollars, soit cinquante millions de francs.

Du haut de la travée du milieu, où je m'arrête un moment, un spectacle incomparable se déroule à mes regards. Sur l'une des rives, c'est Saint-Louis avec ses larges quais en pente et ses rues alignées au cordeau. Tout autour de la ville et de l'autre côté du fleuve, au contraire, ce sont de vastes plaines de verdure coupées par des lignes ferrées. Devant nous, les méandres du Mississipi vont se perdant vers l'horizon

LE PARC LA FAYETTE (Voy. p. 208).

base de l'une se trouve à vingt-sept mètres au-dessous du niveau ordinaire des eaux, l'autre n'est pas à moins de trente-sept mètres. Ces piles, au nombre de quatre, construites en granit, mesurent, du niveau supérieur des fondations à leur sommet, une hauteur variable de cinquante à soixante mètres et soutiennent trois arches, dont deux ont cent cinquante mètres d'ouverture, et la troisième, celle du milieu, près de cent soixante, soit à elle seule dix mètres de plus que le pont de la Concorde à Paris.

L'acier, à l'exclusion de tout autre élément, constitue la composition du tablier. L'élévation de ce dernier au-dessus des eaux est suffisante pour permettre le passage des navires à tous les niveaux que le fleuve peut atteindre. Il comporte deux voies superposées, l'une réservée au chemin de fer, l'autre, celle de dessus, au passage des tramways, des voitures et

dans une étendue sans bornes, éclairée par les derniers feux du jour. A nos pieds, enfin, les bateaux à vapeur à deux cheminées et à étages sont mouillés sur une file interminable. En ce moment même, plusieurs de ces palais flottants s'éloignent du port d'attache en vomissant de noirs tourbillons de fumée. Ils semblent couler sous le double poids des marchandises et des voyageurs.

Du reste, Saint-Louis, de par sa position même au milieu de l'Union, à la rencontre des plus grands cours d'eau de l'Amérique septentrionale, le Mississipi, le Missouri, l'Ohio et l'Illinois, se trouve être le port de concentration d'où une flottille considérable de navires de commerce et de transport s'élance vers les quatre points cardinaux. De même que les cargo-boats en destination de la Nouvelle-Orléans viennent tous atterrir à ses quais, ils peuvent indifféremment descendre jusqu'à Cincinnati dans l'Est, remonter dans le Nord jusqu'à Saint-Paul, Chicago et les grands lacs, et, enfin, pousser vers l'Ouest jusqu'au pied des montagnes Rocheuses.

Du côté de la ville, le pont se prolonge en un viaduc élevé, par où piétons et voitures se dirigent vers Washington-Avenue. Quant à la voie ferrée établie sur le tablier inférieur, elle s'engage tout à coup dans un tunnel de quinze cents mètres de long, aboutissant au terminus.

Malheureusement les abords du pont, sur la rive opposée à Saint-Louis, ne sont guère en rapport avec ses majestueuses proportions. Aussitôt après l'avoir franchi, les trains s'en vont roulant au-dessus de la plaine par de longs viaducs de bois, qui craquent littéralement sous la pesée comme s'ils allaient se rompre. La plupart des ponts de chemins de fer aux États-Unis sont, d'ailleurs, établis dans des conditions analogues. Quelques piles grossièrement équarries, rassemblées par des longuerines moisées, paraissent plus que suffisantes à l'Américain pour supporter tout

teur. Et qu'un écroulement partiel ou total vienne à se produire, les Compagnies ne s'en émeuvent guère, remplaçant aussitôt l'échafaudage branlant par une construction de même nature et de même consistance.

Telle est la remarque que suggère l'ensemble de ces travaux à la fois grandioses et mesquins : après avoir jeté au-dessus des fleuves monstres des ponts métalliques vertigineux et coûtant des millions, les administrations locales s'arrêteront devant quelque misérable dépense aussitôt qu'il ne s'agit plus que de la sécurité publique.

A sept heures du soir, départ pour Louisville par le *Ohio and Mississipi Railroad*. — Cette ligne traverse le fleuve et la rivière dont elle porte les noms, le premier sur le magnifique viaduc décrit ci-dessus, la seconde sur un pont, presque aussi remarquable, construit à Louisville même. Grâce à son tracé à travers le bassin de l'Ohio, elle a, d'ailleurs, la particularité de franchir sur vingt autres ponts les nombreux affluents de la grande rivière.

(Voy. p. 217).

le système des rails. Cela joue, ploie, et même se disloque à la longue, ce qui n'empêche qu'on y passe tous les jours sans hésiter, et qu'on y passera longtemps encore. Il est vrai qu'on y passe avec une sage len-

Notre but principal, en nous dirigeant vers Louisville, est d'aller visiter les grottes du Mammouth, situées aux environs et dont la réputation est célèbre dans le monde entier.

XIII

DE L'OHIO AU MISSOURI

GROTTES DU MAMMOUTH

Vers les grottes du Mammouth. — Cave-City. — En *stage*. — Quatre-vingts lieues de galeries souterraines. — Coquetterie féminine. — La Rotonde et la Cathédrale. — L'Avenue Gothique et la Voie Hantée. — Sarcophage indien. — Le Fauteuil du Diable. — Le Puits des Amants. — Cyprins aveugles. — Le Tombeau du Géant. — La Salle des Étoiles. — Le Labyrinthe et la Halle aux Bandits. — Eaux courantes et dormantes. — Le gouffre du Maëlstrom. — A l'Hôtel des Grottes : bal champêtre et bamboula. — Louisville. — Le pont sur l'Ohio. — Chutes et rapides. — Scrupules bourgeois. — Activité fiévreuse et repos léthargique. — En route pour l'Ouest. — Le long du Missouri. — Kansas-City. — Omaha.

Jeudi, 24 août. — Arrivée à Louisville vers huit heures du matin. Le temps est chaud, et le thermomètre marque 32° centigrades.

J'avais cru, tout d'abord, les fameuses grottes du Mammouth situées aux abords mêmes de la ville. Informations prises, nous n'avons que le temps matériel pour sauter d'un train dans un autre, afin de gagner au plus tôt la gare du Sud. Là, nous aurons encore à attendre jusqu'à dix heures le convoi qui doit nous mener à Cave-City, sur la route de Louisville à Nashville, et d'où une voiture publique nous conduira aux grottes. Mes calculs sont donc erronés encore une fois. Au lieu de ne consacrer qu'un seul jour à mon excursion, j'aurai besoin d'en prendre au moins deux.

A dix heures précises, départ pour Cave-City, par le *Louisville and great Southern Railroad*. Nous n'y arrivons qu'à une heure et demie de l'après-midi, la distance qui sépare ces deux points étant encore, malgré mes suppositions, d'environ cent quarante kilomètres.

A la gare même, un repas a été préparé en vue des touristes quotidiens. Il est absorbé avec d'autant plus de hâte qu'il est franchement détestable et qu'un *stage* à quatre chevaux semble nous attendre avec impatience. Il faut, en effet, franchir une nouvelle distance de neuf milles, c'est-à-dire près de quinze kilomètres, pour atteindre au but de l'excursion.

La réfection faite, nous nous trouvons être une dizaine de personnes, parmi lesquelles plusieurs dames, se proposant d'explorer les grottes fameuses du Mammouth.

Dès le début, le chemin, fort rocailleux, ne nous ménage pas les cahots; et, comme j'ai choisi la banquette d'impériale en manière d'observatoire, j'ai fort à faire pour conserver mon équilibre.

Pendant le trajet, qui prend environ deux heures et demie, nous traversons une campagne assez bien cultivée et longeant en partie la ligne du chemin de fer. L'acre, soit environ quarante ares de notre système décimal, y vaut tout au plus de vingt-cinq à trente-cinq dollars. C'est assez modeste, comme on voit. Un peu au delà, même, le sol n'est point encore défriché, et l'acre ne s'y vend plus que de deux à sept dollars. Ce dernier prix est d'ailleurs celui auquel toutes les terres disponibles du centre et de l'ouest sont généralement estimées aux États-Unis. Nul doute que, grâce à la voie ferrée qui les traverse, ces terrains n'acquièrent bientôt une plus-value considérable.

A quatre milles environ, avant de parvenir à l'hôtel des grottes, le cocher propose la visite d'une caverne, dite « des Indiens », où l'on a découvert de superbes échantillons de pétrifications cristallines. Mais comme de plus curieux spectacles nous réclament instamment, nous jugeons inutile d'interrompre notre route et d'escompter à la légère nos futures impressions.

Il est près de cinq heures lorsque nous arrivons à Mammoth-Cave Hotel, établissement complètement isolé, au milieu d'un site exquis, tout empreint de poésie mélancolique. La construction, faite de bois badigeonné de blanc, est assez vaste et contient, comme de raison, outre les installations ordinaires, l'inévitable salle de bal, qu'on retrouve ici partout. En ce qui concerne les chambres, elles sont confortablement aménagées, mais elles exhalent une forte odeur de moisi. Il faut croire que les voyageurs sont assez clairsemés, ou bien qu'un aussi désagréable parfum tient à la nature même des matériaux employés. Mais il s'agit bien d'une pareille vétille.

Afin de tirer tout le parti possible du temps qui nous est accordé, nous nous rendons immédiatement aux grottes. L'excursion ne laisse pas, en elle-même, que d'avoir une réelle importance. La durée peut, en effet, en varier de quatre à douze heures et comporte un itinéraire qui n'est pas inférieur à une vingtaine de kilomètres. Nous nous contenterons de nous faire conduire sur les principaux points du parcours, car l'intérêt de la visite risquerait de s'amoindrir en face de répétitions inévitables.

Toute la contrée où nous sommes est sillonnée par des excavations souterraines, dont le développement total est estimé à plus de quatre-vingts lieues. Et encore ce chiffre est-il probablement au-dessous de la vérité, car les avenues inexplorées s'y comptent, pour ainsi dire, par centaines. Quant à celles qu'on déclare accessibles aux visiteurs, et qui sont au nombre de cent cinquante environ, elles accusent des dimensions assez variables. Elles mènent à des salles naturelles dont quelques-unes sont très vastes, et tandis que, dans ces salles, on rencontre ici des pies et des colonnades, là des puits d'une profondeur effroyable, certaines galeries se trouvent superposées comme les alvéoles d'une ruche. En d'autres endroits, enfin, des sources jaillissent du sol, et des lacs, des rivières navigables y dorment sous la croûte épaisse du rocher.

Pour arriver aux grottes, nous suivons un sentier charmant tracé au milieu des bois. Rien de suave comme le berceau naturel qui nous abrite contre les rayons ardents d'un soleil estival.

L'entrée principale de Mammoth-Cave, haute de huit mètres au plus, sur une largeur de dix, est située à une soixantaine de mètres environ au-dessus du plan d'eau de Green-river, affluent de l'Ohio. Elle se présente d'une manière pittoresque, à moitié dissimulée par les fourrés d'arbres et de buissons qui en obstruent le pied, et le front encombré de ronces et d'épines retombant en forme de lambrequins.

Rien ne signale l'existence de l'immense souterrain. A deux pas de l'orifice on ne saurait le soupçonner derrière son rideau de verdure, n'était le courant d'air glacial qui vient brusquement vous envelopper comme d'une douche. Cela s'explique. La température normale des grottes est uniformément de quinze degrés centigrades, été comme hiver. Or, puisque actuellement le thermomètre marque trente degrés à l'extérieur, on se figure aisément l'impression produite par un changement aussi rapide. Aussi est-il indispensable, avant d'y pénétrer, de se munir de vêtements chauds, sous peine d'en rapporter une belle et bonne fluxion de poitrine.

Détail curieux, bien fait pour montrer la femme américaine sous un de ses aspects multiples. Nos compagnes, au lieu de s'envelopper le corps de draperies plus ou moins amples, telles que plaids, châles ou burnous, se sont revêtues, pour la circonstance, de costumes bizarres, composés d'une sorte de pantalon et d'une jupe fort courte, genre écossais, par-dessus lesquels elles jettent simplement des écharpes et des ceintures multicolores. En outre, leur front disparaît sous de larges turbans artistement noués. Aussi libres dans leurs allures que sveltes dans leurs ajustements, elles s'en vont bientôt de l'avant, débarrassées de toute gêne et stimulées par la curiosité. Profitant même d'un moment d'inattention générale provoquée par le spectacle de l'entrée des grottes, où une petite cascade nous accueille de sa voix sonore, elles ont rapidement relevé jusqu'à hauteur des jupes le pantalon, qui retombait naguère sur la cheville. On dirait voir tout à coup une petite bande de highlanders dévalant des montagnes.

Munis, chacun, de lanternes ou de torches et armés de solides bâtons que nous avions taillés nous-mêmes dans les bois avoisinants, nous descendons alors, par une suite d'étroits couloirs, jusqu'à une avenue dont les voûtes puissantes s'élèvent à plus de quinze mètres au-dessus de nos têtes. A mi-chemin débouche Main-Gallery ou Grande Galerie, sorte de tunnel immense, d'une longueur de plusieurs milles, lequel peut être considéré comme l'artère principale de ce labyrinthe.

Traversons d'abord la Rotonde, vaste salle de vingt-cinq mètres de haut, et puis l'Église, située immédiatement au-dessous. Celle-ci, creusée à vingt mètres de profondeur, renferme une chaire et un jubé qui n'ont eu d'autre architecte que la nature elle-même. Plusieurs fois des services religieux ont été célébrés dans cette crypte imposante, ramenant la pensée aux premiers âges du christianisme.

L'Avenue Gothique, étrangement strapassée comme un dessin d'impressionniste, s'offre ensuite à nos regards. Elle a près d'une lieue d'étendue et précède la Voie Hantée, où reviennent, chaque nuit, les fantômes des anciens occupants. On y a retrouvé des sépultures antiques. Vers 1813, sous une large dalle qu'on nous désigne, apparaissait la momie entière d'une femme accroupie. Les armes, les ustensiles et autres objets déposés autour de ce singulier sarcophage, se rapprochaient étonnamment de ceux qui sont encore en usage chez les tribus aborigènes. La momie, dont j'ai gardé la reproduction photogra-

l'aise. Il domine un puits mystérieux, où deux amants persécutés se précipitèrent, — dit-on, — unissant leur amour par les liens du trépas. En dépit des grandes récompenses promises, personne n'osa y descendre pour rechercher les cadavres. Notre guide y laisse tomber un fagot allumé, que nos regards attentifs perdent bientôt de vue dans les profondeurs insondables.

Au détour même de Lover's Leap, ou Saut de l'Amoureux, roc aigu s'élevant à près de cent pieds de haut, un coude nous ramène à la branche inférieure de l'Avenue Gothique. En ce point se dresse un grand

phique, a été transportée au musée de Worcester, avec tous les accessoires exhumés.

Dans cette partie de Mammoth-Cave, stalactites et stalagmites, quoique beaucoup moins prodiguées par la nature que dans la plupart des grottes connues en Europe, opposent une ornementation bizarre à la nudité des rochers environnants.

Nous voici maintenant à la porte d'une seconde nef, élégante et coquette, appelée Chapelle gothique. Le plafond en est soutenu par des piliers et fouillé çà et là de reliefs ressemblant de loin à quelque précieux spécimen de notre sculpture moyen âge.

Un peu plus loin trône le Fauteuil du Diable. C'est un immense fût de stalagmite, au centre duquel est installé un siège colossal dans lequel tout un sanhédrin de gnomes et de gnomides pourrait tenir à

bloc de pierre parfaitement uni, tandis que, de l'autre côté, un bassin naturel reflète dans ses eaux immobiles les feux de nos torches vacillantes.

Nous nous engageons alors sous le vaste Dôme du Mammouth, où l'on prétend que fut trouvé l'animal antédiluvien auquel les Grottes doivent leur nom générique. Puis, nous passons successivement en revue le Dôme de Napoléon, le Bassin de Cristal, où nagent des cyprins sans yeux, conformément à la théorie de Darwin; le Magasin au Sel, l'Annetti's Dome, où, par une crevasse du roc, se précipite tout à coup un Niagara minuscule; et enfin le Tombeau du Géant, au-dessus duquel notre guide évoque, à l'aide d'une mimique étudiée, l'ombre prodigieuse du colosse.

Bref, les galeries et les salles, les salles et les

galeries, se succèdent sans interruption, changeant sans cesse de caractère et de dimensions.

A la surface d'une voûte ténébreuse, contrastant avec des murailles blanchissantes, s'allument soudain, reflétées par nos lumières, d'innombrables constellations. Nous sommes, en effet, dans la salle dite des Étoiles, où la lueur même de nos torches semble décuplée par les milliers de facettes cristallines enchâssées dans le roc. On nous y fait flamber des monceaux de paille et des feux de Bengale pour multiplier les effets. Sous cet embrasement féerique, tout resplendit, s'anime et se colore jusque dans les moindres recoins. C'est assurément le bouquet de cette excursion souterraine.

Mais que de salles encore! que de galeries! que de cascades! que de précipices!... Il serait impossible de tout mentionner, sous peine d'engendrer la fatigue et la monotonie.

Passons donc rapidement par la Chambre aux Malades, où l'on vient réellement faire des cures, à ce que dit le guide; par Cross-Room, au plafond de quatre cents pieds de superficie, sans une seule colonne pour le soutenir ; par la Salle Noire semée de pierrailles faisant l'effet de ruines; par la Cataracte, dont le murmure des eaux, entendu de loin, devient, à mesure qu'on approche, un formidable rugissement; par la Chambre Solitaire, la Grotte des Fées, d'un aspect fantastique; enfin par Chief-City et Rocky-Pass. En certains lieux, on se croirait devant les vestiges d'une grande cité détruite.

Puis, ce sont encore les Marches du Temps, les Boyaux, où l'on ne peut avancer qu'en ployant la tête et les genoux; le Labyrinthe, la Halle aux Bandits, où jadis, dit-on, les dangereux écumeurs des vallées mississipiennes venaient chercher un refuge assuré; enfin la mer Morte, sorte de lac intérieur dans lequel se déversent les eaux du Styx, par un singulier mélange d'appellations sacrées et profanes. D'ailleurs étangs et ruisseaux abondent à la grotte du Mammouth. Au cours de l'excursion, il est tel passage où force nous est de monter en barque et de décrire des méandres sans fin dans des couloirs étroits, sous des voûtes irrégulières, entre des colonnades submergées.

C'est à environ neuf milles de l'entrée, c'est-à-dire à plus de deux lieues sous terre, que se trouve le célèbre gouffre du Maëlstrom, point extrême de l'excursion et comme le couronnement de cette série mouvementée. Il a donné lieu, paraît-il, en différentes occasions, à des incidents dramatiques.

En 1859, un jeune homme de Louisville résolut de s'y aventurer pour la première fois, malgré les bruits effroyables qui s'y produisaient, bruits évidemment causés par des eaux jaillissant à différentes hauteurs et disparaissant à des profondeurs énormes dans des directions inconnues. Plusieurs péripéties marquèrent cette audacieuse tentative. La corde s'étant peu à peu desserrée, au cours des recherches, l'explorateur dut en reconstituer le nœud en s'accrochant aux parois

du roc, au risque de rouler dans l'abîme. Lorsqu'on le remonta, cette même corde prit feu. Mr. James — tel était le nom de l'audacieux jeune homme — raconta au retour que le long d'une cataracte tombant à plus de cinquante mètres de profondeur de la première plate-forme, il avait découvert nombre de salles et de galeries aboutissant à des murailles à pic. Mais il n'avait pu trouver aucune issue, constatant simplement que les eaux fournies par la cataracte s'échappaient par les fissures mêmes du rocher. C'était donc bien là que se terminait le Maëlstrom, moins insondable en fin de compte que le courant des mers glaciales dont il a usurpé le nom.

En 1875, un autre explorateur aussi intrépide, Mr. Babbith, employé du télégraphe dans l'État de Michigan, tenta la même aventure. En présence de deux cents personnes informées de son projet, il se laissa descendre dans le Maëlstrom et trouva pied, à une profondeur de soixante mètres environ, sous la Grande Galerie. L'entreprise fut encore sur le point de tourner au tragique. Il se trouva, en effet, que la corde ayant servi à remonter Mr. Babbith s'était usée, en beaucoup d'endroits, par le frottement contre les rochers, et qu'on dut à un hasard providentiel d'avoir évité une catastrophe.

Un professeur de l'Université de Yole ayant voulu, lui aussi, inspecter le Maëlstrom, le cœur lui faillit dès les premiers moments. On dut le ramener à la surface à moitié évanoui.

Quant aux guides, quelque familiarisés qu'ils soient avec le danger, ils ont résisté jusqu'ici aux primes les plus séduisantes, plutôt que d'aller encore une fois sonder cette excavation mystérieuse.

Fait digne de remarque : les grottes du Mammouth jouissent d'une climature éminemment salubre. On n'y rencontre ni reptiles ni décompositions d'aucune espèce. L'eau y demeure fraîche et limpide, le feu ne s'y éteint jamais sous l'action de gaz délétères. Les femmes des guides même y séjournent à poste fixe, vendant aux excursionnistes des vivres et des rafraîchissements.

Les Mammoth-Caves ont servi, en 1812, à la fabrication de la poudre. A chaque instant on y rencontre des réservoirs à salpêtre devenus sans emploi.

Enfin nous voici rendus à l'air libre... Notre excursion dans les entrailles de la terre n'a pas duré moins de cinq heures, qui, à vrai dire, m'ont paru interminables. Malgré les surprises que ces souterrains réservent au visiteur, on peut dire qu'ils ne brillent pas absolument sous le rapport de la variété. En général, les parois sont nues, comme de simples murailles, tantôt verticales, tantôt biaises. La plupart du temps elles se rejoignent par le sommet, en forme de voûte. Ce n'est pas qu'il ne s'y présente, comme on l'a vu, des singularités de la nature : ainsi, outre les stalagmites et stalactites, apanage obligé de toute grotte digne de renom, on y rencontre des fleurs et ornements en relief dus au travail de la pétrification ;

mais, en somme, ces accidents pittoresques s'y montrent fort clairsemés. Les grottes du Mammouth sont plutôt des catacombes immenses qu'un musée de merveilles naturelles relevant de la statuaire et de l'architecture, comme on en voit dans d'autres lieux.

Je n'ai point visité les grottes de Fingal, aux colonnes basaltiques, ni celle d'Antiparos, la plus ancienne connue; mais en comparant les grandes cavernes américaines à celles de Han, près de Dinant, en Belgique, moins célèbres peut-être et moins importantes, je donne de beaucoup la préférence à ces dernières. En faisant ce choix, nous n'obéissons à aucun sentiment exclusif. Dans les grottes de Han, tout l'intérêt se concentre sur les innombrables singularités qu'une cristallisation séculaire a produites et que nos bonnes légendes attribuaient au seul travail des fées, alors qu'aux Mammoth-Caves il n'existe, je le répète, que fort peu de détails de pétrifications

C'est toujours avec une forte envie de rire que je participe à ces entrées solennelles dans les caravansérails où la « gentry » américaine s'en vient prendre ses vacances d'été. Tandis que les voyageurs y sont reçus en grande cérémonie, sur un air de valse ou de polka, ils n'ont pour traitement, durant leur séjour, qu'une hospitalité liardeuse, des repas cervantesques et, comme bouquet, invariablement, une longue colonne de chiffres conduisant à des totaux renversants.

Mais ce n'est point le moment de protester. La façon de souper qu'on nous sert, séance tenante, quelque primitif qu'il soit, est l'objet d'un empressement universel. L'entrain est tel que la bruyante cacophonie dont on abreuve nos oreilles ne parvient pas à ralentir l'énergie imprimée au maniement des fourchettes.

Au moment où, vers onze heures, je songe à prendre

capables d'illusionner le regard et d'intriguer la pensée.

Avis aux amateurs! Mammoth-Cave est à vendre, peut-être même à louer. On en demande cinq cent mille dollars. Déjà, paraît-il, une société de Louisville s'est occupée de réunir les fonds exigés. Voici le projet! On élèverait auprès des grottes un hôtel colossal, et l'on donnerait dans les salles souterraines des fêtes monstres annoncées à son de trompe dans tous les États de l'Union. Une telle idée ne pouvait éclore que dans un cerveau américain.

Vers dix heures nous rentrons à l'hôtel, encore munis de nos lanternes respectives. Notre petite troupe est harassée de fatigue et mourante de faim.

La musique de nègres qui nous avait accueillis à notre première arrivée, se trouve de nouveau sur le perron. Ils sont quatre : une mauvaise clarinette qui ferait regretter les virtuoses des Quinze-Vingts, un violon qui ne joue que sur les cordes à vide, une guitare et une contrebasse, dont les sons courent invariablement de la tonique à la dominante.

un repos bien gagné, la musique nègre, aux sons de laquelle on s'est mis naturellement à danser, va se réfugier au milieu des bosquets environnants. Entre deux éclats stridents je distingue, en m'endormant, la voix langoureuse d'un cinquième artiste brochant sur le tout. Les couples tourbillonnent à force sous la coudrette et sur les frais gazons.

Vendredi, 25 août. — La nuit a été excellente. Comme l'atmosphère s'est un peu rafraîchie, nous n'avons pas été un seul instant incommodés par les moustiques. N'y en aurait-il pas dans cette région bénie du Ciel?...

A six heures je suis sur pied. Dès le matin, la journée s'annonce de nouveau brûlante comme hier. Le thermomètre marque 30° centigrades.

Vers neuf heures, nous remontons en *stage* pour Cave-City, et parcourons la même route que nous avions suivie en venant. Nous n'arrivons qu'à midi à destination: mais, cette fois, on ne nous offre plus même à dîner. Nos hôtes craignent sans doute, après leur odieuse cuisine d'hier, de nous soumettre à quelque nouvelle intoxication. Si tel est leur scrupule, ne nous en montrons pas trop formalisés.

Une demi-heure après, départ en chemin de fer pour Louisville. Durant le trajet, une forte pluie d'orage, survenant très à propos, nous permet d'absorber quelques bouffées d'air respirable. Arrivée à trois heures et demie.

Le train pour Saint-Louis ne quitte la gare qu'à huit heures du soir. Nous avons, en conséquence, le temps de visiter la ville.

On retrouve à Louisville les rues en quinconces et les constructions minuscules de toutes les cités américaines d'importance secondaire. Cependant il y a ici plus de cent cinquante mille habitants.

En outre, si dans les très grands centres, et particulièrement dans l'Ouest, les Américains n'ont déjà que trop le genre « petite ville », ils se montrent, dans la métropole du Kentucky, aussi bourgeois qu'on puisse l'imaginer. Toutes les personnes que je croise en parcourant les rues m'examinent positivement comme un phénomène curieux, parce que j'ai eu l'idée, assez baroque, semblerait-il, d'endosser un costume de voyage commode et léger, et non la redingote de drap noir ou le *duster* national. Disons, entre parenthèses, que le duster est un immense sac de toile grise destiné à garantir contre la poussière, et dont tout Américain qui se respecte est inévitablement pourvu. Quant à ma toilette, bien peu voyante pourtant, elle fait littéralement sensation.

Louisville jouit d'une situation des plus favorables, auprès des chutes de l'Ohio, « la belle rivière », comme l'avaient dénommée les premiers explorateurs français. Le commerce y est très actif, tandis que le marché pour le tabac en feuilles passe pour être un des premiers du monde.

Comme monument digne d'être signalé, on n'y remarque absolument que le pont jeté sur l'Ohio pour livrer passage au chemin de fer, et dont nous avons déjà parlé. Bâti sur vingt-quatre piles en pierre, il n'a pas moins de seize cents mètres de longueur et a coûté plus de deux millions de dollars.

En ce qui concerne les chutes et rapides de l'Ohio, ils offrent un aspect fort attrayant, surtout quand les eaux sont basses. Situés entre Louisville et New-Albany, une des villes les plus importantes et les plus coquettes de l'État d'Indiana, ils constituaient jadis un obstacle insurmontable à la navigation, en séparant l'Ohio supérieur de l'Ohio inférieur. Louisville n'a même pas eu d'autre raison d'être dans le principe. Là s'opérait le transbordement des denrées et marchandises venant du Nord ou de l'Ouest et descendant vers la Nouvelle-Orléans. Car l'Ohio a toujours été, par sa direction exceptionnelle, la grande voie commerciale des États-Unis. Aussi, en vue de faciliter, à toutes les époques de l'année, le fonctionnement de la batellerie, a-t-on creusé un canal de deux milles et demi de longueur parallèlement à la rivière.

Cet ouvrage a dû être d'autant plus dispendieux qu'il a été pratiqué en grande partie dans un roc très dur.

Vers six heures, dîner dans un restaurant tenu par un cuisinier qui se dit Français, mais dont les préparations trop savantes n'offrent aucune supériorité sur celles de ses confrères américains. J'avais espéré mieux d'après l'étiquette.

En me rendant à la gare, après cette absorption chimique, je constate avec un certain étonnement que la ville est déjà plongée dans le silence, et même dans l'obscurité. Ce n'est qu'aux abords du principal hôtel de Louisville qu'il existe encore un peu de lumière. Les voyageurs, assis devant la porte, prennent le frais à la mode américaine, c'est-à-dire en présentant aux passants la semelle de leurs bottes. Quelques rares candélabres projettent seuls une lueur quasi blafarde sur le pavé des rues désertes. Il n'est que sept heures pourtant !

Mais, toutes distances gardées, il en est ainsi dans la plupart des villes de l'Union. On n'y vit, en réalité, que pour les affaires. Le jour, les rues foisonnent de monde. Tout y dénote l'activité, l'animation. On court, on s'évertue, on se multiplie. A peine prend-on le temps d'avaler quelque salmigondis au *bar*, pressé de reprendre une course fiévreuse aussitôt le besoin satisfait. Le soir, au contraire, vers quatre, cinq ou six heures, suivant l'importance de la ville, cette chasse au dollar, si chère au cœur américain, s'interrompt soudainement. L'inaction la plus complète succède alors, comme par un coup de baguette, au mouvement effréné. Et, attendu qu'il n'existe guère d'établissement public sortable où l'on aille se délasser des fatigues de la journée, qu'il n'y a pas de salons où l'on puisse se distraire dans la conversation de ses amis, il ne reste plus qu'à rentrer au logis pour se sustenter et prendre son repos.

Telle est la vie du citoyen de la commerçante Amérique. On ne s'y distrait de ses fatigues et de ses préoccupations que par des soins purement matériels. Jamais l'esprit ne sera mis en éveil, pour rompre avec ce piteux terre à terre. Aussi quel prosaïsme dans les rapports communs! On conçoit que, dans un tel milieu, l'imagination la plus échevelée ne songe pas à franchir les limites du *Porck-packing* et du *Virginia's tobacco*.

Il est huit heures quand je monte dans le train qui doit nous ramener à Saint-Louis et d'où je m'élancerai, par le même moyen, vers Kansas-City, Omaha et enfin vers Great-Salt-Lake-City, c'est-à-dire le pays des mormons.

Samedi, 26 août. — Nuit excellente sur la maigre couchette préparée par l'homme de couleur qui dessert le Pullman-car.

La pluie, qui tombait hier à torrents, a rafraîchi l'atmosphère pour tout de bon. Le thermomètre ne marque plus que 28° centigrades.

De retour à Saint-Louis, vers huit heures du matin,

1. SAUT DE L'AMOUREUX. — 2. L'ÉGLISE.
3. LA SALLE DES ÉTOILES. — 4. LA MER MORTE. — 5. COULOIR D'ENTRÉE.
6. UN DES LACS INTÉRIEURS. — 7. LE TOMBEAU DU GÉANT.
(Voy. p. 220 à 222.)

j'y déjeune et me remets en route, à neuf, pour Omaha.

Toute cette journée, passée en chemin de fer, est consacrée soit à transcrire quelques notes laissées en retard, soit à bâcler une demi-douzaine de lettres.

Rien comme un exercice constant pour triompher des obstacles. J'ai positivement acquis, sous le rapport de la calligraphie en chemin de fer, une certaine dextérité. Durant mes voyages antérieurs, grâce à l'exercice journalier, je m'étais fait la main petit à petit. Aujourd'hui je n'écris pas seulement au crayon, mais à l'encre, la majeure portion de mes notes, sans autre pupitre que ma main ouverte, en face même des localités parcourues.

Nous traversons à toute vapeur les régions fertiles et généralement plates qu'arrose le Missouri. Le maïs et les céréales de toutes sortes, le tabac, le chanvre,

Mississipi, y sont encore beaucoup plus nombreux que dans le Père des Eaux.

Vers une heure, à Montgomery, dîner tout à fait passable. Mais il y a plus : à Lexington, gare d'embranchement, où nous parvenons à huit heures du soir, nous bénéficions d'un souper excellent, bien qu'il soit entièrement composé à l'américaine. Sans mentir, après la nourriture grossière à laquelle nous étions réduit depuis tant de jours, ces festins inattendus acquièrent presque l'importance d'un événement.

A onze heures, arrivée à Kansas-City. Nous n'y faisons qu'un arrêt de quelques minutes, bien que cette ville soit l'une des plus importantes de l'État de Missouri.

Kansas-City, en effet, compte plus de cent cinquante mille habitants et passe pour être un centre commercial d'une extrême importance. Les lignes de che-

L'OHIO A LA HAUTEUR DE NEW-ALBANY, PRÈS DE LOUISVILLE (Voy. p. 224).

le lin, y poussent en abondance, sous un ciel très rigoureux en hiver, mais très chaud durant la belle saison. Là aussi, les bêtes à cornes, les porcs, pullulent dans les fermes ou autour des agglomérations. Par intervalles, la vue s'étend sur des espaces sans bornes où paissaient naguère d'innombrables troupeaux de bisons sauvages, devenus aujourd'hui rarissimes.

A la sortie de la station de Dalton, où nous traversons un des affluents les plus importants du Missouri, la voie ferrée accompagne constamment la grande rivière, tout en restant le plus souvent à quelque distance du fond de la vallée. Ce n'est qu'à partir de Kansas-City qu'elle la suivra de plus près, comme si elle en remontait le cours sinueux. Avant l'établissement des chemins de fer, le seul mode de transport de la région consistait dans les services de batellerie établis sur le Missouri, navigation qui n'était pas sans dangers, car les *planters*, ou arbres fichés dans le lit vaseux, et dont nous avons déjà parlé à propos du

mins de fer qui y convergent de tous les points de l'Union, les nombreux et grands steamers qui y arrivent par le Missouri et par la rivière Kansas, à l'embouchure de laquelle elle s'élève et qui est elle-même navigable sur un parcours de deux cents kilomètres, tout contribue à en faire une ville du plus grand avenir, dans l'ordre matériel.

Bien que Kansas-City emprunte son nom à l'État de Kansas, elle fait, comme nous l'avons dit, partie de l'État de Missouri, et, se trouvant à cheval sur les deux territoires, bénéficie de leurs richesses respectives. En outre, elle profite de la constante émigration qui se dirige vers les plaines du Far-West, dont les États de Kansas et de Nebraska constituent la partie centrale. C'est ainsi qu'aux environs d'Atchison, ville distante tout au plus de quatre-vingts kilomètres, sur le Missouri, une nombreuse colonie de Flamands s'est établie depuis un certain nombre d'années. Cette colonie, alimentée par des arrivages successifs, est — j'en parle de science personnelle — fort bien acclimatée et dans un état de prospérité croissante.

Qui nous eût dit autrefois, quand, dans notre prime jeunesse, nous nous délections aux pages grandioses de Chateaubriand, que des compatriotes exploiteraient un jour le sol vierge, fréquenté jadis par les Natchez, où l'illustre écrivain fait éclore les pudiques amours de Chactas et d'Atala ?

Dimanche, 27 août. — Toute la nuit se passe à rouler dans la plus complète obscurité.

Enfin, sur les huit heures et demie du matin, nous entrons en gare d'Omaha. J'y déjeune et vais prendre possession des bagages que j'avais expédiés de Chicago. Parmi les malles, il en est une que les transbordements ont disloquée et que je fais réparer séance tenante, à la volée, par un spécialiste du voisinage. Trois clous : coût, un dollar. C'est pour rien.

Depuis Saint-Louis, nous avons franchi trois ponts gigantesques jetés sur le Missouri. Le dernier de ces viaducs, établi entre Council-Bluffs et Omaha, est assurément le plus long. Il mesure presque le double de celui qui relie les deux rives du Mississipi à Saint-Louis ; cependant il est loin d'en offrir le caractère hardi et monumental. Tandis que ce dernier pont ne porte que sur trois piles, celui d'Omaha en a onze bien comptées.

Du haut de l'immense travée d'où nous dominions tout à l'heure le dangereux cours d'eau du Missouri, nous avons pu voir bon nombre d'îles flottantes emportées au hasard sur les remous limoneux.

EN GARE D'OMAHA

INDIENS ÉPIANT UNE CARAVANE

XIV

LES PRAIRIES ET LES MONTAGNES ROCHEUSES
D'OMAHA A GREAT-SALT-LAKE-CITY

Toujours le dimanche! — Les coffres-forts à horloge. — Sur le grand chemin de fer du Pacifique. — Au pays des miracles. — Une invasion de sauterelles. — La vallée de la Platte. — Convois de pionniers. — Les anciennes messageries. — Une belle soirée. — Plum-Creek. — Férocités indiennes. — En pleines prairies. — Le Roi du Bétail. — Antilopes et bisons. — Savanes en feu. — *Snow-sheds* ou paraneiges. — Cheyenne. — Dans le présent et dans le passé. — Sur les sommets. — Sherman, la station la plus élevée du globe. — Ponts de bois. — Un ménage nomade. — Laramie. — L'eldorado des aventuriers. — Perdus dans le désert. — Green-river. — Coolies chinois. — Les cañons. — Une région accidentée. — *Thousand mile tree.* — La Glissoire et la Porte du Diable. — Dans l'Utah. — Scalpé par les Peaux-Rouges. — Le grand lac Salé et la vallée de Jéricho.

Dimanche, 27 août (suite). — Omaha, localité située à mi-chemin de l'extrême Est et de l'extrême Ouest, forme la tête de ligne de l'*Union and Central Pacific Railroad*. C'est ici que passe tout le mouvement d'émigration se dirigeant vers l'occident. Aussi, en raison de sa position exceptionnelle au point de jonction de douze lignes de chemin de fer très actives, Omaha est-elle forcément appelée à devenir une des cités les plus importantes des États-Unis. Il s'y réalise déjà, du reste, un chiffre d'affaires considérable.

En attendant ce brillant avenir, et bien qu'il ne lui manque ni monuments publics ni grands hôtels, elle n'offre en maints endroits à la curiosité du voyageur que des rues non pavées et des habitations éparses, ce qui la fait ressembler à quelque gros bourg en formation, plutôt qu'à une ville proprement dite. Est-ce, d'ailleurs, l'influence du dimanche qui lui fournit l'aspect morne et inerte que nous constatons aujourd'hui? Il est à supposer que, les jours ouvrables, la population se réveille, ici comme partout, sous l'âpre aiguillon du lucre, sinon nous aurions lieu de penser qu'on y mène une existence purement mystique. En effet, si les rues sont absolument désertes, les églises catholiques regorgent de fidèles, et des temples protestants entr'ouverts s'échappe le murmure harmonieux des orgues et des voix.

Quoi qu'il en soit, le repos dominical est, pour moi, la cause d'une difficulté inattendue. Je croyais avoir droit au transport de deux cent cinquante livres de bagages jusqu'à San-Francisco. Il paraît que je ne puis m'en adjoindre plus de cent, à moins de prendre un billet direct pour le Japon, c'est-à-dire en y comprenant la traversée du Pacifique jusqu'à Yokohama. Or, le profit qui résulte de cette dernière combinaison représente une somme assez ronde, — plus de vingt-cinq dollars. — Me voilà donc obligé, pour faire face à ce surcroît de dépense, de rechercher un banquier qui veuille bien me procurer les fonds nécessaires, aujourd'hui dimanche, en dépit des prescriptions habituelles. Par bonheur, l'un d'eux consent à cette suprême dérogation aux usages ; mais son coffre-fort, compliqué d'un système d'horlogerie très savant, ne peut s'ouvrir qu'à midi juste !

Devant un délai qui entraînerait pour moi la perte d'un jour, je n'aurais plus qu'à me résigner patiemment, quand, sur l'inspection de mes papiers, le banquier se décide à répondre de ma solvabilité auprès de la Compagnie du chemin de fer et à lui faire ac-

cepter comme argent comptant la lettre de change dont je suis porteur.

Dans ce but, nous nous rendons aussitôt au bureau général de l'*Union and Central Pacific*, où se présente une solution nouvelle. Plutôt que d'occasionner pareil embarras au caissier de la Compagnie, probablement peu habitué à enregistrer les voyageurs en destination du Japon, le directeur préfère m'accorder, par tolérance, le transport gratuit de mes excédents de bagages jusqu'à San-Francisco. Une estampille apposée sur mon bulletin me met complètement en règle. Il ne me reste plus qu'à remercier l'obligeant banquier qui a bien voulu m'accompagner partout, et qui a même poussé la condescendance jusqu'à se charger, à la gare, d'accomplir en mon nom toutes les formalités d'usage.

Cet incident, raconté en détail, servira — nous n'en doutons point — à prouver qu'il n'y a pas de règle sans exception. On se rappelle peut-être combien nous avons eu à nous élever parfois, notamment durant notre voyage de Québec à Montréal, contre certains manques d'égards auxquels le voyageur est exposé en ce pays de liberté. Ici, au contraire, non seulement nous trouvons sur notre route l'urbanité la plus parfaite, mais encore des complaisances dont il serait difficile en Europe de rencontrer l'équivalent.

A midi et quart, la cloche de la locomotive s'ébranle et un coup de sifflet strident donne le signal du départ. Les mugissements répétés de la machine mise en mouvement semblent pasticher le cri de Christophe Colomb devenu célèbre : « Vers l'ouest ! vers l'ouest !!! »

Et aussitôt nous voici roulant sur ce prodigieux chemin de fer du Pacifique, si longtemps en projet, construit au prix de tant de peines et considéré, à juste titre peut-être, par les Américains tout au moins, comme la merveille du dix-neuvième siècle. C'est là, en effet, un travail sans précédent, une œuvre de haute conception, le réel objet d'études innombrables et persévérantes, de labeurs inouïs, de difficultés sans nombre vaincues par la patience et l'énergie. Il ne fallait rien moins qu'une race jeune, comme le peuple de ce pays, pour ne point reculer devant les obstacles rencontrés.

Le *Pacific Railway* se divise en deux branches : *Union Pacific*, allant d'Omaha à Ogden, et *Central Pacific*, reliant ce dernier point à San-Francisco.

Quelques données rétrospectives feront mieux apprécier que de pompeuses considérations toute la hardiesse de cet immense projet.

Après maints essais, aussitôt abandonnés qu'ils avaient été conçus, une compagnie régulière parvenait à se constituer à San-Francisco, dans le courant de l'année 1861. Le nom des hommes de science et de dévouement qui osèrent assumer les risques d'une pareille entreprise resteront à jamais gravés au panthéon des illustrations américaines. L'année suivante, le projet fut approuvé par le gouvernement de Washington, et l'on s'occupa tout de suite de réunir les capitaux nécessaires.

Dès 1863, l'organisation de la Compagnie était complète. Elle disposait d'un crédit de cent millions de dollars.

On se mit résolument à l'œuvre. Pourtant, en cette même année 1863, ainsi que pendant les deux suivantes, il ne fut construit, comme longueur de voie, que le modeste parcours de soixante milles, ou près de cent kilomètres. On n'en était encore qu'aux préliminaires, mais ce temps avait suffi pour résoudre tous les problèmes importants que l'exécution du projet soulevait.

Comme les travaux étaient commencés à la fois aux deux extrémités de la future ligne, c'est-à-dire à San-Francisco et à Omaha, il s'établit alors entre les deux groupes de travailleurs une émulation toujours croissante. En 1866, à partir de Fremont, on posa quatre cent vingt kilomètres de rails, et en 1867 un nouveau tronçon de trois cent quatre-vingt-dix kilomètres, comprenant la pente ascendante de Sherman. Enfin, du 1er janvier 1868 au 10 mai 1869, l'on parvint à terminer toute la ligne, en plaçant définitivement les huit cent soixante-dix kilomètres de rails qui restaient.

A ce propos, il est raconté plus d'une anecdote bien topique.

A mesure que l'ouvrage avançait, les encouragements donnés par l'opinion à chaque camp de travailleurs avaient fini par engendrer une véritable rivalité. Toute l'Amérique se déclarait concurremment soit pour le *Central,* soit pour le *Union Pacific.*

Un jour les ouvriers de ce dernier tronçon réussirent à placer neuf kilomètres et demi de rails en douze heures. Aussitôt ceux du premier de se piquer au jeu et d'en parachever onze dans le même espace de temps.

Ne se tenant pas pour battu, le *Union* pousse jusqu'à douze kilomètres. Le *Central* y répond en se faisant fort d'en établir non pas treize, mais seize et demi. Cette prétention parut tellement fanfaronne au directeur de la section adverse, qu'il offrit de parier dix mille dollars contre quiconque s'offrirait à la soutenir. La gageure fut tenue.

On était au 29 avril 1869. Il ne restait plus que vingt kilomètres de rails à mettre en place. Debout dès l'aube, les ouvriers se ruèrent littéralement sur la besogne. Au bout de six heures d'un travail extraordinaire, ils achevaient déjà le douzième kilomètre, et le soir du même jour, en manière d'ironie, ils ajoutaient à la voie près de cent mètres de rails non prévus dans les conditions du défi. On calcula que quarante-quatre mètres de rails avaient dû être posés par minute. Pour attester la solidité de ces travaux

poussés avec un tel mépris du temps, un ingénieur monté sur une locomotive parcourut immédiatement et à toute vitesse la voie improvisée, aux acclamations triomphales des quatre mille ouvriers échelonnés sur son passage.

La réunion des deux branches eut lieu solennellement le 10 mai suivant. Par le fait, la ligne du Pacifique — ce travail à la Samson, comme disent les Américains — avait été conduite à bonne fin dans le court espace de trois ans quatre mois et dix jours, en ne tenant pas compte, naturellement, des essais faits avant 1866. L'achèvement se trouvait donc être en avance de sept années sur l'époque officielle fixée par le Congrès de Washington. Est-il dans l'histoire du monde industriel beaucoup de succès moins contestables ?

Si l'on veut savoir maintenant la quantité des matériaux mis en œuvre, voici quelques chiffres significatifs. On a employé à la construction de la ligne tout entière trois cent mille tonnes de rails, plus de six millions de traverses, dix-huit cent mille éclisses, près de sept millions de boulons et vingt-quatre millions de clous, le reste en proportion. Notons en passant que la plupart de ces matériaux durent être amenés à San-Francisco en passant par le cap Horn, et, de là, dirigés sur les différents ateliers. A un moment donné il y eut jusqu'à trente steamers en route uniquement remplis de ce chargement.

Une véritable armée de travailleurs, évaluée à vingt ou vingt-cinq mille hommes, dut être embauchée sur tous les points du territoire. Maintes fois, nombre d'entre eux coururent le danger d'être tués par les Indiens forcés dans leurs derniers retranchements. On cite plusieurs cas de pauvres diables tombés dans les embuscades. Souvent le travail ne fut possible que derrière un fort détachement de soldats.

Quant aux difficultés, prévues ou non, provenant de la configuration du terrain, elles furent innombrables. On s'en fera une idée par ce fait que les premiers cent cinquante kilomètres de voie offrent, à eux seuls, une rampe s'élevant à plus de deux mille mètres. A l'altitude de quinze à seize cents mètres, on atteignit la ligne des neiges, et il fallut construire de longues galeries de bois, appelées *snow-sheds* ou paraneiges, pour mettre la route à l'abri des avalanches. Mais ni montagnes, ni vallées, ni fleuves, ni torrents, rien n'arrêta l'essor une fois donné, et, comme nous l'avons dit, ce fut en moins de trois ans et demi que l'on parvint à construire un chemin de

fer long de sept cent quinze lieues, soit deux fois et demie la distance de Calais à Marseille.

Et pourtant, aucune entreprise ne fut plus attaquée, plus dénigrée, plus conspuée ! Tantôt on la qualifiait d'impossible et de folle, dans les assemblées publiques, dans les journaux, dans l'entourage même des actionnaires intéressés ; tantôt on accusait les fondateurs de l'œuvre de conduire ces derniers à une ruine certaine. Les gorges profondes de la Sierra Nevada surtout étaient l'objet des inquiétudes générales. On les prétendait inaccessibles. Il a fallu vraiment aux promoteurs de l'entreprise une foi inébranlable dans l'avenir, pour ne pas se laisser décourager par l'opposition qui se faisait jour partout, jusqu'en plein Congrès. Bien que l'optimisme soit de tout point dans la race, le peuple américain ne pouvait se décider à croire au succès. Aussi, la réaction qui s'opéra dans les esprits, au lendemain de la victoire, se traduisit-elle par une explosion d'enthousiasme comme on n'en voit que dans cet étonnant pays.

INTÉRIEUR D'UN PARANEIGE (Voy. p. 232.)

Avant d'arriver à Omaha, nous avions traversé une vaste région régulièrement exposée aux invasions de sauterelles. Les champs de maïs venaient d'y être complètement dévastés. Il y a cinq ans, le même fléau s'était abattu sur la contrée et avait causé des ravages considérables.

A présent, des nuées de ces terribles insectes semblent nous accompagner. Les voitures de notre train en sont pleines. Pour ma part, j'en suis littéralement couvert. Ces orthoptères d'une espèce toute particulière ressemblent assez à nos vulgaires cigales. Elles sont un peu plus petites, moins vertes, et voilà tout. Leurs ailes sont quasi blanches. Le prodigieux rassemblement qu'elles forment autour de nous donne l'idée d'un nuage obscurcissant le ciel bien au delà de la ville que nous venons de quitter.

Une heure à peu près s'est écoulée depuis notre départ. Nous entrons, maintenant, dans une plaine immense où le regard s'étend à perte de vue sur de hautes herbes dissimulant presqu'en entier les bœufs

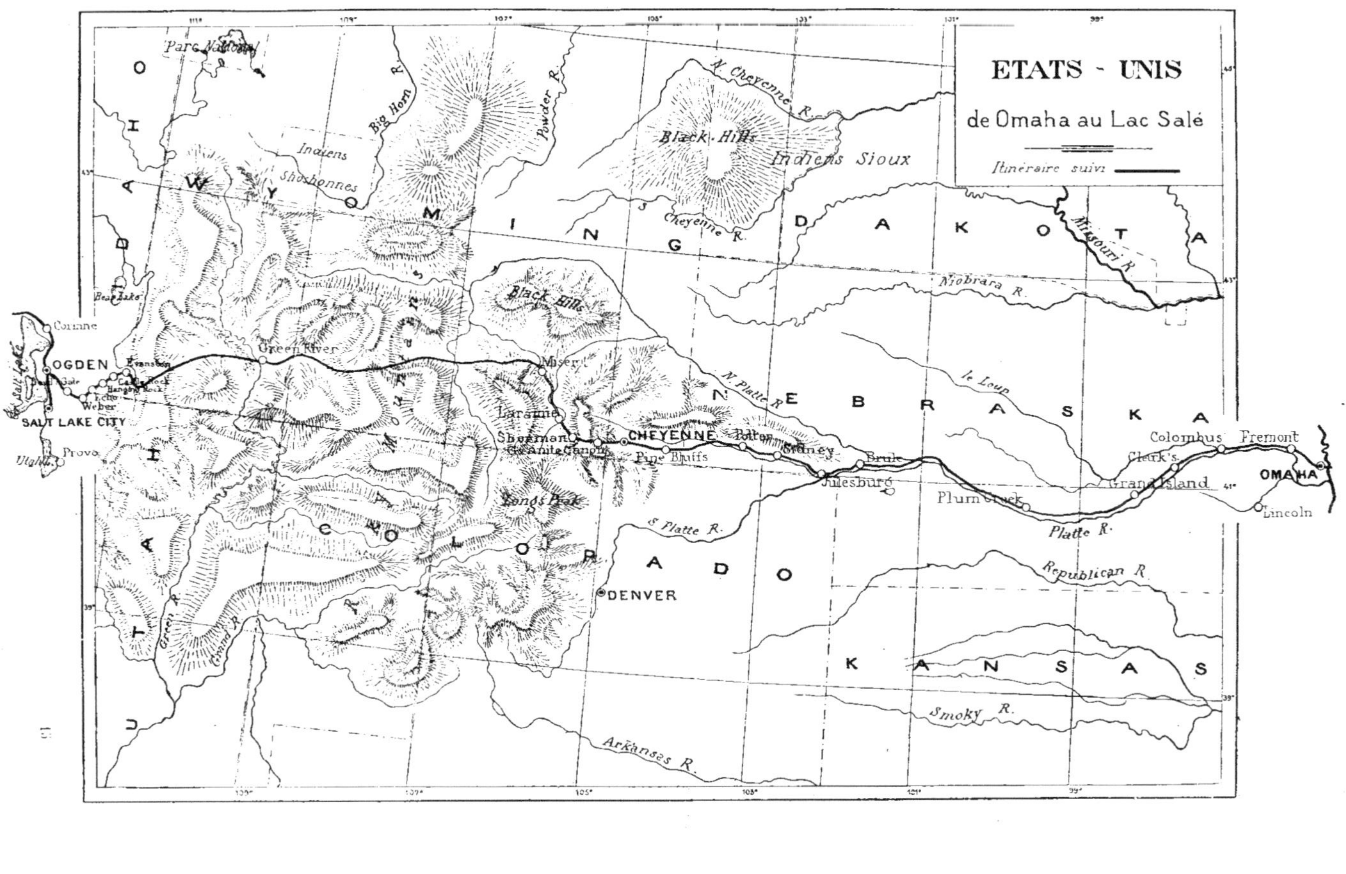

ETATS - UNIS
de Omaha au Lac Salé
Itinéraire suivi
Parc National
Big Horn R.
Powder R.
N. Cheyenne R.
Black Hills
Indiens Sioux
Cheyenne R.
D A K O T A
Missouri R.
Niobrara R.
Indiens Shoshonnes
O
W Y O M I N G
Black Hills
Green River
Miser
N. Platte R.
N E B R A S K A
le Loup
Corinne
OGDEN
Evanston
Salt
Castle Rock
Hanging Rock
Echo
Weber
SALT LAKE CITY
Utah L.
Provo
Laramie
Sherman
Granite Cañon
Pine Bluffs
CHEYENNE
Pôle Cr.
Sidney
Brule
Colombus
Clark's
Grand Island
Fremont
OMAHA
Lincoln
Long's Peak
S. Platte R.
Julesburg
Plum Creek
Platte R.
DENVER
C O L O R A D O
Republican R.
Green R.
Grand R.
U T A H
K A N S A S
Smoky R.
Arkansas R.

qui y paissent tranquillement. Pas un arbre à vingt lieues à la ronde, pas un simple monticule à l'horizon. Nous sommes dans la vallée de la Platte. Le chemin de fer s'y développe sur une étendue de cent cinquante lieues. Le vent, ne rencontrant aucun obstacle, vient nous frapper au visage comme si nous naviguions en pleine mer.

De temps à autre nous croisons des troupeaux de bœufs et de chevaux gardés par des cavaliers armés. On aperçoit aussi quelques chariots recouverts de bâches en toile blanche. Avant l'établissement du chemin de fer, les caravanes de pionniers et de voyageurs n'avaient pas d'autre mode de transport à leur disposition.

C'est par cette même plaine que passaient autrefois les intrépides messagers connus sous le nom d'*Overland pony Express*. Le service en avait été organisé en 1860, conformément à un contrat signé par le gouvernement. On leur confiait l'échange des correspondances entre le point extrême des anciennes lignes ferrées et les ports de l'océan Pacifique. Ces cavaliers, choisis parmi les plus

vigoureux trappeurs, franchissaient, sur leurs petits chevaux de race étrangère croisés de poney indien, l'énorme distance de six cent cinquante lieues dans l'espace de deux cent quarante heures. Vu les dangers de toutes sortes auxquels ils étaient exposés, y compris les attaques des Peaux-Rouges, ils recevaient individuellement un salaire de douze cents dollars par mois. La Compagnie ne fut dissoute qu'en 1872, lors de l'installation des lignes télégraphiques.

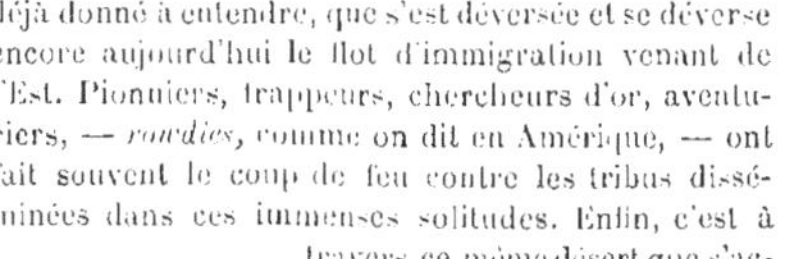

déjà donné à entendre, que s'est déversée et se déverse encore aujourd'hui le flot d'immigration venant de l'Est. Pionniers, trappeurs, chercheurs d'or, aventuriers, — *rowdies*, comme on dit en Amérique, — ont fait souvent le coup de feu contre les tribus disséminées dans ces immenses solitudes. Enfin, c'est à travers ce même désert que s'accomplit le long exode des Mormons, sous la conduite d'un nouveau Moïse.

Les stations, placées arbitrairement le long de la ligne, sont assez nombreuses. Plusieurs d'entre elles sont déjà devenues de petits centres autour desquels rayonnent quelques fermes, embryons de futures agglomérations. Sur tout le parcours du chemin de fer, en effet, les compagnies concessionnaires possèdent, en raison de leurs contrats, de chaque côté de la voie, une bande de terrain ayant une largeur de vingt milles, ou trente-deux kilomètres. Elles revendent journellement ces terres à des particuliers au prix de trois à dix dollars l'acre, soit à peu près le demi-hectare. Les nouveaux colons trouvent d'ailleurs un grand avantage à s'établir à proximité d'une route ferrée. Malheureusement les attaques incessantes des Indiens rendent encore fort difficile sur certains points toute tentative sérieuse de colonisation.

Trois milles au delà de Colombus, nous traversons un affluent de la Platte nommé « le Loup », au nord duquel s'étend le territoire assigné aux Indiens Pawnees. Jusqu'en ces dernières années, les femmes de cette tribu s'employaient exclusivement au tannage des cuirs de buffle, industrie qu'elles exerçaient

UNE CARAVANE DANS LA VALLÉE DE LA PLATTE (Voy. p. 239).

Quant au service des messageries fait par l'*Overland mail Company*, il continua de fonctionner jusqu'à l'établissement du chemin de fer.

C'est également de ce côté, comme nous l'avons

sous la direction d'ouvriers américains. Quant aux hommes, on sait qu'ils considèrent tout travail manuel comme au-dessous de leur dignité. Ils ne s'adonnent qu'à la chasse, à la pêche, et plus particulièrement au brigandage. Toutefois, les Pawnees n'ont pas trouvé fructueux de prolonger leur séjour dans ces régions. Retirés aujourd'hui sur le territoire absolument indien, ils y jouissent d'une liberté d'allures qui s'accorde mieux avec leurs goûts.

Bientôt nous dépassons Clark. Cette agglomération doit son nom à l'aimable et facétieux *Super Intendant* que nous avons rencontré dans notre trajet de Québec à Montréal. Clark est déjà en voie de prospérité ; on l'appelle également Clark's Station ou Clark's Ville. Puisse-t-elle justifier prochainement ce dernier titre !

A huit heures, arrêt à Grand-Island. Un nègre, frappant à tour de bras sur un gong et produisant un grondement formidable, nous avertit céans qu'il est temps de nous attabler, pour souper. Tel est le mode usité en Amérique, soit aux gares de chemin de fer, soit sur les bateaux à vapeur, soit même dans les simples hôtels. Le festin auquel on nous convie si bruyamment se compose de bœuf coriace, je devrais dire de buffle, de viande de porc abondamment salée, et, enfin,... d'un œuf sur le plat. Ainsi qu'on le voit, c'est un menu de campagne.

Peu après cette débauche, nous remontons en voiture. Je vais du même pas achever mon cigare sur la plateforme placée à l'arrière de la mienne, laquelle se trouve être la dernière du train. La soirée est superbe, l'air embaumé et élastique. Dans le lointain, en revanche, des éclairs de chaleur rayent sans discontinuer la voûte du ciel assombrie, tandis qu'à l'horizon sans bornes des vapeurs rouges, dont j'attribue la cause aux feux de quelque campement, s'élèvent vers la nue en semblant lui porter un défi.

Vers onze heures, nous atteignons Plum-Creek, lieu devenu tristement célèbre à la suite des fréquentes attaques d'Indiens dont il a été le théâtre.

C'est à quatre milles environ de cette station que, peu de temps après l'achèvement de la ligne, eut lieu l'un des nombreux épisodes qui ensanglantèrent une région naguère habitée uniquement par des tribus sauvages.

On était à l'heure précise où notre train franchit en sens contraire une large ravine sur laquelle un pont

a été jeté. Des Indiens pillards avaient imaginé d'enlever en partie les traverses supportant les rails, afin de provoquer une catastrophe dont ils pussent faire leur profit. Bientôt, en effet, un wagonnet précédant en éclaireur le convoi journalier roula dans l'abîme. Les hommes qui le montaient furent écrasés ou grièvement blessés. Deux d'entre eux, cependant, les moins maltraités, essayèrent de se dérober par la fuite au supplice du scalpe qui les attendait infailliblement. Mais les Indiens réussirent à s'emparer du moins agile, tandis que son compagnon parvenait à se cacher dans les hautes herbes. Renversé par terre, le captif — c'est lui qui le raconta plus tard — sentit le couteau décrire autour de sa tête un cercle de feu. Déjà il avait fait le sacrifice de sa vie, lorsque la douleur atroce causée par l'enlèvement du cuir chevelu lui rendit subitement, avec l'instinct de la résistance, des forces dont il ne se serait pas cru capable. Il bondit sur les pieds, se jette sur l'Indien qui s'en allait agitant dans les airs son abominable trophée, le lui ravit et, poussant un cri de triomphe, s'enfuit aussitôt, perdu dans l'obscurité croissante. Il survécut à cette terrible mutilation. On pouvait encore le voir à Omaha, il y a quelques mois, remplissant auprès de la Compagnie du Pacifique les attributions qui lui étaient spéciales.

TRANCHÉE DANS LES MONTAGNES ROCHEUSES

Mais les sauvages avaient compté sans la prudence inhérente aux hommes civilisés. Un train de marchandises précédait encore le train des voyageurs, en sorte que la catastrophe sanglante, attendue avec une impatience féroce par ce ramassis de pillards, porta presque uniquement sur des dégâts matériels, l'incendie du convoi et la dilapidation des marchandises transportées. Le conducteur du train, échappé heureusement à la mort, put faire à temps les signaux convenus et prévenir ainsi un carnage épouvantable.

Il importait que la répression fût prompte et complète. Dès le lendemain, le major North, soldat expérimenté, fort au courant des ruses indiennes, se présentait sur le lieu de la catastrophe. Sur les indications fournies par la tribu des Pawnees, alliée aux blancs, il ne tardait pas à découvrir que le coup avait été fait par des guerriers cheyennes, sous les ordres de leur chef Turkey-Leg ou Patte-de-Dindon. Son plan de campagne fut aussitôt dressé. Il résolut d'opposer aux Indiens rebelles les Indiens alliés. Il arma donc les Pawnees, ses auxiliaires, et attendit patiemment qu'une embuscade les mit en face de leurs ennemis.

Ce ne fut qu'au bout d'une dizaine de jours qu'on en vint aux mains. L'affaire fut chaude. Grâce à leur armement, une cinquantaine de Pawnees, commandés par des officiers américains, battirent complètement la bande de Turkey-Leg, au nombre de cent cinquante hommes.

Mais la victoire fut accompagnée des horreurs habituelles à ces combats entre sauvages. Les Cheyen-

Vers cinq heures du matin, nous dépassons Brule, localité ainsi dénommée parce qu'elle fut habitée jadis par les Brule-Sioux, dont la puissante tribu pouvait, à elle seule, mettre en ligne dix mille guerriers exercés.

Chemin faisant, j'admire le lever du soleil sur l'océan de prairies que nous traversons à toute vapeur. Quel spectacle grandiose et simple à la fois! On se croirait en plein Atlantique.

Pourtant, le sol devient de plus en plus aride. Tout autour de l'immense horizon, rien, pas même une ferme, une station quelconque, ne semble trahir la vie. Ce n'est partout que solitude et désolation. Aux hautes herbes d'hier, en effet, ont succédé des terrains incultes recouverts d'un gazon ras et desséché. Ces

VINGT MINUTES D'ARRÊT!... (Voy. p. 236.)

nes, poursuivis jusque dans les montagnes par les Pawnees abandonnés aux instincts cruels de la race commune, furent pris et scalpés. Et tandis que les officiers américains étaient restés au camp avec une compagnie de soldats réguliers, leurs barbares auxiliaires consacraient toute la nuit à la danse furieuse du scalpe.

Dans la rencontre, le neveu même de Turkey-Leg avait été fait prisonnier. A la suite d'un arrangement qui intervint quelque temps après, il fut échangé, ainsi qu'une femme emmenée en captivité, contre six otages blancs retenus indûment par les Cheyennes.

Ces derniers détails me sont communiqués par un voyageur prétendant avoir été mêlé lui-même aux événements que nous venons de raconter.

Lundi, 28 *août*. — Beau temps (th. + 23° cent.).

herbages brûlés, épandus sur des milliers d'hectares, constitueraient à coup sûr le plus riche pâturage du monde entier s'il était entretenu par la main de l'homme. On les désigne sous le nom de *Buffalo-grass*. L'État de Nebraska est, d'ailleurs, renommé par ses variétés de graminées. La seule vallée de la Platte n'en renferme pas moins de cent cinquante espèces, toutes originaires du sol même.

Il est six heures quand nous stoppons à Julesburg. Au delà de la gare, à deux ou trois milles, on aperçoit le fort Sedgwick, actuellement abandonné. Julesburg et les environs ont été autrefois le théâtre de fréquentes rencontres entre blancs et Indiens.

La ligne du Pacifique, à cet endroit précis, sert, en quelque sorte, de limite au domaine d'un particulier nommé Iliff, qu'on a surnommé « le Roi du Bétail », et dont les possessions, coupées de nombreux cours d'eau et divisées en sections, occupent, dans le Colorado, une étendue de pays de deux cents milles de longueur. Ce nouveau marquis de Carabas est propriétaire de près de trente mille bêtes à cornes paissant toute l'an-

tail se trouve donc pouvoir réaliser, de ce chef, en une seule année, la jolie somme de cent soixante mille dollars.

A huit heures, déjeuner à Sidney. Devant la gare

DALE-CREEK-BRIDGE (Voy. p. 244).

née dans les plaines. Pendant les hivers même les plus rigoureux, les pertes y sont peu considérables. Une quinzaine d'hommes suffisent à la garde des troupeaux, et au printemps, lors des *round-ups*, ou rassemblements, il n'en faut guère qu'une quarantaine. Tout ce bétail, complété par de nombreux achats faits chaque année au Texas ou dans le nord-ouest des États-Unis, a été sensiblement amélioré par l'introduction de taureaux Durham.

Bon an, mal an, le nombre de veaux s'élève à en-

est exposée une tête de buffle empaillée. On en demande la bagatelle de vingt dollars. Deux petits chiens sauvages sont également offerts en vente. Ils ressemblent à des écureuils de haute taille. Le pays en pullule. En ce qui concerne les buffles, — bisons ou buffalos, comme on les appelle en Amérique, du nom qui leur avait été donné par les Espagnols, — il n'en reste presque plus dans la contrée. Bien que ces animaux à l'aspect farouche se retrouvent encore à l'état de troupeaux indépendants dans la région

ANTILOPES SURPRISES PAR LE TRAIN (Voy. p. 239).

viron cinq mille. M. Hill vend à peu près la même quantité de taureaux de trois à quatre ans et de vaches grasses, l'un dans l'autre, à trente-deux dollars net et par tête. Le *Cattle King* ou Roi du Bé-

des prairies, ils sont de jour en jour et davantage refoulés vers les terrains montagneux et peu explorés qui en forment les limites à l'ouest. En revanche, l'antilope est moins rare, et on en rencontre souvent le long de la voie ferrée. Ainsi, à quelques kilomètres de Sidney, en avons-nous vu toute une bande surprise par le train et galopant follement en avant de la locomotive.

Voici quelques soldats! — La plupart des stations sont favorisées de petites garnisons chargées de veiller à la sûreté de la route et des agglomérations desservies.

A partir de Sidney, le pays devient rocailleux et même accidenté. Ce sont les premières rampes des Montagnes Rocheuses, la fameuse chaîne centrale des États-Unis, au cœur de laquelle nous allons pénétrer.

prendre la peine de se déranger. Les lapins sauvages me paraissent faire preuve d'une égale audace. Ils abondent, ainsi que les petits chiens de prairies dont nous avons parlé tout à l'heure. Au loin, trois ou quatre buffles promènent mélancoliquement leur masse indolente. Toutefois, dans ces régions désormais conquises à la vapeur et au peuplement, les buffalos ou bisons deviennent de plus en plus rares, ce qui n'empêche pas la route où nous avançons avec effort d'être jalonnée d'ossements, de cornes et de lambeaux de chair à moitié dévorés par les oiseaux de proie. A côté de la voie j'avise également des cadavres d'antilopes affreusement déchiquetés.

LA DANSE DU SCALPE (Voy. p. 237).

Passé la gare de Potter, située à près de huit cents mètres au-dessus d'Omaha, et où l'on arrive par une pente relativement douce, nous laissons derrière nous une longue caravane ne comptant pas moins de quinze chariots traînés chacun par douze bœufs. Des bêtes de rechange suivent ce convoi interminable. Tout à côté s'en vont pédestrement des hommes armés, portant le *rifle* en bandoulière. Il n'est pas rare, d'ailleurs, que nous rencontrions de ces troupes nomades suivant une route parallèle à la nôtre. Parfois aussi nous apercevons quelque voyageur à cheval, ou des piétons portant leur mince bagage sur le dos.

Les antilopes ont reparu. A plusieurs reprises ces gracieuses habitantes de la plaine se tiennent sur notre passage et nous regardent curieusement, sans

Les uns et les autres ont été victimes de leur trop grande confiance et écrasés par les trains qui circulent pendant la nuit, car le jour on chasse ces obstacles mouvants à coups de sifflet. A plusieurs reprises nous sommes arrêtés par des buffles qui persistent à ne point nous céder le pas. Serait-ce un motif d'humanité qui fait agir ainsi les machinistes? Il faut le croire, puisque nos locomotives sont munies, en tête, d'une solide armature de forme triangulaire, destinée à écarter de la voie les objets de toute espèce.

Alors que, en raison des ondulations du terrain, nous pensions déjà entrer dans le massif montagneux, je constate que le sol a tout à coup repris son aspect primitif. Il ressemble de nouveau à quelque océan de verdure, entrecoupé de taches brunes et noires marquant la place où les prairies ont pris feu.

Le spectacle terrifiant de ces prairies enflammées se voit encore assez fréquemment dans la contrée. Dès que le soleil d'été a desséché les herbes, l'incendie s'y communique, soit des étincelles vomies par les locomotives, soit des foyers allumés par les caravanes et dispersés par le vent. Quelquefois le feu, activé par une bourrasque, se propage avec une vitesse de plus de trente kilomètres à l'heure, et les flammes atteignent jusqu'à dix mètres d'élévation. Ces sinistres, comme on le pense bien, sont la terreur permanente des fermiers. Le seul moyen qu'ils aient d'en défendre leurs habitations, consiste à entourer celles-ci de larges fossés, ou bien à détruire, eux-mêmes et d'avance, tout ce qui pourrait offrir un élément au fléau destructeur.

N'était-ce point un de ces embrasements que j'avais tentative de train express, en faveur d'une troupe de comédiens se rendant à San-Francisco pour y donner des représentations. Cet express avait fourni la traite en quatre jours et en trois nuits, c'est-à-dire en quatre-vingt-quatre heures. Ce n'est encore, comme on le voit, qu'une moyenne de quarante milles ou soixante-sept kilomètres à l'heure.

A Pine-Bluff, nous quittons l'État de Nebraska pour entrer dans celui de Wyoming. Déjà les hautes cimes apparaissent de toutes parts. Le Long's Peak, colosse de quatre mille trois cent cinquante mètres d'élévation, dresse au loin, à gauche, sa tête chargée de frimas. Vers la droite, au contraire, une sombre ligne de hauteurs signale les premiers contreforts des Black-Hills.

Auprès de Cheyenne se présente le premier *snowshed,* ou paraneige. C'est, ainsi que nous l'avons dit plus haut, une façon de galerie en bois de charpente

UN CAMPEMENT D'ÉMIGRANTS

pris, hier au soir, pour les lueurs d'une vaste caravane préparant son frugal repas?

Mais voici la montée qui s'accentue. Deux locomotives puissantes sont attelées à notre train. Elles halettent, essoufflées, cheminant avec lenteur.

En général, du reste, confessons que nous ne dévorons pas la route. C'est à peine si, depuis notre départ d'Omaha, nous avons fait de vingt à vingt-cinq milles à l'heure, soit, au maximum, quarante kilomètres. Si nous marchions plus rapidement, la voie serait bien vite endommagée, car les rails sont simplement fixés sur les traverses au moyen de deux ou trois gros clous. Quant au ballast, il n'en est même pas question; celui-ci est parfaitement inconnu sur les chemins de fer américains. Aussi, malgré la vitesse des trains entre New-York et Omaha, n'arrive-t-on à San-Francisco qu'après sept jours pleins et autant de nuits passées en wagon, bien que la distance totale n'excède pas trois mille cinq cents milles, soit un peu plus de cinq mille cinq cents kilomètres.

Il y a une couple de mois, la Compagnie a fait une destiné à prévenir la chute des avalanches sur le parcours de la voie. Tout en même temps on a eu soin d'établir parallèlement aux rails une succession d'estacades contre lesquelles viennent s'amonceler les neiges chassées par le vent du nord. A mesure que nous avançons maintenant, les galeries de bois deviennent de plus en plus rapprochées, de plus en plus considérables.

Vers une heure et demie, nous faisons halte à Cheyenne pour dîner. Le repas, coté, comme partout le long du chemin de fer du Pacifique, au prix invariable de un dollar, est fort présentable. On nous y sert un morceau d'antilope que je déclare excellent. Tout nous rappelle, d'ailleurs, que nous sommes en plein pays de gros gibier. La salle est ornée de têtes de gazelles, de daims, d'élans et de buffles.

La ville de Cheyenne — je ne saurais dire pourquoi — s'est octroyé le titre, légèrement prétentieux, de « Magique Cité des Plaines ». Il est vrai de dire qu'elle est la capitale du Wyoming et un des centres

GREEN-RIVER (Voy. p. 246).

les plus importants entre Omaha et Salt-Lake-City, bien qu'elle compte à peine cinq mille habitants.

Plus peuplée en 1868, époque à laquelle la gare servait de terminus à la ligne encore inachevée, elle était l'habitacle des plus dangereux aventuriers que l'Ouest renfermât, et elle a fourni, comme tant d'autres cités naissantes, un exemple de la manière dont l'ordre social s'impose aux milieux les plus isolés et les moins susceptibles d'organisation.

Il y avait là des gens de tout acabit, logés, la plu-

les plus expéditives. La tranquillité se rétablit insensiblement.

Aujourd'hui Cheyenne est moralement placée au même niveau que les autres cités de l'Union.

Aux abords de la gare, on m'offre en vente quelques pierres précieuses, car les environs abondent en agates, topazes, grenats, opales, améthystes, onyx et congénères. Dans la ville même, et tout près du chemin de fer, il existe un atelier uniquement affecté à la taille et au polissage de ces jolis minéraux.

TROUPEAU DE BISONS (Voy. p. 238).

part du temps, dans de simples trous pratiqués dans le sol et s'adonnant à la fois au jeu, à la boisson, au vol, à l'assassinat. Comme en toute ville de formation récente, les citoyens paisibles durent prendre eux-mêmes l'initiative de la répression, et cette dernière devint terrible à son tour. Il semble, en effet, que l'excès des débordements provoque, même chez les pires aventuriers, le besoin de l'ordre trop longtemps négligé. La longue impunité dont ont joui les plus coupables engendre chez le restant de la population une véritable soif de représailles juridiques. Un comité de surveillance s'organisa donc, et la loi de Lynch fut, un beau jour, appliquée sous ses formes

A peine remontés en car, nous distinguons sur la droite, dans le lointain, un ouvrage défensif. C'est le fort Russel, où se tient la garnison chargée de faire, à l'occasion, tête aux Indiens.

L'air est devenu plus vif, mais le thermomètre marque encore 28° centigrades. Renseignements pris, nous nous trouvons en ce moment à une altitude de près de deux mille mètres au-dessus du niveau de la mer. La rampe est dressée d'après une inclinaison de vingt à vingt-cinq mètres par mille.

A Granite-cañon, d'immenses tranchées ont été pratiquées dans le roc. Une seconde machine vient encore une fois remorquer notre train.

En avançant vers Sherman, le terrain emprunte un nouvel aspect.

C'est désormais la maigre végétation qu'on voit à la limite des neiges éternelles. Par-ci, par-là, un sapin fluet étend ses branches rabougries. Au loin, des montagnes innombrables s'estompent à l'infini comme des nuages pressés contre le sol.

En reportant mes yeux vers la droite, je découvre les masses imposantes des Skull-Rocks, amas granitiques, arrondis comme presque tous les rochers des Black Hills, ou Montagnes Noires, dont nous opérons en ce moment l'ascension.

Le sol sur lequel nous roulons accuse une teinte rougeâtre et semble devoir contenir en quantité du fer et de la houille.

Enfin, après avoir encore traversé de nombreuses galeries de bois, nous atteignons Sherman, la station de chemin de fer la plus élevée au-dessus du niveau de l'Océan dans le monde entier. Elle se trouve à l'altitude de huit mille deux cent trente-cinq pieds, soit plus de deux mille cinq cents mètres.

De jeunes employés du télégraphe font aussitôt irruption dans nos voitures pour nous engager à expédier à nos amis et connaissances des télégrammes témoignant de notre intrépidité. Point n'est besoin de tant nous congratuler. Depuis Cheyenne, le train a bien accompli une montée qu'on estime à huit cents mètres, sur la distance d'une dizaine de lieues; mais ce sont les machines qui ont eu des poumons pour nous.

Nombre de voyageurs descendent à la station de Sherman. Après avoir examiné des fragments de quartz exposés, renfermant de l'or et de l'argent et recueillis dans les environs, ils s'en vont aussitôt au *bar* ingurgiter un grand verre de whiskey. De fait,

ROCK-SPRINGS (Voy. p. 240).

l'abaissement réel de la température semblerait motiver l'absorption d'un tel cordial.

En quittant Sherman, on commence à redescendre le versant par une pente rapide, tout en longeant des brèches et des tranchées pratiquées dans des massifs de terrain granitique affectant une couleur rouge prononcée. Le sol est, en effet, coupé de monticules et de ravins.

En moins de rien nous parvenons à Dale-Creek-bridge, long pont en charpente, d'une légèreté inouïe, jeté au-dessus d'une gorge profonde au bas de laquelle serpente un petit cours d'eau. Cet ouvrage, plein de hardiesse, ne mesure pas moins de deux cents mètres de longueur sur une quarantaine d'élévation. Au passage de nos lourdes voitures, tout l'assemblage craque et semble prêt à se disjoindre. L'élasticité peu rassurante de ces sortes de viaducs à claire-voie est de nature à émouvoir quiconque n'est pas accoutumé aux chemins de fer américains. On frémit quand on songe qu'à défaut du vent, dont l'haleine fait déjà vaciller l'aérienne construction, une simple cheville venant à manquer suffirait peut-être pour en déterminer l'écroulement.

Un peu plus loin, nous dépassons un train d'émigrants garé à l'une des bifurcations de la route, car, ainsi que beaucoup d'autres chemins de fer d'Amérique, l'*Union Pacific Railroad* ne possède qu'une seule voie avec garages. Par suite de la lenteur de ces convois spéciaux d'émigrants et des nombreux arrêts auxquels ils sont soumis, ils ne mettent pas moins de neuf jours à franchir la distance d'Omaha à San-Francisco. Les trains ordinaires font ce trajet en moins de cinq jours.

Il ne faut pas croire que dans les Pullman-cars il

n'y ait que des voyageurs absolument *selected*. Nous avons déjà eu l'occasion d'en faire la remarque aux environs de Chicago. Pour le moment nous avons la malchance de compter dans notre voiture, depuis Omaha, une femme de condition tout à fait inférieure,

Ce sont, pour la plupart, de robustes gars, à mine patibulaire, aux yeux brillants et effrontés. Leurs membres vigoureusement musclés, leur voix sonore et mordante, la décision dont est empreint le moindre de leurs mouvements, décèlent en eux l'aventurier

LES MONTAGNES NOIRES, PRÈS DE SHERMAN (Voy. p. 211).

ce dont nous n'aurions pas lieu de nous plaindre si elle n'était chargée de trois ou quatre marmots insupportables. Ces petits malheureux n'ont fait que piailler tout le trajet durant. Pour les apaiser, la mère ne trouve rien de mieux que de les promener de long en large, en les balançant dans ses bras, de les changer de linge et de les nettoyer tour à tour. Rien de plus maternel évidemment, mais aussi rien de moins récréatif. Abusant d'ailleurs du droit suprême accordé à sa haute fonction de nourrice, elle vaque naïvement à tous les soins de son petit ménage ambulant, faisant elle-même sa cuisine, sans plus se soucier des autres voyageurs que s'ils n'existaient pas. Notre unique ressource, à ceux-ci comme à moi, est de lui laisser le champ libre et d'aller passer la journée dans le fumoir ou dans le *car* avoisinant.

Vers cinq heures, arrêt à Laramie, où l'on soupe. Ce repas, beaucoup trop rapproché du précédent et auquel je ne participe que pour la forme, me laisse tout loisir pour examiner mes compagnons de voyage, assis sans façon le long des trottoirs de la station.

peu soucieux des obstacles. Il faut être, en effet, taillé sur un certain patron pour s'exposer de gaieté de cœur aux dangers de toute nature réservés ici aux faibles comme aux imprudents. Seul, celui-là qui n'a point de scrupules est en mesure de croire à quelque sécurité. La justice n'existe, pour ainsi dire, qu'à titre nominal dans la région environnante. La loi de Lynch y est encore en honneur. Cependant, au fur et à mesure des progrès de la colonisation, la surveillance administrative étend ses bienfaits, et les cas d'exécutions sommaires deviennent plus rares. Mais il faudra longtemps, sans doute, avant que l'on puisse réprimer complètement l'audace des nombreux bandits cantonnés à ces hauteurs.

Laramie était, il y a peu d'années encore, l'un des principaux théâtres de leurs exploits quotidiens. De même qu'à Cheyenne, l'ordre a été enfin établi, et les propriétés ainsi que les personnes s'y trouvent dorénavant hors d'atteinte. Située non loin de la partie des Black Hills dépendante de l'État de Wyoming, la localité offre aux amateurs des chasses merveilleuses où l'on rencontre l'ours et, parfois même, le lion des montagnes.

LA GLISSOIRE DU DIABLE, DANS WEBER-CAÑON (Voy. p. 249).

Le soir est venu. Autour de nous, beaucoup d'antilopes s'aventurent près de la voie. Les lapins sauvages grouillent, littéralement. On tire sur les tas, du wagon à bagages, et l'une des voyageuses de notre compartiment décharge même, sans se gêner, les six coups de son revolver. Tout est permis en cet excellent pays.

Nous traversons maintenant une vallée sillonnée de ruisseaux dont les ondes alcalines teignent les rives d'un résidu blanchâtre. On sent que la soude imprègne le terrain et le rend de plus en plus aride.

De distance en distance, quelques petites stations apparaissent perdues dans le désert. L'une d'elles porte le nom de Miser. Voilà un titre bien appliqué à cette nature inculte et réfractaire. Quelques hommes, chargés de surveiller le chemin, vivent là, presque sans communication aucune avec le restant des mortels.

Mardi, 29 août. — Nuit excellente. Je m'éveille avant le lever du soleil. Le temps est beau; le thermomètre marque 16° centigrades.

Les nourrissons d'Omaha, dont les vagissements nocturnes n'ont pu troubler mon repos, sont déjà debout quand j'apparais. Ils me font l'effet d'être de meilleure humeur qu'hier. Dois-je croire qu'ils s'habituent à cette vie de locomotion?

Station quelque peu prolongée à Rock-Springs. C'est le lieu d'où l'on extrait toute la houille consommée par le chemin de fer du Pacifique, en dehors des montagnes de bois abattues pour cet usage.

Vers six heures et demie, nous déjeunons à Green-River, localité traversée par le cours d'eau qui porte ce nom, et qui prend sa source au nord, tout près des réserves affectées aux Indiens Shoshones, pour aller se jeter bien loin, vers le sud, dans le Colorado.

Le service y est fait par des Chinois. Beaucoup d'enfants du Céleste Empire, séduits par les ressources de toute espèce que leur offre l'Amérique, sont venus s'établir jusqu'ici. Presque tous les ouvriers employés sur la partie occidentale de la ligne appartiennent à cette nationalité. Ce sont eux qui en ont exécuté les terrassements primitifs. On les dit sobres, courageux, dociles, et, surtout, bien moins exigeants que les terrassiers indigènes.

Green-river, ou la rivière Verte, coule rapidement ses eaux verdâtres — d'où son appellation — entre des hauteurs sablonneuses coupées de blocs de rochers. Ces rochers affectent les formes les plus singulières et semblent sortir de terre comme des constructions gigantesques. On dirait qu'une immense inondation, descendue des montagnes à une époque préhistorique, a produit ces étonnantes érosions. Il paraît, en tout cas, qu'au sommet même de ces édifices naturels on retrouve encore des pétrifications fossiles de plantes, d'insectes, d'oiseaux et de poissons d'eau douce.

Plusieurs ponts de bois, d'une structure primitive, réunissent les bords de Green-river, garnis d'une maigre végétation.

Tout aux alentours, le sol a conservé le même aspect que nous avions constaté hier, c'est-à-dire un caractère d'aridité extrême. Au loin, à gauche, s'élèvent de hautes montagnes couvertes de neiges perpétuelles.

Vers deux heures, à Evanston, dîner servi par des Chinois. Je préfère décidément la race jaune à la race nègre sous le rapport de la domesticité. Ces fils de Sem sont plus adroits, plus polis, plus prévenants que les fils de Cham. Ils ont tous conservé leur costume national, complété, comme de raison, par la longue tresse de cheveux dont, en aucun pays, ils ne consentiraient à se défaire.

Le paysage change bientôt de caractère. La voie descend une pente rapide, tout en suivant une gorge encaissée entre des montagnes imposantes composées de rochers de couleur rouge. Plus loin, au contraire, les remblais atteignent une élévation considérable.

vingt lieues les points de vue les plus curieux. Cette série invraisemblable de paysages sans cesse modifiés, affectant les caractères les plus fantastiques, surprend d'autant mieux notre admiration que, depuis deux jours, nous n'avons cessé de parcourir des régions aussi monotones que désolées.

Echo-cañon, le premier de ces longs ravins, est en quelque sorte annoncé par Castle-Rock-station, lieu ainsi nommé d'un rocher situé tout contre la gare, et dont la forme rappelle les lignes d'un vieux donjon qui serait percé d'une porte en son milieu.

Bientôt apparaît le roc de Swallow's Nests, aiguille

UNE STATION PERDUE DANS LE DÉSERT (Voy. p. 246).

Tantôt le rail court sur le dos de talus où il n'y a que juste la place nécessaire pour l'établissement des traverses; tantôt il s'élance dans des tranchées dont les parois sont quasi perpendiculaires. Des ouvriers chinois travaillent, en ce moment, à l'entretien de cette partie de la route.

C'est que nous sommes entrés dans les célèbres *cañons*, en espagnol, — cagnons en français languedocien, — ou gorges de montagnes, dont le parcours constitue, à vrai dire, la partie la plus accidentée de toute la ligne du Pacifique. Ces cagnons, assez nombreux dans l'ouest de l'Union, descendent parfois à des profondeurs vertigineuses.

Echo-cañon et Weber-cañon, qui vont nous donner accès dans la plaine de l'Utah, à la sortie des Montagnes Rocheuses, présentent sur une longueur de

forée de nombreux trous où, dans la belle saison, nichent des légions d'hirondelles.

Plus loin, après de nouveaux *castle-rocks* plus ou moins justifiés, se profilent de véritables colonnades. Nous contournons des abîmes au fond desquels le train semble vouloir se précipiter. Dans certains endroits, par contre, la paroi des rochers surplombe nos têtes et se rejoint presque en manière de voûte. Nous sommes en pleins défilés de montagnes, voyageant entre ciel et terre.

Mais voici un piton énorme commandant la voie. On dirait d'une forteresse. C'est là qu'en 1857 les mormons, cherchant à se défendre contre les troupes envoyées pour les disperser, avaient accumulé des blocs de pierre en vue de les faire rouler sur les assaillants. Ces projectiles sont heureusement demeurés sans emploi. On peut les apercevoir du wagon à mille pieds au-dessus de la route.

Au delà encore est Sentinel-Rock, masse granitique détachée de la montagne et se dressant comme une vigie colossale entre des détritus sablonneux et rougeâtres.

Quelle surprenante répercussion! Les coups de feu tirés par les voyageurs sont répétés à l'infini comme si la montagne recélait une compagnie de tirailleurs espacés régulièrement.

A peine avons-nous dépassé la station d'Echo, que

LA ROCHE PENDANTE, DANS ECHO-CAÑON
(Voy. p. 248).

nous débouchons dans Weber-cañon, dont les sites sont encore plus saisissants que ceux d'Echo-cañon.

Tout aussitôt, en effet, des rochers de la formation la plus étrange appelés Witche's Rocks, ou rochers des Sorcières, se présentent à nos regards. Ce sont comme autant d'érosions fantastiques ayant de loin l'aspect d'êtres humains, et se tenant debout comme par un miracle d'équilibre. « Les sorcières » — d'après le nom qui leur est attribué — paraissent tenir un conciliabule infernal comme celles de Macbeth avant la bataille de Forès.

Au détour d'un bloc de rocher dont la pointe aiguë fait face à Henniferville, gros village mormon, nous nous engageons dans de nouveaux replis de montagne. A des hauteurs inaccessibles, on aperçoit les aires profondes où l'aigle prend journellement son essor. Sur le bord du torrent, coulant dans la gorge même où nous roulons, un sapin isolé, auquel est fixé un écriteau, nous indique que nous sommes arrivés

Enfin, l'un des points les plus intéressants d'Echo-cañon est Hanging-Rock, ou Roche Pendante, à l'ombre de laquelle les caravanes se rapprochent forcément de la voie ferrée, qu'elles entrecoupent à maints endroits, tout en longeant les eaux rapides de la Weber.

Ce n'est qu'à vingt milles de Castle-Rock que nous faisons enfin un arrêt de quelques minutes à Echo, localité qui a donné son nom au cagnon tout entier.

à *Thousand mile tree,* c'est-à-dire l'arbre des mille milles, marquant l'endroit où le chemin de fer mesure exactement une distance de mille milles à partir d'Omaha.

Un peu plus loin, à gauche, sur une pente d'une

Enfin, après avoir suivi, au travers de sombres et profondes crevasses, la Weber, rivière aux méandres capricieux, nous débouchons par Devil's Gate ou Porte du Diable, sorte de brèche immense de formation plutonienne, dans un ravin profond et resserré.

CASTLE-ROCK, DANS ECHO-CAÑON
(Voy. p. 247).

longueur de deux cent cinquante mètres, descend Devil's Slide. Cette rampe fait songer, en effet, à quelque glissoire infernale à l'usage de Lucifer. La ligne blanche de plusieurs mètres de largeur qu'elle présente, bordée d'un double accotement, ressort d'une manière énergique sur le ton rougeâtre de la montagne.

Rien de grand et de majestueux, au surplus, comme la série de tableaux qui se déroule sous nos yeux. La variété inépuisable de cette nature tourmentée arracherait des cris d'admiration à chaque pas. Roches colossales taillées à angles droits, défilés étroits comme de vieilles rues gothiques, torrents impétueux, ponts et viaducs plus hardis les uns que les autres, se succèdent presque sans interruption. De nombreux tunnels, creusés à la sape et à la mine, trouent à tout moment la muraille qui se dressait devant nous. Où que l'on soit, la vue se referme sans cesse à peu de distance, voilée par des hauteurs abruptes de toute forme et de toute dimension.

En ce moment, les eaux irritées, luttant de vitesse avec notre train lui-même, semblent vouloir renverser les obstacles qui leur font face, pour aller plus vite se précipiter dans le grand lac Salé, qui leur servira d'entonnoir.

A la sortie de ce ravin, nous nous retrouvons dans

une immense vallée où l'air et la lumière affluent de tous côtés.

Désormais l'œil se repose sur un panorama champêtre émaillé de fermes et de jardins. L'Utah, où nous sommes entrés depuis Evanston, forme, comme on le sait, un État essentiellement agricole, les Mormons étant gens fort experts en matière de défrichements.

A Green-river est entré dans notre *car* un conducteur de train dont l'histoire est féconde en péripéties. Cahoon — tel est son nom — passe pour avoir échappé à la mort dans les circonstances les plus dramatiques qu'on puisse imaginer. Un jour qu'il se distrayait à pécher à la ligne dans les environs de la gare de Sidney, — on était en l'année 1875, — il fut tout à coup enveloppé par un parti d'Indiens qui le percèrent de flèches, le scalpèrent et le laissèrent pour mort sur la route. Comme l'employé d'Omaha dont nous avons raconté plus haut la terrible aventure, il est revenu de ce mauvais pas. Le fait est d'autant plus à noter qu'il n'existe presque pas d'exemple de victimes ayant survécu à l'horrible mutilation du scalpe.

Cahoon se découvre obligeamment devant nous. Son crâne est dégarni de substance charnue sur toute une étendue de sept pouces de longueur et de quatre en largeur. Un léger épiderme a fini par recouvrir la boîte osseuse. Inutile de dire que les cheveux en sont complètement absents. Seuls, ceux qui croissent devant et derrière permettent à Cahoon, sa casquette aidant, de ressembler à tout individu non scalpé. Mais, vue à découvert, cette tête vous donne le frisson.

Vers six heures et demie, nous arrivons à Ogden. C'est la seconde ville de l'Utah et le premier centre réellement peuplé que nous ayons rencontré depuis Omaha. En effet, entre ces deux points extrêmes de l'*Union Pacific Railroad*, c'est-à-dire sur un parcours de plus de seize cents kilomètres, il n'existe pas une seule ville qui soit vraiment digne de ce nom.

Ogden, dont la fondation est attribuée à un personnage mormon ainsi appelé, doit son importance

actuelle à sa situation particulière. Établie à mille trente-trois milles d'Omaha, et à huit cent quatre-vingt-deux milles de San-Francisco, elle forme le point terminus de l'*Union Pacific* et du *Central Pacific Railroad*. De plus, deux autres tronçons de voie ferrée s'en détachent, l'un se dirigeant vers le nord, l'autre passant par Great-Salt-Lake-City, vers le sud.

L'aspect d'Ogden, par cette belle journée, au moment où le soleil décline déjà, est de tout point at-

LES SORCIÈRES, DANS WEBER-CAÑON (Voy. p. 248).

trayant. Les vertes campagnes traversées par la Weber, sur les rives de laquelle la ville est assise à quelques milles de son embouchure dans le lac Salé, les proprettes maisons qui blanchissent aux abords de la gare le long des rues spacieuses et admirablement ombragées, les riants jardins qui encadrent les habitations, les hautes montagnes couvertes de neige qui forment autour de l'agglomération comme un écran majestueux, la limpidité d'un ciel quasi tropical, la douceur des eaux courantes et stagnantes, l'opulence des tons dont la végétation environnante fait étalage, tout concourt à rendre le coup d'œil charmant et pittoresque.

Sous bien des rapports, on se croirait transporté en Suisse, dans un de ces coins privilégiés de la nature où la splendeur du site vient rehausser la fécondité d'un sol nourricier.

Au résumé, ce premier aperçu de l'Utah donne une idée des plus favorables du territoire tout entier. On sent que la prospérité générale y est intimement liée à la production agricole. Car si, par le fait,

points du territoire, il n'est point permis de méconnaître l'agriculture comme source principale de cette rapide fortune. Depuis l'évêque, l'apôtre, jusqu'au plus humble des fidèles, tout le monde travaille ma-

l'industrie se montre déjà florissante dans cet État né d'hier; si la recherche de l'or et de l'argent y rassemble une population de mineurs sans cesse grandissante; si, enfin, les exploitations de houille et de métaux divers provoquent l'activité sur nombre de

nuellement, soit à faire valoir ses biens, soit à en écouler les produits. Là, point d'intermédiaires, ni de rentiers, ni même de citadins, à proprement parler : rien que des ruraux isolés ou groupés suivant les besoins. Tel est même l'entraînement des habitants vers le culte légitime et rationnel pour la terre, notre mère commune, que les fondateurs du mormonisme ont cru pouvoir, avec profit, asseoir sur cette base vraiment solide tout le mécanisme de leur gouvernement théocratique. On peut affirmer qu'en dehors de l'attrait pour la polygamie, si sujette à caution, le goût sincère de la nature est la seule raison d'être, en plein dix-neuvième siècle, de ce milieu si profondément étrange comme mœurs, comme croyances, comme autonomie politique.

Aussi, en constatant les brillants résultats obtenus par les Mormons dans une contrée jadis totalement infertile, se trouve-t-on porté, malgré tout, à admirer la persévérance de ce peuple cosmopolite placé dans les plus cruelles alternatives, et l'énergie du chef qui réussit à grouper et à fusionner tant d'éléments hétérogènes.

A sept heures, nous courons notre dernière étape, dans la direction de la « Nouvelle Sion ».

Comme j'ai pris place à la droite du train, je puis contempler à l'aise le paysage intéressant qui se déroule devant moi. Il offre une ressemblance vraiment frappante avec la vallée de Jéricho.

Au premier plan s'étend une vaste plaine extrêmement fertile; derrière, au second, le lac Salé produit l'effet d'une lisière métallique. Enfin, au loin, des montagnes arides et d'aspect grisâtre, en tout semblables à celles qui bornent, en Palestine, les bords maudits du lac Asphaltite, présentent une série ininterrompue de cimes, dont les plus élevées sont recouvertes de neiges et coupées de vapeurs bleues suspendues dans les airs. Par une échancrure pratiquée à travers la haute muraille comme pour livrer passage à cette nouvelle mer Morte, le soleil, à son déclin, resplendit plongé dans une atmosphère de soufre embrasé.

L'ARBRE DES MILLE MILLES (Voy. p. 219).

Spectacle grandiose s'il en fut! Mais ce panorama admirable, comme celui auquel on est conduit à le comparer, respire le silence, la tristesse et le néant.

En quelques minutes, nous parvenons sur les bords mêmes du lac Salé, que nous côtoyons jusqu'à la célèbre cité des Mormons.

SUR LES LAPINS SAUVAGES!...

XV

CHEZ LES MORMONS

Great-Salt-Lake-City. — L'*Ancien* Townsend. — Propos mormons. — Socialisme et mysticité. — Un autocrate populaire. — L'Église des Saints. — Polygamie et inceste. — Les Anges de la destruction. — Cernés par la civilisation. — Joë Smith et la légende mormonne. — La Bible d'or. — Singularités de la doctrine. — Les commencements du mormonisme. — Persécutions et massacres. — Un nouveau Moïse. — La vallée du Jourdain. — Une crapaudière. — A travers Salt-Lake-City. — Le Tabernacle et le nouveau Temple. — Le cabinet du Prophète. — Panthéon mormon. — Le sérail de Brigham Young. — Polygamie hiérarchique. — Quelques monuments. — *Hot* et *Warm Springs*. — Le vieux moulin de Fork-cañon. — Les hétaïres du mariage. — Le lac Salé. — Ogden et Corinne.

Mardi, 29 août (suite). — Arrivée à Great-Salt-Lake-City sur les huit heures et demie du soir. Un omnibus d'hôtel me conduit aussitôt chez l'Ancien Townsend.

La qualification d'*Ancien* marque que Mr. Townsend est rangé parmi les hauts dignitaires de l'Église mormonne, ce qui ne l'empêche pas, dans la vie civile,

d'exercer la profession très profane d'aubergiste.
Sans doute le Townsend-House est moins vaste et
moins confortable que les établissements similaires
de construction récente situés au centre de la cité;
mais il a pour moi l'énorme avantage d'appartenir à
un sectaire très influent et très considéré de la doctrine mormonne. De plus, ce qui n'est pas à dédaigner en cette saison, il est bordé par de gros arbres
qui lui font, le long de la rue, un élégant ombrage.

Pendant le souper, qui m'est servi séance tenante,
j'ai l'avantage d'entretenir avec mon hôte une longue
conversation. Celle-ci roule naturellement sur le culte
mormon, dont mon interlocuteur se fait auprès de
moi l'apologiste passionné.

Notre Ancien défend avec chaleur la polygamie,
prétextant qu'elle a été pratiquée et honorée de toute
antiquité. D'après lui, le mormonisme n'a fait que
mettre en lumière une coutume
érigée jadis à la hauteur d'un
dogme sacré. La polygamie —
ajoute-t-il avec conviction —
est la base même sur laquelle repose exclusivement la croyance
mormonne.

Or, malgré les affirmations in-
téressées de Mr. Townsend et de
ses pareils, il est plus que dou-
teux que le principe de la plu-
ralité des femmes ait fait partie
du corps de doctrine prêché par
les premiers mormons, c'est-à-
dire par les frères Smith. Il paraît certain, au contraire, que
c'est Brigham Young qui l'a in-
troduite dans les croyances, en
s'appuyant sur l'exemple des
patriarches et des prophètes, et
en dénaturant le texte primitif du *Livre de Mormon.*

Quoi qu'il en soit, dans l'esprit de Mr. Townsend, la
polygamie est non seulement une loi naturelle, mais
encore une loi de progrès, en ce qu'elle supprime
l'adultère et la prostitution. « Les membres du Congrès eux-mêmes, ajoute-t-il malicieusement, sont, de
fait, aussi polygames que les Mormons, avec l'hypo-
crisie et l'illégalité en plus. »

En dépit de la solidarité qui s'impose à tous les
États de l'Union, des idées qui règnent à Washington et des mesures répressives qui s'y élaborent,
Mr. Townsend affecte de croire à la parfaite sécurité du mormonisme. « On crie, on menace, dit-il
d'un air souriant, mais on n'agit pas, sachant bien
que ce serait un odieux attentat à la liberté. En ce
qui nous regarde, nous tolérons toutes les croyances,
sans exception. Il existe ici, sur une population d'environ trente mille habitants, près de cinq mille rési-
dents catholiques et protestants. Nul ne songe à les
inquiéter. Ils élèvent librement des écoles et des
églises. En d'autres termes, nous savons le respect

qu'on doit à la conscience humaine, mais aussi, justement à cause de cela, nous avons des droits impres-
criptibles à la même considération. »

Ce n'est pas la première fois — à coup sûr — que
l'Ancien débite ce petit boniment. Il n'y a guère de
touristes relatant leur excursion en pays de « mor-
monie », qui n'aient puisé à cette source toujours féconde. Tel est, d'ailleurs, l'esprit de propagande auquel tous les Latter-Day-Saints, ou Saints du dernier
jour, se consacrent individuellement, que, si les curieux ne leur tombent pas directement sous la glotte,
ils vont bel et bien les chercher à domicile, à l'instar
de Mahomet n'attendant pas que la montagne approche pour y monter. Un des plus remuants et des plus
habiles convertisseurs de la colonie est l'apôtre John
Taylor, par les soins duquel a été publiée à Paris
la version française du *Livre de Mormon,* ou « histoire sacrée des peuples abori-
gènes de l'Amérique ». Ces fou-
gueux personnages sont constamment à l'affût des étrangers nouvellement débarqués en
Utah.

Mais, bien que la défense soit
préparée de longue main, les
avocats du mormonisme, en dépit des subtilités dont un long
exercice leur rend l'exposition
familière, ne se tirent pas toujours à leur honneur des assauts
auxquels ils sont soumis. La
race des voyageurs, railleuse
s'il en fut, leur taille de rudes
croupières. Les sectateurs ne
sont plus là, tout à fait, devant
un public crédule, facilement
séduit par le mirage du bien-être
ou par les appels à la sensualité.

Une chose même étonne : c'est que le mormonisme
ait pu rencontrer des fervents autre part qu'en Amérique. Cette contrée seule, avec son indépendance en
matière de foi, avec ses fantaisies de conscience inexplicables, avec ses populations moutonnières ou scep-
tiques, semblait être capable de suffire au recrute-
ment d'une pareille colonie. Telle n'est pas pourtant
la vérité absolue. L'Europe, elle aussi, a connu des
aberrations mystiques aussi étranges, des exemples
de fanatisme aussi ridicules. Les théories millénaires
n'ont-elles pas été défendues jadis par des théologiens
réputés aussi bien en France qu'en Angleterre et qu'en
Allemagne? Les tentatives encore récentes du saint-
simonisme, les opinions extrêmes de Babeuf, les uto-
pies de Fourier et de Cabet, n'ont-elles pas eu tour à
tour des partisans convaincus?

Rapprochement curieux à faire en passant : ce fut
dans l'Illinois, à peine abandonné par les Mormons,
que Cabet se réfugia quand il eut quitté la France,
espérant sans doute relever sa fortune sur les ruines

laissées par eux. Ce fut également en Amérique, cette terre bénie du rigorisme et de la liberté de penser, que Victor Considérant essaya d'établir un phalanstère. La consécration du martyre leur ayant manqué, à l'un comme à l'autre, on y chercherait en vain quelque trace de leur double apostolat.

En ce qui concerne le mormonisme, certaines particularités étaient de nature à lui faire la vie plus longue. Outre, par exemple, que les étrangetés et les contradictions peuvent passer inaperçues aux yeux de nouveaux adeptes peu ferrés sur la question théologique, l'ensemble de la doctrine perfectionnée comporte une véritable organisation sociale. Sur les bases, purement religieuses, de Joë Smith, en effet, Brigham Young a dressé tout un système de gouvernement.

n'a jamais dû croire à la durée de son œuvre, se doutant bien qu'elle ne lui survivrait pas.

Quoi qu'il en soit, les nouveaux convertis, attirés vers l'Utah par l'espoir de faciles jouissances, par les avantages d'une colonisation admirablement ordonnée, deviennent, eux, des disciples fidèles et convaincus. Et tant que le Prophète sera là, il les tiendra sous son entière dépendance, en raison de son ascendant particulier. Autocrate et populaire à la fois, pontife et dictateur en même temps, combinant les lois divines avec les besoins terrestres, Brigham Young promène uniformément le niveau de sa puissante individualité sur toutes ces intelligences naïves, sur toutes ces forces inconscientes.

Est-ce à dire que le territoire de l'Utah ne com-

LE LAC SALÉ

Un fait que les observateurs ont constaté, en tout cas, c'est la prompte et parfaite soumission des convertis. On sent, à les voir sitôt unis dans une étroite solidarité, que l'intérêt marche ici d'accord avec la croyance. Il en résulte une véritable force, une certaine cohésion, une moralisation relative, là où il n'existait d'abord que des théories relâchées et des mœurs dissolues. Si l'on ajoute à cela que l'autorité du Prophète, assise sur la pleine connaissance du péril commun, écarte même l'idée d'une timide objection, on comprendra l'incroyable humilité avec laquelle tous ses actes sont généralement accueillis.

Ce qui est certain d'ailleurs, c'est que, en plus de ses qualités incontestables, qui lui eussent permis peut-être d'atteindre aux plus hautes destinées en tout autre milieu, Brigham Young possède une indicible puissance de fascination. Lui seul, probablement,

porte que des machines mues par une seule et persévérante impulsion ? Nulle part, au contraire, les pouvoirs spirituels, d'où découlent ici les pouvoirs politiques et sociaux, ne semblent plus habilement répartis. On en jugera par l'exposé de cette hiérarchie purement théocratique.

Au-dessous d'un quorum ou assemblée suprême, composé du pape mormon et de ses deux grands prêtres, il existe une seconde assemblée formée de douze conseillers nomades appelés apôtres. Cette assemblée a les mêmes pouvoirs et la même autorité que la première. Viennent ensuite les soixante-dix « anciens » formant un troisième quorum, et dont les décisions, prises à l'unanimité, peuvent tout remettre en question, depuis le premier jusqu'au dernier article de foi. Enfin, à côté de cet état-major, figurent encore les évêques, chargés de l'administration du temporel et du prélèvement de la dîme dans leur circonscription respective. Nous ne parlerons que pour mémoire du clergé de rang inférieur, tel que prêtres, catéchistes, diacres et missionnaires, tous appelés à répandre « la bonne nouvelle » dans le pays

JOHN TAYLOR

comme à l'étranger. Ils ne sont que les commis voyageurs de la doctrine mormonne.

Or, en dépit de ce qu'on a pu dire ou écrire sur le sujet, il est incontestable que partout encore ici règnent la discipline la plus étroite et l'entente la plus parfaite.

Au demeurant, ce peuple cosmopolite, uni plutôt que courbé sous la férule du maître, ne songe pas plus à protester contre les réglements édictés par ce dernier, que ne l'eussent fait les Lacédémoniens devant la législation sévère imposée par Lycurgue.

Voici, d'ailleurs, en quoi consiste la théorie gouvernementale sur laquelle Brigham Young a basé tout son système. Elle peut se résumer dans les paroles attribuées, dès 1840, à Joë Smith par un publiciste américain, et citées par M. Claudio Jannet dans son remarquable travail sur les *États-Unis contemporains*. Le morceau est curieux à plus d'un titre et donne l'explication de bien des choses.

« Le premier fait que j'aie reconnu, — dit Joë Smith, — c'est la folie avec laquelle les hommes prétendus libres de nos républiques américaines, si fiers de leurs institutions, se réunissent pour s'entredétruire et se regarder comme une proie mutuelle tour à tour dévorée et dévorante. De ces atomes ennemis, de ces individualités égoïstes, de ces appétits en lutte, il n'y a rien à espérer qu'une éternelle guerre et une destruction sans fin. — Voilà ce que je compris, et une idée me frappa : c'est qu'il fallait souder ces volontés au moyen d'une volonté plus énergique ; que peu importait la *folie* des opinions ou des idées sous l'étendard desquelles on se réunirait, pourvu que le bataillon se formât. Je me

mis donc à l'œuvre, et je réussis. Vous ne savez pas combien la liberté d'action pèse à la plupart des hommes, combien le despotisme leur est nécessaire. C'est une des causes majeures de mon succès. Peu de gens ont le courage de prendre une initiative. Bien peu savent user de l'indépendance. Je suis despote, moi, tout m'obéit... J'ai pour moi l'harmonie et l'ordre ; je rallie les éléments divisés. Pendant que la démocratie isole les individus, moi je les groupe. »

Comme on le voit, ceci n'est, ni plus ni moins, que la théorie de Moïse et de Mahomet. Mais on peut se le demander : un système bon pour des Sémites est-il viable dans un pays où rien n'est plus tenace que la soif immodérée de liberté individuelle ? — A mon sens, pareilles anomalies sociales s'expliquent uniquement par l'isolement. Elles disparaissent, dans un temps donné, au moindre contact de l'esprit moderne.

Déjà — cela n'est pas à mettre en doute — des germes de désorganisation se produisent de toutes parts au sein de la nouvelle Sion. A côté des « Brighamistes orthodoxes », les parents de Joë Smith, contraires par tradition au principe de la polygamie, ont provoqué l'organisation d'une Église dissidente. Enfin, une troisième secte, dite des « Godbeites », renforce tous les jours les rangs des Gentils, à l'ombre d'un des journaux les plus importants du territoire, appelé « The Salt-Lake Tribune ».

Et, de fait, il se passe dans l'Utah de véritables monstruosités qu'aucun gouvernement ne saurait tolérer. Ainsi, les mariages consanguins, aussi répu-

LA DIX-NEUVIÈME FEMME DE BRIGHAM YOUNG

gnants au point de vue moral que funestes dans l'ordre physique, s'y concluent à tout propos. L'inceste lui-même revendique sa hideuse place au soleil. On a vu des frères épouser leurs propres sœurs et des pères s'unir à leurs propres filles. L'islam punirait de mort d'aussi déplorables abus.

Quelle part, au surplus, faut-il attribuer à la restauration de la polygamie en pleine nation chrétienne, dans le prompt développement de la colonie du lac Salé? Elle est moindre qu'on ne pourrait le croire. Aux yeux du Prophète, évidemment, les résultats de-

ressources que de maigres subsides, les apôtres mormons dirigent incessamment sur l'Utah des convois d'émigrants brighamistes, en même temps qu'ils établissent partout des congrégations platoniques dans les pays où ils opèrent. En une seule année, l'agence de Liverpool a pu enregistrer jusqu'à trente mille adhésions. C'est surtout en Suède, en Norwége et en

PEAUX-ROUGES RECEVANT LE BAPTÊME MORMON

vaient se solder par un accroissement notable de la population indigène. Mais la mortalité est considérable chez les enfants mormons. Les filles y sont, du reste, en majorité, comme cela se produit parmi les peuples adonnés au libertinage régulier et permanent. N'étaient les missions étrangères, s'efforçant de contre-balancer cet état de choses par l'activité de leur propagande, la cité finirait par se dépeupler.

Nous venons de parler des missionnaires mormons. Envoyés sur tous les points du globe, sans autres

Danemark que les populations, préparées au mormonisme par les billevesées mystiques de Swedenborg, fournissent un contingent assuré.

Tandis que, hors de chez eux, les Mormons font preuve du plus grand respect pour les lois des pays où ils vont répandre leurs doctrines, il s'en faut de beaucoup que leur Prophète, retranché dans sa vallée, imite une aussi sage modération. Quoique reconnu solennellement en 1850 par le président Fillmore comme gouverneur du territoire de l'Utah, il s'est assez peu soucié de se conformer ou non aux institutions de la République fédérative. Convenons d'ailleurs en toute justice que les persécutions dont il fut l'objet depuis lors, n'étaient pas précisément de nature à lui conseiller la soumission, étant donné surtout qu'il se sent appuyé par tout un peuple façonné à son autoritarisme. Aussi, lorsqu'il se vit naguère révoqué de ses fonctions, à la suite d'actes hostiles au gouvernement fédéral, et remplacé nominalement par des personnages qu'il se permit d'expulser tour à tour, et dont plusieurs eurent même la bonne grâce de signer une pétition en sa faveur, Brigham Young n'en continua que plus ardemment à prôner la polygamie et à la présenter audacieusement comme d'un [illegible] divine.

migration de plus en plus compacte. L'Américain de l'Est se rapproche insensiblement du nouveau Jourdain, et chaque jour la Californie y expédie des équipes de travailleurs, avides d'exploiter les richesses minières contenues dans le sol. A l'heure dite, que pourra, contre le flot sans cesse envahissant, un faible noyau de sectaires comptant trois cent mille individus tout au plus, y compris les diverses colonies installées au dehors de l'Utah?

Le jour est proche où le mormonisme, cerné par un formidable réseau d'ennemis acharnés à sa perte, devra se soumettre ou se désagréger. Vers quelle région, en effet, pourrait-il recommencer un nouvel exode? Toute l'Amérique appartient désormais à

INTÉRIEUR DU TABERNACLE
(Voy. p. 26?)

divine. D'autres charges plus graves planent encore sur ce Jean de Leyde transatlantique. On l'a accusé hautement d'avoir inspiré la formation d'un corps secret d'assassins, connu sous le nom de « Destroying Angels » ou « Anges de la destruction », lequel aurait eu pour mission de supprimer violemment tout citoyen suspect de dissidence et d'insoumission. L'un de ces abominables sicaires, à qui l'on reproche plus de quatre-vingt-dix meurtres, se promènerait encore tranquillement dans l'Utah, faute d'un tribunal assez impartial ou assez fort pour le condamner. Ce serait, enfin, à l'impossibilité absolue de rassembler ce même jury que Brigham Young aurait dû personnellement sa trop longue impunité.

Que ceci soit vrai ou faux, le Prophète doit voir, avec une inquiétude croissante, diminuer autour de lui la solitude qu'il jugeait si favorable à son salut. Le *Pacific Railroad*, dont la construction fut sollicitée par lui-même, attire vers le lac Salé une im-

quelqu'un. Ce n'est point pourtant que Brigham Young n'y ait songé. Il existe tout un projet d'émigration en masse, une sorte d'exode vers une île de la Polynésie. D'un autre côté, le voyage aux Lieux saints, fait par le Prophète en 1872, semblerait indiquer chez lui comme une arrière-pensée d'y préparer un refuge possible en cas d'éventualités fâcheuses. En somme, la Palestine, aujourd'hui peuplée de millénaires convaincus, n'aurait qu'à gagner, matériellement parlant, à l'invasion d'une colonie éminemment agricole et laborieuse. Cela lui vaudrait peut-être un retour à son ancienne prospérité. Mais, là encore, ce ne serait probablement qu'un moyen terme. Tôt ou tard la civilisation finirait par reprendre ses droits. Je crois, pour ma part, que Brigham Young, sorte de Louis XV schismatique, repu de jouissances et d'adulations, ne se préoccupe qu'en apparence du cataclysme qui se produira dans la suite.

Tout à l'heure nous avons emprunté le mot « exode » à l'histoire du peuple de Dieu. Il ne sera pas indifférent, peut-être, de retracer ici, en quelques mots, les origines mêmes du mouvement d'immigration qui se produisit vers le lac Salé après les premières péripéties de l'épopée mormonne.

En 1827, un illuminé du nom de Joë Smith annonce à quelques amis, rendus attentifs à ses divagations, qu'un ange lui est apparu à seule fin de lui révéler l'existence de « Lois saintes », lois auxquelles les premiers peuples de l'Amérique avaient été soumis. Or ces lois, inscrites sur des lamelles d'or massif en bas égyptien, c'est-à-dire en copte, il les a exhumées du lieu où elles étaient en dépôt, et même les a déchiffrées couramment au moyen de deux pierres transparentes trouvées à côté desdites plaques. A ses yeux, l'Ancien Testament ne constitue plus qu'une partie dénaturée et tronquée de l'histoire primitive du monde.

mes et de platitudes, supposant un exode juif en Amérique, à la suite d'un dissentiment entre deux tribus rivales.

Le sommaire de la première partie de ce livre étrange nous révélera suffisamment son trop ingénieux point de départ :

« De Lehi et de sa femme Sariah et de ses quatre fils nommés, en commençant par l'aîné, Laman, Lémuel, Sam et Néphi. — Le Seigneur avertit Lehi de quitter le pays de Jérusalem, parce que, prophétisant au peuple touchant ses iniquités, on cherche à lui ôter la vie. — Il voyage avec sa famille, pendant trois jours, dans le désert. — Néphi, prenant ses frères avec lui, retourne au pays de Jérusalem pour s'enquérir des annales des Juifs. — Récit de leurs souffrances. — Ils prennent pour femmes les filles d'Ismaël. — Ils se mettent en route et entrent dans le désert avec leurs familles. — Leurs souffrances et

Inutile de dire que le Prophète ne jugea pas plus nécessaire de produire le manuscrit original, que les lunettes miraculeuses au moyen desquelles il avait été transformé tout d'un coup en philologue émérite. Son naïf auditoire, imbu d'une foi aveugle, n'en demandait pas autant. D'ailleurs, la traduction de Joë Smith n'était-elle pas là pour témoigner de sa sincérité? Pour qu'un artisan, sans lettres ni sciences, produisît une œuvre de cette valeur, il ne fallait rien moins que l'intervention céleste. Tel était le raisonnement admis de tous et répandu par l'illuminé.

Mais de qui venait l'œuvre dont Joë Smith se faisait le vulgarisateur?

On le sut plus tard, sans que cette tardive révélation ébranlât le moins du monde la confiance des adeptes. Par le fait, le *Livre de Mormon*, la « Bible d'or », comme on l'appelle, était l'œuvre d'un pasteur protestant nommé Salomon Spaulding, lequel s'était, pour ainsi dire, amusé à greffer sur l'Ancien Testament un roman sacrilège, à la fois rempli d'anachronis-

leurs afflictions. — Itinéraire de leur marche. Ils arrivent aux grandes eaux[1]. — Les frères de Néphi se révoltent contre lui. Il les confond. Construction d'un navire. Ils donnent au pays le nom d'Abondance. — Ils traversent les grandes eaux et arrivent à la terre de promission. »

Cette terre de promission, c'est l'Amérique, où Spaulding fait se dérouler l'histoire de ses exilés israélites.

Le manuscrit de ce roman était déjà déposé à Pittsbourg, en Pensylvanie, chez un imprimeur du nom de Patterson, quand surgit un incident au sujet de la préface, avant même que le livre fût publié. Or, sur ces entrefaites, vers l'année 1816, l'auteur vint à mourir. Mais ses parents et amis certifièrent par la suite, sous serment, que l'œuvre du défunt était en tout conforme à celle dont Joë Smith prétendait avoir eu la révélation. Le livre avait été volé à l'imprimeur par

1. La mer évidemment, sans doute l'Atlantique.

un nommé Sidney Rigdom, qui devint plus tard un des fervents disciples de celui dont il s'était fait le complice.

Au résumé, la part de collaboration du Prophète se serait bornée à quelques remaniements et ajoutés facilement reconnaissables.

Ces faits incroyables sont connus depuis de longues années. Cela n'empêche que le livre est proclamé par une foule de gens comme étant d'essence purement divine.

Quant à la qualification de « Mormon », la nouvelle secte l'emprunta au nom même de celui qui, suivant l'assertion de Joë Smith, grava sur les plaques d'or la Bible américaine déposée, par ordre divin, vers l'an 420 de notre ère, dans les flancs de la colline de Cumorah.

les sous la haute direction de Jéhovah. La seule chose qui différencie l'homme de ces divinités multiples, c'est qu'il n'a point encore échangé son enveloppe périssable contre une essence immatérielle. Partout l'Esprit-Saint, doué du don d'ubiquité, exerce son influence spirituelle, remplissant en quelque sorte le rôle de moteur universel. En ce qui concerne Jésus-Christ, dont on fait un polygame, il mène ses épouses charnelles en carrosse traîné par des chevaux à robe blanche. On mange et l'on boit, au ciel, comme dans une simple guinguette, et les propos galants n'en sont pas plus bannis qu'ici-bas. C'est, comme on le voit, une parodie de l'Olympe, une déformation maladive des théologies juive et chrétienne, une abstraction métaphysique des probabilités émises par la

CABINET DE TRAVAIL DE BRIGHAM YOUNG (Voy. p. 261).

Ainsi, d'après cette Bible fantaisiste, le vrai peuple de Dieu serait la nation des Peaux-Rouges, et non Israël disséminé sur la surface du globe. Le paradis terrestre aurait été placé entre le Mississipi et le Missouri (*Mesos Potamos*). En outre, Jésus-Christ serait apparu en Amérique, comme à Jérusalem, afin d'y accomplir, en partie double, sa grande œuvre de rédemption. Enfin, c'est dans les prairies de l'Ouest que saint Jean l'Évangéliste aurait pris le parti d'errer, en attendant la réapparition du Sauveur.

Les dogmes les plus contradictoires sont venus se grouper autour des rêveries de Spaulding, entraînant la doctrine entière sur la voie du panthéisme. De plus, une sorte d'éclectisme mystique, uni au matérialisme le moins relevé, en a fait comme un pot pourri des croyances les plus diverses. Dieux mâles et femelles, anges et simples mortels, sont identiquement de la même race, existent de toute éternité et séjournent, répartis selon leurs mérites, dans les différentes planè-

science. Avec cela, point de symbole nettement déterminé, tolérance entière sur l'article de foi. Permis à chacun d'en prendre et d'en laisser.

L'Église des Saints admet plusieurs sacrements, notamment le baptème, et cela pour effacer les péchés à commettre, et non la tache originelle. On peut même administrer ce dernier aux vivants pour le meilleur profit des trépassés. Outre le baptème, elle reconnaît encore la Cène, l'Ordination et une manière d'extrême-onction. Disons tout de suite que le sacrement auquel les croyants sont le plus sensibles est celui du mariage. On a vu comment ils le conçoivent.

A ces doctrines sans fondement il manquait un lien subtil, la persécution. Elle vint à son heure.

Le premier prêche fait dans l'État de New-York, à Fayette, avait amené la conversion de six auditeurs. Ils furent baptisés séance tenante avec l'eau du lac Seneca. De ce même jour date la conversion de Brigham Young, illuminé sans doute par des visées loin-

taines. En l'espace de quelque temps, la nouvelle
communion fit des progrès considérables. Bientôt
aussi les adeptes disséminés dans les divers États, se
virent personnellement inquiétés. L'opinion publique
semblait s'élever contre la nouvelle Église au fur et à
mesure de ses progrès. Aussi les Mormons résolurent-
ils de se grouper et d'aller s'établir dans l'État de Missouri.

Or, ici également, la doctrine importée ne manqua
pas de causer des conflits sérieux. On était en 1831.
Un grand journal, *The Evening and Morning Star*,
devenu le porte-parole de la secte, faisait, à l'aide de
son active publicité, une propagande de plus en plus

mons dans les élections fédérales, fut cause, en 1844,
d'un nouveau soulèvement de l'opinion, soulèvement
dont les suites furent accompagnées, cette fois, de circonstances tragiques. On emprisonna à Carthage le
Prophète ainsi que son propre frère, et tous deux y
furent massacrés par la populace ameutée.

C'est alors qu'apparaît Brigham Young. Nommé, à
l'unanimité, pape de l'Église mormonne en remplace-
ment de Joë Smith, il affirme sa détermination de re-
pousser la violence par la violence, et fait résolument
continuer les travaux du temple restés en suspens.
Mais les persécutions redoublent. C'est l'extermination
des fidèles que l'on veut. Il faut s'enfuir à tout prix.

GREAT-SALT-LAKE-CITY. — LE QUARTIER DE L'EST

dangereuse. Le gouvernement de l'État s'en émut et
provoqua une sorte de soulèvement populaire. Malgré
une résistance sanglante de la part des Mormons, on
les expulsa, et ils durent se réfugier sur le territoire
de Clay, d'où ils se virent également chassés au bout
de quelque temps.

Loin de céder à la pression, la foi — fût-elle en-
gagée sur une fausse piste — s'exalte et suscite les
imitations. Non seulement la tourmente n'avait pas été
funeste aux théories de Joë Smith, elle lui recrutait encore de fervents adeptes. En 1840, la tribu fonde dans
l'Illinois la ville de Nauvoo et y commence aussitôt
la construction d'un grand temple. Grâce à une active propagande, Nauvoo ne tarde pas à acquérir une
réelle importance. Aussi les attaques ne firent-elles pas
plus défaut à la secte dans l'Illinois que dans l'État
de Missouri. La prépondérance acquise par les Mor-

Avec l'énergie d'un conquérant et l'autorité d'un
législateur, Brigham Young entraîne alors à sa suite
un millier de familles qu'il établit provisoirement dans
l'État de Nebraska, tandis que les Gentils de l'Illinois
détruisent Nauvoo de fond en comble. Puis, escorté
seulement de cent quarante-trois pionniers, il s'en va
hardiment à la découverte du lieu où il dressera
l'Église persécutée. Suivant des chemins à peine connus des trappeurs eux-mêmes, s'en frayant de nouveaux sur une étendue de plusieurs centaines de milles,
il ne s'arrête devant aucun obstacle. Enfin, le 24 juillet
1847, après une infinité de privations de tout genre,
il arrive en face du lac Salé, et se prosterne avec ferveur le front contre terre, déclarant qu'il a mis le pied
sur l'emplacement même de la Jérusalem américaine.
Et, dès le 28, il trace le plan de la ville et désigne
l'endroit où s'élèvera plus tard le grand Tabernacle.

La nouvelle Sion était fondée : vers l'automne de la même année, la vallée du Jourdain, devenue le point de mire des besogneux et des déclassés, recevait sept cents charrettes d'émigrants, tandis que Brigham Young s'en retournait sur ses pas pour quérir le restant de son peuple attardé sur les chemins. A partir de cette époque, la cité mormonne fut incessamment renforcée par d'innombrables caravanes.

Les péripéties de ce nouvel exode, les souffrances subies par ces modernes Hébreux, ont fait l'objet — comme on le pense bien — de très nombreuses relations. Toutes s'accordent à représenter le Prophète comme un chef hors ligne, comme un esprit transcendant. Grâce à lui, en effet, la période des épreuves, qui durait depuis trois ans, était couronnée par l'établissement rapide de tout un peuple dans des régions inexplorées, mais pleines d'avenir.

nement de Washington met dans les rouages administratifs ressortissant à l'État fédéral, rien n'a franchement périclité, en ce qui concerne l'association mormonne.

Mais un tel pacte est trop contraire à la solidarité moderne pour avoir des chances de durée indéfinie, et l'on est en droit de se demander comment finira la folle épopée. Il faut convenir que, depuis Joë Smith, les temps ont singulièrement marché. Si, vers le milieu du siècle, l'Amérique était encore à peu près déserte, elle possède aujourd'hui une population sans cesse croissante, et le jour vient où le territoire manquera à l'immigration étrangère. Alors le mormonisme, enserré de toutes parts, réprouvé par la morale, pourchassé par les envieux, aura de nouvelles luttes à soutenir, plus terribles encore que par le passé. Peut-être tout s'éteindra-t-il dans des flots de

LA PORTE DE L'AIGLE ET BEE-HIVE HOUSE (Voy. p. 264 et 267).

Avant l'expiration de l'année 1848, à l'époque même où l'Europe était en proie aux dissensions les plus universelles, la colonie déjà florissante rayonnait sur tout l'Utah, et Brigham Young développait dans une paix absolue les institutions sociales dont il s'était fait le novateur. Son rêve était réalisé. Il était bien alors le maître incontesté d'une vaste région isolée, le souverain absolu d'un véritable empire perdu au milieu de la grande République fédérative.

Un programme mûrement délibéré, docilement suivi, est une force pour les peuples comme pour les individus. On peut dire que l'impulsion donnée au mormonisme par Brigham Young a produit des résultats surprenants, au point de vue matériel. Sous son autorité vigilante et sagace, en dépit des germes de dissolution, les diverses parties de son système gouvernemental ne se sont point désagrégées. La polygamie elle-même, grâce aux efforts du Prophète pour la voir prédominer, n'a guère subi d'atteinte. Malgré les entraves de toutes natures que le gouver-

sang! Mais espérons plutôt, pour l'honneur de l'humanité, que le mormonisme disparaîtra par la force même des choses. La farce sacrilège commence d'ailleurs à lasser jusqu'à son public habituel. Bon nombre de Mormons, en effet, séduits d'abord par cet effort de retour aux lois naturelles, ont déjà secoué le joug du Prophète. Celui-ci une fois tombé, le prodigieux édifice élevé par son orgueil s'écroulera vraisemblablement tout entier, sans laisser d'autres traces qu'un souvenir historique [1].

Mais en voilà assez sur l'origine de la ville où nous nous sommes arrêtés. Profitons de la soirée pour parcourir Main-street, l'artère principale, éclairée d'une manière brillante. Au-dessus des grillages placés ici

1. Depuis la mort de Brigham Young, qui avait été l'incarnation même de la doctrine mormonne, la désorganisation du système théocratique et social maintenu debout par le puissant apôtre, a fait de rapides progrès, malgré le zèle de John Taylor, dont nous nous sommes incidemment occupé dans le cours de notre narration.

devant tout débit de boissons, je remarque l'obscénité des gravures et tableaux appendus aux murailles. La pornographie est décidément de règle à Great-Salt-Lake-City. Partout où je passe, je ne fais que découvrir des estampes, des chromos, des keepsakes, dont on s'accommoderait mal en nos pays d'Europe. Et non seulement ce dévergondage existe dans les établissements publics, il a encore franchi le seuil des maisons particulières, en dépit des édits formels et réitérés du Prophète. Le propriétaire de mon hôtel, tout *Ancien* qu'il se pique d'être, n'est pas même à l'abri d'une semblable critique.

Détail peu séduisant : les batraciens infestent la ville assise au bord de ce nouveau lac Asphaltite, tombeau de Sodomes et de Gomorrhes ignorées. Le soir venu,

caine, en pâtés réguliers, elle comporte de larges rues ombragées de saules et d'acacias. Les eaux courantes, venues de la montagne, y coulent à pleins bords dans les caniveaux qui longent les trottoirs. Mais rien de la grande ville dans ce centre pourtant affairé. Sauf Main-street et quelques rues adjacentes, où s'élèvent des constructions à prétentions architecturales, la plupart des autres voies ne contiennent que des maisons basses, le plus souvent formées d'un rez-de-chaussée avec étage et simplement faites de brique ou de bois. En revanche, elles sont entourées de jardins attrayants abondant en arbres fruitiers. Cette disposition uniforme communique à l'ensemble de la cité mormonne, entrevue des hauteurs environnantes, l'aspect d'un parc immense émaillé de cottages.

VUE GÉNÉRALE DE GREAT-SALT-LAKE-CITY

une multitude de crapauds envahit les environs de l'hôtel et remplit les airs de coassements. Cela ne porte guère, on doit l'avouer, aux rêveries polygames sous les bosquets mystérieux.

Mercredi, 30 août. — Beau temps (th. + 28° cent.).

Déjeuner matinal, fort bien servi. Remarquons en passant que ce premier repas, le même partout dans les hôtels américains, se compose de pain chaud, thé ou café, viandes, poissons et œufs, le tout à discrétion.

Aussitôt après, je vais me promener par la ville.

La nouvelle Sion est assise à quelque distance du Jourdain, dans une large vallée bordée de montagnes abruptes, qui font partie de la chaîne des monts Wasatch, derniers contreforts des montagnes Rocheuses. Elle recouvre un espace d'environ dix milles carrés, étendue considérable, si l'on songe au chiffre actuel de la population. Divisée, suivant la méthode améri-

Une de mes premières visites est naturellement pour le Tabernacle, autrement dit le Temple, lequel date de l'époque même de la fondation de la ville. Formé d'une sorte de vaste coupole elliptique posée sur un soubassement à peine haut de quelques mètres, il rappelle absolument, comme aspect, ces cloches de métal dont on recouvre les plats pour les empêcher de refroidir. L'architecture en est d'autant plus étrange et d'autant moins séduisante, que le dôme est tout entier en matériaux légers, les quarante-six piliers qui le soutiennent ayant été seuls taillés dans une pierre résistante.

Nul ornement, d'ailleurs, sur l'épiderme de cette ove gigantesque. Aussi, pas possible d'imaginer rien de plus sec, — disons le mot, — rien de plus magistralement laid.

Si l'extérieur est dépourvu de toute fioriture, l'intérieur ne me semble pas moins dénudé. A part les orgues, classées parmi les plus remarquables qui soient aux États-Unis, on n'y voit que des rangées de bancs disposés suivant un ordre spécial. Dans le fond de la nef, — ce qui pourrait s'appeler le chœur, — aménagé en manière d'amphithéâtre autour des orgues, une série de sièges concentriques désigne la place réservée aux dignitaires de l'Église mormonne, le grand prêtre ayant la sienne au plus haut rang, alors que les apôtres, les évêques et, enfin, les *dekens* ou doyens, ont la leur en contre-bas. Au centre de chaque banc, toujours dans ce même chœur, est une petite tribune d'où le chapitre harangue l'auditoire massé dans l'autre partie du temple.

En dépit de cette régularité froide, de cette absence voulue de toute ornementation, la salle ne manque pas cependant de présenter un certain caractère de noblesse, en raison même de ses larges proportions. Par le fait, huit à dix mille personnes peuvent s'y réunir à l'aise.

Le Tabernacle sert non seulement à tous les exercices du culte mormon, mais encore aux manifestations civiles et politiques de l'État. On y fait, tout à la fois, des lectures en commun, des conférences, des prêches et des réunions électorales ou commerciales. Cela ne surprendra personne, à coup sûr, étant donné l'esprit même de la nation. Il va de soi que le spirituel et le temporel demeurent indivisibles dans une société basée exclusivement sur le régime théocratique.

Ainsi que nous l'avions constaté au début, Salt-Lake-City est divisée en carrés de terrain tracés régulièrement. Celui qui est spécialement réservé au Tabernacle est dénommé Temple-block. Il est entouré d'une muraille et forme une sorte de cour sacrée. Dans ce même parvis, au caractère biblique, s'élève Endowment-House, sanctuaire essentiellement privé et strictement interdit aux Gentils. Là se pratiquent les rites secrets du mormonisme. Inutile de dire que, malgré divers efforts, je n'en puis franchir le seuil inviolé.

Comme il est encore de bon matin, — sept heures tout au plus, — j'ai dû, pour me rendre à Temple-block et voir le Tabernacle, franchir la barrière qui clôture le nouveau Temple en construction. Ce dernier, commencé depuis au moins une vingtaine d'années, deviendra un superbe monument, s'il est jamais achevé. Bien que des milliers de dollars, en effet, aient été déjà recueillis partout, notamment en Angleterre, et

que, pour motiver les collectes universelles, on ait produit maints devis de vitraux, de sièges et de décorations intérieures, on en est encore à solliciter de nouveaux fonds, rien que pour le gros œuvre.

Vis-à-vis du Tabernacle, et de l'autre coté de la rue, on a établi un muséum renfermant une collection ethnographique qui a trait à l'Utah. On y remarque des spécimens de métaux recueillis dans la contrée, de grossiers échantillons de poteries, des ustensiles de pêche, de chasse et de guerre, des vêtements anciens et modernes, provenant des populations indiennes cantonnées sur le territoire, ainsi qu'un canot de construction grossière dont se servirent les premiers blancs pour naviguer sur le lac Salé.

Non loin de là sont espacées les principales résidences de Brigham Young. Le Prophète y loge quelques-unes de ses nombreuses épouses, dispersées sur tous les points de la ville et du territoire. De proportions en général fort modestes, ces cottages se distinguent à peine des habitations ordinaires; mais ils sont entourés de solides murailles, contre lesquelles les regards indiscrets viennent se heurter sans miséricorde.

Étant entré, non sans intention, dans les bureaux affectés à la perception de la dîme, je tombe

RÉSIDENCE DE BRIGHAM YOUNG (Voy. p. 261).

tout à coup sur un intendant complaisant, lequel s'offre, avec urbanité, à me servir de guide et d'introducteur dans le logis du Prophète. Celui-ci, est, malheureusement, en tournée sacerdotale. Il me sera donc impossible de le voir.

A côté des bureaux, dont la disposition n'offre rien de particulier, se trouve le cabinet même de Brigham Young. Nous y pénétrons. Cette pièce, meublée avec une simplicité toute patriarcale, n'a pour ornements que la foule des portraits qui en garnissent les parois. J'y remarque, outre celui de Washington, ceux des frères Smith, des douze premiers Apôtres et d'une infinité d'autres personnages plus ou moins obscurs. Ces reproductions, peu ou point artistiques, constituent le panthéon du mormonisme.

Le bâtiment où l'on voit le cabinet du Prophète est borné, sur la gauche, par Lion House, ou Maison du Lion, ainsi nommée du félin de bronze qui en décore l'entrée, et, sur la droite, par Bee-Hive House, corps de logis surmonté d'une ruche d'abeilles. Ces deux sérails abritent une vingtaine de femmes de Brigham Young, un véritable harem. Un peu plus

L'ÉMIGRATION NORMANDE

loin, White House, ou la Maison Blanche, — tout comme à Washington, — sert de demeure à la première femme légitime de ce pacha occidental.

On m'a procuré la photographie authentique de la dix-neuvième épouse de Brigham Young. C'est la fameuse Ann Eliza, qui, mariée suivant la législation américaine, intenta au Prophète un procès en due forme tendant au divorce, et réussit à se faire servir une forte pension alimentaire. En effet, Brigham Young, n'ayant pu arguer de l'illégalité de cette union sans porter atteinte au dogme sacro-saint de la polygamie, fut bel et bien condamné.

Enfin, pour mettre dignement un couronnement à ses théories sur le mariage, le Salomon moderne a fait bâtir, en face de Bee-Hive House, un brillant chalet destiné à l'usage exclusif de sa sultane favorite. Cette épouse préférée se nomme Amélia. Elle est ainsi mise hors de pair, par un privilège dont nous ne chercherons pas à défendre le criant illogisme. Affaire aux Mormons !

Les Apôtres, un peu moins favorisés apparemment sous le rapport de la Grâce, n'ont généralement que de huit à dix femmes. Les évêques se réduisent au quatuor. Telle est la règle pour le sacerdoce. Quant aux profanes, il leur est loisible de prendre autant de femmes qu'ils peuvent en entretenir. L'Ancien Townsend, mon hôte convaincu, se borne modestement au nombre trois, —

LE CHALET AMÉLIA (Voy. p. 267).

celui qui plaît aux dieux. Un notable mormon avec qui j'ai fait hier une partie de la route, avait ses quatre *moitiés* avec lui. Malgré ce fractionnement difficile à établir, celles-ci ne se sont pas disputées un seul instant.

Comment des épouses à titres égaux, mais à prétentions rivales, peuvent-elles bien vivre en si bonne intelligence ? Passe encore pour les odalisques de l'Oriental, ignares et futiles, hébétées par une longue tradition, saturées de parfums et de tabac, surveillées par des eunuques inflexibles. Mais pour des femmes libres de leur destinée, — et libres elles sont après comme avant le mariage, — cela n'est plus concevable. N'empêche que le nombre des adhérentes au mormonisme augmente tous les jours dans des proportions à renverser toutes les idées reçues et acceptées sur la matière. Explique cela qui pourra !

Et à ce propos, on se demandera sans doute si la fidélité des femmes mormonnes est à l'abri de toute critique.

Quoique la chose puisse paraître également peu vraisemblable, j'estime — et cela est d'ailleurs conforme à tout ce que j'entends dire autour de moi — qu'elles sont généralement aussi prudentes que les houris d'un pacha d'Orient maintenues sous le joug par les gardiens du sérail. Est-ce la crainte qui les y détermine ? Peut-être. En tout cas, l'espèce de mysticisme auquel toute épouse mormonne doit d'avoir contracté mariage me semble être un frein nécessaire et presque suffisant contre les infractions à la foi conjugale. La dure loi du *struggle for life*, loi plus écrasante encore à Salt-Lake-City qu'en nos pays d'ancien monde, contribue encore, à défaut d'autre cause, à maintenir une sorte de morale relative parmi ces déclassées du mariage. Il n'est peut-être pas de femme, sous la calotte des cieux, qui s'adonne à d'aussi multiples occupations qu'une mormonne et qui, par suite, ait moins le temps de songer à se créer un roman.

Tout à côté de Bee-Hive House, est situé Eagle-Gate ou Porte de l'Aigle, laquelle mène aux écuries du Prophète. C'est une sorte de petite arche triomphale, composée de quatre massifs en maçonnerie reliés entre eux par un baldaquin, du sommet duquel un aigle de bronze semble vouloir prendre son essor.

La maison d'école est placée dans un enclos contigu. Cette institution, ainsi que le Deseret-University, auquel — soit dit entre parenthèses — est attaché un corps de professeurs assez médiocres, sont les seuls établissements spécialement affectés à l'enseignement public. D'autre part, dans les écoles ouvertes par les particuliers, les cours ne se donnent que pendant trois mois de l'année, et la rétribution à payer est tellement élevée, que le prix n'est accessible qu'aux familles privilégiées. C'est assez dire que le système scolaire des Mormons laisse beaucoup à désirer.

Des collines sises derrière les résidences de Brigham Young, on jouit d'une vue ravissante sur la ville semée d'ombrages et dont les dernières demeures vont s'espaçant au loin dans la vallée du Jourdain. Tout autour, l'horizon est brusquement fermé par des montagnes abruptes, tout à fait semblables comme aspect à celles que baigne la mer Morte. Sauf certains détails, le coup d'œil est le même. Ici, pourtant, les proportions sont beaucoup plus vastes. Ce rapprochement, qui m'avait frappé hier, dès mon arrivée, m'apparaît encore plus exact aujourd'hui. Tels devaient être, en effet, les bords du lac Asphaltite, à l'époque où les cinq villes ensevelies étaient puissantes et prospères. Quant aux pics les plus élevés, espacés sur notre gauche, ils dressent, dans la nuée étincelante, leurs fronts altiers chargés d'éternels frimas.

Nous allons ensuite visiter City-Hall et le théâtre. Au point de vue architectural, ces deux édifices n'offrent aucun intérêt. Le théâtre, où seize cents spectateurs peuvent tenir à l'aise, joue cependant un rôle important dans les préoccupations du législateur. A l'exemple de Fourier, dans son phalanstère utopique, Brigham Young encourage et recommande les jeux de

Les Warm-Springs, de nature sulfureuse, jaillissent dans un site qui ne se signale à l'attention du touriste par aucun attrait particulier. En revanche, ces sources jouissent de propriétés médicales très appréciées dans les affections rhumatismales et les maladies de la peau. D'une température tiède plutôt que chaude, elles contiennent — à ce qu'on me dit — du chlore, de la soude, de l'acide sulfurique, de la chaux, et, en moins grande quantité, de la magnésie et du peroxyde de fer. Divers établissements de bains disséminés aux alentours les mettent en exploitation.

Les Hot-Springs, placées à un mille plus au nord,

UN MÉNAGE MORMON

la scène. Aussi le théâtre de Salt-Lake-City est-il classé parmi les plus importants des États-Unis. Les engagements des artistes s'y font à un taux fort élevé, et les troupes sont généralement excellentes. Les ballets, surtout, se maintiennent en honneur auprès de la population mormonne, très portée à la danse, laquelle fait d'ailleurs partie intégrante du programme des écoles publiques et privées.

Salt-Lake-City possède des sources thermales, *Hot* et *Warm Springs*. Je me rends d'abord à ces dernières, situées à un mille environ de l'hôtel, en prenant place dans un car traîné par deux vigoureux mulets. J'avais déjà pu remarquer, dans plusieurs villes de l'Union, la substitution des mulets aux chevaux dans le service des tramways. A défaut d'autres avantages, les premiers ont sur les seconds celui de s'acheter à plus bas prix et d'être d'un entretien moins coûteux.

jaillissent à fleur de terre et atteignent une température évaluée à cent degrés centigrades. En trois minutes on y fait cuire des œufs.

Au retour, notre *car* est envahi par une société de gentlemen mormons, promenant avec une ostentation comique les nombreuses épouses dont chacun d'eux est accompagné.

Ces dames sont toutes mises avec une élégance peu commune. Essayeraient-elles, par cet excès de coquetterie, de s'attirer les égards de leur seigneur et maître? Il y a là, sans doute, plus de vanité que d'attachement réel. Je remarque surtout l'une d'elles fardée de manière outrageante, et portant une ceinture d'or passée sur son vêtement de toile grise. Ses oreilles sont garnies de boucles à gros brillants, et elle exhibe aux doigts des bagues comme peu de nos Européennes en ont vu passer dans leurs rêves les plus étoilés. Après cela. le tout est peut-être aussi sincère que la fraîcheur de ses joues...

Point de parcs à Salt-Lake. La nécessité ne s'en fait point sentir, toutes les rues étant, pour ainsi dire, des promenades, et l'air affluant de tous côtés par les grands espaces ouverts. Par contre, les lieux d'excursion sont loin de manquer dans le pays environnant, un des plus pittoresques peut-être de l'Amérique. A défaut d'une végétation luxuriante, on y remarque à chaque pas des curiosités naturelles, des masses de rochers bizarres, le tout dans un cadre aux lignes sévères et grandioses.

Revenu à l'hôtel, je dîne vers trois heures et quitte définitivement la ville des Saints à quatre heures, me dirigeant sur Ogden.

Dès mon arrivée à destination, sur les cinq heures trois quarts, je m'occupe de l'expédition pour Sacramento de mes colis les plus embarrassants. Je ne compte, en effet, parvenir dans la capitale politique de la Californie qu'après avoir visité les fameuses mines d'or et d'argent de l'État de Nevada.

Il est sept heures quand je prends le train pour Reno, station du *Central Pacific Railroad*, d'où un nouvel embranchement m'amènera à Virginia-City,

OGDEN (Voy. p. 250 et 269).

La plus attrayante de ces excursions est celle de Ferk-cañon, sur la ligne de chemin de fer qui relie la ville au lac Utah, situé dans le sud-est du lac Salé, au sein d'une région industrielle et agricole, dont la petite ville de Provo constitue le centre le plus actif. Les hauteurs y surplombent la vallée à plus de deux mille pieds, en profilant sur le ciel des pics, des mamelons, de fines arêtes ou des sommets crénelés semblables à des forteresses détruites. A l'extrémité du défilé, et comme bouquet, une ruine pittoresque attire les regards du touriste par sa simplicité naïve et la végétation sauvage qui l'entoure. C'est un vieux moulin, tout à fait abandonné aujourd'hui, et qui, durant les travaux du chemin de fer, avait été transformé en atelier de sciage. Rien de poétique comme ce coin agreste, digne de la palette d'un artiste.

ville connue dans le monde entier pour ses importantes mines d'argent.

Une vue magnifique attend le voyageur au sortir de la gare. Elle enveloppe à la fois, dans un cadre prestigieux, la ville d'Ogden tout entière, la montagne qui lui sert de rideau et le lac éclairé par les feux du soleil couchant. En premier plan, des Indiens déguenillés se montrent aux abords de la voie ferrée.

Pendant quelques minutes encore, nous longeons les bords du lac Salé. Cette sorte de mer intérieure constitue certainement la masse liquide la plus curieuse de tout le continent américain, et ce n'est pas, encore une fois, sans raison qu'on la compare à la mer Morte comme nature et comme aspect. Ses eaux, dont le fond repose sur des bancs de sel considérables, acquièrent une densité de plus en plus grande, malgré les nombreux affluents qui s'y déversent. Là, comme dans le lac Asphaltite, aucun poisson ne peut vivre, et le corps humain surnage sans effort.

L'analyse qui en a été faite par le docteur Gale a donné les résultats suivants :

Chlorure de sodium. . . .	20,196
Sulfate de soude.	1,834
Chlorure de magnésie. . .	0,252
Chlorure de calcium. . . .	Traces.

En ajoutant 0,140 pour les pertes, le docteur a trouvé un total de 22,422 pour cent de parties solides contre 77,578 de partie aqueuse. Ces proportions se rapprochent de celles qui ont été relevées en Palestine, à l'égard de la mer Morte. Là, les parties solides sont portées à 24,580 pour cent, ce qui a, par conséquent, pour effet d'augmenter encore la densité de la masse liquide.

Par contre, il existe une profonde différence dans l'altitude des deux étendues d'eau. Tandis que le lac Asphaltite gît à plus de quatre cents mètres en contre-bas du niveau de la Méditerranée, lequel est lui-même quelque peu en dessous du niveau moyen des Océans, le lac Salé est suspendu à près de treize cents mètres au-dessus du Pacifique.

Et, à ce dernier propos, nous ajouterons que le *Central Pacific Railroad*, sur lequel nous roulons maintenant à toute vapeur et dont nous emprunterons les rails jusqu'à Reno, — notre prochaine étape, — se tient constamment, dans ce très long parcours, à une altitude variant de douze à quinze cents mètres au-dessus du niveau de la mer, bien qu'il ait à franchir la dépression de terrain située entre la chaine des montagnes Rocheuses et la Sierra-Nevada.

Nous sommes installés, pour le voyage, dans un de ces immenses wagons appelés ici *Silver-Palace-car*, voitures analogues au Pullman-car, mais encore plus spacieuses, plus élégantes et mieux distribuées. Le *Central Pacific Railroad* exploite le brevet pour son propre compte.

Corinne, où nous arrivons bientôt, est la plus grande ville de *Gentils* de tout l'Utah. Sous ce nom de Gentils, emprunté aux Hébreux, les *Saints* de Salt-Lake désignent tous ceux qui ne professent pas le mormonisme pur. Or, la population de Corinne est foncièrement hostile au principe même de la polygamie, aujourd'hui devenu article de foi. Le mouvement dissident a été principalement mené par un des plus hauts dignitaires de la secte. Il est juste de dire que ce personnage avait été primitivement chassé, ainsi que sa femme, du giron de l'Église combattue.

AU BORD DU LAC SALÉ

XVI

AU PAYS DE L'OR ET DE L'ARGENT

Le grand Désert américain. — Une société mormonne. — Incident héroï-
comique. — Peaux-Rouges. — Le type
parfait de la création. — Une oasis
dans le désert. — Tribu Piute en chemin de fer. — Un Érostrate indien. —
Le Pater des Sioux. — Vers Virginia-
City. — La métropole de l'argent. —
Un quartier chinois. — Les mineurs à
la peine et aux plaisirs. — Aussitôt
gagné, aussitôt dépensé. — Dans les
entrailles de la terre. — En route pour
les mines d'or. — A travers la Sierra-Nevada. — Le plateau du Summit,
au clair de lune. — Dutch-Flatt et les terrains aurifères. — A l'aventure. — L'auberge de la Belle au Bois dormant. — Puissants moyens
hydrauliques appliqués aux mines. — Une contrée bouleversée. — Dans
un milieu peu rassurant. — Un hôte des temps antiques. — Troupe de
comédiens en voyage. — Sacramento. — Stockton, Lathrop et Merced.

Jeudi, 31 août. — Ciel pur, mais température assez
basse : le thermomètre ne marque plus que 15° centigrades.

Après avoir quitté hier soir les bords du lac Salé,
nous sommes entrés dans le grand Désert américain.
Celui-ci s'étend sur une surface de soixante milles

carrés, et ne produit guère que de courts herbages, sans sève comme sans emploi. Le sol y paraît avoir été couvert jadis par les eaux mêmes du lac, car il contient des substances salines en grande quantité. Que de souffrances, de fatigues, de privations, ont dû endurer les premiers émigrants à travers ces pays désolés, alors qu'il n'y existait ni voie ferrée ni *Silver Palace-car!*...

Depuis la station de Tecoma, nous sommes dans l'État de Névada. A six heures du matin, le train chemine péniblement au milieu de montagnes dont les cimes les plus élevées sont couvertes de neige.

Cependant le décor ne varie guère. A part les ravins, les hautes palissades rocheuses et les quelques rares cours d'eau provoquant sur leurs rives une maigre végétation, on se croirait toujours dans le désert américain. Des pigeons sauvages, des poules de prairie et des oiseaux aquatiques viennent, seuls, animer de leur vol précipité ces solitudes mornes et désolées.

nins, dès qu'il rencontre celui d'un étranger. A quoi cela tient-il ? — Ces dames obéiraient-elles, sans s'en rendre compte, à la pression d'une convention et non à un sentiment naturel ? — Les femmes de l'ancien monde répondraient mieux que moi à la question. Ce qui tend à le prouver, en tout cas, c'est la passion, la véritable jalousie dont elles font preuve à l'égard des personnes de leur sexe qui ne professent pas le mormonisme. La femme d'un voyageur anglais est presque maltraitée par cette société de sultanes, plus ou moins favorites, bien qu'elle ne puisse avoir d'autre tort, à leurs yeux, que d'être jeune et jolie.

Les cartes jouent un grand rôle — à ce que je puis juger — dans la vie domestique des Mormons. A cette heure, notre Palace-car présente l'aspect d'un véritable tripot. Autant de familles, autant de parties engagées, autant de petits harems où l'essaim des houris rassemblées autour du maître font, entre

CAMPEMENT D'INDIENS AUX ABORDS DE LA VOIE FERRÉE (Voy. p. 274).

La monotonie de la route me fournit, en échange, l'occasion d'observer de plus près nos compagnons de voyage. Comme on devait s'y attendre, il y a parmi eux bon nombre de Mormons. Ceux-ci sont facilement reconnaissables à la façon caractéristique dont leur barbe est taillée, et peut-être aussi à leur désinvolture particulière.

En prêtant l'oreille aux conversations, j'apprends que l'un des personnages qui m'entourent n'est ni plus ni moins qu'un évêque de l'Église des Saints. Une dizaine de coreligionnaires semblent lui faire escorte. Quant à mesdames leurs épouses, elles ne se comptent pas. Le groupe qu'elles forment remplit littéralement les *cars* placés bout à bout. Au cours de mes promenades le long du train, je constate, une fois de plus, combien elles sont empressées auprès de leur seigneur et maître. Il semblerait vraiment, à les voir, que leur unique souci consiste à lui plaire, à effacer jusqu'au souvenir de la rivale. Une certaine gêne, pourtant, se manifeste dans les regards fémi-

temps et comme diversion, une risette indéfinie au dieu Plutus.

Aucun livre dans les mains. Les Mormons — paraît-il — n'affectionnent point la lecture. Ils n'ont que faire de nos préoccupations complexes. Un journal commercial et financier suffit à tous les besoins. En fait de littérature, ils sont de l'avis du libraire cité par Balzac, lequel estimait que les *livres* ne sauraient valoir des *francs*. Car, — il faut bien le reconnaître, — malgré leur mysticisme éthéré, les disciples de Brigham Young ont un culte passionné pour le dollar. Il est vrai que quand on est chargé de famille, comme ils le sont tous, l'or n'est plus la chimère chantée par M. Scribe.

Pendant que je m'abandonne à ces réflexions, un incident héroï-comique vient tout à coup détourner mon attention. Le conducteur du train, ayant pénétré dans notre *car* tout en fredonnant une romance, est venu s'étendre impertinemment en face d'un voyageur isolé, puis s'est pris à siffler des airs stridents, comme s'il était en pleine campagne. Une telle grossièreté ne pouvait manquer de soulever des protestations. Le voyageur, — un caractère pointilleux sans doute, — qui feuilletait paisiblement un ouvrage illustré, s'arrête tout à coup, agacé, et, se précipitant sur l'incongru personnage, lui administre un maître soufflet, sans prononcer une parole. Cette violente apostrophe a mis tout le salon de jeu en émoi. Par bonheur, la scène ne dégénère point en pugilat. Notre susceptible compagnon, taillé en athlète, commande le respect de tout point. Aussi le malheureux employé

Ce matin, nous avons déjeuné à Elko vers huit heures. Nous descendons, à midi et demi, pour dîner, à Battle-Mountain.

Comme aux stations précédentes, un grand nombre de Peaux-Rouges, et surtout de femmes indiennes, se pressent sur notre passage. Tous ont le teint sombre et bistré, le front bas et fuyant, les pommettes saillantes, comme les divers spécimens de la race mongole. Par leur nez aquilin et les proportions de

INDIENS EN PRIÈRE (Voy. p. 274).

se contente-t-il de lui lancer une bordée d'invectives et de disparaître dans le car voisin.

Sans approuver tout à fait la correction sommaire à laquelle nous venons d'assister, je ne saurais cependant la déclarer imméritée. Les allures du manant étaient vraiment par trop intolérables. Et malheureusement, la chose est assez fréquente en Amérique. Vous voyez ici de simples subordonnés prendre à l'égard des personnes qu'ils ont mission de servir une familiarité, des licences dont nous nous accommoderions mal en nos pays. C'est plus qu'un manque d'éducation, c'est comme une volonté intime de narguer le passant.

leur corps, ils se rapprochent quelque peu, au contraire, de la race caucasique. Plusieurs d'entre eux se sont enduit le front, les lèvres et le menton d'une épaisse couche de cinabre.

Disons, à ce propos, que les Indiens se considèrent comme le type accompli de la beauté physique. Une de leurs légendes raconte que le *Manitou*, ayant pris de l'argile pour façonner le premier homme, soumit le produit à l'épreuve du feu. Comme il retirait son œuvre avant qu'elle eût la couleur désirée et qu'elle fût entièrement cuite, il obtint l'homme blanc, un être inférieur. Le second échantillon fut enlevé trop tard. Il donna le nègre, une valeur négative.

Le troisième seulement fut retiré à point. Il était d'un beau rouge, comme le homard bouilli.

Rien ne semble, malheureusement pour cette aimable version, corroborer une aussi haute origine. Le dénuement épouvantable des Sioux n'est fait, hélas! que pour engendrer la pitié. La plupart d'entre eux n'ont pour tout vêtement que des haillons sordides. Des cheveux noirs, emmêlés et gras, leur recouvrent presque en entier le visage. Quel hébétement! quelle affreuse dégénérescence! quelle dégradation morale et physique! — A les voir, on ne se croirait guère en face de ces indomptables guerriers, si bien chantés par Fenimore Cooper. Le respect de la force brutale les a complètement annihilés. Ce n'est que dans les régions encore sauvages, sous la conduite de chefs déterminés, qu'ils s'aventurent à reprendre une partie de leur audace proverbiale.

L'Indien de nos jours n'a plus qu'à choisir entre deux alternatives : ou la lutte de piéges et d'embuscades donnant lieu à de terribles représailles, ou la dépendance absolue, les secours officiels et la mendicité. Comment en serait-il autrement? Victime-née de la race blanche, qui ne veut ni le rallier ni se fondre avec lui, il se trouve être dépossédé de son propre sol et refoulé de plus en plus loin. Et la civilisation a achevé ce que la spoliation avait si bien commencé. Le Peau-Rouge a pris tous les vices des Yankees, sans emprunter une seule de leurs qualités puissantes.

A cinq heures et demie, nous arrivons à Humboldt, où l'on nous sert à souper.

Humboldt-station est une charmante oasis, située dans la plaine de ce nom, et formant, par sa végétation grasse et touffue, un contraste merveilleux avec le Great-American-Desert, qui l'enserre de toutes parts. Une rivière, chargée de principes alcalins, mais potable en quelques endroits, plusieurs sources et, surtout, l'herbe épaisse qu'on rencontre sous ces ombrages inattendus, en ont fait un lieu de repos apprécié des émigrants qui se dirigent vers l'océan Pacifique.

Nous entrons, pour procéder au repas, dans une coquette habitation proprement badigeonnée, entourée de frais gazon et de jeunes arbustes croissant vigoureusement en pleine terre. Devant la maison jaillit une fontaine où l'on se désaltère à longs traits. L'oasis est vraiment bien peu considérable. De tous côtés on en aperçoit les limites restreintes. Mais quel coin béni du ciel et des hommes que cet îlot de ver-

dure resplendissante, au milieu d'un fouillis d'herbes desséchées !

Beaucoup d'Indiens autour de la station. Ceux que nous rencontrons ici appartiennent à la tribu des Piutes. Leurs tentes coniques et terriblement enfumées sont éparpillées autour de la gare et le long de la voie ferrée. Elles abritent, chacune, jusqu'à dix individus pleins de vermine et vêtus d'oripeaux graisseux réduits à l'état de loques. Ces malheureux ont pour chef un nommé Winnemucca, nom dont l'une des stations précédentes a été baptisée. Une dizaine d'entre eux, en veine d'émancipation, se sont perchés *à prix réduits* sur la plate-forme du wagon à bagages, afin de se rendre plus commodément à la gare prochaine.

Tous sont inoffensifs, même timides et, comme on le voit, tout près de se réconcilier avec les vainqueurs, puisque le moyen de locomotion traité par eux de diabolique aux temps jadis ne leur inspire plus ni crainte ni répugnance.

Si, maintes fois, les Indiens ont attaqué les trains de chemins de fer, bien peu ont intercepté les communications télégraphiques. Voici la raison qu'on donne de ce fait.

Quelque temps après l'inauguration de la ligne du Pacifique, on invita plusieurs des chefs sioux à faire une expérience. La délégation fut divisée en deux groupes distincts qu'on transporta à cent milles de distance l'un de l'autre, et on les fit communiquer entre eux à l'aide du fil. Cela leur parut si prodigieux, qu'ils en attribuèrent le mérite au « Grand

Copyright, by Harper & Brothers.

MILLE KILOS D'ARGENT EN LINGOTS
(Voy. p. 278).

Esprit ». Un incident, bien fait pour leur inspirer la terreur, contribua peu après à les confirmer dans cette croyance. Un jeune Sioux, de l'école frondeuse, ayant voulu démontrer que le « Manitou » n'était pour rien dans la transmission de la pensée, s'était mis en devoir d'abattre un poteau télégraphique. Au même moment, un orage se déchaînait dans la prairie, et la foudre, suivant la direction des fils, venait anéantir ce nouvel Érostrate. Depuis lors, les tribus, frappées d'une salutaire épouvante, ne s'aventurèrent plus à se jouer de l'électricité.

A propos de croyances particulières aux Indiens, il ne sera point sans intérêt de transcrire ici, dans sa primitive naïveté, la prière usuelle qu'ils adressent au « Manitou » et que nous nous permettrons d'appeler « le Pater des Peaux-Rouges ». En voici la traduction :

« Je suis pauvre, et j'en souffre.

« O grand Manitou ! fais de moi un chef. Donne-moi

des chevaux sauvages, accorde-moi de beaux vêtements. Ce que je te demande, avant tout, ce sont de
bons étalons tigrés.

« Permets que j'aie un beau *wigwam* ; mais assure-
moi une grande quantité de chevaux, laisse-moi en
voler, s'il le faut ! Accorde-moi cela, je t'en supplie.

« Fournis-moi des fusils en nombre nécessaire ;
ordonne que je possède une femme jeune et jolie ;
amène les buffles à ma portée.

« Pas de hautes neiges surtout !... Un peu de neige,
cela me sied mieux.

dante, un intérieur coquet, une femme jeune et
jolie. Cela ne pourrait-il pas passer, à la rigueur,
pour le *desideratum* de l'humanité entière ? — Quant
à la morale qui préside à l'exposition de pareils
vœux, il faut convenir qu'elle n'est pas des plus relevées. Sous ce rapport, le Pater des Sioux semble
donner un démenti à la Bible des Mormons, laquelle aurait, — comme on sait, — d'après Joë
Smith, régi les peuples aborigènes de l'Amérique du
Nord.

Après Rye-Patch, où nous atteignons treize cents

« O grand Manitou ! disperse les Pieds-Noirs autour
de moi, que je puisse les tuer de ma main ou les voir
expirer sous mes yeux.

« Empêche ton peuple de mourir ainsi de misère.
Nous t'en remercierons.

« Enfin, donne-moi des instruments de musique
pour me divertir, des couvertures pour me réchauffer, des viandes qui puissent me nourrir, et pourvois
tout ton peuple de beaux buffles, afin qu'il ait de quoi
manger suffisamment. »

L'on voit, par cette prière brutale, un peu atténuée
dans ses formes, que l'Indien convoite surtout les
beaux chevaux et qu'il raffole de la chasse. Il ne dé-
daigne pas non plus une nourriture saine et abon-

mètres au-dessus du niveau de la mer, la descente
devient assez rapide.

Toujours le désert pourtant. La chaleur et la poussière chargée de substances alcalines, qui nous des-
sèchent la gorge, provoquent un malaise général.
Conformément à mon habitude, je vais m'asseoir sur
les marches de la plate-forme, en suivant d'un œil
mélancolique les hautes montagnes qui semblent
former une muraille épaisse entre nous et le grand
lac Salé.

Dans la soirée, notre convoi traverse la rivière
Humboldt, la plus grande de l'État de Nevada. Ce
cours d'eau, que nous avions longé depuis notre sortie
de l'Utah, sur un parcours de quatre cent cinquante

kilomètres, fait brusquement demi-tour à gauche, pour se jeter un peu plus loin dans le lac du même nom. En ce moment les rayons brillants de la lune font ressembler la nappe d'eau à quelque ruban d'argent poli.

Ainsi que cela se présente partout sur cette grande ligne sans ville importante, l'hôtel des voyageurs forme une annexe de la gare elle-même. Le local est des plus mal tenus et peuplé de gens à mine peu ras-

LE LAC DONNER, A SUMMIT (Voy. p. 281).

Comme je dois abandonner à Reno la ligne du Pacifique, pour suivre un embranchement conduisant à Virginia-City, je profite des heures qui me restent pour goûter quelque repos.

A minuit et demi, arrivée à Reno, ville ainsi nommée en mémoire d'un général tué dans les montagnes du Sud.

surante. Aussi ai-je le soin de m'enfermer solidement dans ma chambre, afin d'attendre sans incident fâcheux l'heure fort matinale où je reprendrai ma course.

Vendredi, 1er septembre. — Beau temps (th. + 25° cent.).

Dorénavant, tout payement devra se faire en monnaie à fleur de coin. Le papier n'a plus cours ici qu'avec un escompte de plus de dix pour cent. Il est donc prudent de se munir abondamment de bonnes espèces

route, serpentant au milieu des montagnes, en suit toutes les sinuosités et parvient graduellement à une altitude fort élevée.

Carson est la capitale de l'État de Nevada. Nous

sonnantes et trébuchantes, comme on disait autrefois.

A six heures et quart, départ pour Virginia-City. L'embranchement de *Virginia and Truckee Railroad* traverse une contrée des plus intéressantes, particulièrement aux approches de Carson et dans la partie comprise entre cette station et Virginia-City. La

nous y arrêtons pour déjeuner. C'est une jolie petite ville, assise, pour ainsi dire, aux confins des mines d'argent qui ont rendu toute cette région célèbre. A partir de là, en effet, nous nous engageons d'une manière plus accentuée dans la chaîne même de la Sierra-Nevada, aux sommets couverts de neiges éternelles et aux glaciers inaccessibles. La route s'élève sans discontinuer. En quelques endroits, la pente n'est pas inférieure à quarante mètres par mille.

Chemin faisant, nous laissons dans les bas-fonds divers établissements miniers, et nous croisons, dans notre marche, un certain nombre de trains chargés du précieux minerai.

Plus au delà, nous passons à côté de Silver-City, petite ville située à nos pieds dans un cadre charmant. Tout ce qui nous entoure, au contraire, au-dessus de nous, n'est qu'un désert ininterrompu, formé de collines arides et dénudées.

Enfin, avant d'arriver à destination, nous longeons Gold-Hill-City, ou ville de la Montagne d'or, laquelle se présente, dans sa splendeur purement fictive, suspendue à la crête du rocher abrupt et sauvage qui porte ce nom resplendissant.

Il est neuf heures du matin quand nous mettons pied à terre à Virginia-City.

Aussitôt je me rends, aux abords mêmes de la gare, à la direction de la mine « California », pour laquelle je possède un mot d'introduction. J'y apprends, à mon grand regret, que je ne pourrai aujourd'hui descendre dans la fosse. En échange, on m'y délivre un permis pour visiter les établissements où la Compagnie fait traiter le minerai d'argent. C'est de cette manipulation préalable, mais intéressante quand même, que je devrai me contenter.

Un employé supérieur m'accompagne dans cette excursion et m'explique par le menu les procédés usités dans le traitement du précieux métal.

Le minerai d'argent ou *quartz*, ainsi qu'on l'appelle communément dans le pays, passe successivement par deux établissements distincts, éloignés l'un de l'autre de plusieurs centaines de mètres, mais reliés entre eux par des trémies de bois.

Dans le premier, appelé *Battery*, le minerai à gangue est écrasé sous d'énormes pilons et quasi pulvérisé. C'est la seule opération à laquelle il soit soumis dans cet établissement. Les gravats qui résultent de la pulvérisation, mélangés à beaucoup d'eau, s'écoulent par les trémies dans la seconde usine, désignée sous le nom de *Pine-mills*.

Ici, le composé boueux est recueilli dans de vastes récipients où il est assujetti, trois heures durant, jusqu'à parfaite dessiccation, à un mouvement de

rotation, et réduit en poudre impalpable au moyen d'une meule. Cela fait, on verse dans chaque récipient trois cent cinquante livres de mercure pour environ cinq cents de minerai, et, afin d'en faciliter l'amalgame avec l'argent tenu en suspens, on y ajoute du sel marin et de la pyrite jaune ou sulfure de fer, en quantités indiquées par l'expérience. Le mélange est alors soumis à une nouvelle action rotative qui ne dure pas moins de deux heures.

Au bout de ce temps, le contenu de chacun des récipients est déversé dans des cuves placées en contre-bas. L'effet du mercure étant — comme on sait — de s'allier étroitement à l'argent, le poids spécifique de l'alliage fait descendre les deux métaux réunis sur un lit composé uniquement de mercure. On laisse reposer le tout pendant deux heures et demie; puis, au moyen d'un robinet placé au niveau supérieur du lit de mercure, on livre passage à l'amalgame. Cet amalgame contient à peu près une livre d'argent pour neuf livres de mercure. Il est reçu dans des vases à forme conique, où une forte pression d'eau réduit le contingent de mercure à trois livres et demie, de neuf livres qu'il était précédemment.

La dernière opération consiste dans la distillation du mercure restant, à l'aide de cornues de fonte chauffées à blanc. Là, le mercure, volatilisé, laissant désormais sans alliage l'argent qu'il avait dissous, s'élance par des tuyaux plongés dans l'eau froide, d'où il sort condensé à nouveau et propre à resservir aux mêmes offices.

Toutefois, le résidu de cette distillation, c'est-à-dire le métal précieux demeuré au fond des cornues, n'est pas encore chimiquement pur. On le coule en lingots qu'on expédie tels quels, et qui, soit en Europe, soit dans les différents États de l'Union, sont définitivement affinés.

Au sortir des *Pine-mills*, je traverse un quartier de la ville uniquement réservé aux Chinois. A voir ce quartier, on se croirait transporté, par quelque puissance magique, au beau milieu du Céleste Empire. Maisons, enseignes, images, lanternes, étalages, échoppes, tout, comme la population elle-même, y est exclusivement chinois. Chemin faisant, je passe devant un hangar où des groupes de coolies assistent à une représentation scénique. Ils sont là une bonne cen-

DÉSAGRÉGEANT LA MONTAGNE (Voy. p. 285).

taine de magots, riant aux larmes, ouvrant la bouche démesurément et bridant leurs petits yeux fendus en amande. Que de sujets d'éventails, de potiches et de paravents!...

Du quartier chinois, je pénètre dans la ville proprement dite. Celle-ci est bâtie d'une manière agréable sur le versant de la montagne. On y rencontre bon nombre de constructions en brique ou en pierre vraiment remarquables, au milieu du fouillis des maisons et masures de bois dont Virginia-City est, en grande partie, composée. Presque toutes sont précédées d'une sorte de véranda; car, si l'altitude de la ville est assez élevée, la latitude et l'exposition comportent des étés horriblement chauds.

Virginia-City a été presque complètement détruite, en 1875, par un formidable incendie. Plusieurs établissements industriels importants et la totalité des hôtels à voyageurs ont été réduits à néant. Le sinistre, qui s'était déclaré sur le revers de la colline, s'est propagé d'une manière effrayante jusque dans le fond même de la vallée. Mais, ainsi que cela s'était produit à Philadelphie, à Boston, à Chicago et dans tant d'autres milieux actifs et populeux, une cité nouvelle plus spacieuse et plus opulente s'est improvisée sur les ruines de l'ancienne. Les bâtiments de bois ont été remplacés,

BLUE-CAÑON, A SUMMIT (Voy. p. 284).

à grand renfort de dollars, par des constructions de pierre. Il existe ici des hôtels immenses qui datent, pour ainsi dire, d'hier. Les rues formées de maisons de bois sont bien encore en majorité; mais, pour peu qu'un nouvel incendie vienne s'en mêler, Virginia-City fera concurrence aux plus belles villes de l'Union.

Main-street, particulièrement, offre un caractère original. Cette voie, très animée, est en quelque sorte le forum de la capitale de l'argent, le centre des plaisirs comme des affaires. Les magasins y sont nombreux et bien fournis. Les marchands de comestibles, de fruits et de légumes, notamment, y abondent. Mais ce qu'on y trouve en majorité, ce sont les restaurants, les buvettes et les maisons de jeu.

On s'aperçoit vite, en traversant Virginia-City, que l'on n'y a pas l'habitude de se refuser les aises de l'existence, et que, si l'on y gagne de l'or facilement, on le dépense avec la même désinvolture. Ce qui ne va point aux *bars* et aux *rooms* s'en va aux exhibitions et spectacles de toutes sortes, qui, à en juger par les affiches, n'offrent plus même les réserves habituelles aux autres villes américaines. Partout d'ailleurs, dans la ville, s'ouvrent des lieux équivoques ayant pignon sur rue, au centre même de la circulation. Ils grouillent de consommateurs avides de plaisirs et de folies, prodiguant l'argent sans compter. En somme, le mineur, livré à toutes les tentations malsaines exposées sous ses yeux, se crée mille nouveaux besoins auxquels il ne songeait pas naguère, et sort finalement des mines d'argent moins riche et plus incapable que les fileurs et tisserands de nos usines. Plus il gagne, plus il s'ingénie à dissiper. Aux mines, il est tout au travail; à la ville, tout à l'orgie.

L'économie est chose absolument inconnue en cette contrée. Les émigrants eux-mêmes, qui, tant de fois, s'étaient promis d'amasser un petit pécule et de finir leurs jours « dans la peau d'un homme à l'aise », se laissent insensiblement aller aux habitudes de désordre, à l'insouciance du lendemain. Et pourtant la main-d'œuvre est cotée ici à des prix quasi fabuleux. La journée du plus médiocre ouvrier des mines est de quatre dollars pour le moins.

Tout cependant n'est pas coté au poids de l'or. Un accident survenu à l'une de mes chaussures au cours de ma promenade, m'oblige à faire un arrêt dans l'échoppe d'un cordonnier. Le brave homme consent à mettre quelques clous à ma semelle moyennant vingt-cinq *cents*, soit la somme, modique pour la contrée, de un franc vingt-cinq. Ce doit être un nouveau débarqué.

Un grand nombre d'Indiens circulent à travers la ville, attirés sans doute par l'appât du gain et les délices renommées de cette nouvelle Capoue. Ils sont, en général, bien vêtus et forment, à côté des misérables Piutes que nous avons rencontrés aux gares du grand Pacifique, une sorte d'aristocratie élégante. Par-dessus leur vêtement, les hommes se montrent entourés d'une épaisse couverture, et coiffés d'un chapeau à large bord surmonté d'une aigrette. A leurs oreilles aplaties sont suspendues d'interminables boucles d'argent. Quant aux femmes, elles revêtent de simples robes de cotonnade. Je croise dans la rue quelques-unes de ces dernières, portant leur enfant sur le dos, à la méthode indienne, c'est-à-dire emmailloté autour d'une sorte de support avec auvent. L'auvent est destiné à protéger la marmaille contre le soleil ou la pluie. Rien de curieux comme ces poupards, ainsi licelés, les jambes captives, mais les bras ballants dans le vide.

Vers midi, dîner plantureux, ou, pour mieux dire, déjeuner dînatoire, car on ne dîne ici qu'à partir de cinq heures, tout comme à Paris. Je dois cette aubaine au fait d'être entré dans la « Rôtisserie française », restaurant que l'on pourrait recommander sans crainte au palais le plus délicat.

Il serait pourtant regrettable de quitter la région argentifère sans avoir vu de près les filons merveilleux d'où l'on extrait tant de richesses. La fameuse veine de Comstock, que l'on exploite à Virginia-City, passe pour être la plus féconde que l'on connaisse actuellement dans le monde entier.

Je me rends donc aux bureaux de la mine Ophir, que l'on m'a désignée comme étant l'une des plus importantes de toutes les exploitations minières de la contrée. J'ai le bonheur d'y être parfaitement accueilli. Séance tenante, le directeur me présente à un couple de jeunes mariés ainsi qu'à la sœur d'un des époux, venus ici dans la même intention que moi, et il nous engage à le suivre pour jeter un coup d'œil sur les travaux extérieurs de la mine, en attendant qu'il nous y fasse descendre.

Deux puissantes machines sont établies à l'entrée du puits, l'une dite d'épuisement et servant à préserver les galeries des infiltrations qui s'y produisent par moments, l'autre dite de ventilation, laquelle a pour but de renouveler et de rafraîchir l'air.

Avant de pénétrer dans les souterrains, notre cicerone nous invite à quitter nos vêtements et à nous recouvrir d'un simple costume de flanelle. La précaution est considérée comme indispensable, en raison de la chaleur intense qui règne en certains endroits et des courants d'air froid qu'on rencontre aux alentours.

Cela fait, nous opérons notre descente dans la cage, munis chacun d'une lanterne, et sous la conduite d'un surveillant de travaux. En moins de rien, nous nous trouvons à seize cents pieds sous terre, la plus grande profondeur atteinte par la mine Ophir. Il paraît que, dans certaines exploitations voisines, bien moins importantes cependant, on est descendu jusqu'à deux mille pieds et même au delà. Pour l'instant, la chaleur ne se fait guère sentir, car nous avons mis pied à terre dans la partie du sous-sol la plus directement soumise au déplacement de l'air.

Les galeries dans lesquelles nous nous engageons aussitôt, sont creusées en partie dans le roc, en partie dans la masse de quartz. Chaque jour on ouvre de nouvelles tranchées. Hier encore on exploitait pour la première fois un filon donnant 90,60 pour cent de métal précieux. On m'offre quelques échantillons du minerai. J'entends les garder en souvenir de notre visite.

Nous parcourons ainsi successivement de nombreux couloirs superposés. Chacun de ces couloirs n'a généralement que deux mètres de largeur sur un mètre cinquante à deux mètres de haut. Quelquefois même ces proportions ne sont pas atteintes. Aussi l'accès en est-il loin d'être toujours facile. Il faut souvent s'aider des pieds et des mains et escalader des gradins où le bout de la semelle seul peut trouver place.

Inutile d'entrer ici dans la description technique de l'exploitation des mines d'argent. Il suffira de constater qu'il y a deux sortes de galeries extractives. Dans les unes, le roc demeure à nu; on n'y a recours à aucun moyen d'étayement. Dans d'autres, au contraire, les parois, très friables, sont maintenues par des boisages et piliers consolidés de toutes façons.

De nombreuses précautions sont prises, du reste, à l'effet de prévenir les éboulements. Dès qu'une galerie, entièrement exploitée, devient sans objet ou dangereuse à conserver, on la comble de débris de carrière, ou bien encore de rochers extraits d'un autre chemin.

A certains endroits, des nuages de poussière sont soulevés sur notre passage par les quartiers de roc ou les morceaux de minerai que l'on fait sauter au moyen de la dynamite.

L'atmosphère des galeries est positivement infernale, surtout dans celles qui sont les plus éloignées du puits d'entrée, l'air refoulé du haut n'y parvenant qu'après des détours sans nombre. On y constate jusqu'à 45° centigrades, et même davantage. Les malheureux condamnés par profession à respirer ces brûlants effluves y travaillent vêtus d'un simple pantalon. Nous en voyons même plusieurs qui se sont tout uniment débarrassés de ce vêtement indispensable. Et non seulement le plus léger habit leur serait à charge, mais ils sont encore obligés, pour ne pas

NEW HÔTEL, A DUTCH-FLATT (Voy. p. 286).

suffoquer, de se plonger continuellement la tête dans l'eau fraîche amenée par des conduites spéciales, ou de recourir à l'emploi incessant de la glace. A notre approche et sur l'avertissement du surveillant, les travailleurs dont il s'agit s'enfuient en courant devant eux, pour ne pas offusquer le regard des jeunes femmes descendues avec nous dans cet antre de nudité.

Notre promenade sous terre n'a pas duré moins d'une grosse heure. Aussi n'est-ce pas sans un vif sentiment de bien-être que nous nous sentons revenus à l'air libre. En quelque sécurité qu'on se sache, l'idée de ces masses rocheuses amoncelées au-dessus de votre personne ne laisse pas que de vous causer une vague et pénible oppression. Il faudrait être Atlas ou Vulcain pour n'en point être secrètement ému. Pauvres gens qui se condamnent volontairement à vivre ici, au lieu de humer la brise dans les prairies en fleurs ou dans les sillons dorés !

Excellent dîner et vins de choix à la Rôtisserie de ce matin. Ce n'est pas à tort que

EXPLOITATION HYDRAULIQUE
DES MINES D'OR
(Voy. p. 285).

la France a prêté au local sa haute réputation culinaire.

La ville est très animée, à cette heure. Les rues sont pleines de promeneurs prenant le frais ou se rendant aux différents spectacles offerts à la population. Quant aux bars et aux restaurants, ils sont littéralement pris d'assaut. Cela n'a rien d'étonnant. La plupart des mineurs, vivant ici en célibataires, se voient contraints d'aller dîner au cabaret.

Vers sept heures, je repars pour Reno, que nous avions quitté ce matin.

A Carson, ayant pu trouver place dans un Pullman-car, j'ai le plaisir de me rencontrer à nouveau avec mes trois compagnons de la mine Ophir. Ils paraissent aussi heureux que moi de cette reconnaissance éphémère. Telle est la vie en voyage. On échange quelques idées, on se serre la main avec effusion, puis, on se dit adieu pour toujours.

A dix heures, nous sommes à destination, et, tandis que mes amis d'un moment s'en vont vers l'est, je reprends, pour ma part, dans la direction opposée, la ligne du Pacifique un instant abandonnée.

Je compte descendre cette nuit même devant Dutch-Flatt, siège d'importantes mines hydrauliques d'or. Ces exploitations m'ont été signalées par un Américain très obligeant, rencontré ce matin durant mon parcours de Reno à Virginia-City. Elles seraient plus intéressantes même que celles de Nevada-City, si hautement recommandées. De plus, elles passent pour être d'accès plus facile, en ce sens qu'elles se trouvent à proximité de la voie ferrée. De là, économie de temps fort appréciable.

Le train que j'ai pris à Reno à dix heures et demie, sur cette indication, n'est pas mentionné dans les indicateurs de chemin de fer, car il est tout à fait local. Il me mènera justement à Dutch-Flatt trois heures avant le passage de l'express du Pacifique.

Après avoir dépassé Verdi, petite station rendue tristement célèbre par le pillage d'un convoi de chemin de fer, on entre dans l'État de Californie.

Bien que je sois extrêmement fatigué par toutes mes pérégrinations, je me décide à rester debout sur la plate-forme du *car*, afin de ne pas perdre le coup d'œil de la partie de pays habituellement désignée sous le nom générique de *Summit*, et qui passe pour être une des plus intéressantes de la route.

Samedi, 2 septembre. — Le Summit — ainsi que le mot anglais l'indique suffisamment — est le point culminant de la ligne du *Central-Pacific*, laquelle suit une dépression de la Sierra-Nevada, située à deux mille cent cinquante mètres environ au-dessus du niveau de la mer. Une altitude aussi élevée a nécessité l'établissement de longs et nombreux *snows-sheds*, les galeries de bois que nous avons déjà rencontrées sur notre route et qui sont destinées à garantir les rails des amoncellements de neige. Ici ces paraneiges se succèdent presque sans interruption, tantôt plongeant dans la profondeur des gorges, tantôt s'enroulant autour des montagnes ou s'accrochant au flanc de rochers escarpés où ils semblent suspendus entre ciel et terre.

C'est vers une heure du matin que nous atteignons la région du Summit.

Comme aspect, le Summit, hérissé de pics sourcilleux et traversé par un lac bordé de sapins noirâtres, dépasse tout ce que l'imagination peut rêver de plus imposant. Vu de nuit, à la clarté mystérieuse de la lune, l'ensemble bizarre de ces éléments pittoresques est d'une beauté sans égale, d'une grandeur incomparable.

Dans les profondeurs qui s'entr'ouvrent sous nos pas, je distingue un grand feu de bois, allumé sans doute par quelques émigrants traversant la Sierra-Nevada, ou par de hardis chasseurs explorant la montagne. Ce point fulgurant, au milieu des ombres gigantesques formées par les forêts de sapins échelonnées à perte de vue, a quelque chose de vraiment fantastique.

Pourquoi passer si vite, hélas !... Déjà, aux premières rampes qui avaient si bien captivé notre admiration, ont succédé mille roches abruptes, séparées les unes des autres par d'énormes tranchées. Désormais la route se poursuit à travers des bois de sapins et entre des montagnes où le regard ne jouit plus que de rapides échappées sur les profondeurs.

En ce qui concerne la voie ferrée, se hissant ainsi par-dessus la Sierra-Nevada, c'est tout simplement une merveille d'audace et de génie. Sur la faible distance de cinquante milles, en effet, c'est-à-dire sur quatre-vingts kilomètres à peine, nous avons pu nous élever à près de huit cents mètres. Mais la descente sera plus rapide encore, puisque nous aurons à nous abaisser de dix-neuf cents mètres par une seule rampe mesurant à peine cent vingt kilomètres. Blue-cañon,

au fond duquel court un torrent impétueux, est l'endroit précis de la ligne où la pente est le plus accentuée. On croirait rouler dans un précipice.

Sur les trois heures du matin, nous arrivons à Dutch-Flatt, dont l'existence n'est signalée que par une guérite de misérable apparence. Je m'estime bien heureux d'y rencontrer un employé assez obligeant pour prendre soin de mes menus bagages, car le conducteur du train m'avait prévenu que je n'y trouverais probablement personne. Cette petite station, à vrai dire, n'est ouverte réglementairement que durant le jour.

Sans m'attarder plus longtemps, je m'engage sous les bois qui avoisinent la gare.

Malheureusement la lune, qui tout à l'heure inondait de ses rayons les crêtes fantastiques du Summit, a désormais disparu, ne laissant pas même à l'horizon la vague lueur d'un crépuscule. Il fait nuit noire, et les arbres qui m'entourent accroissent encore l'opacité des ténèbres. Malgré mille efforts, mes yeux ne parviennent point à distinguer le chemin en pente qu'on m'avait indiqué comme conduisant à la ville, et que je sens lentement glisser sous mes pas. Ce n'est là, du reste, — si mes appréciations sont exactes, — qu'une simple levée de terre, horriblement ravinée par les pluies. Aussi ne fais-je que buter sans cesse contre des obstacles invisibles.

A une certaine distance cependant, le fouillis des arbres s'éclaircit, donnant place sur la gauche à une sorte de terrain qui paraît être totalement dénudé. Et aussitôt des bruissements, que j'attribue à un torrent voisin ou à une cascade, s'échappent des profondeurs environnantes, irrégulièrement martelés de coups secs produits par quelques corps durs entrechoqués. Sans craindre absolument de m'exposer à des rencontres fâcheuses le long d'une route où, certes, les rôdeurs de nuit eux-mêmes courraient trop le risque de perdre leur temps, je ne suis qu'à demi rassuré, et je tiens instinctivement la main droite sur la crosse de mon revolver. De la main gauche, au contraire, je fourrage en avant au moyen de ma badine, en manière de reconnaissance.

L'excursion en elle-même n'a rien — on en conviendra — de bien récréatif. Arriver de nuit en pays inconnu, dans une région fréquentée par les pires aventuriers, ne saurait prêter à la joie. Mais tout me réussit aujourd'hui.

C'est ainsi que j'arrive sans encombre, après une vingtaine de minutes, à la grossière agglomération de bicoques décorée par les mineurs du nom pompeux de *City*.

Bien que je n'aperçoive âme qui vive, devant moi soudain se présente un débit de boissons encore tout éclairé, malgré l'heure indue : quelque *saloon*, comme on dit dans le langage emphatique des pionniers, et, tout à côté, un *hôtel*, dont je n'ai qu'à pousser la porte. Ledit hôtel est — comme on le pense bien — une très vulgaire auberge, un véritable taudis.

N'importe ! A la grande rigueur, je n'en demandais pas davantage.

Entrons ! — La pièce d'accès est, pour le moment, entièrement vide. Par contre, une pancarte, accrochée à la muraille, déclare, sans ambages, qu'on est

née séance tenante, et je le prie de me tirer de mon sommeil une heure plus tard.

La recommandation était inutile. M'étant réveillé à l'heure dite, spontanément, j'ai beau, moi-même, frapper, appeler, tempêter, personne ne se présente.

CAPE-HORN, DANS LA SIERRA-NEVADA (Voy. p. 291).

En désespoir de cause, je descends à la découverte des mines, situées à peu de distance, d'après les indications qui m'avaient été fournies. Mais le chemin n'en est pas facile à trouver. Ce n'est qu'après avoir erré pas mal de temps et fait nombre de détours dans un labyrinthe de sables que je tombe enfin brusquement sur l'objet de ma curiosité.

Autour de moi s'étend un terrain inégal, raviné de toutes parts, incessamment attaqué par des jets d'eau doués d'une force de projection considérable. Des masses terreuses et des blocs de pierre du poids de plusieurs tonnes sont détachés et dispersés dans tous les sens sous ces torrents factices. J'ai maintenant l'explication des bruits étranges que j'avais perçus pendant l'obscurité. Telle est, en effet, la soif effrénée de l'or, que les travaux ne sont interrompus ni jour ni nuit, si ce n'est en cas de force majeure.

tenu de payer son logement d'avance. L'avis, peu flatteur pour la clientèle du lieu, laisserait peut-être à réfléchir ; mais impossible de reculer. Je frappe donc avec résolution sur la table, en guise d'appel. Le patron de la case surgit aussitôt, en homme habitué à ces visites nocturnes. Il est trois heures et demie du matin. Je demande à l'hôte une chambre, qui m'est don-

Ces moyens de désagrégement du sol n'ont pas

toujours existé. Jadis — il y a bon nombre d'années — on n'attaquait la couche aurifère qu'à l'aide de la pioche, et l'opération du lavage se faisait à la main. Malgré l'outillage rudimentaire employé à cette époque, on a pu extraire ainsi sur le territoire californien des quantités énormes du précieux métal, quantités qu'on n'estime pas inférieures à des centaines de millions de dollars.

Mais on a dû changer tout cela en présence de l'appauvrissement graduel du sol aurifère et des minces bénéfices résultant d'une plus-value dans la main-d'œuvre. C'est d'alors que date l'installation des appareils hydrauliques. Aujourd'hui l'on creuse la montagne au moyen de puissantes colonnes d'eau, et, laissant de côté les caissons primitifs affectés au lavage, on fait courir de toutes parts le liquide travailleur dans des chenaux appelés *flumes*, dont le lit renferme une épaisse couche de mercure destinée à absorber au passage la matière précieuse.

Toute la question consistait, dès lors, à se procurer la quantité d'eau nécessaire pour une exploitation de ce genre. Mais l'Américain n'admet pas les obstacles. On dépensa des sommes considérables pour l'amener des montagnes les plus rapprochées, en creusant des tranchées et des aqueducs, et l'on obtint ainsi des chutes d'eau mesurant jusqu'à deux cents mètres de hauteur. La force de projection atteinte par ce procédé est presque irrésistible. L'eau, lancée contre le flanc des montagnes, les désagrège complètement. Ce n'est même que pour briser les conglomérats les plus compacts qu'on emploie la poudre et la dynamite.

Comme on devait s'y attendre, des compagnies spéciales se sont chargées de fournir l'élément indispensable aux mineurs, à des prix variant selon le diamètre des tuyaux. Il s'en faut, toutefois, qu'elles puissent fonctionner pendant les douze mois de l'année. En temps de sécheresse, c'est-à-dire pendant cent vingt à cent cinquante jours, le travail est forcément suspendu. En ce qui concerne Dutch-Flatt, ce sont les eaux du Summit qui ont été utilisées. Certains aqueducs, chargés de les y conduire, atteignent, à Prospect-Hill, une élévation de plus de cent pieds au-dessus du chemin de fer.

Déjà les terrains que j'aperçois ici ont été remués dans tous les sens. Le paysage n'y présente partout qu'un vaste panorama de champs de sables et de monticules lavés ou non lavés d'un ton fauve. Quel travail de fourmi, quelle âpreté à la recherche du trésor caché ! Il faudra des siècles pour effacer les traces de cette désagrégation infernale ; et si l'on ajoute à ce chaos l'ensablement produit dans les cours d'eau par des torrents toujours chargés de poussière et de décombres, cause périodique d'inondations pour les riverains, on se fera une idée du dommage infligé au pays par l'exploitation même des richesses qu'il renferme dans son sein.

Tout en m'abandonnant à ces réflexions, je jette un dernier regard sur les puissants béliers hydrauliques attaquant le flanc des montagnes et les faisant crouler dans un effort sans arrêt ; spectacle grandiose et captivant s'il en fut, que cet émiettement des masses ! Toutefois il faut absolument m'y arracher pour retourner à mon hôtellerie, où j'ai à solder ma dépense, car la fameuse prescription d'avoir à payer d'avance ne m'avait point été appliquée.

A ma rentrée, je vois la salle commune occupée par une vingtaine de mineurs d'aspect farouche et patibulaire. Tel est le type des gens qu'on rencontre partout dans les montagnes Rocheuses, « la cape en dents de scie et les bas en spirale », comme chez Don César de Bazan. Mais je fais erreur. On ne porte pas de bas en ce pays de rocailles. Une simple chemise de flanelle, des habits souillés et déteints, un pantalon grossier s'engouffrant dans de larges bottes couvertes d'une crotte inattaquable, des chapeaux sans forme et sans époque, bossués, déchirés, décolorés : voilà l'uniforme sous lequel m'apparaît la compagnie. On dirait plutôt une bande de voleurs qu'une assemblée d'artisans. Assis, qui sur des bancs, qui sur des coffres, qui encore et simplement par terre, tous sont pour le moment occupés à des soins de toilette que nous appellerions... élémentaires. Les uns se chaussent, les autres rajustent leurs vêtements épars, ceux-ci se donnent un air de peigne, ceux-là vont même jusqu'à se gratifier d'un coup de brosse. Singulière idée, vraiment, de préférer, pour ce genre d'opérations, la salle commune à sa chambre à coucher !

LAVAGE DE L'OR, D'APRÈS L'ANCIEN PROCÉDÉ
(Voy. p. 286).

Tcut en m'en demandant la raison, je me faufile entre les groupes jusqu'au comptoir, à supposer qu'on puisse décorer de ce nom l'assemblage sordide et souillé qui en tient lieu. Notre hôte y siège sournoisement, à l'instar de ces grosses araignées tapies dans

ne m'attendant guère à pareil désintéressement. Comment! dans un pays où tout se paye au poids de l'or qu'on y vient querir, dans une région qui m'inspirait si peu de confiance, on m'exprime de semblables scrupules! Le moins exigeant de nos hôteliers d'Europe

LE GRAND CAGNON AMÉRICAIN (Voy. p. 291).

un coin et prêtes à s'élancer sur leur proie. Sur ma demande : « Combien vous dois-je?

— Rien, fait-il, à ma grande stupéfaction.

— Rien! et pourquoi?

— Vous êtes arrivé ici à trois heures et vous en êtes reparti à quatre. C'est à peine si vous avez eu le temps de vous laver le bout du nez ! »

Ma foi! sans m'effaroucher plus qu'il ne convient de ce ton un peu familier, je le regarde interloqué,

serait un arabe à côté de ce magnanime gargotier. J'insiste. Peine inutile ! — Et comme je n'aperçois pas l'ombre d'un serviteur à qui je puisse offrir une gratification, je me vois forcé d'accepter cette haute générosité, sous peine de me voir bel et bien expulsé.

Autre détail topique, également inexplicable. Les magasins demeurent ouverts toute la nuit, ainsi que les *saloons* et les hôtels. Y serait-on revenu, malgré les apparences, aux mœurs patriarcales du bon vieux temps?

Mais je n'ai plus à perdre une minute pour regagner la gare. Partons! — La route est décidément semée de troncs d'arbres abattus et de débris de tuyaux de fonte, autant d'obstacles contre lesquels j'avais buté cette nuit. La montée est, de plus, fort ardue.

J'arrive au chemin de fer tout essoufflé, n'ayant que le temps de reconnaître les services de l'obligeant employé qui avait gardé mes bagages, et de sauter dans le train qui va repartir. Il n'est encore que six heures et demie du matin.

Curieuse coïncidence : je me trouve, en Palace-car, avec une société de Français qui, de premier abord, m'ont tout l'air d'appartenir à quelque troupe de comédiens voyageurs, pour ne pas dire ambulants.

— Mais pas de zèle! Gare surtout aux liaisons... dangereuses.

— Les velours sont strictement prohibés à la porte.

— Nous ne serions pas assez riches pour acquitter les droits d'entrée.

— Surtout, laisse au vestiaire ton petit « assent », fleur de Tarbes et de Saint-Jean-de-Luz.

— On nous prendrait pour des petits-fils de Henri IV, et nous sommes en pays démocratique.

— Bah ! c'est tous Espagnols, en ce pays; ça leur rappellera la mère patrie...

— Vous allez voir qu'elle donnera dans l'œil à quelque propriétaire de mine.

TRAITEMENT DE LA MATIÈRE AURIFÈRE. — LES « FLUMES » DE DUTCH-FLATT
(Voy. p. 280).

J'ai, du reste, lieu d'être bientôt fixé sur leur caractère.

Mes compagnons de route sont au nombre de douze, dont trois dames, sans compter la femme de chambre qui les accompagne. Ils m'ont pris évidemment pour quelque Américain pur sang, et se sont mis bientôt à causer librement de leurs petites affaires. Celui qui me parait être à la fois le premier sujet et l'impresario de la troupe est, pour le moment, en grande consultation avec la prima-donna. Il s'agit d'une opérette d'Offenbach à jouer prochainement, et dans laquelle il faudrait un quatrième personnage féminin. En désespoir de cause, on aura recours à la camériste. Celle-ci, consultée, consentirait à jouer le rôle, s'il est considérablement allégé. Et les voilà tous, maintenant, à prodiguer les conseils ou les railleries amicales à l'artiste improvisée.

« Joséphine, je te dis que tu t'en tireras comme un ange.

— Dis-donc, Joséphine, tu nous passeras des pépites. »

Et la femme de chambre, d'un ton piqué : « Eh doncque! Est-ce que j'ai demandé à « lé jouère, votre rolle » ?

— Dorinne, calme-toi, mon amie.

— Lisette, pas de « susceptiblités »! »

Et les rires et les saillies d'éclater, sans effort, dans ce milieu toujours chauffé à blanc.

Je me vois transporté, à cent cinquante ans de distance, en plein roman comique. A coup sûr, si cette compagnie ne brille pas absolument par une distinction exquise, elle dériderait le plus morne des misanthropes. Les « dames », un peu « fatiguées » sous bien des rapports, prennent une moindre part à ces jongleries de tous les instants. La chose s'explique aisément quand on songe qu'elles doivent jouer tous les soirs, souvent deux fois par jour, et qu'il faut, entre temps, franchir en chemin de fer des distances

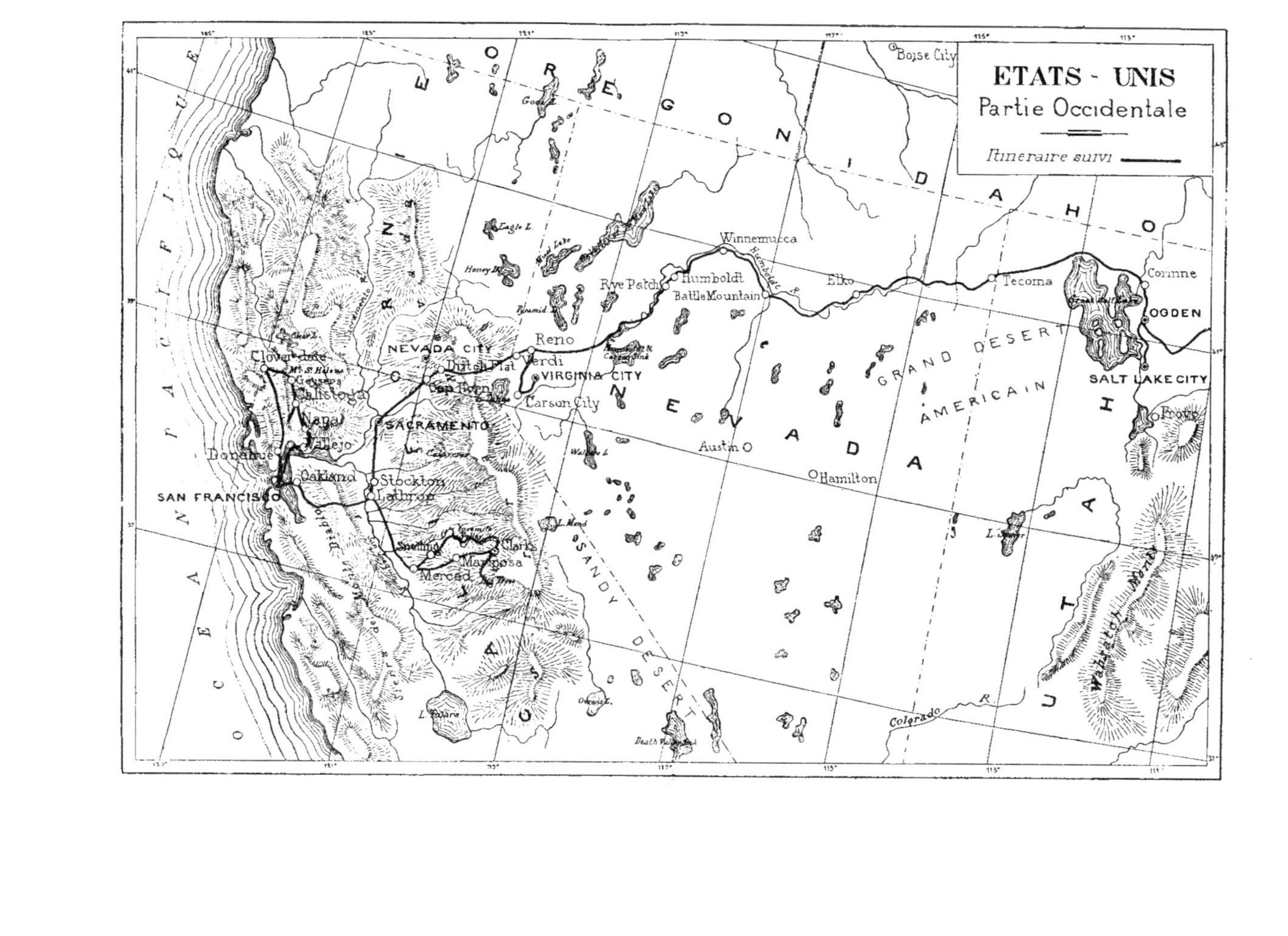

ETATS - UNIS
Partie Occidentale
Itinéraire suivi
OREGON
IDAHO
NEVADA
UTAH
CALIFORNIE
OCÉAN PACIFIQUE
Boise City
Winnemucca
Humboldt
Elko
Tecoma
Corinne
OGDEN
SALT LAKE CITY
Provo
Rye Patch
Battle Mountain
Reno
Verdi
NEVADA CITY
Dutch Flat
VIRGINIA CITY
Carson City
Austin O
O Hamilton
GRAND DESERT AMERICAIN
SANDY DESERT
Clover dale
Geysers
Calistoga
Napa
Vallejo
Donahue
Oakland
SACRAMENTO
Stockton
Lathrop
SAN FRANCISCO
Snelling
Clark
Mariposa
Merced
Colorado R.
Wahsatch Monts
Death Valley
Eagle L.
Honey L.
Pyramid L.

considérables. Toutes sont mariées, et chacune n'a entendu faire de ce voyage en Amérique qu'une question d'argent, pure et simple. Ensuite on se retirera du théâtre, ce rêve de la comédienne sur le retour, rêve toujours si difficile à réaliser. Quant aux hommes, ils possèdent, les uns et les autres, au plus haut degré, l'art essentiellement français de plaisanter indéfiniment. Pendant les quelques heures que je voyage avec la compagnie, je suis admis à tout un cours de langue verte et d'argot parisien, dernière édition.

Entre sept et huit heures, nous contournons Cape-

ciers éblouissent les yeux par leur blancheur éclatante. Ce panorama, sur lequel les vapeurs matinales jettent comme un voile de gaze, est, à coup sûr, un des plus remarquables de toute la ligne du Pacifique.

En descendant de Cape-Horn, nous nous engageons sur une de ces longues jetées en charpente comme nous en avons traversé si souvent sur notre parcours, notamment à Dale-Creek. A la différence, toutefois, des ponts de bois rencontrés jusqu'à présent, celui-ci décrit une grande courbe qui est de nature à en diminuer encore davantage les chances de solidité.

A dix heures, notre train fait halte à Sacramento,

PONT DE BOIS, PRÈS DE SACRAMENTO (Voy. p. 291).

Horn, sorte de promontoire auquel on a donné, par similitude, le même nom qu'à l'extrémité de la Terre de Feu. Ce pic constitue une énorme masse rocheuse sur le flanc de laquelle le rail serpente à une prodigieuse élévation au-dessus de l'American-river.

Le train s'arrête en ce lieu pendant quelques minutes, pour laisser aux voyageurs le temps d'admirer le panorama.

De cet observatoire, le regard embrasse les profondeurs du Great-American-cañon, ravin d'une beauté incomparable où coule, à plus de six cents mètres au-dessous de nos pieds, la paisible petite rivière citée plus haut. Vers l'ouest, des rochers menaçants semblent prêts à rouler dans l'abîme, tandis que, du côté du sud, ce sont des cimes à jet continu, un véritable océan de montagnes Plus haut, les gla-

capitale administrative de l'État de Californie, mais non la véritable tête du pays. Il est à remarquer, en effet, que les différents États de l'Union ont choisi des villes secondaires, mais centrales, pour y établir le siège de leur gouvernement. Ainsi, l'État de New-York a pour capitale Albany; l'État de Pensylvanie, Harrisburg. La République entière met son générateur politique à Washington. Si cette dernière ville n'était pas l'objet d'un choix aussi honorifique, elle n'aurait aucune importance par elle-même.

Le capitole de Sacramento offre quelques points de ressemblance avec celui de la cité fédérale. Quant à la ville, trop de fois dévastée par les inondations provenant de la fonte des neiges et par les débordements de la perfide rivière aperçue de Cape-Horn, elle se transforme chaque jour et sera bientôt entièrement mise à l'abri des crues les plus extraordinaires.

A midi et demi, enfin, nous mettons pied à terre à Stockton. C'est de cette localité que je compte entreprendre, sans délai, une excursion à Yosemite-Valley, région enchanteresse de la Sierra-Nevada.

En conséquence, je me fais conduire immédiatement à Yosemite-House, un des hôtels les plus fréquentés de la ville, où se trouve en même temps une agence de voitures publiques desservant la contrée. A ma grande mortification, le propriétaire de cet hôtel m'annonce que non seulement je ne pourrai partir en expédition aujourd'hui, — car il n'est plus de départ à cette heure, — mais qu'il me sera même impossible de la commencer demain, à cause du dimanche. Comme je crois deviner, à la joie mal dissimulée du bonhomme, qu'il espère me combler de soins obligeants et rétribués un peu plus de temps qu'il serait indispensable, je me mets aussitôt en quête de renseignements.

Mes pronostics se vérifient. J'apprends, en effet, qu'en prenant par la voie de Merced, j'arriverai à Yosemite-Valley bien plus promptement que par l'autre route. Les *stages* ne circulent plus régulièrement sur celle de Stockton, en raison de la saison déjà un peu tardive.

Quiconque a savouré les âpres délices de la vengeance — ce plaisir des dieux — comprendra la satisfaction avec laquelle je vais communiquer à mon hôte le résultat de mon enquête, et le prévenir que je partirai pour Merced, pas plus tard que ce soir. Je fais même coup double, car j'enveloppe dans une égale confusion un gros monsieur, agent de la Compagnie rivale et son complice, lequel m'avait laissé très sournoisement ignorer qu'il existât une autre voie.

Stockton, que je parcours dans l'après-midi, est une petite ville de douze mille habitants, sans aucune importance pour le touriste. J'y vois, pourtant, un puits artésien creusé à plus de mille pieds de profondeur, et qui fournit journellement plus de trois cent mille gallons d'eau potable. Celle-ci jaillit à onze pieds au-dessus de la surface du sol.

A sept heures, départ pour Lathrop, où je laisse le bagage dont je ne saurais que faire durant mon excursion. Puis, après m'être muni d'un billet en destination de Merced, je parviens sans incident dans cette dernière localité vers dix heures et demie du soir.

A la station de Lathrop étaient montés dans le train sept voyageurs : trois Bavarois, un personnage qui se dit Anglais et journaliste, et enfin trois gentlemen de nationalité danoise. Cette rencontre m'est d'autant plus agréable que, parmi les trois Bavarois, il en est deux avec lesquels j'ai fait naguère en Allemagne plusieurs excursions dont j'ai conservé le meilleur souvenir. Nous visiterons ensemble la vallée célèbre.

En attendant, nous allons tous descendre à l'hôtel El Capitan, vaste établissement des mieux tenus, où l'on délivre des billets circulaires pour toute l'excursion, au prix de quarante-cinq dollars par personne.

HUMBOLDT. — UNE OASIS DANS LE DÉSERT AMÉRICAIN
(Voy. p. 271).

DANS LA SIERRA-NEVADA

En diligence. — Roulis et mal de mer. — Mariposa. — *Clark's-Ranch*. — Un intérieur patriarcal. — Au pays de Brobdingnag. — Les *big trees* ou grands arbres. — Cinquante siècles d'existence. — Sur le bord de l'abîme. — La vallée de Yosemite. — Pics et cascades. — A cheval. — La plus haute chute du monde. — Le lac Miroir. — Un sentier de chèvres. — Rencontre de Peaux-Rouges. — Le cap de la Liberté. — *Snow-house*. — Soirée fantastique dans la montagne. — Excelsior. — *Glacier-Point*. — Un panorama sans pareil. — En vers... et contre les hôteliers. — Descente périlleuse. — Leidig's Hotel. — Rationnés. — Un personnage mystérieux. — Encore en diligence. — *Bower Cave*. — Chaleur et poussière. — Coulterville. — La région des placers. — Snelling. — Un peu d'ombre et de fraîcheur. — Vers San-Francisco. — Ponts de bois et annonces dans la baie. — En compagnie élégante. — Une banque qui chôme. — L'hôte complaisant. — Enfin, nous dînons.

SUR LE VERSANT OCCIDENTAL DE LA SIERRA-NEVADA;
VUE PRISE DES HAUTEURS DE CLOUD'S REST

Dimanche, 3 septembre. — Yosemite-Valley, autrement dit la vallée de l'Ours Gris, où nous comptons désormais porter nos pas, est une gorge étroite et profonde située au sud de Sacramento, dans la partie occidentale de la Sierra-Nevada.

Toutefois, avant de nous y engager, nous ferons un crochet pour aller rendre un juste tribut d'admiration aux pins géants, vingt fois séculaires, qui croissent aux environs, et qui sont désignés par le commun sous le nom générique de *Big Trees* ou grands arbres. Il y a deux endroits de la contrée où ces arbres géants croissent de préférence, à Calaveras et à Mariposa ; mais si le champ de Calaveras est sensiblement plus étendu que celui de Mariposa, c'est dans le dernier — celui que nous comptons visiter — que se trouvent le plus grand nombre de spécimens dignes d'être admirés.

C'est seulement depuis l'année 1850 que cette région,

une des plus intéressantes du globe, s'est acquis la haute réputation dont elle est entourée. A cette époque, les quelques blancs qui s'étaient établis sur le bord des cours d'eau descendus de la montagne, vivaient dans un état de lutte perpétuelle avec les Peaux-Rouges. Or, comme il importait de mettre un terme à l'effusion journalière du sang, on dut organiser plusieurs expéditions, et l'on fut ainsi à même d'explorer des curiosités naturelles demeurées jusque-là presque méconnues.

En 1864, sur les instances de quelques personnes influentes de San-Francisco, le gouvernement de Washington attribua à l'État de Californie, en propriété particulière et inaliénable, Yosemite-Valley ainsi que le territoire des grands arbres de Mariposa, et décida solennellement que la contrée tout entière, érigée au rang de parc national, ne pourrait être exploitée autrement que comme lieu d'étude et de récréation. Il en résulte que les baux d'hôtels et de refuges, toujours faits à terme, n'y sont consentis que pour la période maximum de dix ans. Sans cette clause judicieuse, Yosemite-Valley ne tarderait pas à passer aux mains de quelques particuliers et à devenir, comme nombre de localités remarquables en Amérique, l'objet d'une scandaleuse exploitation.

Dès six heures, nous sommes tous en voiture. Le temps est beau, quoique frais. Notre *party* se compose de neuf voyageurs, pressés dans un *stage* attelé de quatre chevaux et serrés l'un contre l'autre comme des harengs en caque. Pour ma part, j'ai dû conquérir une place sur le banc même du cocher, entre le chevalier du fouet et certain grand diable de Mexicain, coiffé d'un énorme sombrero et portant une carabine en bandoulière.

On se met en route au grand trot. A travers les rues de Merced, nous faisons un bruit d'enfer, emportés par nos quatre bêtes. Bien que ces dernières soient fourbues à force de travail et m'apparaissent aussi efflanquées que Rossinante lui-même, le courage ne leur fait point défaut. Il paraît qu'elles conserveront leur rapide allure pendant toute la première partie de l'excursion. Hâtons-nous d'ajouter que l'automédon ne les ménage guère. Il est là qui leur prodigue tour à tour les épithètes les plus flatteuses et les injures les moins méritées. Pauvres victimes! Entre temps, il monologue complaisamment à mi-voix, tout en ponctuant dithyrambes et philippiques de maîtres coups de fouet.

Dès la sortie de la ville, nous avons abandonné toute route carrossable, nous dirigeant droit vers la montagne, sans nul respect pour la propriété privée. Autour de nous du reste, rien que des plaines sablonneuses recouvertes çà et là d'une maigre végétation, ou des collines plus ou moins abruptes.

Sur certains points rocailleux, le mouvement qui nous secoue est comparable au roulis des flots. C'est à en ressentir le mal de mer. Et ceci n'est pas une pure hyperbole, car le publiciste anglais dont j'ai signalé la présence parmi nous, ne tarde pas à payer son tribut à ce nouvel océan déchaîné. En ce qui me concerne, afin de ne pas culbuter, je suis réduit à me cramponner au dossier du siège, heureux d'en être quitte pour quelques contusions. Un de nos Cimbres altiers, gentleman entre deux âges, coiffé d'un gibus magnifique à poil gris, moins favorisé dans l'épreuve, ne doit le salut de son crâne qu'à la protection de son couvre-chef. Mais quels renfoncements!...

Rien d'intéressant d'ailleurs sur tout ce parcours laborieux, sauf la vue constante des montagnes sous les rayons changeants du soleil qui monte. Et encore le tableau nous est-il presque incessamment caché par la poussière qui s'élève en tourbillonnant sous le pas de nos chevaux. Nous en sommes littéralement couverts des pieds à la tête. Au milieu d'un tel nuage retombant en pluie sur nos personnes, nous sommes bientôt rendus méconnaissables. On ne pourrait soupçonner ni la teinte réelle des vêtements, ni la couleur de la barbe ou de la chevelure. Il n'y a que le vert-galant sus-mentionné qui ait conservé son aspect primitif, un mélange poivre et sel révélateur de ses printemps... et de ses hivers.

Au second relai, — il y en aura quatre jusqu'à Yosemite, — nous prenons un cheval de renfort.

Vers une heure, arrêt à Mariposa, petite ville sans intérêt d'aucune sorte, mais qui, autrefois, possédait une certaine importance comme centre minier. Nous y absorbons un repas convenablement servi eu égard à la région où nous sommes.

Aux approches de cette localité, déjà le paysage tendait à se modifier du tout au tout. Peu à peu, les hauteurs naguère dénudées s'étaient recouvertes de sapins et de bois verdoyants. A partir de Mariposa, la végétation devient encore plus touffue. Désormais, aussi, les rampes vont se succédant plus fréquentes, plus rapides et plus étendues. Nous atteindrons ainsi graduellement une altitude assez élevée, dans le cœur même de la Sierra-Nevada.

Le nom de la chaîne de montagnes, la voiture au long attelage, l'aspect de la contrée, mon voisin à l'escopette et au vaste sombrero, le cocher lui-même, tout me fait songer, en ce moment, à ces tournées en Espagne, au cours desquelles j'avais jadis parcouru l'Andalousie, en allant *tra los montes*, soit de Grenade à Almeria, soit de Séville à Gibraltar.

De tous côtés à la fois s'offrent maintenant à nos yeux de superbes points de vue dans les montagnes, lesquelles sont couvertes de sapins magnifiques au tronc droit, lisse et régulier. Plus nous avançons, plus la végétation prend de l'envergure. Il semblerait, en approchant des *big trees*, que la nature veuille exciter la surprise du voyageur par une gradation savamment calculée. Déjà nous dépassons des tiges d'une grosseur prodigieuse et qui seraient considérées partout ailleurs comme de véritables colosses.

Vers huit heures, la montée s'accentue. En tel endroit, la rampe est même si escarpée que nous devons mettre pied à terre pour soulager l'attelage.

Le point culminant de cette ascension est à quelque

une rapidité vertigineuse et terrifiante, sur l'autre versant de la montagne.

De Mariposa à Clark's-Ranch, ou campement de
Clark, auprès duquel le *stage* fait halte vers neuf

PASSAGE FRAYÉ DANS UN DES GRANDS ARBRES DE LA CALIFORNIE

deux mille mètres au-dessus du niveau de la mer. On
y trouve un premier groupe d'arbres superbes. Mais
nous ne nous y arrêtons qu'en passant, la nuit nous
ayant déjà surpris. Remontés dans notre grossier
quadrige, nous nous laissons dès lors glisser, avec

heures du soir, il y a plus de vingt-cinq milles de
distance, et nous les avons franchis avec maestria.

Sous les pâles rayons de la lune, *Clark's-Ranch*
nous apparaît formé de quelques pavillons rectan-
gulaires en charpente, composés d'un simple rez-

de-chaussée et ne comportant aucune ornementation.

Malgré cette simplicité extérieure, au milieu de la nature sauvage et alpestre qui nous entoure, la vue des pavillons éclairés pour nous recevoir a quelque chose qui réconforte. Celui où l'on nous installe est précédé d'une galerie ouverte sur laquelle ouvrent les portes de nos appartements respectifs. Mais le confortable entrevu n'est qu'illusoire. A peine y sommes-nous relégués, que le froid, particulier à ces hautes altitudes, nous en chasse successivement. Et chacun de se diriger en frissonnant vers la « case » où « l'oncle Clark », entouré de sa famille, va présider aux agapes des excursionnistes. Un grand feu de bois brille dans l'âtre. On est tout heureux de réchauffer ses membres engourdis à ses effluves bienfaisants.

Après souper, grand conciliabule suscité par notre hôte. Il s'agit de prendre des arrangements pour la journée de demain. Dans ce milieu familial et solitaire, les moindres faits prennent l'importance d'un événement. Mistress Clark, elle-même, mise en goût par les insinuations subtiles de son auguste époux, s'est jointe au groupe réuni autour de l'âtre. Et, tandis que les nuages odorants montent soulevés par les fumeurs, les diverses opinions se donnent libre cours comme dans un cénacle parlementaire.

En dernière analyse, et malgré l'opinion motivée des Clark, tombés tout à coup d'accord, mais quelque peu intéressés à nous conserver le plus longtemps possible, l'assemblée décide d'aller aux *big trees* demain matin, dès la première heure, et de partir pour Yosemite dans l'après-dîner. Pourvu, maintenant, que nul n'introduise des bâtons dans les roues de notre char !......

Il est plus de minuit quand nous regagnons notre gîte glacé.

Lundi, 4 septembre. — A cinq heures du matin, j'arpente déjà, non sans impatience, la galerie de mon cottage. Les moustiques, fort abondants au milieu d'une végétation si puissante, ne m'ont pas laissé un moment de repos. Beau ciel; température très fraîche à cette heure matinale : 10° centigrades.

Je parlais hier de bâtons jetés dans nos roues. Cela ne saurait être pris à la lettre, car c'est à cheval que nous devons faire route, ce dernier mode de locomotion étant le seul praticable en une pareille contrée.

En revanche, l'expression est exacte comme figure. Nous devions partir au petit lever du jour. Or, il est huit heures et demie avant que nous montions en selle. Mes appréhensions se sont donc vérifiées. Grâce aux perfides conseils de l'oncle Clark et aux lenteurs apportées au premier repas, nous avons tout doucement perdu le plus clair de notre temps.

Nous sommes neuf excursionnistes en tout, y compris notre guide. La cavalcade ainsi formée pénètre dans un étroit sentier en décrivant mille courbes plus ou moins accentuées à travers la montagne. De quelque côté où nos regards se portent, les sapins apparaissent dressés autour de nous dans leur nombreuse variété. Déjà la plupart des individus sont d'une ampleur extraordinaire. En prenant pour terme de comparaison les plus gros spécimens de nos pays d'Europe, nous pourrions signaler mille êtres phénoménaux sur lesquels nous jetons à peine un regard distrait.

Enfin, après nombre de tours et de détours, nous parvenons jusqu'aux Titans escaladant le ciel, dont nous sommes venus de si loin mesurer l'enjambée. Ils sont en tout quatre cent vingt-sept, ayant chacun, au bas du tronc, un diamètre variant entre six et dix mètres, et ne mesurant pas moins de quatre-vingts à cent mètres de hauteur. Quelle poussée !

Mais fixons par quelques données scientifiques cette fugitive et première impression.

Les grands arbres de la Californie appartiennent — disent les savants français — à l'espèce nommée *sequoia*. D'après les savants anglais, ils devraient s'appeler *Wellingtonia*, appellation à laquelle les Américains se sont empressés d'opposer celle de *Washingtonia*. Les hommes sont ainsi faits. Là où ils devraient laisser toute la gloire à la nature, ils trouvent encore moyen de s'en attribuer une partie.

Quoi qu'il en soit des disputes des botanistes, le vulgaire assigne généralement à ces pins de proportions inusitées plus de deux mille trois cents ans d'existence ; et quelques outranciers, fondant leur assertion sur le nombre des cercles concentriques de l'aubier, pris ordinairement pour base en ces sortes d'estimation, vont jusqu'à prétendre que les gros arbres remontent, ni plus ni moins, à cinq mille ans. Toutes les hypothèses, y compris la première, me paraissent être peu conformes à l'ordre naturel des choses. La vie n'a pas ainsi l'habitude de s'éterniser dans les mêmes êtres. Aussi ne prendrons-nous pas la peine de proposer un chiffre, dont nul, jusqu'à ce jour, ne peut prouver l'authenticité.

Revenons-en plutôt aux faits uniformément admis par la science.

Ce fut le docteur Lindley qui, dans le *Gardner's Chronicle* de Londres, fit le premier la description des grands arbres et les présenta au public sous le nom de *Wellingtonia*, comme les derniers types existants d'un genre disparu. En 1854, le botaniste Decaisne offrait divers fragments essentiels de ces arbres à la Société botanique de France, et dénommait l'espèce *sequoia*, du nom dont les indigènes le désignaient, en se contentant d'y ajouter le qualificatif *gigantea*. Ce n'a été que bien après qu'est apparue la qualification de *Washingtonia*, sûrement appliquée par un patriote américain.

De tout le règne végétal, la plante qui nous occupe est bien certainement la plus extraordinaire sous le rapport des dimensions. Une seule autre pourrait, à la rigueur, soutenir la comparaison avec

LES PINS GÉANTS DE MARIPOSA (Voy. p. 296).

elle, l'eucalyptus d'Australie. D'après le docteur Muller, en effet, ce représentant de la flore asiatique atteint parfois jusqu'à cent et cent vingt-cinq mètres de haut. Le plus gros eucalyptus connu mesure, à quatre pieds du sol, près de vingt-cinq mètres de circonférence, ce qui équivaut à peu de chose près à celle des plus gros *sequoia* de la Californie.

le tronc, pris dans sa grosseur, mesure encore plus de dix pieds de diamètre, tandis que, du côté des racines, il en atteint au moins vingt-cinq. Lorsque, dressé sur mes étriers, je lève le bras en tenant ma canne au plus haut, l'épaisseur du tronc renversé dépasse encore la pointe du rotin de toute la moitié de sa masse.

Le Grizzly-Geant, le plus colossal de tous, est encore debout. Il a onze mètres de diamètre, soit près de trente-cinq mètres de circonférence. La première branche qui s'élance de la tige se trouve à soixante-cinq mètres d'élévation, c'est-à-dire à la hauteur des tours de Notre-Dame de Paris ; cette même branche ne mesure pas moins de huit pieds de diamètre.

Nous entrons quatre, à cheval, dans l'intérieur carbonisé d'un troisième *sequoia* également debout, et nous y tenons très à l'aise. Un autre colosse, évidé par la base, nous contient tous les neuf avec nos montures. Il abriterait plusieurs personnes encore. Par les ouvertures ménagées dans l'écorce, nous passons trois cavaliers de front. Comme cet arbre a été ravagé par le feu, on ne peut en mesurer les dimen-

COLOSSE RENVERSÉ (Voy. p. 299).

Une description détaillée de tous les spécimens rencontrés sur notre route serait sans intérêt. Aussi nous bornerons-nous à mentionner ceux qui passent pour être les plus remarquables.

Voici d'abord un colosse ébranché qui gît sur le sol et tout le long duquel nous marchons quatre personnes de front sur un parcours de soixante mètres. Cet arbre a été incendié en divers endroits et brisé en trois parties. Au point de la dernière rupture, c'est-à-dire du côté de la couronne, aujourd'hui disparue,

sions que d'une manière approximative. Elles sont évaluées à cent vingt-deux mètres comme hauteur, — deux mètres de plus que la flèche de la cathédrale d'Anvers, — et à treize mètres de diamètre.

Pour couronner triomphalement cette prestigieuse visite, nous traversons à cheval, sans nous baisser, le tronc couché d'un arbre entièrement creux et formant tunnel. L'épaisseur de la paroi non attaquée est encore de plus d'un demi-mètre.

Et combien d'autres sur notre passage mériteraient

une mention spéciale! Chaque arbre, d'ailleurs, porte un nom, qu'on voit inscrit sur une planchette, comme certains chênes de Fontainebleau. Ce sont : le Monarque, l'Empereur, les Deux Époux, les Deux Frères, Mary, Félicité, etc., etc. Ce magnifique spectacle n'a d'équivalent peut-être, si l'on prend la comparaison dans le domaine architectural, que celui des ruines écrasantes de la Haute-Égypte et de la Nubie, sinon par l'ensemble même des constructions, du moins par le détail des monolithes qui ont contribué à leur puissante structure. Cela ne fait-il pas songer au colosse en granit de Myt-Rhaïneh, gisant, le nez dans l'eau, sur l'emplacement de Memphis? à la statue du Ramesseum, dont le poids était d'un million et demi de kilogrammes? aux étonnantes cariatides d'Ibsamboul, en Nubie, taillées en pleines montagnes et dont la hauteur n'est pas inférieure à trente mètres? Seulement ici, à l'encontre des œuvres humaines, ravagées par le temps, la nature respire encore la vie, la puissance, et resplendit dans la sève automnale qui déborde de toutes parts.

Vers midi, pour luncher, nous nous adossons à un arbre déraciné, près duquel murmure une jolie source. L'écorce de notre paravent improvisé n'a pas moins de quatre pieds d'épaisseur. J'en extrais laborieusement un petit fragment, à titre de souvenir.

Mais, hélas! ce qui altère un peu la poésie de ces sites grandioses, ce sont précisément les détritus de toute sorte laissés par les visiteurs. Aux endroits les plus pathétiques, on ne voit que boîtes de fer-blanc vides de leur contenu, débris de vaisselle, tessons de bouteilles et journaux lacérés, en un mot tous les produits attestant une civilisation absorbante... au point de vue gastronomique. *Horresco referens :* certaine touffe de cheveux, que je voudrais bien prendre pour le scalpe d'un Indien Shoshone, vient à rouler sous nos pas. C'est un vulgaire chignon, perdu sans doute par quelque imprudente Chloé.

Par une singulière fatalité, il est peu de ces grands arbres qui soient demeurés à l'abri des flammes. Presque tous, au contraire, portent des traces d'incendie plus ou moins accusées, incendies causés, la plupart, par les feux quotidiens qu'allumaient jadis les indigènes, seuls habitants de ces forêts. L'écorce en est, d'ailleurs, tendre, spongieuse et sèche comme de l'amadou. On conçoit qu'ils aient pu flamber aussi facilement. Il serait bien à souhaiter, pourtant, que d'aussi nobles débris des siècles passés vivent épargnés des hommes ou des accidents.

Toutefois il paraît qu'il n'y a pas que les Indiens pour commettre pareilles dévastations. A l'exemple des Vandales du nouveau monde détruisant les *big trees* par insouciance ou par caprice, notre publiciste anglais s'est mis en tête, dans un jeu criminel et pour voir comment les choses se passeraient, de placer une allumette enflammée au bas de l'un des colosses. Lorsque nous revenons sur nos pas pour remonter à cheval, l'incendie s'est déclaré sérieusement, et nous n'avons que le temps d'en arrêter les progrès. On n'est pas plus sot avec tant d'esprit.

Par le fait, le gouvernement américain a sagement agi en prenant cette incomparable région sous sa protection souveraine. De fortes amendes sont même imposées à tous ceux qui en mutilent les êtres muets. Malheureusement, la surveillance est trop étendue pour être exercée avec fruit.

Vers quatre heures seulement, nous sommes de retour à Clark's-Ranch. Nos hôtes ont si bien manœuvré qu'il nous serait impossible de nous mettre en route avant demain pour Yosemite-Valley. Leur petite fraude, en leur faisant gagner quelques dollars, nous a fait perdre une demi-journée.

En attendant le dîner, je pousse, avec un de nos compagnons suédois, jusqu'à une scierie établie en pleine forêt, à quelque cent mètres du campement. Nous y voyons débiter des arbres énormes à l'aide de scies mises en mouvement par un petit cours d'eau descendu des montagnes. Telle est la seule industrie du pays. On y fabriquerait couramment des tables de douze couverts dans un même morceau.

Après le repas, décidément médiocre, nous allons, les uns et les autres, chercher un repos bien gagné. Par malheur, les moustiques se sont donné rendez-vous dans nos chambres et bourdonnent autour de la tête avec une avidité féroce. Quelle chanson harassante! Et quelle nuit! Rien, ni les aspersions de vinaigre de toilette, ni la fumée de tabac et de substances aromatiques, n'a pu mettre un terme à l'obsession de ces insupportables tyranneaux.

Mardi, 5 septembre. — Beau temps, toujours frais : 8° centigrades, pas davantage.

Malgré des apparences de civilisation très avancée, il est clair que nous sommes ici dans un pays neuf, à l'extrémité du monde connu. Si les usages nous rappellent les nôtres par mille côtés brillants, la rugosité des manières témoigne d'un incomplet décapage. Comme partout ailleurs dans le Far-West, les gens de service sont d'une grossièreté sans égale. Le voyageur danois, le vieux beau dont nous avons esquissé le portrait, ayant glissé hier dans quelque trou bourbeux, s'est outrageusement crotté. Or, jusqu'à présent, malgré son insistance, il n'a trouvé personne qui consentît à l'approprier, car ce genre de service n'est pas compris, à proprement parler, dans les attributions d'un valet américain. Tout le personnel domestique, en le voyant courir de l'un à l'autre, ses vêtements et ses souliers à la main, l'accueille par des éclats de rire vraiment inconvenants. Quelques minutes après, un autre de nos compagnons se voit l'objet de la même hilarité, pour avoir fait un simple faux pas. Enfin — à chacun son tour, paraît-il — les figures semblent de nouveau s'épanouir parce que, ayant retiré mon chapeau, je me promène le front découvert sous la galerie. Nous ne sommes pourtant point dans une contrée soumise à la loi de Mahomet.

Il est vrai que, là où l'on ne se découvre guère que devant une femme, pareille dérogation aux usages peut bien passer, aux yeux de nos rustauds, pour une excentricité hors ligne.

Mais ne nous attardons pas à des vétilles et montons en *stage* pour nous rendre à Yosemite-Valley.

Comme hier, j'ai l'insigne honneur d'être assis sur la banquette où trône le cocher. Il est six heures à peine quand notre automédon, saisissant les rênes

cieux conducteur ralentisse un instant l'impétuosité de sa course. Il vole sur la route en colimaçon, avec l'insouciante virtuosité d'un patineur scandinave. Cela n'empêche pas que, tout récemment, un *stage* a roulé dans le fond d'un précipice avec ses voyageurs. Mais à quoi servirait de s'en émouvoir? Qu'est-ce qu'un accident de plus ou de moins en ce pays du bon plaisir? Quelque jour on montrera la place où l'accident s'est produit, et le frisson qu'on aura fait courir dans l'auditoire doublera l'attrait de l'excursion. Un inspecteur de travaux est justement occupé, en ce moment, à dresser le procès-verbal en bonne et due forme.

Depuis notre départ de Clarck's-Ranch, nous avons tout le temps, incliné vers l'ouest, de manière à pénétrer dans Yosemite-Valley par l'orifice occidental. Il serait, du reste, impossible pour une voiture de s'y rendre directement par l'est, bien que la distance qui nous en sépare ne soit pas considérable. On aurait,

VUE GÉNÉRALE DE LA VALLÉE DE YOSEMITE. Voy. p. 301.

d'une main vigoureuse, fait retentir son premier coup de fouet. Comme hier, aussi, les rampes et les cahots ne sauraient nous manquer. Force est donc de s'amarrer solidement aux dossiers de la banquette, pour ne pas descendre de notre poste au moment où nous y songerions le moins.

Le pays est de tout point admirable. Ce sont, à chaque pas, des arbres élancés, des hauteurs escarpées, des ravines à donner le vertige et côtoyées par notre attelage avec une étonnante désinvolture. A peine, cependant, la route a-t-elle la largeur nécessaire pour nous livrer passage. Dans maints endroits, nous frôlons le bord de l'abîme sans que notre auda-

pour y atteindre, à franchir des hauteurs de deux mille mètres et des vallées non moins profondes, en plein cœur de la Sierra-Nevada.

Vers onze heures, nous faisons notre entrée dans la célèbre vallée, après avoir suivi une gorge étroite qui y accède par une pente rapide.

Un merveilleux ensemble s'offre aussitôt à notre vue. Qu'on se figure, en effet, un énorme ravin, large d'une demi-lieue environ, creusé à plus de mille mètres de profondeur et meublé de chutes, de cascades et de pics aux formes les plus bizarres. On dirait que, par suite de quelque violente convulsion terrestre, le sol s'est tout à coup affaissé à quatre mille pieds, en laissant subsister, debout et de chaque côté de ce couloir d'un nouveau genre, une inflexible muraille de pierre.

Au plus profond de la vallée serpente la Merced. Cette rivière, alimentée par la fonte des neiges dans les régions supérieures, décrit mille courbes gracieuses sur un lit de cailloux et roule des eaux plus limpides que le cristal. De droite et de gauche, de nombreux affluents viennent s'y diverser, bondissant du haut des parois, par des déchirures du rocher, en autant de cataractes.

C'est d'un coup d'œil à la fois sévère, coquet et majestueux.

Mais signalons les merveilles disposées sur notre passage au fur et à mesure qu'elles se présentent.

Voici d'abord devant nous, et comme nous barrant la route, un gigantesque bloc granitique auquel l'ancienne population mexicaine avait donné le nom d'*El Capitan* ou Grand Chef, tandis que les Indiens l'appelaient *Tou-toch-ah-nou-lah*, onomatopée singulière du cri de la grue qui vient s'y reposer l'hiver, après avoir franchi l'Océan. Cet immense rocher a onze cents mètres d'élévation. Sa masse inaccessible se hausse droit dans les airs, sans brisure ni échelon. A mesure que l'on avance dans la vallée, il se montre plus imposant et plus altier.

Nous longeons le thalweg entre les murailles qui se rattachent au Grand Chef d'une part, et qui se poursuivent parallèlement de l'autre. Par places, le terrain poudreux est semé de blocs de pierre et de roches désagrégées. Des bouquets de sapin s'y dressent çà et là au milieu de quelques touffes d'herbes desséchées, à côté de maigres carrés de cultures.

Sur le même plan que El-Capitan, mais de l'autre côté de la vallée, un modeste ruisseau, le *Bridal Veil*, ou « Voile de la fiancée », se précipite au travers d'une fissure en un jet de deux cent soixante-quinze mètres et va se résoudre, par une série de cascatelles, dans un petit étang délicieusement boisé.

Un peu au delà surgit Cathedral-Rock, pic aux formes architecturales. Il est accompagné de Cathedral-Spires, sortes de colonnes basaltiques mesurant près de cinq cents mètres d'élévation et s'élançant de la paroi rocheuse comme les tours altières d'une vieille basilique.

Dans le nord-est, où la route se dirige, apparaît ensuite un groupe de rochers juxtaposés, appelés par les Indiens *Pompopasus* ou Grenouilles sautantes, et affectant en effet la forme de batraciens gigantesques. Les Américains les désignent simplement sous le nom des « Trois Frères ». Leur hauteur au-dessus de la vallée est de quatre mille deux cents pieds. Ils font presque face à Sentinel-Rock, base du promontoire nommé Sentinel-Dome, lequel ne leur est guère inférieur que de quelques mètres.

Entre ces deux pyramides naturelles et rivales gît, comme un point perdu dans l'ombre portée, l'abri où nous devons faire halte et qu'on a décoré du nom de Leidig Hotel. Tenu par un enfant de la blonde Germanie, il est, avec deux ou trois maisons concurrentes, le point central des excursions dans la vallée et comme le lieu de ralliement des voyageurs égarés dans la montagne. C'est là qu'on se sépare ou qu'on se rejoint. Tel est le cas pour notre société : nos trois compagnons danois, devant être rendus pour une date fixe à San-Francisco, se contenteront du voyage accompli jusqu'ici et nous quitteront tout à l'heure, après avoir joui du coup d'œil d'ensemble que je viens d'indiquer. Ils prennent leur part d'un repas plus que frugal servi à une heure, et se remettent aussitôt en route pour Merced.

Quant à nous, tout en échangeant des adieux, nous montons à cheval précédés d'un guide. Celui-ci, un Mexicain pur sang, revêtu du costume national, me reporte par la pensée à l'époque déjà lointaine où la Californie — *Calida fornax,* « la fournaise ardente », comme on l'appelait alors — relevait de l'autorité mexicaine et était gouvernée par des missionnaires franciscains.

Il paraît que, pour ne pas perdre de temps, nous passerons la nuit dans la montagne.

En face de nous, maintenant, rebondit une chute nommée Yosemite-Fall, une des pièces capitales du voyage, en tout cas celle dont la vallée elle-même a usurpé le nom. Elle comprend trois cascades superposées, et elle est formée de trois étages mesurant en tout huit cents mètres de hauteur. C'est principalement au printemps et pendant l'été que le Yosemite, de plus en plus grossi par la fonte des neiges, apparaît dans son entière beauté. Pour l'instant, le coup d'œil en est moins saisissant peut-être. Il n'en semblera pas moins prodigieux. Tandis que la plate-forme supérieure est à cent quatre-vingt-cinq mètres au-dessus de la seconde, et la seconde à cent trente mètres au-dessus de la première, l'eau doit s'élancer de près de cinq cents mètres encore pour parvenir au sol de la vallée. Aucune chute, au monde, ne s'accomplit de plus haut.

Quand on songe que le Niagara, si vanté avec raison, ne se jette que par une brèche de soixante mètres de haut, on est vraiment frappé des proportions que l'on constate ici. N'étaient la largeur et l'ampleur extraordinaire du *Tonnerre des eaux*, la vieille chute américaine serait, pour ainsi dire, égalée par la nouvelle venue. Au point de vue pittoresque, pour ma part, je préfère les cascades de la vallée californienne à la formidable chute des grands lacs. Le caractère sauvage et mouvementé de l'abîme, la nature mystérieuse et puissante qui leur sert de cadre, dépassent, à mon avis, tout ce que l'imagination peut concevoir ou souhaiter.

A deux milles environ de Yosemite-Fall, la vallée se divise en trois gorges, sillonnées, chacune, par un cours d'eau. La Merced prend la passe du milieu, la Tenaya celle de gauche, et l'Illilouette celle de droite.

Un temps de galop qui, pour notre premier groupe de cavaliers, se transforme, l'amour-propre aidant, en véritable steeple-chase, nous porte en quelques minutes à Mirror-Lake, où devront également nous rejoindre nos autres compagnons de route.

Le lac Miroir, appelé *Waiga* par les Indiens, est situé sur le passage de la Tenaya, au sein de la gorge que cette rivière occupe. Nulle qualification n'est mieux justifiée. Dans la nappe d'eau transparente et presque toujours unie, les sommets dénudés qui l'entourent se reflètent comme dans une glace de Baccarat. Les moindres aspérités s'y lisent, reproduites avec une précision singulière. Quant aux arbres dont le rivage est meublé, on en compterait les feuilles réfléchies les apercevons, à distance, reflétés à plaisir dans l'eau entre les tiges verdoyantes et sous les ombrages touffus qui les abritent contre les rayons de l'astre flamboyant.

Mais la promenade nautique n'est pas — comme on le pense bien — le fait d'une offre purement gracieuse. Tout se taxe et se paye en Amérique, même en pays quasi sauvage. A côté du Peau-Rouge guettant votre chevelure pour en faire un trophée, se tient toujours un cicerone empressé à vous montrer le paysage et même le Peau-Rouge, si cela vous fait plaisir. Il faut bien indemniser les gens de leur peine;

LA CHUTE DE BRIDAL-VEIL. (Voy. p. 302).

dans l'eau plus aisément que dans la nature elle-même. Le lac révèle surtout ses vertus miroitantes de grand matin ou bien au crépuscule, soit avant que la brise ait seulement ridé la nappe liquide, soit quand elle s'est calmée avec la disparition du soleil.

Un marinier nous offre de naviguer sur cette surface paisible pour en mieux apprécier les beautés et les dimensions. Par le fait, nous nous étions mépris sur l'étendue réelle du petit lac perdu au milieu d'une nature où tout est grandiose. Quoi qu'il en soit, c'est presque avec regret que nous troublons ainsi ses ondes endormies.

Pendant que nous nous abandonnons un moment aux charmes délicieux de cette lente navigation, nos chevaux nous attendent sur la rive, en broutant l'herbe épaisse et en s'abreuvant à longs traits. Nous c'est ce qu'on nomme le *toll* ou droit de passage. La petite promenade en barque, malgré son air improvisé, nous revient à un demi-dollar par personne.

Remontés sur nos bêtes, nous passons à gué un petit cours d'eau, affluent de la Merced, et nous entrons dans une gorge encombrée de roches effritées et de broussailles vigoureuses. Le sentier qui en constitue le fond s'élève rapidement et ne nous laisse guère que la place nécessaire pour marcher les uns après les autres. Le tableau que nous formons dans le fuyant de la montée, ainsi échelonnés à la file comme des dragons en éclaireurs, serait digne de tenter un peintre amoureux de mouvement et de coloris.

Toutefois nous ne faisons que passer, et soudain nous franchissons le seuil d'une sorte de cirque dont le niveau inférieur, brusquement aplani, est barré d'arbres morts. Ces débris végétaux tranchant en noir sur le sable crayeux produisent l'effet d'immenses sauriens au repos. Quant au vallon, encaissé entre des rampes verticales, il demeure plongé dans la pénombre, même à cette heure du jour. Tandis que les sommets de la roche étincellent sous les traits d'un soleil ardent, l'obscurité en baigne la base et nous communique sa fraîcheur.

Au fond de cet amphithéâtre naturel se trouve Vernal-Fall, puissante cascade produite par la chute de la Merced. La rivière y tombe dans un bassin écumeux d'une hauteur de cent trente mètres, et court aussitôt en s'échappant sur un lit de cailloux pour y former un torrent impétueux. Les Indiens avaient donné à ce lieu spécial le qualificatif judicieux et

et à mesure que nous nous élevons, le sentier est devenu de plus en plus étroit, de plus en plus glissant, en raison des embruns qui l'arrosent et de la nature même du gravier dont il est semé. Le sabot de nos montures a peine à mordre en ce sol résistant et cependant si mobile. On recule d'un pas quand on avance de deux.

Tout en cheminant avec effort sur cette rampe plus que difficile, nous faisons la rencontre de deux Indiens et une Indienne appartenant à quelque tribu perdue dans la montagne. Ils sont tous trois à cheval. Nous devons malheureusement constater que ces représentants de la race autochtone sont tout à fait ivres de *whiskey*. Quelle misère !... L'*eau de feu* n'a pas été — ainsi que chacun sait — une des moin-

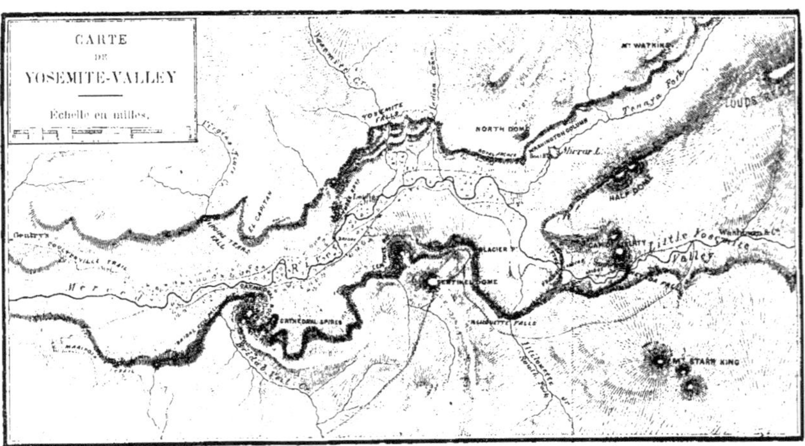

poétique à la fois de *Peiwayack*, lequel signifie à proprement parler Spectacle des Cristaux, ou mieux encore Cataracte des Diamants.

Le coup d'œil dont on jouit ici est de tout point féerique, et l'on a peine à s'en détacher. Toutefois nous ne saurions nous attarder trop longtemps en face de chaque horizon, sous peine de rester en route. Après une halte de quelques minutes entre les tiges clairsemées d'une sapinière agreste, nous escaladons avec une nouvelle ardeur le sentier de chèvres, qui se poursuit devant nous et grimpe allégrement dans la montagne. Et bientôt nous laissons derrière nous le torrent qui s'enfuit en sautant de roche en roche et en opposant la blancheur de ses flots molestés à la sombre verdure environnante.

C'est dorénavant sur les flancs mêmes de la déchirure le long de laquelle la Merced accomplit sa chute, que nous aurons à nous hisser péniblement. Au fur

dres causes de dégénérescence des peuples vaincus. Comme en Afrique, comme en Australie, comme en Polynésie, l'alcool est le suprême agent sous lequel les races inférieures se fondent et disparaissent. C'est à tel point qu'on pourrait considérer l'importation de cette pernicieuse drogue parmi des peuplades jadis sobres, comme le plus machiavélique des calculs. Si l'on tient quelque peu à conserver de rares échantillons de la race indienne dans la suite des temps, il faudra, ni plus ni moins, proscrire l'usage et la vente des spiritueux.

Notre guide, un parfait matamore, — ainsi que je l'avais fait pressentir, — ne saurait résister à la séduction barbare que lui cause un semblable spectacle. A l'aspect des trois pauvres hères dont il a constaté tout de suite l'état d'ébriété, il leur intime brutalement l'ordre de rétrograder jusqu'à certain endroit plus large du chemin, s'ils ne veulent être jetés

EL CAPITAN. Voy. p. 302.

par-dessus bord dans le précipice béant. Aux représentations amicales que je lui adresse, en vue de le rappeler à des sentiments plus humains, il me rispote
que j'ai grand tort de m'apitoyer sur des êtres qui ne
méritent aucun égard. Et je sens qu'il n'hésiterait pas,
le cas échéant, à exécuter sa terrible menace. Selon
lui, il n'y a pas lieu de se gêner avec de pareils sauvages, surtout quand ils sont pris de boisson. Qu'est-
ce qu'un Peau-Rouge de plus ou de moins? Rien : cela
ne pèse pas dans la balance. « Quand ces chenapans
sont en force, — ajoute-t-il avec un semblant d'ex-

Une fois parvenus, en suivant toujours notre périlleux sentier, au point culminant de Vernal-Fall, nous
traversons un pont rustique jeté au-dessus des rapides
qui précèdent la chute. On y jouit d'une vue magnifique sur un nouveau vallon également emprisonné
entre des hauteurs à pic, et dans lequel la Merced
coule vers nous, tout écumante et toute troublée
d'une première escapade accomplie sous nos yeux.
Le saut extraordinaire dont nous sommes ici témoins
a reçu le nom de Nevada-Fall. Il n'est pas moindre
de deux cents mètres.

LE LAC MIROIR (Voy. p. 303).

cuse, — ils ne ménagent guère les blancs, à preuve leurs
lâches embuscades et leurs incessantes trahisons. »

Devant un accueil aussi peu engageant, les Indiens
effrayés ont rebroussé piteusement chemin, sans attendre que notre homme passât des paroles à l'exécution.
Tristes et pauvres descendants de la race qui joua,
sous les Aztèques, un rôle remarquable dans l'histoire de l'Amérique, qui tint tête à Fernand Cor-
tez, et qui s'étiole sans objet en face d'une civilisation
impitoyable !

A des altitudes aussi élevées, la fraicheur se fait
vivement sentir. Nous sommes ici à plus de deux
mille mètres au-dessus du niveau de la mer, et le
thermomètre marque à peine, en plein mois de septembre, dix degrés centigrades.

Nous nous sommes également rapprochés du Cap
of Liberty, immense monolithe de douze cents mètres
de haut rappelant par sa forme le bonnet phrygien.
Il nous domine entièrement sur la gauche. Cette masse
rugueuse, dans les aspérités de laquelle l'œil, secondé
par l'imagination, distingue toutes sortes de figures
bizarres, fait songer aux parois des temples hindous
dont les colosses effrités se dressent dans les attitudes les plus fantastiques. Un sentier que la main
des hommes semble avoir taillé dans le rocher, et
dont la nature est l'unique auteur, s'élève en spirale
jusqu'au sommet. La chute Nevada, rebondissant
presque à sa base sur un lit de pierres aiguës, entre
les sapins qui frémissent, fait encore ressortir la
grandeur du tableau.

Entre temps, nous sommes arrivés au point où nous aurons à passer la nuit. Il est sept heures du soir, et déjà les immenses murailles formées par les montagnes projettent des ombres mélancoliques sur la val-

HALF-DOME (Voy. p. 312).

lée qui s'enfuit. Au moment où nous franchissons le seuil de *Snow-house*, — littéralement « refuge contre les neiges », — établi ici au milieu de la gorge, l'obscurité s'est faite sur le paysage, ensevelissant le chaos qui nous entoure dans une horreur mystérieuse. On croirait, à la nuit close, que tous ces rocs dénudés s'animent pour terrifier les mortels. Une légion de

noirs fantômes, au caractère diabolique, semblent se baisser vers vous comme pour vous saisir, ou se dresser au-dessus des têtes comme pour vous écraser.

Le souper qu'on nous sert à Snow-house nous ramène enfin à la réalité. Disons de suite, à la louange des braves gens qui habitent à ces hauteurs, que le repas est excellent et fait pour nous remettre de nos fatigues et de nos secrètes émotions. Assaisonné par le robuste appétit que nous avons contracté en courant depuis le matin par monts et par vaux, il est également relevé par la gaieté générale.

Tous nos compagnons sont, d'ailleurs, du meilleur monde. Et n'était notre soi-disant publiciste ou reporter, dont l'origine comme les manières nous semblent on ne peut plus mystérieuses, rien ne mettrait d'entrave à l'abandon commun.

Singulière physionomie, décidément, que ce polyglotte obséquieux, et qui mérite bien d'être esquissée. Bien qu'il se soit fait passer jusqu'à présent pour Anglais, c'est bien le type de l'Américain voyageur, ce type que nous avons déjà rencontré sur notre route, notamment pendant notre traversée de l'Atlantique et sur les bateaux du fleuve Saint-Laurent. Maniant le français aussi bien que l'anglais, il parle de tout, discute sur tout, commente et résume tout avec un imperturbable aplomb. Il est comme le solitaire de la chanson. Après avoir soutenu le *pour,* il soutiendra le *contre* avec la même désinvolture. Je ne vois que le chapitre provenance, pays natal, l'Amérique enfin, où il se montre invariablement chauvin. Hommes et choses, il les élève aux nues, pourvu que le nouveau monde soit en jeu. L'ardeur même avec laquelle il défend ce qui n'a pas besoin d'être défendu suffirait pour trahir sa nationalité.

En dépit de ses charges à fond de train contre le snobbisme de l'ancien monde, notre publiciste-Protée ne serait-il pas plutôt un simple coureur d'aventures? Toujours est-il, qu'ayant fait la rencontre de nos Bavarois entre les stations d'Omaha et de San-Francisco, depuis ce jour il ne les a pas plus quittés que leur ombre, les suivant jusqu'à l'hôtel qu'ils avaient choisi à San-Francisco, et se chargeant de payer leurs voitures, leurs théâtres et leurs menues dépenses. Or, la note d'hôtel, acquittée par ses soins trop empressés, s'était élevée, au bout de trois jours seulement et sans frais exceptionnels, à la somme passablement ronde de cent vingt dollars, soit six cents francs.

Nous remarquons en outre, depuis que nous voyageons de compagnie, que dans chacun des hôtels où nous nous sommes arrêtés, l'obligeant personnage s'empresse de prendre à part le maître du logis et de conférer avec lui. Se serait-il, par hasard, mis en tête de voyager à nos dépens? Dans l'affirmative, sa présence parmi nous ne serait pas seulement onéreuse, elle deviendrait compromettante.

Mais trêve d'insinuations malveillantes! Prenons plutôt nos dispositions pour demain. Nous convenons de ne quitter Snow-house que sur les neuf heures du matin.

La perspective d'un repos aussi prolongé nous décide à sortir après le dîner et à nous engager, par une descente rapide, à travers les rochers situés au delà du pont traversé en arrivant. La lune s'est levée derrière Nevada-Fall. Spectacle grandiose! L'astre enveloppant de ses rais lumineux les hauteurs granitiques

Cependant l'atmosphère s'est de plus en plus refroidie. Déjà nous grelottons sous nos manteaux trop légers. Heureusement le bois ne manque guère sur l'espèce d'observatoire où nous nous sommes arrêtés. Bientôt, rassemblant en commun les éléments d'un vaste bûcher, nous entassons l'un sur l'autre des ar-

GLACIER-POINT (Voy. p. 310).

de la vallée entière, jette sur le décor un voile tissé d'émeraudes et de perles. L'élévation des pics, la masse imposante des roches, l'impétuosité des eaux, le caractère virginal et sauvage des échappées, tout concourt à former un des plus étonnants tableaux qu'on puisse rêver. Et seul le bruit des rapides interrompt le silence écrasant. Je conserverai de cela un souvenir inoubliable.

bustes et des troncs d'arbres abattus, et nous y boutons le feu aux quatre coins. La flamme, après avoir dévoré en un clin d'œil les branches desséchées, mise en belle humeur par la résine qui en découle, s'attaque bientôt au gros bois, et celui-ci éclate avec force, en envoyant vers le ciel des tourbillons étincelants. L'opposition des rouges flamboiements de l'incendie avec les pâles fluidités de la lune a quelque chose de féerique au milieu de ce panorama merveilleux.

C'est ainsi que nous passons des heures devant ce foyer colossal, échangeant nos idées intimes et le cœur débordant d'enthousiasme.

> . . . . *Recepto*
> *Dulce mihi furere est amico*

Un peu de folle joie — a dit Horace — est de saison quand on retrouve des amis.

Ce n'est que fort avant dans la soirée que nous nous décidons à regagner notre gîte, en laissant les débris de sapin se consumer lentement sous l'âpre caresse des zéphyrs qui soufflent du haut des monts.

Mercredi, 6 septembre. — Beau temps (th. + 12° cent. le matin, 20 à midi).

Déjeuner à huit heures. Le *Snow-house* est vraiment une bonne fortune pour les touristes de Yosemite-Valley. Bon repas, bon gîte, et... situation exceptionnelle !

En souvenir de notre passage dans le pays, on nous fait à chacun présent d'une sorte d'alpenstock névadien, ou plutôt d'une canne de bois à écorce rouge appelé *manzanetta*, dont l'essence est très abondante dans la montagne.

Vers huit heures et demie, nous remontons sur les chevaux qui nous avaient amenés et qu'on a bien voulu nourrir et loger dans l'asile au prix moyen de huit francs par tête, plus le *toll* réglementaire. Décidément, Uncle-Jonathan ne perd jamais ses droits, même quand il s'est mis en tête de vous bien traiter. Aussitôt en selle, nous nous dirigeons vers Little-Yosemite-Valley, ou « petite vallée de Yosemite ».

La petite vallée de Yosemite, dominée elle-même par des rochers à pic, n'est autre que le bief supérieur de la Merced. Elle est séparée de l'endroit où nous avons couché par Nevada-Fall.

Pour y atteindre, nous avons à suivre, ou plutôt à escalader un sentier conduisant, par une série de montées et de descentes inimaginables et où l'on risque vingt fois de se rompre les os, jusqu'au cœur de la montagne, au-dessous des neiges éternelles. L'altitude de ce nouveau point, de plus en plus aérien, est de six cents mètres environ au-dessus de Snow-house. Nous ne faisons qu'y passer, car il serait inutile et même imprudent d'y séjourner au delà du temps normal, sous peine de ne plus avoir quoi que ce soit à se mettre sous la dent, ou quelque gîte pour passer la nuit.

Donc, après avoir salué la nouvelle gorge, d'aspect sauvage, nous reprenons notre marche incertaine en contournant à mi-côte le mont Starr-King, sommet inaccessible de trois mille mètres d'altitude, et en nous rapprochant peu à peu de l'Illilouette, ce ruisseau dont il a été question plus haut. Nous atteignons le petit cours d'eau à deux pas en amont de sa chute dans Yosemite-Valley. C'est sur un pont formé de pièces de bois branlantes, jetées d'une rive à l'autre, que nous le franchissons. Nous n'y passons qu'un à un, tant la primitive construction nous inspire peu de sécurité.

Glacier-Point, qui doit être notre prochaine étape dans ces régions élevées, n'est plus qu'à une bonne demi-heure de marche. Il constitue une sorte de promontoire dont la pointe aiguë surplombe la vallée de Yosemite à plus de mille mètres et qui passe pour être un des endroits les plus intéressants de l'excursion.

Cependant, avant de nous abandonner à la contemplation des sites admirables qui s'y révèlent au voyageur, faisons halte dans un refuge établi fort à propos à proximité, car l'air vif de la contrée nous a littéralement creusé l'estomac. On nous y sert un lunch composé de café au lait et d'œufs frais, que nous sommes tout surpris de voir coté très modestement. En revanche, on nous réclame un dollar par personne pour droit de passage. Un dollar pour circuler dans une région déserte, à moins que ce soit une redevance pour le fameux pont que nous avons traversé tout à l'heure au prix de tant de difficultés? On se demande si les réserves formulées par le gouvernement fédéral lors de la cession de la vallée à l'État de Californie, réserves dont nous avons parlé au début, ne doivent pas être taxées de mystification. Quoi qu'il en soit, ces tolls exigés à chaque pas tournent positivement à l'exploitation.

L'hôtelier, grand chasseur d'ours et de chats-tigres, nous montre les traces laissées çà et là par les animaux qu'il poursuit d'habitude. Il y a quarante-huit heures, un mulet qu'on avait négligé de détacher à la tombée du jour a été tué pendant la nuit par un maître martin affamé. Les restes sanglants de la pauvre bête jonchent encore le théâtre de l'agression. Le lieu est, du reste, merveilleusement trouvé pour guetter le gibier. Notre Nemrod nous mène, en manière d'acquit, à l'une des embuscades construites par ses soins et d'où il vient épier ses dangereux ennemis. Cette embuscade consiste en une sorte de plate-forme suspendue en travers de deux gros arbres, à une hauteur de trois ou quatre mètres, et de laquelle il peut fusiller à son aise, au pâle reflet de la lune, les fauves qu'il avait attirés à l'aide d'une proie.

Deux voyageurs, deux Anglais, ont voulu, ces jours derniers, user de ce rustique observatoire et y attendre l'hôte velu des bois. Malgré toute une veillée passée sous les armes et sous les morsures d'une brise glaciale, ils n'ont rien vu ou, peut-être, — ajoute malicieusement notre aubergiste, — ils ont fait semblant de ne rien voir. Cette chasse, après tout, quelles que soient les précautions adoptées, n'est pas exempte de péril. Comme chacun sait, l'ours est un animal grimpeur, et il serait très capable de rendre une visite importune au maladroit qui ne l'abattrait pas du premier coup.

De l'autre côté de la vallée — paraît-il — on ren-

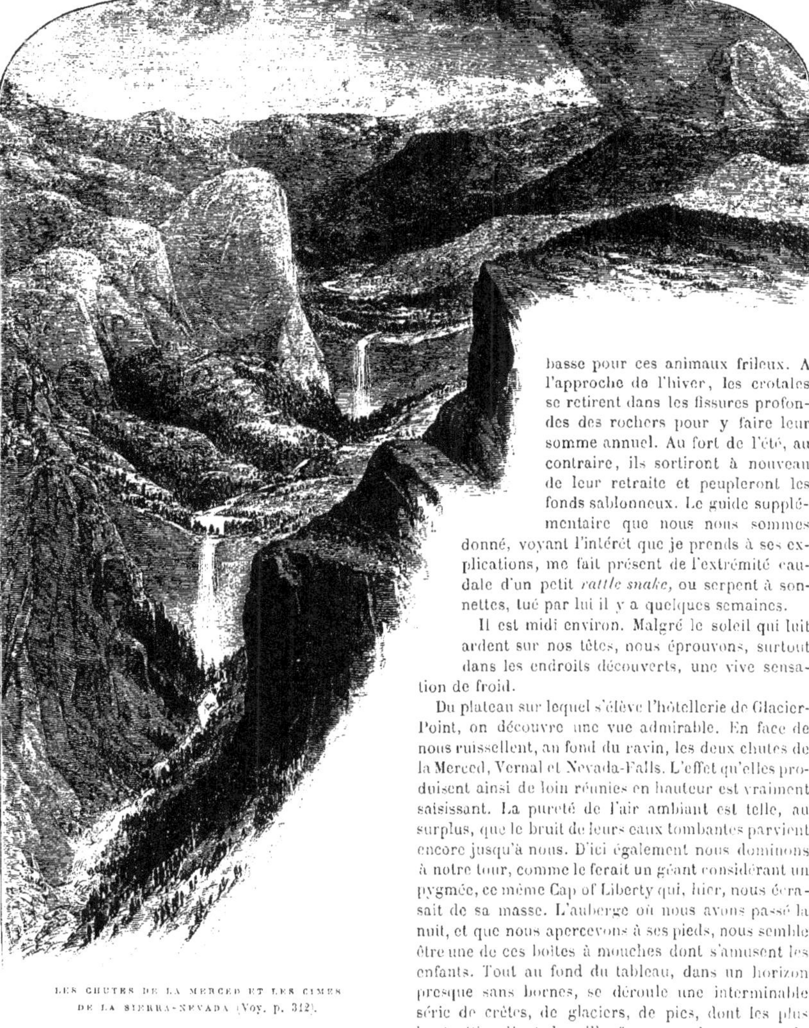

LES CHUTES DE LA MERCED ET LES CIMES
DE LA SIERRA-NEVADA (Voy. p. 312).

contre souvent des couguars, ou chats-tigres, ces
grands carnassiers du nouveau monde appelés aussi
lions d'Amérique. Quant aux serpents à sonnettes, si
abondants en cette région, on n'en voit guère en
ce moment. La température est déjà devenue trop
basse pour ces animaux frileux. A
l'approche de l'hiver, les crotales
se retirent dans les fissures profondes des rochers pour y faire leur
somme annuel. Au fort de l'été, au
contraire, ils sortiront à nouveau
de leur retraite et peupleront les
fonds sablonneux. Le guide supplé-
mentaire que nous nous sommes
donné, voyant l'intérêt que je prends à ses explications, me fait présent de l'extrémité caudale d'un petit *rattle snake*, ou serpent à sonnettes, tué par lui il y a quelques semaines.

Il est midi environ. Malgré le soleil qui luit
ardent sur nos têtes, nous éprouvons, surtout
dans les endroits découverts, une vive sensation de froid.

Du plateau sur lequel s'élève l'hôtellerie de Glacier-
Point, on découvre une vue admirable. En face de
nous ruissellent, au fond du ravin, les deux chutes de
la Merced, Vernal et Nevada-Falls. L'effet qu'elles produisent ainsi de loin réunies en hauteur est vraiment
saisissant. La pureté de l'air ambiant est telle, au
surplus, que le bruit de leurs eaux tombantes parvient
encore jusqu'à nous. D'ici également nous dominons
à notre tour, comme le ferait un géant considérant un
pygmée, ce même Cap of Liberty qui, hier, nous écrasait de sa masse. L'auberge où nous avons passé la
nuit, et que nous apercevons à ses pieds, nous semble
être une de ces boîtes à mouches dont s'amusent les
enfants. Tout au fond du tableau, dans un horizon
presque sans bornes, se déroule une interminable
série de crêtes, de glaciers, de pics, dont les plus
hauts étincellent de mille feux sous les rayons du
soleil. Spectacle comparable à ce que l'on voit de plus
prodigieux dans les Alpes et dans les Pyrénées!

De l'extrémité du promontoire où nous nous rendons en quelques minutes, le coup d'œil s'augmente
encore de toute la partie de la vallée que nous

connaissons déjà et que les hauteurs de Sentinel-Dome dissimulaient à nos yeux.

Tandis que nous distinguons à l'extrême gauche Yosemite-Fall, puis, successivement, North-Dome, masse arrondie de granit, et le mont Watkins, tous deux couronnés par les frimas du mont Hoffmann, en face de nous dans le fond de la gorge où brasille Mirror-Lake, l'aiguille de Cathedral-Peak domine fièrement les hauteurs qui l'entourent.

A une distance plus rapprochée, Half-Dome, mamelon dénudé simulant une coupole tranchée en son milieu, fait pendant à North-Dome, dans un même effort de hardiesse et de puissance. Malgré les difficultés que comportait l'entreprise, on a réussi à hisser, le long de la paroi de ce rocher, unie comme une glace, une sorte d'échelle par où les voyageurs audacieux peuvent en opérer l'ascension terminale.

Dirigeant ensuite notre vue sur la droite, vers Little-Yosemite-Valley, nous retrouvons les deux grandes chutes de la Merced, et au loin, dans la même direction, le mont Lyell, dressant ses cimes orgueilleuses à quatre mille mètres au-dessus du niveau de la mer. Un peu en deçà, les monts Clarks nous apparaissent constellés de glaciers éblouissants, en partie masqués par les aiguilles inaccessibles du Starr-King.

Si maintenant on laisse choir le regard verticalement dans la vallée de Yosemite, que nous surplombons à plus de onze cents mètres, la Merced produit l'effet de quelque mince filet de plomb fondu. C'est vertigineux. Entre notre gigantesque piédestal et le sol qui le supporte, il y a un vide à faire frémir le montagnard le plus aventureux.

Enfin, en nous retournant sur nous-mêmes vers le sud, nous embrassons à perte de vue la vallée où s'égare l'Illilouette, ce charmant petit ruisseau, nommé d'une manière si aimable. Et, tout en voyant les ondes vives et gazouillantes sautiller au milieu des buissons, je me demande involontairement d'où peut bien provenir cette appellation d'assonance si française, évoquant dans l'esprit nos gentils passereaux.

Bref, ce n'est partout que merveilles, enchantements, tableaux pleins de grandeur et de majesté.

Notre guide nous désigne, auprès de l'hôtellerie, un arbre chargé de cartes de visite et d'inscriptions laissées par les différents voyageurs qui nous avaient précédés. Chacun, dans son langage national, plus ou moins élégant, plus ou moins intelligible, s'est essayé à y consigner ses impressions personnelles. Vers et prose s'y coudoient, comme dans les albums de demoiselles ou dans les châteaux en ruine des bords du Rhin. De connivence avec toute notre bande d'excursionnistes et sous l'impression des petites rapines auxquelles nous avons été en butte depuis que nous explorons cette merveilleuse contrée, nous ne trouvons rien de mieux à y afficher en belle place que la boutade ci-contre, pour laquelle nous demandons d'ailleurs humblement grâce aux neuf Sœurs et à leur divin président :

> Naïfs voyageurs qui passez,
> Détrompez-vous si vous pensez
> Gratis admirer la nature :
> *Tolls*, auberges, *cars*, nourriture,
> Guide, bateaux, *stage*, monture...
> Tout cela coûte moult dollars.
> — C'en est trop ! — Quant à moi, je pars
> Émerveillé de la vallée,
> Mais pestant contre les chats-pards
> Qui l'ont mise en coupe réglée.

MORALITÉ

> De ces marauds fuyez les soins obséquieux !
> C'est ainsi qu'en partant je leur fais mes adieux.

La petite vengeance est inoffensive, assurément ; mais elle est de tout point méritée. Elle en est, du reste, à sa seconde édition, car la première avait déjà été écoulée dans le registre de l'hôtel Leidig, où quelque curieux pourra la retrouver un jour, à moins que le propriétaire du lieu ne l'ait fait prudemment disparaître.

Après être restés plus de deux heures à contempler le magique panorama qui s'étend sous nos yeux, nous parcourons un chemin quasi horizontal pendant près d'une demi-heure en longeant la crête même du plateau.

Ce chemin nous conduit à l'endroit précis où nous avons à entreprendre notre descente vers la vallée. Et quelle descente ! Engagés sur une voie escarpée, sinueuse, très étroite, pratiquée dans le flanc même de la paroi rocheuse, nous sommes, pour ainsi dire, suspendus dans l'espace. Par le fait, nous surplombons le fond de la vallée que nous devons atteindre, et le sentier, taillé en pleine muraille, n'a guère qu'un mètre de largeur, presque toujours beaucoup moins. Or, nos chevaux, en raison de je ne sais quelle nécessité d'équilibre, recherchent précisément le bord extrême. Un simple faux pas, une glissade, un seul éclat se produisant dans la roche, et nous dégringolerions dans l'abîme. C'est à donner le frisson. Heureusement que nos montures, habituées à ces excursions en montagnes, ont le pied cent fois plus sûr que nous ne l'aurions nous-mêmes. Les pauvres bêtes ne se doutent guère de l'émotion que nous éprouvons, ainsi balancés sur une selle à mille mètres de hauteur.

Aussi est-ce avec un réel sentiment de bien-être que nous parvenons sur une sorte d'avant-corps naturel où flotte le drapeau américain. De cet étroit belvédère, relativement confortable, nous jouissons encore d'un spectacle fort digne d'intérêt.

Sur la gauche, en effet, Sentinel-Rock se montre, comme faisant un puissant vis-à-vis avec El Capitan, l'imposant rocher que nous avions tant admiré hier dès notre entrée dans la vallée. Autant les arêtes et

YOSEMITE-FALL (Voy. p. 302).

cavités du premier monolithe sont nombreuses et profondes, autant celles du second semblent avoir été dressées avec soin. On s'étonne, à voir cette surface si nette, que l'industrie américaine ne se soit pas encore emparée d'un aussi vaste champ pour y inscrire quelque réclame pharamineuse.

Non loin de nous se présente également une sorte de pierre levée, à forme ovoïdale, et supportée dans sa partie inférieure par un autre bloc qui lui sert de piédestal. Ce phénomène naturel mesure environ vingt-trois mètres de haut. Il est connu dans la montagne sous le nom de Colonne Agassiz, sans doute en souvenir du célèbre naturaliste suisse, dont les travaux sur les roches erratiques sont très appréciés dans la science, et qui a longtemps et brillamment occupé la chaire de géologie et de zoologie à l'Université de Boston. L'agencement des blocs, dû au plus étonnant hasard, est tellement hardi qu'on croirait en détruire

nous a complètement gercé les lèvres comme si nous étions en plein hiver. Chacun déclare en être incommodé. Le froid est, d'ailleurs, resté piquant, tout comme sur le plateau le plus élevé.

Le fait est que, malgré une marche de plus d'une heure passée à descendre, nous sommes à peine arrivés à mi-côte. Il s'agit par conséquent, si nous vou-

DANS LE FOND DE LA VALLÉE

l'équilibre avec une simple poussée. Toutefois, ce n'est pas là le seul intérêt que la construction plutonienne, autrefois élevée par le concours des eaux et du feu, offre à la curiosité du voyageur. Descendus un peu plus bas, nous nous apercevons, en effet, que la nature, maniant le ciseau après avoir manié la truelle, y a vaguement sculpté la figure d'un homme assis.

L'air vif que nous respirons, depuis que nous nous balançons aux crêtes supérieures de la Sierra-Nevada,

lons ne point trop languir dans la montagne, de reprendre courage à nouveau et de continuer notre route tout en suivant désormais un sentier moins escarpé.

Pendant cette seconde traite, dénuée cette fois de dangers et, par suite, de fortes émotions, une pierre de la grosseur d'un pied cube se détache tout à coup du chemin en S qui nous domine et vient tomber à quelques mètres devant nous. Un instant plus tôt, elle entraînait avec elle quelque cavalier de la caravane;

un instant plus tard, elle s'écrasait au beau milieu de notre groupe. L'inquiétude que nous nourrissions tout à l'heure était donc loin d'être chimérique.

Enfin, après une descente qui n'a pas duré moins de deux heures et demie, nous posons le pied dans la vallée, débouchant sans autre aventure tout près de l'hôtel Leidig. Chose surprenante, en nous retournant, nous ne distinguons plus même sur le flanc de la montagne la trace du sentier que nous avons suivi. La roche a tout à coup repris, pour l'œil imparfait, son aspect de muraille nue et perpendiculaire.

Rendus aux douceurs de la libre expansion, nos chevaux n'ont rien de plus pressé que de filer au grand galop du côté de leur écurie, distante de quelques centaines de mètres. Les pauvres bêtes n'auront d'ailleurs volé ni l'avoine ni la litière.

En ce qui concerne les cavaliers, chacun procède énergiquement au lavage et au brossage individuels. Telle est la constante opération à laquelle il faut se livrer, après chaque retour, qu'on descende de stage ou de cheval. Ce qu'on ramasse ici de poussière sous un ciel presque toujours sec, sur des chemins franchis à toute bride, au hasard d'un sol fait de roches effritées et de terre sablonneuse, est positivement inénarrable. En moins de rien, dans les chars à bancs surtout, vous en êtes couvert de la tête aux pieds. Heureusement qu'en Amérique, même en ces hôtels si reculés, il existe des installations de bains très complètes et toujours en état.

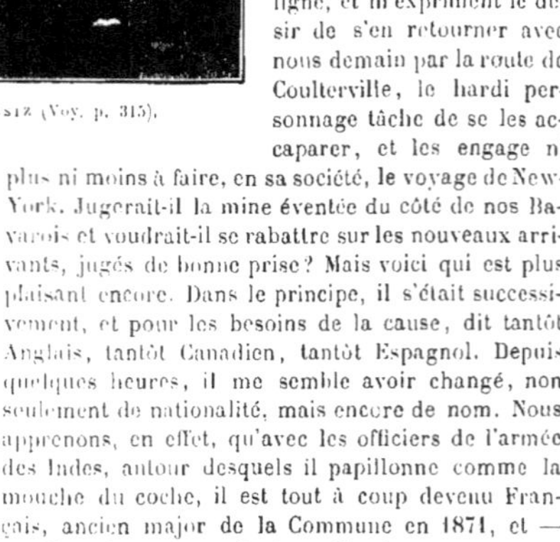

LA COLONNE AGASSIZ (Voy. p. 315).

En revanche, le repas de ce soir laisse grandement à désirer. Notre lunch, malgré qu'il fût bien servi, n'était pourtant pas déjà trop copieux. Et vraiment, après une journée entière passée en pleine montagne à s'aiguiser l'appétit, il faudrait avoir autre chose à se mettre sous la dent que la maigre chère dont on nous offre le menu. Nos graves Bavarois et deux Anglais, officiers de l'armée des Indes, descendus aujourd'hui même dans la vallée, la taxent franchement d'insuffisante, voire pour des dyspeptiques. Peu s'en faut qu'ils n'aillent demander raison à l'aubergiste de la désinvolture avec laquelle il traite nos estomacs. Mais rien ne sert de jérémier, c'est d'usage dans le pays. A très peu d'exceptions près, les auberges de la Sierra-Nevada ont de trop nombreux points de

ressemblance avec le fameux *Château de la Misère* si soigneusement décrit dans le *Capitaine Fracasse*. Beaucoup de prétentions et peu de réalités : un plat de viande à texture nerveuse, quelques légumes étiques ou mal venus, parfois une pâtisserie datant de la surveille, voilà les balthazars quotidiens offerts au passant.

Et avec cela, quelle admirable constance apportée dans l'exploitation du touriste! Ainsi, juste avant le misérable repas dont je viens de parler, on nous a solennellement remis une note comprenant des salaires de guides, des frais de nourriture de chevaux, de nouveaux *tolls*, etc., bien que nos billets d'excursion comportassent toute cette dépense. Les habitants de ces régions pittoresques tiendraient-ils, par hasard, à leur faire donner une réputation analogue à celle que se sont acquise les gorges des Abruzzes et les défilés de l'Etna?

Entre temps, notre soi-disant reporter se dévoile de plus en plus. A n'en plus douter, nous avons affaire à un de ces *rowdies*, ou coureurs d'aventures, particuliers à l'Amérique et très fréquents dans le Far-West. Tandis que les deux officiers anglais me fournissent obligeamment quelques renseignements relatifs au Japon, d'où ils viennent en droite ligne, et m'expriment le désir de s'en retourner avec nous demain par la route de Coulterville, le hardi personnage tâche de se les accaparer, et les engage ni plus ni moins à faire, en sa société, le voyage de New-York. Jugerait-il la mine éventée du côté de nos Bavarois et voudrait-il se rabattre sur les nouveaux arrivants, jugés de bonne prise? Mais voici qui est plus plaisant encore. Dans le principe, il s'était successivement, et pour les besoins de la cause, dit tantôt Anglais, tantôt Canadien, tantôt Espagnol. Depuis quelques heures, il me semble avoir changé, non seulement de nationalité, mais encore de nom. Nous apprenons, en effet, qu'avec les officiers de l'armée des Indes, autour desquels il papillonne comme la mouche du coche, il est tout à coup devenu Français, ancien major de la Commune en 1871, et — détail! vraiment stupéfiant — fils de parents pauvres, mais honnêtes, égarés dans une forêt de la Kabylie.

Cela tourne au burlesque. En attendant, le mieux est de surveiller nos poches !

Jeudi, 7 septembre. — Beau temps. Le thermomètre marque 15° centigrades, le matin. Il s'élèvera ferme, dans la journée, au fur et à mesure que nous descendrons dans la plaine.

En route donc vers Merced, où nous comptons arriver dans deux jours et d'où nous nous dirigerons sur San-Francisco. On se rappellera que c'est de Merced que nous étions partis pour faire notre excursion dans Yosemite-Valley. Seulement, cette fois, nous ne suivrons pas la route de Mariposa. En vue de varier l'itinéraire, nous prendrons plus au nord, en passant par Snelling.

Il est six heures quand nous montons dans notre *stage* attelé de quatre chevaux. En nous éloignant, nous jetons un long et dernier regard sur la vallée muette, encore enveloppée dans les brumes matinales. Et bientôt, abandonnant les murailles rocheuses dont nous longions le pied, nous entrons dans une région moins sévère et moins dénudée. La végétation devient plus abondante et plus vigoureuse. Chemin faisant, même, nous dépassons certains groupes d'arbres qui, par leurs dimensions gigantesques, pourraient être comparés aux *big trees* de Mariposa.

DESCENTE DANS LA VALLÉE (Voy. p. 312).

Arrêt, vers midi, à Hazel-Green, localité placée encore à plus de dix-huit cents mètres au-dessus du niveau de la mer. On y jouit d'une vue superbe sur la vallée du San-Joaquin. Par contre, le dîner y est franchement détestable. On omet même de nous offrir le thé ou le café, ces précieux correctifs à nos indigestes repas. Pour obvier à cette lacune et en guise d'exercice hygiénique, nous allons errer sur les rampes environnantes. Le sol y est parsemé de pommes de pin colossales, tombées d'arbres non moins prodigieux. Les plus grandes d'entre elles n'atteignent pas moins d'un pied de longueur.

A partir d'Hazel-Green, le terrain se montre plus uniforme. Deux chevaux suffisent désormais pour traîner notre stage sur la route aplanie. C'est dans cet équipage que nous faisons arrêter à *Bower-Cave*, dans le courant de l'après-midi.

Bower-Cave, ou « abri souterrain », ne sert ici qu'à désigner une simple crevasse d'une cinquantaine de mètres de long entr'ouverte à ras du sol, et dans le bas de laquelle dorment des eaux stagnantes. Un Français établi dans le voisinage avec toute sa famille y sert de cicerone aux visiteurs. Sous sa conduite nous descendons, par un rustique escalier, jusqu'au fond de l'excavation. Rien de bien remarquable. Quelques vieux arbres aux alentours de l'étang et un certain nombre de cavités pratiquées dans la paroi même du rocher, voilà tout. Jadis cette étrange dépression servait uniquement de repaire aux ours, nombreux alors dans ces parages. Chassés de leur retraite à coups de carabine, ils ont laissé la place à leurs orgueilleux persécuteurs, qui, à défaut d'une demeure, peuvent y trouver, à l'occasion, un délicieux abri contre les ardeurs du soleil.

Bien que nous soyons assez éloignés de la région dite des grands arbres, la contrée que nous avons parcourue depuis Yosemite-Valley est plantée partout de sapins énormes. On dirait que la nature, dans un suprême effort, ait voulu ceindre la Sierra-Nevada d'une végétation en rapport avec la hauteur des pics, avec la profondeur des vallées. Tout y est grand, original, de proportions excessives... tout, y compris les notes d'hôtel.

Par exception, Dudley's Mills, où nous arrivons vers cinq heures et où nous aurons à passer la nuit, possède une petite auberge exploitée par des gens sans prétention aucune. Elle est si modeste d'envergure, que c'est à peine si l'on peut nous y répartir un gîte à chacun de nous. Nos hôtes, mari et femme, sont pleins de prévenances et nous offrent une hospitalité dont nous garderons les uns et les autres un excellent souvenir. Un bon point pour l'Amérique et la Californie.

Vendredi, 8 septembre. — Beau temps. Dès le matin, 15° centigrades. Dans la journée, le thermomètre montera jusqu'à 28 et 30 degrés.

Vers six heures, nous repartons traînés par quatre chevaux. Au fur et à mesure que nous sommes descendus de la montagne, nous avons été repris par la chaleur et par l'inévitable poussière. La route se poursuit toujours au sein d'une contrée vallonnée et couverte de sapins. Ce n'est qu'aux approches de Coulterville que le paysage se transforme complètement. Le terrain nu et de couleur jaunâtre nous avertit que nous entrons dans une zone de *placers* autrefois exploités. En beaucoup d'endroits, en effet, le sol paraît avoir été remué de fond en comble. La soif humaine des richesses y a creusé partout ses sillons. Mais la recherche de l'or est aujourd'hui presque abandonnée dans ces terres fouillées jusqu'au tuf. C'est à peine si l'on aperçoit, par-ci par-là, quelque travailleur isolé.

Coulterville, que nous traversons dans la matinée, semble être d'une certaine importance, mais sans aucun intérêt pour le touriste. A partir de ce point, les plaines de sable se succèdent et se déroulent devant nous, reflétant les rayons d'un soleil torride. Comme les voyageurs perdus dans le désert aspirent aux heures du repas, leur seule distraction, nous brûlons d'arriver au *dinner station,* — ainsi qu'on appelle ici tout relais où l'on mange, — afin d'y abreuver nos lèvres et d'y puiser quelque fraîcheur. Enfin, après des espérances vingt fois déçues, nous atteignons, vers deux heures et demie de relevée, une ville appelée Snelling, où malheureusement une déception d'un autre genre nous attend.

La chère de Dudley's Mills, de si douce mémoire, avait pu nous faire supposer que nous étions définitivement sortis du *pays de la faim.* Le misérable brouet que nous servent ici des garçons chinois jouant le rôle de Spartiates et reparus sur l'horizon, nous oblige à laisser tout espoir à la porte, comme au seuil des demeures infernales :

Lasciate ogni speranza, voi ch' entrate!...

Quoi qu'il en soit, Snelling peut passer pour être une sorte d'oasis jetée dans la solitude des sables. A peine avons-nous dépassé le groupe d'arbres sous lesquels, à défaut de gastronomie, nous avions goûté quelques moments de doux repos, que nous retrouvons le désert aride et brûlant. Le *stage* y roule, enfoncé dans le sable jusqu'à l'essieu et comme enveloppé d'un simoun africain.

Heureusement, sur les soixante milles environ que comportait notre voyage, il n'en reste guère que dix-sept à franchir pour parvenir à Merced.

Il est cinq heures du soir quand nous descendons dans cette localité, mourants de soif et saturés de poussière de la tête aux pieds. Le même hôtel qui nous avait abrités il y a quelques jours — El Capitan — nous reçoit encore cette fois-ci.

Quelles rasades et quelles ablutions !... Jamais, nous n'avions passé, jusqu'à ce jour, par un si complet assèchement.

A sept heures, souper des plus réparateurs pris en commun. Nous nous déclarons même, après le repas, suffisamment reposés pour plaquer quelques accords sur le piano et faire retentir les airs de chants plus ou moins harmonieux.

Cependant sur les dix heures nous allons tous prendre notre repos, ayant encore dans les membres le mouvement heurté du *stage,* et dans les yeux l'aveuglante poussière d'une terre carbonisée.

Samedi, 9 septembre. — Réveil dès quatre heures du matin.

Moins de deux heures après, nous montons en chemin de fer.

Tandis que je vais me diriger, pour ma part, vers San-Francisco, notre dernière station en Amérique, mes compagnons improvisés s'éloigneront dans l'est par la voie contraire. Quant à notre publiciste international, il se décide, en dernière analyse, à me favoriser de sa société. Voilà un privilège dont je me serais bien passé !

Les adieux définitifs se font à Lathrop, station où j'avais — on se le rappelle — laissé mes bagages en venant. Or, comme l'arrêt n'y est pour moi que de durée fort courte, nous avons à peine le temps d'échanger des souhaits réciproques, et le train s'ébranle en coupant court à notre dernier serrement de main.

Durant le trajet de Lathrop à San-Francisco, le seul compagnon qui me soit resté se tient discrètement à l'écart. Il a dû s'apercevoir que ses manières d'agir m'ont mis la puce à l'oreille.

Aux approches de la grande cité californienne, nous passons, non sans ralentir prudemment notre marche, sur un certain nombre de ponts de bois construits sur pilotis dans la baie de San-Francisco elle-même, et n'ayant guère plus de largeur que le strict espacement des rails. Tout autour, en même temps, l'affreuse réclame recommence à fleurir avec une exubérance toute tropicale. A chaque pas surgissent, du sein des ondes, des affiches de tout genre et de tout calibre. Quelques-unes même, apparaissant sous forme d'immenses tableaux, sont accrochées au sommet d'embarcations ancrées dans la baie.

Après avoir traversé Oakland, ville de douze à quinze mille habitants, où siège l'Université de Californie, et dont le nom est emprunté aux chênes magnifiques qui l'abritent contre les vents d'ouest, nous

nous engageons sur un nouvel appontement d'apparence aussi fragile que les premiers, mais beaucoup plus étendu, puisqu'il mesure près de quatre kilomètres. Les pilotis employés à ce travail gigantesque, dans les eaux profondes de la baie, n'atteignent pas moins de vingt mètres de longueur. A l'avouer franchement, on n'est point sans une certaine appréhension, en se voyant ainsi lancé à toute vitesse au-dessus de l'abîme [1].

d'Ève plus élégantes et plus richement attifées. Leurs toilettes, à la fois fraîches et recherchées, leurs coiffures et leurs chapeaux du dernier goût, me transportent sans transition au sein de Paris, la ville par excellence du luxe et de la mode. Je constate, en outre, que ces belles de jour ont cru devoir rehausser leurs charmes naturels au moyen d'un maquillage trop accentué. — C'est vraiment dommage. Quand on est jeune et jolie, et, de plus, visiblement honnête,

Le train s'arrête enfin devant un débarcadère bâti également sur pilotis, au beau milieu des eaux. Un *ferry-boat* nous y attend pour nous transporter, en quelques minutes, sur le rivage de San-Francisco, que nous apercevons de l'autre côté de la baie.

En même temps que nous, une nombreuse compagnie de dames a envahi le bateau. Tous les bancs, tant à l'intérieur qu'à l'extérieur, sont occupés par elles. Il serait difficile de rêver une réunion de filles

pourquoi donc s'efforcer ainsi de ressembler à qui ne l'est pas?

Mû, sans doute, par un tableau si attrayant, mon reporter international — que j'avais depuis longtemps oublié — s'est rapproché de moi. Il m'affirme que les femmes de San-Francisco, plus que partout ailleurs en Amérique, n'aspirent à vivre que pour babiller, s'habiller et se déshabiller. Honni soit qui mal y pense!

« C'est aux maris — prétend la mauvaise langue — qu'incombe le soin de pourvoir aux nécessités de la toilette, — et Dieu sait ce qu'il en coûte, tout l'attirail somptuaire venant en droite ligne de Paris et

1. Un de ces ponts de bois, situé à douze milles de Lathrop, s'est effondré quelques semaines après notre passage. Cette nouvelle me fut rapportée durant mon séjour au Japon.

des meilleurs faiseurs. Pour ces aimables créatures, il n'y a dans l'infortuné personnage qui a uni son sort au leur, qu'une machine plus ou moins intelligente servant à gagner de quoi s'offrir tous les luxes. Quant à l'administration du ménage et l'éducation des enfants, la tâche n'est point digne d'elles et demeure uniquement celle des subordonnés. De la vie d'intérieur, il ne saurait dès lors être question. Bon pour la vieille Europe de s'embarrasser dans de pareilles vétilles ! A San-Francisco, les préjugés ne réussissent plus à maintenir les femmes sous le joug de la routine et de l'oppression conjugale. »

En dépit de la diatribe, j'éprouve un réel intérêt dans la contemplation du brillant essaim, et je garderai longtemps la souvenance de ce tableau soudainement entrevu.

Il est une heure de l'après-midi quand nous mettons pied à terre à San-Francisco.

J'avais l'intention de descendre à Palace Hotel, le plus important caravansérail de la grande cité californienne. Mais l'important reporter m'annonce qu'il y a laissé ses bagages. C'est le moment de s'en débarrasser pour de bon. Faisons-nous donc simplement conduire à Grand Hotel, situé vis-à-vis. L'établissement est, du reste, fort beau, et j'y trouve également réunis les mille raffinements du confort dont nous nous étions vus sevrés depuis un certain temps.

Mon premier soin est de me rendre chez les banquiers auprès desquels la *London joint stock bank* m'a accrédité. Mais j'ai compté sans les usages locaux. En arrivant aux bureaux indiqués, j'ai le désagrément d'y trouver visage de bois. Le monde financier se repose ici depuis le samedi, une heure, jusqu'au surlendemain matin.

A la poste, où je passe en revenant, autre déconvenue. J'y apprends que toutes mes lettres ont été renvoyées au consulat, lequel tient office au coin de Townsend et de Fifth-street, c'est-à-dire à l'extrême bout de la ville.

Malgré l'éloignement, je me fais conduire aussitôt à l'adresse indiquée.

J'y trouve bien toute ma correspondance; mais, par une sorte de fatalité, le consul, sur lequel je comptais pour m'introduire chez quelque banquier, est parti en voyage. Il me restera donc comme unique ressource d'emprunter au propriétaire de mon hôtel une somme de cent dollars.

Il s'agit, en effet, pour moi, de faire dès demain, et avant de prolonger mon séjour à San-Francisco, une courte excursion dans le nord-ouest de la Californie, pour y visiter les Geyser-Springs ou sources d'eau chaude, ainsi que la Forêt Pétrifiée, deux curieuses manifestations de la nature volcanique de cette contrée.

Ajoutons d'ailleurs qu'antérieurement à ma sortie, l'obligeant propriétaire, sachant fort bien que les banques seraient fermées, m'avait spontanément offert l'argent dont je pouvais avoir besoin pour cette excursion. Disons, par parenthèse, qu'on ne rencontrerait pas toujours pareille confiance chez nos hôteliers européens.

Après un repas servi suivant les préceptes de la haute gastronomie, absolument fait pour me dédommager d'une longue abstinence, je prends toutes les mesures en vue de me remettre en route.

Comme je me propose de parler en détail de San-Francisco à mon retour, je ne déflorerai point cette description par l'exposé de mes premières impressions. Il me suffira donc de dire qu'après quelques pointes poussées aux environs de mon hôtel, je vais enfin goûter un repos dont j'éprouve le besoin le plus impérieux.

L'HÔTELLERIE DE GEYSER-SPRINGS
(Voy. p. 321.)

XVIII

GEYSERS CALIFORNIENS ET FORÈT PÉTRIFIÉE

La baie de San-Francisco. — Cloverdale. — Les fruits de Chanaan. — Coquetterie cafre. — La province de Sonoma. — Tous vins de France ! — Une sieste à l'américaine. — En *stage*. — Excentricités naturelles. — Les mines de mercure. — *Geyser-Springs*. — Garibaldi tout craché. — Un jardin zoologique en raccourci. — Sources chaudes. — Le Laboratoire du Diable et la Marmite des Sorcières. — Admirable végétation. — Sous des berceaux de vignes vierges. — Les cités éphémères. — Fossville. — Une célébrité du fouet. — Chevauchée infernale. — La Forèt Pétrifiée. — Retour à San-Francisco.

Dimanche, 10 septembre. — Le temps est au beau fixe. Vers midi, nous ne constaterons pas moins de 30° centigrades.

Une voiture de l'hôtel me conduit à l'embarcadère du *James*, immense bateau à étages qui doit partir à huit heures et à bord duquel je déjeune aussitôt. Ce steamer fait le service régulier entre San-Francisco et Donahue, localité située au fin fond de la baie, sur la rivière Petaluma.

L'espèce de petite mer intérieure, appelée d'une manière générique baie de San-Francisco, sur laquelle nous naviguons maintenant, se compose de trois parties bien distinctes : la baie proprement dite, au sud ; celle de San-Pablo, au nord ; et enfin, dans l'est, la baie de Suisun, laquelle n'est autre que l'estuaire des deux grands fleuves californiens, le Sacramento et le San-Joaquin. Ainsi composée, la baie de San-Francisco communique avec l'Océan par Golden-Gate ou la Porte d'Or. Nous avons à la parcourir sur la moitié de son étendue, en tournant le dos au Pacifique. Toute bordée de montagnes d'aspect aride recouvertes seulement en quelques endroits de sapins élancés, elle se présente à nos regards, sous le rapport des lignes, comme un lac écossais vu pendant les longs jours d'été et dont les flots viendraient caresser avec amour les nombreuses îles émergeant à la surface.

À dix heures et demie, c'est-à-dire après deux heures d'agréable navigation, nous arrivons à destination. Donahue est une petite ville, bâtie sans prétention, mais aussi sans le moindre intérêt.

A peine descendus à terre, nous prenons le train allant sur Cloverdale, par la ligne de *San-Francisco and Northern Pacific*. Cloverdale sera notre seule étape avant de pénétrer dans la région des Geysers.

La voie ferrée longe tout le temps une vallée étonnamment fertile, où se succèdent sans interruption des champs labourés, des vignobles et de vastes plantations d'arbres fruitiers. On sait, en effet, que la Californie produit les meilleurs fruits de l'Amérique, voire du monde entier. Raisins délicieux, poires fondant sous le palais, pommes savoureuses, melons de terre et d'eau, bananes, ananas, pêches jaunes et vertes, amandes et autres fruits de nature semi-tropicale pullulent ici à un point inouï. C'est à se croire sur les bords de l'Euphrate, au milieu de l'Éden si vanté par l'Écriture.

Par une antithèse assez fréquente dans les régions aimées du soleil, les chaînes de montagnes qui enclavent cette vallée dans leurs flancs poudreux sont de nature sablonneuse et ne portent guère, par places, que des sapins ou des chênes. L'exubérance végétative s'est réfugiée tout entière dans les bas-fonds.

A midi et demi précis, le train s'arrête à Cloverdale. Il fait une chaleur torride.

United-States Hotel, où je me fais conduire, est tenu par une famille allemande qui s'est établie ici il y a une vingtaine d'années, à l'heure où la contrée était encore déserte. Contrairement à ce qu'on voit d'habitude en ces pays du Far-West, les hôtes, affables et prévenants, ont organisé leur établissement de la manière la plus intelligente. Quelques arbres verts encadrent la bâtisse, dont les chambres, larges et bien ventilées, sont d'une propreté méticuleuse. La salle commune est naturellement agrémentée du piano traditionnel.

Je ne suis pas le seul voyageur que le train ait amené dans ces parages, tant s'en faut. Une troupe d'excursionnistes, fuyant San-Francisco pour passer en villégiature la journée dominicale, a fait irruption dans l'hôtel et l'a rempli de fond en comble. Tous ces braves gens ont la figure rayonnante et semblent visiblement endimanchés. Dans le nombre je remarque une excellente mère de famille, tenant son enfant sur les bras et dont la main est ornée d'une bague où se trouve enchâssé, en guise de brillant, un bouchon de carafe monumental. Qui se serait jamais attendu à retrouver dans ce pays de Golconde les coquetteries naïves des Cafres et des Hottentotes?

Au fur et à mesure que ce monde entre dans l'hôtel, chacun, suivant la coutume répandue en Amérique, va droit au registre pour y apposer son nom. J'inscris bravement le mien au-dessous de J. Paolo, d'origine mexicaine et fabricant de corsets.

A peine cette formalité inéluctable a-t-elle été remplie, que l'on se met à table avec un réel entrain. Le repas est, du reste, abondant, voire recherché, et, par-dessus tout, fort proprement servi. C'est dire

qu'on en fait le cas qu'il mérite, à telles enseignes que personne, à présent, ne songe plus à se promener.

Comme je ne partage pas, pour ma part, un engouement aussi illimité, je m'esquive au dessert et pousse jusqu'à une butte élevée sise aux environs. De ce point, où la chaleur me poursuit, malgré les bouffées d'oxygène envoyées de temps à autre par le Pacifique, éloigné à peine de quelques lieues, je puis contempler à l'aise, étendu à l'ombre d'un hêtre solitaire,

Recubans sub tegmine fagi,

la merveilleuse vallée que nous avions parcourue ce matin. Partout s'étale une végétation plantureuse, où les arbres fruitiers tiennent la première place. Je remarque aussi bon nombre de vignes en plein rapport.

La province de Sonoma, au centre de laquelle nous nous trouvons, est, en effet, très productive en raisins. C'est là qu'on fabrique ce fameux vin dit de Californie qui s'expédie déjà couramment en Europe. Il faut reconnaître d'ailleurs que les crus locaux ont des qualités réelles qui les rendent comparables à certains crus de France. Aussi m'a-t-on fait constater que si la carte des hôtels ne signale jamais que des vins étrangers, la plupart de ces vins ont été pressés sur place et cachent leur véritable origine sous un nom d'emprunt plus ou moins ronflant. Il m'a fallu, à midi, beaucoup d'instances pour obtenir à table une bouteille de vin blanc portant une étiquette du terroir.

Disons tout de suite que celui-ci ressemble quelque peu aux vins blancs français, tout en étant peut-être plus corsé, plus monté en alcool. Quant au vin rouge, il n'est pas sans analogie, non plus, avec les bordeaux fumeux, coupés de vin du Rhône ou de Montpellier. Les différents spécimens que j'avais naguère goûtés à New-York se rapprochaient plutôt des vins espagnols.

En rentrant à l'hôtel, je retrouve tout notre monde étendu sur les divans dans les attitudes les plus variées, et comme immobilisés sur place. Tandis que celui-ci, les pieds plus hauts que la tête, contemple le plafond avec mélancolie, celui-là, couché sur le flanc, s'efforce de lire un journal. D'autres ont pris pour y poser leurs semelles, qui la cheminée, qui même la table garnissant le salon. Et la plupart naturellement sont en train de mâchonner force tabac, crachant correctement dans toutes les directions.

Quelle singulière partie de campagne! On voit bien que nous ne sommes plus ici sous nos latitudes tempérées, par ces belles journées d'automne où la nature est en fête et où les cœurs s'égayent à l'unisson, mais bien par le parallèle écrasant du Maroc ou de la Tripolitaine. Nulle joie, nul bruit, nul mouvement.

Un peu d'humour, entre temps, sous la véranda de l'hôtel. Un de nos gentlemen, appuyé contre le montant de la porte, se délecte à lancer des jets de

nicotine sur les semelles de son vis-à-vis, un respectable négociant, pansu comme une barrique et profondément endormi. Je dois reconnaître, à la louange
de l'amateur, passé maître en ce genre de sport, que
je ne lui ai pas vu manquer le but une seule fois.
On ne saurait vraiment trouver passe-temps plus
exquis.

Vers six heures du soir, pourtant, un certain va-et-
vient s'accuse dans les couloirs et dans les salles.
Les uns allument un ci-gare, et vont se promener
de long en large, devant la porte de l'hôtel ; les
autres se décident à faire un doigt de cour aux dames disséminées dans le parloir.

Pour ces citadins, venus aux champs, il ne s'agit
guère, on le voit, de cou-rir les chemins en humant
l'air pur à pleins pou-mons.

Il est clair que les uns et les autres, en accou-
rant ici, n'ont obéi qu'au besoin de se déplacer en
groupe, d'ingurgiter un dîner copieux et de se livrer aux ineffables dou-ceurs du repos.

Imitant leur exemple, je finis par prendre ma
part de cette somnolence générale. Dès neuf heures
du soir, je vais me ren-fermer dans ma chambre.
Point de moustiques, heu-reusement, comme sur la
route de Yosemite-Valley, où ces maudits insectes
m'avaient fait passer tant de nuits blanches.

Lundi, 11 *septembre.* — Beau temps. Atmosphère

que communicatif. Henry B. parle le français assez
gaillardement. Il a, de plus, la passion des voyages
et l'horreur du tabac à chiquer. Il n'en fallait pas
tant pour me séduire. Appelé par ses affaires à San-
Francisco, notre planteur a profité de l'occasion
pour aller voir les Gey-sers.

Encore quelques jours passés dans la métropole
californienne, et il retour-nera en Louisiane, où sa
présence est réclamée pour cause d'élections.

Le cocher qui nous con-duit est un Californien pur
sang, bâti en Hercule et s'exprimant couramment
en espagnol. Rien d'éton-nant à cela, puisque le
pays dépendait encore du Mexique avant 1848.

Au bout d'une demi-heure, nous entrons en
pleines montagnes.

Au cours de l'ascension, notre automédon, quelque
peu artiste sans doute, si-gnale à notre attention
différents points intéres-sants de la route.

Ainsi, sur notre droite, au delà d'un ravin où
coule une rivière en partie desséchée par les ardeurs
du soleil, il nous désigne un rocher dont la partie
supérieure figure un vi-sage humain vu de profil.
Le front, les yeux, le nez, la bouche et le menton
s'accusent en leur place avec une précision étonnante.

Un peu au delà, sur la gauche et dans une sorte
d'escarpement d'accès dif-cile, apparaît un arbre
étrange ressemblant com-me forme et comme cou-

UN PASSAGE PÉRILLEUX (Voy. p. 324).

Beau temps. Atmosphère
assez fraîche le matin, chaude et vraiment accablante
dans le milieu du jour (th. + 35° cent.).

Départ pour *Geyser-Springs* à sept heures et demie,
en *stage* découvert traîné par quatre chevaux.

Quatre voyageurs en tout : un gentleman accompagné de sa sœur, un planteur de la Louisiane et votre
serviteur. Déjà j'avais eu l'occasion de causer avec
l'homme du Sud à l'hôtel de Cloverdale. C'est un bon
vivant dans toute l'acception du terme, aussi aimable

leur à quelque paon gigantesque. Ce sont les branches mêmes de l'arbre qui, disposées en éventail par
la nature, et grâce aux teintes automnales du feuillage,
produisent l'illusion. Vienne un coucher de soleil, et
celle-ci sera complète. Les reflets d'or, de rubis, d'é-
meraudes et de saphirs qui décorent le plumage d'Ar-
gus, métamorphosé par Jupiter, se dessineront nettement sur cette élégante trame de rameaux.

Tout cela réuni n'est pas sans frapper l'imagination.

Il semblerait d'ailleurs que la nature ait ici prodigué ses caprices. Quelques minutes à peine après avoir dépassé la montagne-homme et l'arbre-paon, nous rencontrons un rocher ressemblant d'une manière frappante à une tortue colossale.

Bien que l'excursion ne présente plus ici, comme à Yosemite, le côté périlleux des abîmes verticaux bordés par des sentiers de chèvres, nous longeons certains précipices dont la profondeur ne peut manquer d'intéresser les voyageurs en quête d'émotions. La route s'élance par des coudes subits, presque aigus, autour des flancs de la montagne, et elle n'a que la largeur strictement nécessaire pour nous laisser passer. Cela ne nous empêche pas de dévorer l'espace avec une telle rapidité que c'est presque miracle si les roues de notre *stage* se maintiennent sur la ligne tracée.

Pourtant l'attelage n'est pas dirigé par le fameux *master* Foss, dont le nom était parvenu à mes oreilles par delà l'océan Atlantique. Il paraît que nous ne trouverons ce conducteur sans pareil que dans la région même de Geyser-Springs, de laquelle il est comme le cicerone attitré. En tout cas, il me semble difficile d'être plus audacieux et plus habile que notre Californien Espagnol, simple émule du célèbre automédon.

Vers dix heures, nous passons à proximité de mines de mercure. Nous y sommes mis à même de voir comment on extrait ce métal du cinabre, lequel n'est autre chose — comme chacun sait — qu'un composé de soufre et de mercure. Depuis longtemps le cinabre était connu et apprécié des Indiens. En le broyant et en le diluant avec l'eau, ils obtenaient ce superbe rouge vermillon, si estimé dans nos arts, et dont ils se teignaient le visage pour mieux accentuer la couleur de leur peau.

Par le fait, les opérations se réduisent à la simple combustion du quartz métallifère. Le vif-argent volatilisé est recueilli dans une série de cuves où il se trouve successivement condensé et d'où il s'échappe dans les récipients destinés à le contenir.

Aussitôt après notre visite, nous remontons en voiture et repartons à nouveau, lancés à toute bride sur la route qui s'enfuit derrière nous.

Le pays que nous parcourons maintenant est peuplé d'une grande quantité de moutons. Mais, à l'encontre des usages suivis ailleurs, ici on ne les réunit point en troupeau. De tous les côtés nous en voyons paissant à l'aventure par groupes isolés. Ni pâtres ni chiens pour les rassembler ou pour les préserver.

Bientôt nous entrons en pleine région sulfureuse. A chaque instant nous passons devant des gisements de soufre en pleine exploitation. Cependant le pays est toujours boisé. A mesure que nous avançons, la végétation devient même de plus en plus touffue. Aux abords des Geysers, notre prochaine étape, elle est exubérante.

Il est onze heures à peine quand nous arrivons à destination.

Geyser-Springs, telle est l'appellation exacte sous laquelle on désigne le site sauvage et pittoresque où nous sommes arrêtés.

L'hôtel constitue l'unique habitation du pays. Situé le long de la route, à mi-hauteur dans une gorge de montagne, il est conçu dans un style rustique, et présente un aspect on ne peut plus séduisant. Les maîtres de la maison sont des Américains d'origine britannique. Détail curieux qui me frappe dès l'abord, l'hôtelier rappelle, trait pour trait, le célèbre Garibaldi, — sans la chemise rouge, bien entendu. Même profil, même coupe de barbe, je dirais presque même énergie empreinte sur tout le facies. Ce serait à faire le désespoir du plus fin limier de police ou du juge d'instruction le plus sagace. Les ménechmes de Plaute et de Regnard n'offriraient pas une ressemblance plus parfaite.

En attendant le déjeuner, pour me reposer de la route et mieux supporter la température qui est devenue torride, je me hisse dans un hamac suspendu sous la véranda, à l'ombre d'un chêne colossal. Le hamac, qui, d'après Raspail, réalise, pour le riche et pour le pauvre, l'égalité devant le sommeil, est vraiment un admirable engin dans ces pays chauds. L'Américain des États-Unis en fait, du reste, un usage presque général.

Lunch servi à midi et demi. Nous le faisons suivre de promenades autour de la maison, car, par la chaleur intense qui règne à cette heure de la journée, il ne saurait être question de nous rendre aux sources, objet de notre présence en ces lieux.

Dans une prairie, attenant à l'hôtel, broute joyeusement une petite gazelle capturée il y a deux mois. Elle est, pour ainsi dire, venue se livrer d'elle-même aux chasseurs qui avaient abattu sa mère.

Un peu plus loin s'ébat une bande de *raccoons* ou ratons, sorte de petits ours, dont ils se distinguent par leurs formes moins lourdes et par leur taille exiguë. Bien qu'ils se nourrissent spécialement de fruits, d'œufs et d'insectes, ils sont très friands de volatiles. C'est cette passion gastronomique qui leur a coûté la liberté. Pour le reste, très apprivoisés déjà et recherchant avidement les caresses.

On nous montre encore des renards et un terrier de marmottes. Bref, les maîtres de la maison ont réuni ici les spécimens les plus curieux de la faune locale.

A cette collection improvisée il ne manquerait même pas le genre reptile, s'il m'est permis d'en juger par ce qui m'arrive. En passant près d'un fourré, j'aperçois soudain un serpent de plus de quatre pieds de longueur et gros comme un manche de pioche. L'animal, dérangé sans doute dans sa sieste, semble bel et bien, en se dressant sur son train de derrière, vouloir me barrer la route, et je n'ai qu'un simple parasol. — Ma foi! cédons-lui la place et rejoignons nos compagnons. Il paraît que l'ophidien, cause de ma retraite, est tout uniment une couleuvre de grande dimension, mais inoffensive, appelée dans le pays *gater-snake*. C'est égal, la rencontre était dépourvue d'agrément.

A quatre heures et demie, un guide vient nous chercher pour nous conduire aux sources d'eau chaude.

En face de l'hôtel et perpendiculairement au ravin dans lequel il est assis à mi-côte, s'ouvre un autre ravin appelé *Geyser-cañon*.

Ainsi que son nom l'indique, cette dernière gorge renferme les sources chaudes que nous allons visiter. Elle est étroite et peu étendue. A l'encontre de la première, elle est complètement dépourvue de végétation, ne présentant dans tout son développement qu'une surface de terres incessamment rongées par les eaux, qui y sourdent à chaque pas, ou par les torrents descendus des montagnes à la saison des pluies. C'est une gamme ininterrompue des couleurs les plus disparates. Ainsi y a-t-il des terrains blancs, des terrains noirs, des zones entremêlées de jaune, de vert et de rouge, sans compter toutes les nuances intermédiaires. Tandis que ceux-ci accusent la présence du fer, du mercure, du soufre, ceux-là révèlent de l'alun, de la magnésie, des sels de toute formation.

Et de toutes parts jaillissent des sources accusant les températures et les compositions chimiques les plus diverses. On y constate un méli-mélo d'éléments qui jurent de se trouver ensemble, comme si la nature était restée ici à l'état chaotique des premiers âges de la création.

Mais procédons par ordre et énumérons les principales sources à mesure que nous les rencontrerons sur notre passage.

Voici d'abord deux sources ferrugineuses dont l'une accuse une température de 22° centigrades et l'autre de 40. Cette dernière, aux eaux rougeâtres et chargées d'alun, est — paraît-il — excellente pour les maladies d'yeux.

Un peu au-dessus se présentent successivement diverses sources témoignant d'un calorique plus élevé et contenant du sel d'Epsom, de la magnésie, du soufre, du fer et de l'alun. Il en est de celles-ci qui atteignent jusqu'à 80° centigrades, et à certains endroits des jets de vapeur, s'élançant du sol, démon-

GEYSER-CAÑON. — *Voy. p. 325.*

trent la présence de sources parvenues à l'ébullition et dépassant de beaucoup cette moyenne thermométrique.

Nous foulons évidemment une terre surchauffée par quelque incendie perpétuel. Quand nous y enfonçons nos cannes, les cailloux qu'elle renferme en sont rejetés comme par une force cachée. Dans les creux, l'eau bouillonne en s'évaporant promptement, ou jaillit comme un petit volcan, en envoyant vers le ciel des nuages floconneux. Cette portion de la ravine a été surnommée ingénument le Laboratoire du Diable. Elle n'a certainement pas volé son sobriquet.

En remontant sur les flancs de Geyser-cañon, on nous montre encore une sorte de trou mesurant trois mètres de côté environ et où l'eau, épaisse et noire comme de l'encre, est arrivée à un tel degré d'ébullition, que les bouillons en sont soulevés à cinquante et soixante-quinze centimètres au-dessus de la surface. On a donné à ce réservoir le nom de Witches-Caldron, ou « Marmite des sorcières ».

Dans un autre groupe de sources bouillonnantes, nous en remarquons une appelée Steamboat-Geyser, qui ne se manifeste que par un immense jet de vapeur sortant de terre. Mais le jet est si brûlant que la condensation de la vapeur s'opère seulement à six pieds au-dessus de l'orifice.

A titre d'expérience courante, nous plongeons des œufs frais dans quelques-unes des sources, et les en retirons cuits au bout de deux à trois minutes.

Au milieu de ces eaux en ébullition on voit le cratère d'un volcan, éteint depuis des siècles et rempli bord à bord d'une sorte de lave solide et de résidus ayant au plus haut point les propriétés caustiques du savon. Ces derniers fragments, appliqués à sec sur la peau, brûlent l'épiderme comme une pierre infernale. Et de tous côtés, dans la gorge démoniaque, même les blocs de rocher et les masses de terres où l'on ne découvre aucune trace de source, chaque chose en un mot semble se consumer intérieurement et dégage des vapeurs opaques comme quelque bois vert en ignition.

Mais ce qu'il y a de plus étonnant encore dans cette région si tourmentée, si bouleversée, c'est le contraste des terrains corrodés avec la merveilleuse végétation qui croît dans leur voisinage immédiat. Quand d'un côté tout est abîme, désolation, stérilité affreuse, de l'autre, à quelques pas, la nature déploie ses plus riantes merveilles. Le chêne, le saule, l'aune, le sycomore et autres arbres de haute croissance foisonnent aux alentours. Abritant sous leur couronne verdoyante des fourrés de lauriers et d'arbustes au feuillage luisant, épineux ou dentelé, tous, dans une vigoureuse poussée, semblent entremêler leurs branches, comme pour résister à l'empiétement des ruines.

Transition brusque et frappante. Là, c'est le chaos, la dévastation, la mort ; ici, c'est la vie sans cesse renaissante et l'exubérante fécondité d'une région paradisiaque.

Rentrés à l'hôtel, nous y dînons vers six heures et demie.

Tandis que je me repose, après le repas, assis sous la véranda, le guide qui nous accompagnait aux geysers, instruit de mon alerte de midi, vient m'offrir les queues de deux serpents à sonnettes qu'il vient de tuer. On sait que c'est à la conformation particulière de cette extrémité caudale, composée d'écailles résonnantes, qu'est dû le nom fantaisiste sous lequel l'ophidien est désigné. Lorsque l'animal secoue sa queue, il produit un bruit assez semblable à celui d'un parchemin que l'on froisserait. Bien que ce bruit puisse être perçu même à la distance d'une vingtaine de mètres, il arrive parfois que le passant n'est point prévenu assez tôt et que le crotale, se sentant menacé, fond sur lui à l'instar d'un ressort qui se détend.

Ces curiosités vont rejoindre dans une vieille boîte de habanas quelques pierres de formation plutonique trouvées au cours de notre promenade.

Avec les bouffées d'air frais que la brise nocturne chasse au travers des larges baies du salon, le mouvement commence à renaître autour de nous. Notre planteur, que je ne soupçonnais pas musicien, en profite pour exécuter au piano quelques airs populaires de la Louisiane, ce qui m'amène naturellement à riposter par certaines réminiscences puisées dans le vaste répertoire de nos pays.

Inutile de dire que, dans ce milieu aussi peu virtuose qu'assoiffé de mélodie, les quelques accords que je plaque en passant sur le clavier ont pour résultat de m'élever de plusieurs coudées dans la considération générale. L'un de mes naïfs auditeurs va même jusqu'à me prendre pour quelque artiste en tournée, et s'enhardit à me demander la date de mon premier concert à San-Francisco. Je renverserais apparemment toutes ses notions du juste et de l'injuste, si je lui déclarais n'être, en fin de compte, qu'un diplomate « en balade ».

Mardi, 12 *septembre*. — Temps magnifique : assez frais le matin, il s'échauffe au point d'amener, vers midi, sur le thermomètre 33 centigrades.

Notre retour à San-Francisco s'opérera par Calistoga et Vallejo, c'est-à-dire par une autre route que celle suivie au départ. Mais avant de franchir ces deux petites villes, je ferai un crochet pour aller visiter la Forêt Pétrifiée, que notre planteur Henry B. m'a signalée comme l'une des plus grandes curiosités naturelles de la Californie.

A sept heures trois quarts, départ en *stage* à quatre chevaux. Nous avons à nous élever graduellement sur les premiers contreforts du mont Sainte-Hélène, volcan éteint qui ne mesure pas moins de quatorze cents mètres de hauteur.

C'est, non pas *master* Foss qui conduit, mais son propre fils. Le brave automédon a fait souche, — paraît-il. Son digne héritier annonce les mêmes talents de quadrigaire. Il nous mène à grandes guides sur les rampes les plus abruptes, côtoyant les précipices avec une insouciance admirable.

Nous remarquons sur notre chemin des myriades d'écureuils. Ces petits rongeurs pullulent littéralement dans la contrée. Mais je n'ai point encore entendu le chant d'un oiseau. Il est vrai que la saison des ramages champêtres est passée. Du reste, la Californie n'est pas précisément la terre promise de ces petits chanteurs ; elle renferme trop d'ornithivores. En revanche, la végétation se montre d'une richesse incomparable. Elle revêt un caractère semi-tropical. Je n'en ai vu d'aussi luxuriante nulle part ailleurs, même dans le sud de la contrée. Les mansanettas, arbustes à l'écorce rouge, et les bouquets de fougères tranchent sur la grasse et luisante verdure des ombellifères et des lauriers, s'y mêlant aux sycomores ainsi qu'aux essences les plus vigoureuses déjà revêtues de leur teinte automnale. A certains moments, nous passons sous des berceaux épais, formés de vignes vierges qui grimpent jusqu'au sommet des plus grands arbres et se rejoignent d'un côté à l'autre de la route.

Parvenus au point culminant de la montée, nous dominons un admirable paysage de hauteurs et de bas-fonds, borné au loin par la ligne verte de l'océan Pacifique.

Pine-Flatt, localité où nous abandonnons le *stage* de *master* Foss fils, pour prendre celui qui fait le service avec Calistoga, est un exemple, entre mille, de ces petites agglomérations américaines qu'on voit éclore un beau matin, et qui disparaissent de même. L'année passée, il y avait encore ici un millier d'habitants, retenus par l'exploitation du mercure qui y était poussée avec vigueur. Aujourd'hui l'on n'en compterait pas même cent. *Sic transit...*

Vers une heure, enfin, nous nous arrêtons en face d'une maison de proprette apparence qu'on nous dit être celle de *master* Foss. L'impeccable phaéton est assis sur le pas de la porte, las des carrières parcourues et suffoquant dans sa graisse comme tout cocher qui se respecte. Nous le saluons avec les égards dus à un homme de sa corpulence et de sa renommée.

De la bouche même de master Foss nous apprenons que nous sommes ici à *Fossville*, appellation redondante qu'il fait sonner à nos oreilles avec un orgueil non dissimulé, tout comme Romulus aurait dit Rome, ou Pierre le Grand Saint-Pétersbourg.

« C'est ici — ajoute-t-il — que l'on met pied à terre pour se rendre à la Forêt Pétrifiée, une merveille. »

Précisément, ainsi qu'on sait, j'avais formé le dessein d'en faire la visite. Aussi tombons-nous bientôt d'accord avec master Foss, qui, moyennant six dollars, me fera conduire au lieu désigné.

Pendant que l'on prend les dispositions nécessaires pour cette excursion, nous jetons un regard dans la

ment et de saisir les rênes en ses mains magistrales, que nous voilà partis à fond de train au galop des chevaux, sans autre commentaire. La mise en marche a même été si rapide, si inattendue, que la barre d'appui de notre véhicule s'est rompue sous le choc. Peu s'en faut que je ne sois précipité sur la route avec mon obèse compagnon.

J'aurais voulu dire quelques mots d'adieu aux diverses personnes avec lesquelles j'étais venu jusqu'ici ; mais va-t-en voir... ! Je n'aperçois plus entre nous qu'une traînée de poussière opaque.

Et de rouler maintenant d'une manière ininterrompue, avec une rapidité vertigineuse.

Toutes les folles chevauchées auxquelles j'ai pu me

simple mais coquette demeure de notre nouvel hôte. Il y a — dit-il — reçu plusieurs personnages de marque. A ce propos, je ne manque pas de rappeler au roi des cochers californiens la haute réputation dont il jouit, réputation qui a traversé les mers et qui est parvenue jusqu'à moi.

L'amour-propre de notre homme est sans doute agréablement chatouillé par ce langage non préparé, car il se ravise séance tenante à l'égard des chevaux qu'il avait dit d'atteler, et donne l'ordre au groom de les remplacer par *Orégon-Bill* et *Boston*, les deux meilleurs coursiers, paraît-il, de son écurie. Et cependant ce sont deux petites biques maigrelettes, sur le fond desquelles on ne parierait pas un liard.

Je vais apprendre une fois de plus qu'il ne faut point juger d'après les apparences. A peine nous sommes-nous assis dans la voiture légère où master Foss en personne, piqué au jeu, vient de grimper allègre-

livrer parfois, dans mes années d'adolescence, ne furent rien à côté de celle-là. A dire vrai, *Orégon-Bill* et *Boston* ne sont plus à mes yeux de simples coursiers naturels. Ils rappellent le prodigieux hippogriffe, joignant l'aile au sabot, que montait le bon chevalier Astolphe, quand il s'en fut quérir dans la lune la raison égarée de Roland furieux.

Nous dévalons des hauteurs comme une trombe, et les remontons comme un obus. C'est à en perdre le sentiment de la réalité. A certains moments j'éprouve intérieurement comme un éclair de froid qui me traverse de part en part.

Les collines les plus accidentées me semblent être de vulgaires ondulations, aussi faciles à franchir que dans le jeu des montagnes russes. Et l'accès de folie dure environ trois quarts d'heure, sans trêve ni repos, pendant lesquels nous parcourons plus de dix milles américains, c'est-à-dire plus de seize kilomètres.

Enfin nous voici arrêtés. Master Foss me tend la main en souriant, et je saute à terre, encore tout abasourdi de cette fugue insensée. Je respire. Quant à *Orégon-Bill* et *Boston*, ils se contentent d'écumer. Je conçois maintenant leur maigreur diaphane.

Le plateau où nous avons mis pied à terre présente un aspect aride et porte partout les traces de fouilles récentes ou anciennes. Nous nous trouvons, en effet, au centre même des terrains où gît la Forêt pétrifiée. Ce ne sont, de part et d'autre, que troncs d'arbres à moitié ensevelis dans le sol. Dans le nombre, il y a des pièces gigantesques, de véritables *big trees,* tous uniformément atteints par la pétrification. Une forêt entière, subitement recouverte par la lave d'un volcan, comme autrefois Herculanum et Pompéi, s'est ainsi desséchée au contact des cendres chaudes, en prenant peu à peu la rigidité du basalte. La plupart des colosses couchés en terre appartiennent à l'essence des conifères, si fréquente dans la contrée. Il y a là des arbres monolithes de vingt mètres de long et de quatre de diamètre. Ce bois fossile est, de plus, entouré d'une couche de silice produite sans doute sous l'action d'une source alcaline chaude, contenant cette substance en dissolution.

C'est en 1870 que l'existence de la Forêt Pétrifiée de l'État californien fut rendue publique. A cette date, on n'avait encore dégagé qu'une centaine d'arbres. Depuis lors, on a opéré de nouvelles fouilles, lentement il est vrai, mais de façon continue, et l'on ne sait trop où l'on s'arrêtera.

Une heure entière se passe à nos diverses observations. Puis nous nous mettons en route vers Calistoga, station du *California Pacific Railroad,* où je prendrai le chemin de fer pour San-Francisco. Comme nous avons tout le temps pour franchir la distance qui nous en sépare, nous modérons sensiblement l'allure que nous avions adoptée en venant. Master Foss en profite pour me raconter, entre autres prouesses,

qu'il a fait un jour, dans le court délai de vingt-trois minutes, une excursion de six milles, soit près de dix kilomètres, avec un stage attelé de six chevaux et contenant onze voyageurs. On ne va guère plus vite en chemin de fer.

A la gare, je retrouve mes compagnons de route laissés naguère à Fossville. Il est quatre heures quand le train s'ébranle, et il en est six quand nous entrons dans Vallejo, petite ville sise à l'extrémité de la baie de San-Pablo. D'ici un steamer nous ramènera dans la capitale.

Vers sept heures nous sommes en vue de San-Francisco. L'aspect de la ville, vue sous les brumes de la nuit naissante et étincelant de mille lumières échelonnées sur les hauteurs, a quelque chose de féerique.

Au débarcadère, où se presse une nuée encombrante de cochers, de portefaix et de commissionnaires se disputant avidement notre bagage, j'arrête, en vue d'échapper à leurs obsessions, une voiture de place qui me conduit au Grand Hôtel, sans autre encombre que d'avoir à payer à l'arrivée le double de ce qui m'avait été demandé au départ. Mais en Amérique on finit par s'habituer à ces petites gredineries.

Le soir, promenade en compagnie de Mr. Henry B. Il me fait parcourir successivement Market, Montgommery et Kearney-street, les trois rues les plus animées de la ville. Elles sont superbement éclairées et toutes bordées de brillants magasins. Partout des affiches de théâtre, étalées sur les murs, témoignent d'une extrême tendance à s'amuser, comme d'un état moral assez peu relevé.

A travers les fenêtres ouvertes de somptueux établissements, j'aperçois pendues aux murailles les peintures les plus lestes. Notre planteur me dit — et je veux bien le croire — que ce sont des maisons de jeu. Il paraît, décidément, que les Mormons n'ont point seuls la spécialité des tableaux érotiques et des scènes décolletées.

ARBRES PÉTRIFIÉS (Voy. p. 328).

XIX

SAN-FRANCISCO

Cliff-house. — Littérature de cabaret. — Golden-Gate. — Le Pacifique. — Oiseaux aquatiques et monstres marins. — Le *Gaelic*. — Une maison qui se promène. — Dans le quartier chinois. — Temple bouddhiste. — Un restaurant asiatique. — Quelques rues équivoques. — Le flot mongol. — Point de sots métiers. — Tout au jeu. — Au théâtre chinois. — Un policeman quelque peu arabe. — La Californie et ses trésors. — Historique de San-Francisco. — L'ordre né du désordre. — Vue d'ensemble de la ville. — Le *Stock-Exchange*. — La folie de l'agio. — Meetings et politiciens. — Un « free admission ». — Aboyeurs de réclames. — Adieux au nouveau monde. — Vers l'empire du Soleil-Levant.

Mercredi, 13 septembre. — Beau temps, mais frais ; le thermomètre ne marque que 15° centigrades.

Presque toute la journée est consacrée aux préparatifs nécessités par mon prochain départ pour le Japon.

Jeudi, 14 septembre. — Beau temps (th. + 15° cent.).

La visite de la ville de San-Francisco proprement dite n'exige que quelques heures. A l'exclusion du quartier chinois, très curieux à parcourir, rien n'a le don de fixer l'attention du touriste au point de vue monumental, bien que les édifices n'y soient en aucune façon médiocres.

Tel est le sentiment de Henry B., notre compagnon de voyage aux Geysers, lequel s'est imposé, ce matin, de me servir de cicerone. Aussi, sans nul égard pour les rues et les bâtisses rencontrées sur notre passage, nous fait-il mener en rapide équipage jusqu'à Cliff-house, établissement situé sur les bords du Pacifique, à une distance d'environ dix kilomètres à l'ouest de San-Francisco. C'est, paraît-il, le but de promenade favori des habitants et le point le plus intéressant de toute la région environnante.

La belle et large route que nous suivons, dès les confins de la ville, est finement macadamisée et semble être, en effet, le rendez-vous des sportmen. L'hippodrome des courses se trouve, du reste, à proximité.

Il est dix heures quand nous parvenons à destination.

Quant à la réclame gastronomique, étalée partout sur les murs de la cité ou dans les journaux locaux, elle n'est pas moins affriolante : « Déjeuners appétissants, lunchs savoureux, dîners somptueux et soupers fins, vins étrangers, et même, — ô surprise ! — vins de Californie. »

Henry B., désireux d'acquérir en tout une saine expérience, s'empresse de commander une bouteille du cru, bouteille que je partage fraternellement avec lui, tout en trempant dans nos verres quelques gâteaux secs. Reconnaissons que ce vin a vraiment du bouquet.

Et, de fait, on est royalement bien dans ce Cliff-

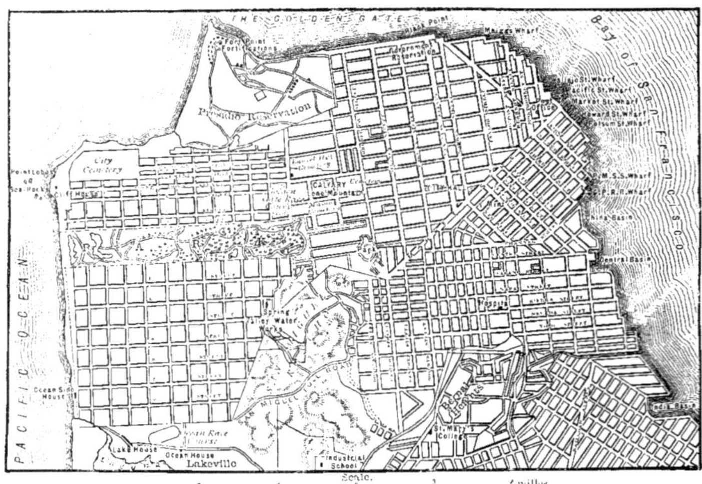

PLAN DE SAN-FRANCISCO

Cliff-house n'est, à tout prendre, qu'un simple local de réfection, aux proportions modestes et sans aucune prétention architecturale. En revanche, bâti sur un rocher basaltique, au pied duquel les eaux du large viennent se briser en écumant, il jouit d'une situation exceptionnelle sous le rapport du coup d'œil. La vue qu'on y embrasse, s'étendant sur les côtes de l'Océan et sur l'horizon sans bornes, suffit à expliquer la vogue dont il est entouré parmi la population de San-Francisco.

Au surplus, la réclame ne demeure pas indifférente aux puissants attraits de la nature. *Roaring Ocean!* *Surging breakers!! Foaming surf!!! Monsters sea lions!!!!* Traduisez : « Océan tempétueux, rochers inaccessibles, vagues écumantes, monstres marins et lions de mer. » Rien n'y manque, pas même le réel, pour exciter ou satisfaire la curiosité.

house d'élection, au milieu d'un paysage ultra-romantique, sur une pointe dominant la rive et devant l'immensité ouverte. Aussi n'éprouverons-nous aucun scrupule à reproduire ici l'invitation, en style lapidaire, que l'hôtelier adresse courtoisement à la clientèle.

Bring your wife!
Bring your family!
Bring your lady friend!

Ce qui pourrait se traduire, en bon français, par : « Amenez votre femme ! — Amenez votre famille ! — Amenez celle que vous aimez ! »

Il n'y a vraiment que la langue américaine pour donner un tel parfum de bonhomie aux sollicitations les moins équivoques.

N'ayant amené de *lady friend* ni l'un ni l'autre,

nous pouvons, du haut de la terrasse de l'hôtel, nous livrer sans aucune distraction à la contemplation des beautés grandioses réunies sur ce point, peut-être unique dans l'univers.

Devant nous, c'est l'infini. Le regard se perd dans un horizon sans limites où la vague, sans cesse amenée de la haute mer, se développe librement et sans entraves. C'est seulement aux approches de la rive que les flots, soulevés par la brise, viennent se heurter sur les obstacles et se disperser en écume bouillonnante.

Tout près de notre observatoire surgit, en effet, pour le plaisir des yeux et le bonheur des amphibies, un groupe de rochers bizarres, tels qu'il en existe, d'ailleurs, sur tout le littoral californien. Or, ces masses multiformes de granit, violemment battues par les eaux, servent de refuge aux oiseaux aquatiques, qui pullulent sur les côtes, et dont d'innombrables vols tournoient constamment dans l'espace. De plus, des lions, des loups et des chiens marins, attirés par centaines, y viennent prendre leurs ébats. C'est même cette dernière particularité qui a fait donner à ces récifs le nom de *Seal rocks*, c'est-à-dire « rochers des Phoques. »

Quelques-uns de ces monstres marins atteignent des proportions colossales, les plus gros étant connus sous des titres que le garçon de l'hôtel nous énumère avec complaisance. Nous avons ainsi l'honneur de voir apparaître, s'étirer, bâiller au soleil et finalement plonger dans les eaux divers personnages connus, et jusqu'au général Grant en personne, au milieu de tout son état-major. Les aboiements gutturaux et les cris de cette société « si mêlée » remplissent les airs d'une musique incohérente et sauvage. On croirait entendre l'infernal concert des fauves affamés rôdant, la nuit, autour d'un village arabe perdu dans la solitude.

Sur notre droite s'entr'ouvre Golden-Gate, ou la Porte d'Or, autrement dit le goulet de la rade de San-Francisco. Fortifié sur différents points, large d'un mille à peine et long de cinq ou six, il se montre en ce moment plaqué de taches blanches, voilures de navires rentrant au port ou s'enfuyant vers des destinations inconnues. Quelques volées de goélands contribuent également à l'animation du tableau.

L'atmosphère est assez transparente pour que nous puissions étendre nos regards jusqu'à la pointe opposée de Golden-Gate, ce qui est, nous dit-on, une chance assez rare.

Fort souvent, en effet, surtout dans l'après-midi, des brouillards intenses s'élèvent de la mer, interceptant complètement la vue, au grand danger des navigateurs et au grand ennui des excursionnistes.

A ce propos, il ne sera pas inutile de faire remarquer que si le climat de la Californie est généralement uniforme dans l'intérieur des terres, la région maritime est loin d'offrir la même constance. On y observe, au contraire, les sautes de vent les plus inattendues. Aux rayons d'un soleil étincelant, par exemple, succèdent tout à coup des vapeurs épaisses, ou bien des trombes de poussière et d'eau véritablement aveuglantes.

UNE RUELLE DANS LE QUARTIER CHINOIS (Voy. p. 332).

Afin de garantir la navigation contre de pareilles éventualités, et pour indiquer la passe aux bâtiments en marche durant les périodes de brumes, on a jalonné les deux rives de fortes trompes à vapeur résonnant de minute en minute. Les sirènes de la Fable, dont ces instruments bruyants ont usurpé le nom, avaient, j'espère, des voix plus harmonieuses. Mais leur but était de séduire, et non d'éloigner.

Enfin, à l'entrée de la rade, et comme pour protéger la baie contre une invasion de flottes combinées, les îles d'*Alcatraz*, d'*Angelès* et de *Yerba buena* montrent leur front imposant couronné de nombreux canons.

Malgré les séductions multiples offertes à notre

curiosité par un tel coup d'œil, nous nous arrachons au bout d'une heure à notre contemplation pour rentrer en ville. Le temps nous presse l'un et l'autre. Car, tandis que mon compagnon tient à recueillir, avant son retour au pays, certains renseignements qui lui manquent, de mon côté j'ai hâte de faire connaissance avec le *Gaelic*, le navire qui doit me conduire au Japon.

En moins d'une demi-heure, notre vigoureux attelage nous a transportés à l'autre bout de San-Francisco, c'est-à-dire à l'endroit même où s'alignent les quais de la cité maritime.

Bientôt après je suis à bord du *Gaelic*. J'avais caressé l'espoir de tomber sur quelque navire majestueux, pourvu d'installations confortables, d'engins puissants, le tout en mesure de faire oublier au passager les ennuis d'une longue traversée. Désillusion complète ! le *Gaelic* n'est qu'un steamer de dimensions restreintes et où je serai très probablement fort mal logé. Les proportions m'en semblent même être tout à fait anormales. Taillé uniquement pour la course, il est aussi étroit qu'il est long. Nous risquons d'y être ballottés comme des clous dans une futaille.

Quoi qu'il en soit, je ne reculerai pas mon départ de quinze jours pour si peu, ce délai dût-il me procurer l'avantage de voyager sur le *City of Peking*, le plus grand bateau d'une compagnie concurrente.

Il existe, en effet, deux compagnies faisant la traversée du Pacifique, de San-Francisco à Yokohama : *the Pacific Mail* et *the Occidental and Oriental*. Cette dernière, créée en 1875, doit sa formation à certain différend intervenu entre la première et la compagnie des chemins de fer du Pacifique. Tandis que les navires de *Pacific Mail* naviguent sous pavillon américain, ceux de *Occidental and Oriental* battent les couleurs britanniques, la flotte appartenant, en fait, à la *White Star Line* de Liverpool. Toutefois, la concurrence est devenue bien anodine, car les deux sociétés rivales se sont entendues pour alterner leurs départs.

Bien que je sois décidé à ne point différer le moment de m'embarquer pour le Japon, je vais, par simple curiosité, visiter ce même *City of Peking* dont il vient d'être parlé et qui se trouve amarré de l'autre côté du quai. C'est, décidément, un magnifique bâtiment, tout en fer et aménagé pour pouvoir convoyer douze cents passagers, dont cent vingt-cinq de première classe. Il compte cent cinquante hommes d'équipage et jauge plus de cinq mille tonneaux. Tout récemment il a accompli son retour de Yokohama à San-Francisco en l'espace de quinze jours et quelques heures, effectuant ainsi une des plus rapides traversées connues dans ces parages.

Au retour en ville, je fais une curieuse rencontre, si tant est que l'expression soit applicable en l'occurrence. Une maison à deux étages, flanquée d'un corps de logis, est là sur la route qui se *promène* paisible-

ment comme un mastodonte accompagné de son petit. Pour comble de singularité, les habitants n'ont pas même songé à déloger. Ils assistent tranquillement de leurs fenêtres aux manœuvres régulières qui les font avancer tout d'une pièce eux et leur maison.

Un tel tour de force est chose presque banale à San-Francisco. Dans les quartiers extrêmes, notamment, on déplace ainsi des constructions toutes faites sous le moindre prétexte. Il est vrai que le type des habitations courantes est de nature à faciliter ces sortes de translations. Construites généralement en bois, il suffit de les élever à l'aide de crics sur de larges poutres cylindriques et de les faire rouler jusqu'à la nouvelle destination. Une autorisation demandée au bureau de police et octroyée sans délai, constitue la seule formalité à suivre pour se mettre ainsi en mouvement. En tous cas, pareil spectacle est fait pour surprendre le voyageur fraîchement débarqué dans la contrée.

A propos de bureau de police, je me rends, séance tenante, à celui qu'on assure être le moins éloigné, en vue d'y faire moi-même une démarche. Il paraît que, pour visiter le quartier chinois de San-Francisco, des plus mal famés, il est bon de se faire accompagner d'un détective. L'agent que je réclame, sur cette indication, est aussitôt mis à ma disposition.

Le quartier que nous avons à parcourir constitue, en effet, une sorte de ghetto, entièrement distinct des autres quartiers de la ville. Cette exclusion trouve sa raison d'être dans la densité même de la population chinoise. Si la race jaune a des représentants presque partout en Amérique, notamment le long du chemin de fer du Pacifique, où l'attirait naguère la recherche des minerais précieux, elle a conservé son principal centre d'action dans la métropole californienne.

Suivons donc notre guide improvisé là où il voudra bien nous conduire, conformément à sa bonne ou fâcheuse inspiration.

Au cœur même de l'agglomération mongole où nous louvoyons de concert, nous atterrissons sur les degrés d'un temple. Disons tout de suite que le quartier renferme au moins une demi-douzaine d'édifices consacrés soit au culte du Bouddha soit à celui de Confucius. Le temple où le hasard nous conduit appartient au bouddhisme et s'élève au sein d'un fouillis de cabanes infectes, basses et menaçant ruine de toutes parts. On a lieu de s'étonner, à l'aspect d'un pareil amoncellement, qu'un incendie purificateur n'ait pas encore exercé ses ravages dans un milieu aussi inflammable. Par le fait, le temple, bâti en bois comme le reste, ne se distingue des constructions voisines que par une certaine ornementation de la façade et par la coupe essentiellement chinoise de la toiture, le tout paraissant aussi caduc que l'entourage.

Nous y accédons par une série d'escaliers branlants, véritables casse-cou prêts à s'effondrer. L'intérieur, profondément délabré, semble dormir sous des amas de poussière; les boiseries sculptées qui en forment les lambris, les autels votifs, les statues et les ornements qui décorent le sanctuaire disparaissent positivement, à nos yeux, comme si des siècles d'existence en avaient estompé les saillies.

Naturellement, les images du Bouddha et de ses disciples trônent en belle place, c'est-à-dire sur une sorte d'autel élevé, chargé de brûle-parfums en bronze ciselé, d'où s'échappent des odeurs pénétrantes. Selon l'habitude, les personnages sacrés se montrent assis, les jambes croisées, sur la feuille de lotus, dans l'attitude calme et recueillie de la contemplation. Et, pour former contraste, sans doute, d'autres statues, au visage contorsionné, sont disposées tout autour d'eux, comme une cour diabolique.

Aucun goût dans cet attroupement bizarre. Y eût-il, d'ailleurs, quelque détail artistique à noter, que nous ne saurions guère le relever. En raison de l'obscurité qui règne dans l'enceinte, nous sommes, pour ainsi dire, tenus de placer nos lumières sous le nez des divinités grimaçantes, ce qui, du reste, ne semble nullement choquer les fidèles présents à notre visite. J'ai lieu de constater, au contraire, que les bonzes nous témoignent une

UNE DEMEURE CHINOISE

politesse extrême, une déférence assez peu en rapport avec le sans-gêne que nous accusons. Il est vrai qu'ils nous guettent à la sortie, prêts à me vendre tout un ramas de statuettes minuscules en plâtre, cotées au prix d'un demi-dollar pièce.

Du sacré au profane il n'y a qu'un pas dans toute cité asiatique. Mais ici la couleur locale va disparaissant en partie. La plupart des maisons habitées par les *coolies*, où — pour mieux dire — sont entassés les coolies, affectent le style européen. Je n'y vois guère de bâtisses traitées à la mode chinoise. En revanche, parmi ces dernières, il y a lieu de signaler quelques restaurants vraiment orientaux.

Par manière d'acquit, pénétrons dans un *dining room* de haute volée, tenu par le nommé Choy-Yanlow. Ce restaurant, installé dans une maison spacieuse, présente sur la façade une série de balcons à jour superposés, où sont suspendues quelques lanternes chinoises, à côté de nos inévitables becs à gaz.

Et, à ce sujet, disons une fois de plus combien les Célestes usent volontiers de nos avantages, sans jamais se départir de leurs coutumes. Ainsi, ils habiteront dans nos maisons, mangeront de notre pain, s'éclaireront de notre lumière, et, d'autre part, continueront à revêtir leur costume traditionnel, ne se dépouilleront à aucun prix de la fameuse tresse de cheveux ou de soie qui orne leur occiput, et voudront même que la coutume mongole les accompagne jusqu'après leur décès. Une telle persistance à demeurer Chinois quand même, entre peut-être pour beaucoup dans l'espèce d'ostracisme dont ils sont l'objet de la part de la race américaine tout entière. Mais passons !

A l'heure donc où nous entrons dans le restaurant en question, la salle est entièrement vide. Seul, un fumeur d'opium, couché dans un coin, la face hébétée, les yeux vitreux, y joue le rôle de personnage muet.

Je demande aussitôt du thé, lequel naturellement nous est servi à la mongole. On le prépare en notre présence. Les feuilles du précieux arbrisseau, simplement déposées dans une tasse, au lieu de l'être dans une théière, sont recouvertes, par le préposé, d'une eau portée à ébullition. L'infusion qui en résulte est immédiatement déversée dans une seconde tasse destinée au consommateur. Outre le thé ainsi offert à notre dégustation et que je déclare délicieux, on nous présente des gingembres excellents et des cigarettes assorties. Le tout ensemble ne me coûte pas plus de vingt-cinq sous. O miracle! Serait-ce la présence du détective qui me procurerait un traitement si doux, si peu en rapport avec les usages reçus? Ledit détective, du moins, ne fait pas faute de s'en prévaloir devant moi.

« Les Chinois — fait-il en roulant ses yeux en boules de loto — sont tous des exploiteurs, des fripons. Ils ne manquent jamais de s'approprier tout ce qu'ils peuvent prendre en catimini. Sans moi, croyez bien que vous seriez écorché vif. »

A la porte d'un théâtre, également chinois et situé dans le voisinage, se presse une foule bariolée de coolies. Comme je ne me soucie guère de stationner, ne fût-ce qu'un quart d'heure, au milieu d'une pareille affluence, nous poursuivons notre route, nous réservant de revenir plus tard, pendant la représentation.

En attendant, nous traversons une série de rues dont les maisons à portes guichetées révèlent suffisamment la population interlope qui y est confinée. Des femmes chinoises

INTÉRIEUR DU TEMPLE BOUDDHISTE (Voy. p. 332).

peintes et fardées à outrance, accourues d'abord au bruit de nos pas, réintègrent précipitamment leur bouge, à l'aspect de la médaille exhibée par l'agent. Il est, paraît-il, interdit à ces malheureuses de mettre le nez dehors, sous peine d'une amende de soixante dollars.

Tout en cheminant, je recueille de la bouche même de mon guide certains détails topiques concernant la population mongole de San-Francisco. Sur les trente à quarante mille Célestes établis ici, quelques centaines seulement sont en possession de femmes légitimes. Dans le nombre figurent ceux qui ont épousé des femmes blanches. Mais — comme on peut le croire — ces dernières, quoique fort prisées par les Fils du Ciel, ne paraissent guère répondre aux avances qui leur sont faites. Aussi est-ce, pour la grande majorité, par la basse prostitution seulement que le coolie se rattache au sexe féminin. De là les innombrables créatures recrutées dans la tourbe intime des ports

asiatiques, et jetées en proie au libertinage des ex patriés.

Il se produit, du reste, à cet égard, des contrats en règle où l'esprit mercantile des Chinois se montre dans sa froide nudité. Chaque jour apporte devant les tribunaux compétents une série de faits dont l'exploitation de la chair humaine est le mobile, et où l'élément mongol joue le rôle le moins honorable.

Tel est un des nombreux griefs reprochés aux Célestes, et dont l'ensemble ne fait qu'accroître l'opposition instinctive, quelquefois haineuse, des Américains contre l'immigration chinoise, immigration non assimilable, toujours encombrante, incessamment renouvelée.

« Qui dit Chinois — soutiendra la morale yankee, à l'instar de mon policeman aux gros yeux — dit sale, vicieux et voleur ! »

On ne saurait être plus absolu, partant moins exact. A toute époque, au contraire, les sectateurs de Confucius se sont targués des plus hautes vertus. Sans doute la doctrine du grand législateur est particulièrement du domaine des lettrés, et ce n'est point parmi ces derniers que se recrute l'élément colonisateur. Il n'en est pas moins certain que les démentis donnés à ce triste aphorisme sont des plus fréquents, dans ses trois acceptions.

Mais la politique, ou plutôt l'intérêt, se mêle à la question.

L'Américain, si philanthrope en ses institutions publiques ou privées, perd le sens du juste et de l'injuste dès qu'on parle des nègres du Sud, des Indiens du Centre et des Chinois de l'Ouest. De même que le Peau-Rouge n'est, devant l'esprit d'absorption, qu'un « barbare », qu'un « démon », qu'un « assassin avec lequel il faut en finir au plus vite », le coolie, patient et laborieux, faisant une loyale concurrence à la main-d'œuvre nationale, satisfait d'un salaire minuscule, devient inévitablement un « suppôt de tous les vices ».

Partant, point de tracasseries dont on n'abreuve les pauvres diables. S'agit-il de réprimer leurs torts vrais ou supposés, de circonscrire leurs droits ou leurs libertés, l'autorité locale et le pouvoir législatif de Washington seront toujours sûrs de marcher d'accord avec l'opinion. Aussi que de lois, d'arrêtés, de règlements, de capitations spéciales, tendant à mater le principe envahisseur, impossible à extirper !

En échange, il existe, comme pour faire pièce aux

restrictions officielles, toute une jurisprudence internationale, soutenue par une kyrielle de légistes intéressés et défendant pied à pied des droits que l'humanité ne saurait proscrire totalement[1].

Il s'ensuit que l'immigration chinoise est à peine
entravée par les mesures prises contre elle.

Mais il est une autre cause qui a, jusqu'ici, fait obstacle à l'action restrictive de l'autorité américaine :

On se fera une idée de la colossale importance de
ces véritables agences d'expatriation, quand on saura
qu'elles se chargent de tous les frais de voyage des
immigrants, leur procurent des emplois, leur prêtent
des fonds, interviennent dans leurs contestations, enfin s'engagent à transporter le corps des coolies dé-
cédés pendant le cours de leur exil volontaire. On
sait, en effet, que l'une des idées les plus enracinées

AU THÉATRE CHINOIS
(Voy. p. 336).

chez les Chinois expatriés est celle de reposer
après leur mort dans la terre mongole.

Il est naturel que des administrations si com-
pliquées aient besoin, pour fonctionner avec
profit, d'avoir entre les mains un pouvoir quasi
discrétionnaire. Aussi s'arrogent-elles sur les affiliés un droit de police permanent. Leurs décisions font
jurisprudence en toute occasion. D'aucuns prétendent même qu'elles ont des bourreaux à gages pour
exécuter les arrêts de leur justice particulière. En
tous cas, les Chinois, pour la plupart originaires des
provinces du *Kwanhing* et du *Kwangsi*, remplissent
scrupuleusement les engagements pris, maintenus
qu'ils sont à la fois par la crainte et par l'intérêt.
Sans de telles associations, la vie leur deviendrait à
peu près impossible à San-Francisco. Déjà très enclins, par caractère, à faire bande à part, comme les
juifs du moyen âge, ils opposent donc à la persécution avouée la coalition et le secret.

l'existence des nombreuses sociétés secrètes établies
à San-Francisco même ou sur le continent asiatique,
en vue de protéger les émigrants chinois et de faciliter leur existence dans le Far-West.

1. Des traités avec la Chine intervenus depuis l'époque où
nous écrivions ont permis au gouvernement de Washington
de limiter ou même de suspendre entièrement l'immigration
chinoise, pour peu que les immigrants appartiennent à la
classe pauvre. Ainsi a-t-on édicté, en 1888, une loi par laquelle
l'entrée des États-Unis restera interdite, pendant une période
de vingt ans, à tous ceux qui ne pourraient justifier de certains moyens d'existence. Toutefois cette loi est très diverse-
ment appliquée dans les différents États de l'Union.

La persécution : tel est bien le nom par lequel il faut, en fin de compte, désigner les mauvais traitements dont on abreuve ici la race jaune, de connivence avec l'autorité. C'est à ce point que les attentats dont les Chinois sont victimes demeurent souvent sans aucune répression, soit juridique, soit morale.

Aussi, que de récriminations étouffées sous la crainte, que de préjugés entretenus, que de haines incessamment soulevées! Si, en effet, la colonie chinoise semble accepter bénévolement les injures et les mauvais traitements, il s'en faut qu'elle se soumette avec une entière résignation. Elle se dédommage, au contraire, de cette contrainte perpétuelle en exhalant à huis clos, au sein de ses sociétés patriotiques, les espérances les plus subversives. Les malédictions dont les Chinois chargent leurs oppresseurs pourraient largement entrer en parallèle avec les blasphèmes, devenus légendaires, auxquels s'abandonnent encore les Israélites d'Amsterdam. La moindre chose que souhaite notamment le Chinois à son hôte inique, c'est de le voir « haché menu comme chair à pâté », ou bien « atteint d'une inflammation qui lui pourrisse les entrailles, en le désagrégeant lambeau par lambeau ».

Quoi qu'il en soit de ces mutuelles inimitiés, si, par suite d'une persécution sans merci, la race jaune finissait par disparaître du territoire américain, il en résulterait pour la Californie un état de gêne voisin de la ruine, tant cette race patiente et laborieuse s'est rendue indispensable dans le commerce, dans l'industrie, dans la domesticité, partout, en un mot, où il faut recourir au travail manuel.

Car, il n'y a pas à dire, l'artisan aux yeux obliques et aux longues tresses possède un immense avantage sur l'ouvrier américain, toujours exigeant, volontaire et indiscipliné. Les Célestes, en effet, se contentent d'un salaire modique, vivent de rien, ne sont jamais difficiles sur le choix des occupations. Tout leur est bon, pourvu qu'ils gagnent de l'argent. Aussi se sont-ils réservé le monopole d'une foule de petits métiers, devenus très lucratifs entre leurs mains. Non seulement ce sont des mineurs infatigables, trop heureux de glaner sur les placers dédaignés par les blancs et s'évertuant à laver pour la centième fois les sables aurifères appauvris; non seulement encore ils fournissent ces excellents terrassiers dont le chemin de fer du Pacifique a largement utilisé les bras et le concours; mais ils constituent encore des ouvriers intelligents, fréquemment doués du sens artistique et recherchés par tous les chefs d'industrie. Enfin s'ils passent pour faire de parfaits domestiques, à la fois attentifs et avisés, ils s'entendent merveilleusement à blanchir le linge, à soigner les préparations culinaires, à tourner le cigare, à fabriquer mille choses diverses et de première nécessité; c'est également parmi eux que se recrutent les chiffonniers, les portefaix et les colporteurs, alors que les plus aisés sont marchands et prêteurs sur gages, bijoutiers ou horlogers.

Si bien que pas mal de fortunes, fruit d'un labeur opiniâtre et d'une volonté de fer, s'édifient ainsi dans l'ombre. Mais ces fortunes, en raison même de l'ostracisme auquel on soumet les membres de la colonie, ne profitent jamais à la contrée où elles ont été édifiées. Les Chinois enrichis préfèrent aller trancher du grand seigneur dans leur patrie, plutôt que de continuer à réaliser des bénéfices qu'ils doivent maintenir cachés et qui restent par conséquent sans emploi personnel.

Sans emploi, ai-je dit? Je me trompe. Le Chinois est né joueur; car il semble qu'à toutes les échelles de la société mongole le fléau sévisse avec intensité. Lorsque le coolie n'a pas d'argent, il jouerait jusqu'à ses souliers, jusqu'à ses lunettes. Et comme l'accès des maisons de jeu américaines est naturellement interdit aux pauvres diables, ils se rassemblent dans des caves, dans des souterrains, où ils se consacrent des nuits entières au maniement du loto ou d'un autre jeu assez semblable à la *morra*, lequel paraît être un dérivé de notre primitif « pair ou impair ». Là, réunis par centaines, étroitement serrés dans un faible espace, ils compromettent sur un chiffre le gain de leurs journées laborieuses. N'était ce dissolvant et celui de l'opium, peut-être plus redoutable encore, la colonie chinoise serait aujourd'hui absolument maîtresse de San-Francisco, par l'invincible puissance du travail et de l'argent.

Au surplus, les Célestes ne sont pas seuls à se complaire dans le péché mignon dont nous venons de parler. Les Américains pur sang de San-Francisco, eux qui reprochent si amèrement aux Chinois leurs défauts et leurs vices, sont les premiers à s'adonner au jeu avec fureur, ainsi que mon policeman veut bien en convenir. Si les temps s'éloignent de nous où les chercheurs d'or, logeant sous la tente en société de brigands et de prostituées, n'osaient s'endormir que la bourse à la ceinture et le revolver au poing, le jeu continue à tenir ses assises dans la ville rebâtie sur un plan monumental. Indépendamment des brelans réguliers, sur lesquels le contrôle officiel s'exerce dans une certaine mesure, il existe des bouges d'où l'on n'est jamais certain de revenir. Tel est le *Hole in the Wall* ou « Trou dans le mur », abominable repaire où se réunissent les filles et les mineurs. Le brandy aidant, l'on s'y dépouille et l'on s'y égorge avec une étonnante désinvolture. Mon cicerone m'engage à aller voir cela de près à titre de curiosité, mais je décline la trop aimable invitation.

Retournons plutôt au théâtre chinois, dont l'encombrement des abords nous avait écartés tout à l'heure.

Au moment où nous y entrons, la représentation bat son plein. Les acteurs, curieusement grimés et richement costumés, occupent la scène et tiennent, avec force gestes, des discours que je dois estimer des plus hilarants, puisque toute l'assistance se tord dans un rire continuel. Je me laisserais volontiers aller à la gaieté générale, ne fût-ce qu'entraîné par le

SEAL-ROCKS OU « ROCHERS DES PHOQUES » (Voy. p. 331).

courant sympathique, s'il ne régnait dans la salle, pleine comme un œuf, une atmosphère insupportable. A moins d'avoir le sens olfactif complétement atrophié, on ne saurait y demeurer plus longtemps. Je me bornerai donc à constater qu'à mon entrée deux des héros de la pièce étaient en train de se jeter à la tête une bordée d'injures, et qu'ils finissent par en venir aux mains, fort comiquement d'ailleurs, avec un troisième larron survenu mal à propos comme un personnage de Molière. Profitons du tumulte et esquivons-nous ! Je me réserve, à cet égard, pour la Chine elle-même, où je retrouverai le théâtre

tile de dire que l'honnête personnage ne songe pas même à protester. Il seyait bien, tantôt, à ce grand redresseur de torts, de dauber le Chinois, et de s'en prendre à son âpreté bien connue. Diable ! cinquante francs pour une heure de promenade, consommations non comprises ! — Ne fallait-il pas que je lui constituasse des rentes viagères ?

Vendredi, 13 septembre. — Beau temps (th. + 15° cent.).

Mon compagnon de voyage aux Geysers, Mr. Henry B., quitte San-Francisco ce matin. Dès sept heures,

UNE MAISON DE JEU (Voy. p. 336).

et la scène indigène sous une forme plus caractéristique et plus complète.

Cette promenade au quartier chinois a duré à peine une heure. Elle me permet pourtant, outre l'agrément que j'en ai retiré, de saisir sur le vif un trait de mœurs américaines. Mon cicérone, le policeman, s'étant refusé, vu sa qualité d'agent municipal, à me faire connaître la rémunération sur laquelle il avait le droit de compter, je croyais agir très généreusement à son égard en lui glissant dans la main une couple de dollars. Je me suis grossièrement trompé, paraît-il. Notre homme, si discret tout à l'heure, prétend maintenant, sur le ton de la fierté blessée, ne pouvoir accepter moins de dix dollars, c'est-à-dire cinquante francs. Sans entrer dans des discussions déplaisantes, je me hâte de tourner les talons en lui abandonnant la moitié de la somme réclamée. Inu-

je le conduis par *ferry-boat* et chemin de fer jusqu'à Brooklyn, localité située un peu au delà d'Oakland, sur la ligne du Pacifique. L'aimable homme se dirigera vers l'est par les voies rapides, instamment rappelé dans son pays.

Cette petite démarche, faite de grand cœur, a pour résultat une remarque intéressante à consigner. Tous les trajets dans la direction de l'est se payent en *currency*, autrement dit *green-back*, — noms donnés ici aux banknotes, — tandis que les voyages en Californie, voire au delà, vers Yokohama, se règlent toujours avec de l'or monnayé. Bien que les tarifs soient identiques, à l'aller comme au retour, un tel mode de payement constitue des différences vraiment appréciables. En Californie, l'agio sur l'or est on ne peut plus important. Les changeurs donneront, par exemple, jusqu'à dix dollars et demi d'argent pour dix dollars de métal précieux. Les cours varient, du reste, constamment, ceux-ci étant presque toujours l'objet d'une spéculation effrénée.

Dépensons les quelques heures qu'il nous reste à passer à San-Francisco pour jeter un coup d'œil général sur la ville, dont je n'ai parlé qu'incidemment.

Ce fut le 7 juillet 1846 que la Californie se vit définitivement annexée à la grande république américaine. Le même jour, en effet, le drapeau fédéral flotta, pour la première fois, sur les hauteurs de Monterey. Deux ans après ce fait purement politique, au cours de l'année 1848, on découvrait d'importants gisements aurifères, et l'attention générale se fixait sur un pays demeuré jusque-là dans la catégorie des régions à peine parcourues.

Depuis lors, la réputation de richesse dont jouit cette contrée privilégiée n'a fait que s'accroître ; mais la production a changé en grande partie de nature. A cette heure, le rendement des produits agricoles, augmentant chaque année dans des proportions considérables, dépasse de très loin ce que rapportent les mines d'or, d'argent, de mercure, de charbon, de plomb et de cuivre dont le sol est perforé. De plus, le tabac et le vin entrent désormais pour une grosse somme dans le mouvement général de la culture. Enfin la sollicitude des intéressés tend à s'exercer d'une manière suivie sur les plantations de coton et de thé. En ce qui concerne les céréales, elles sont chaque année déversées sur les ports européens, et nous savons pour quelle énorme part elles figurent, à notre commerce général, dans l'importation des grains. D'un autre côté, de vastes troupeaux paissent sur tous les points de la contrée et alimentent un actif marché de laines. Si l'on ajoute à tant de ressources naturelles, encore partiellement ou insuffisamment exploitées, des bois magnifiques dont les réserves semblent presque inépuisables, on se convaincra facilement que la Californie est bien l'Eldorado légendaire promis à l'homme d'intelligence et d'initiative.

A pareille contrée, si féconde en produits de toutes sortes, il fallait une cité haute en renommée, aussi puissante que somptueuse.

San-Francisco, la principale ville de l'État, sinon la capitale proprement dite, — celle-ci ayant été fixée plus au centre, à Sacramento. — est en tout cas la plus vaste de toute la côte occidentale du nouveau monde et figure parmi les grandes cités de l'Union.

Le modeste village sur les ruines duquel elle est assise était autrefois connu sous l'appellation rustique de *Yerba buena* ou « bonne herbe », en raison d'un simple très abondant aux environs.

La première maison date de 1835. Toutefois, ce fut seulement en 1847 que l'ancienne bourgade emprunta son nom actuel à la mission des Franciscains qui y avait établi son siège. En 1848, l'année même de la découverte des terrains aurifères, la métropole californienne ne comptait encore qu'un millier d'habitants. Mais, deux ans après, la population était déjà montée, de cet humble chiffre, à vingt-cinq mille au moins.

Malgré cet accroissement, la ville nouvelle demeurait toujours exposée aux mille *impedimenta* dont sont entourées les cités naissantes. Le jeu et l'orgie, y marchant étroitement liés, enfantaient sans discontinuer le vol, le meurtre et le pillage. On y dévalisait en plein jour, on s'y entr'égorgeait pour les plus futiles prétextes. Seul le revolver constituait votre sauvegarde individuelle.

Ce furent les hommes venus de l'Est, des Américains de race, actuellement les plus nombreux de tous, qui organisèrent *proprio motu* une sorte de tribunal avec comité de vigilance destiné à siéger en l'absence totale d'autorité. La procédure expéditive connue sous le nom de « loi de Lynch » eut souvent pour interprètes et pour juges des criminels plus odieux que ceux-là mêmes qu'on accrochait sommairement aux arbres de la route. Mais tel est

AU BALCON DU RESTAURANT (Voy. p. 333).

le besoin d'équité, dans une association d'hommes, que le plus vulgaire simulacre de justice constitue à leurs yeux un réel progrès sur la complète indifférence. De l'excès de désordre naquit le droit inviolable. Peu à peu les tribunaux s'épurèrent, chacun éprouvant le besoin de mettre sa personne et ses biens à l'abri des coups de main. Comme dans la Rome ancienne, issue d'une colonie de brigands, les premiers aventuriers avaient fait souche et s'étaient réconciliés avec la morale par la famille et le travail.

Et tout aussitôt, cette période fut le signal d'une phase de prospérité. En 1860, San-Francisco, déjà dénommée *Queen-City*, ou « Ville-Reine », comptait près de cinquante-sept mille habitants. En 1870, elle en renfermait cent cinquante mille. Aujourd'hui, enfin, elle accuse plus de trois cent mille habitants, y compris, bien entendu, les trente ou quarante mille coolies du quartier chinois.

Toutes les nationalités se coudoient dans cette Babel moderne. Les idiomes du monde entier s'y confondent d'une manière inexprimable. La fièvre de l'or a attiré ici une population aussi hétérogène que cosmopolite ; chaque groupe y a, pour ainsi dire, conservé sa physionomie spéciale sous le glacis monochrome des rudesses américaines.

En général, les rues de la ville sont larges, belles nue par la rencontre de rues se coupant à angle droit, offre des avantages réels dans un pays plat. Mais cela devient impraticable, presque absurde, dans une région accidentée. Ici, la méthode des voies passant à mi-côte et contournées en forme d'S est la seule qui soit rationnelle.

Comme de juste, la ville marchande est groupée dans le bas, au pied des hauteurs. J'ai déjà eu l'oc-

UN RESTAURANT CHINOIS (Voy. p. 353).

et régulièrement tracées. Malheureusement il n'a été tenu aucun compte, dans le plan d'ensemble, du versant escarpé sur lequel certains quartiers s'étagent les uns au-dessus des autres, de manière qu'on y voit des rues grimper à pic sans le moindre souci de la viabilité. Naturellement, les citadins ne laissent pas que de protester contre une pareille disposition ; mais allez donc réagir, pour une simple différence de niveau, contre un système de voirie adopté avec une terrible uniformité dans toute la république américaine !

Il est certain que la division en quadrilatères, obtenue casion de citer le nom des principales artères qui en dépendent et de m'étendre un peu plus sur l'espèce de phalanstère asiatique qui les avoisine. A côté de ces voies luxueuses, à deux pas de splendides palais dus à la spéculation, subsistent encore de véritables marécages, ainsi que des baraques sans nom, habitées par une population grouillante et misérable.

En revanche, les divers systèmes de transport employés sont admirablement établis. Omnibus et tramways sillonnent la ville en tous sens, tandis que la baie est incessamment traversée par des *ferry-boats* ou des steamers. Et quant au service public destiné à parer aux incendies, il pourrait être comparé à celui que nous avons vu fonctionner à New-York.

Une autre affectation non moins utile que les précédentes se rapporte à la fourniture des eaux potables. Cette distribution est faite de manière supérieure, bien que les eaux aient dû être amenées, à grand'peine, des chaînes de montagnes avoisinantes. Les taxes municipales destinées à amortir les frais énormes occasionnés par les travaux d'installation sont fort élevées. Aussi peut-on dire, non sans raison, que les grandes familles de San-Francisco payent leur eau plus cher que leur pain. Ce qui n'empêche pas, d'ailleurs, les nombreux jardins de la ville d'être largement arrosés avec le précieux liquide, quand les habitants moins riches oseraient à peine en mouiller leur vin.

En ce qui concerne les monuments publics, la métropole californienne n'offre rien de remarquable. Tout le luxe semble s'être réfugié dans les vastes et brillants hôtels à voyageurs qui décorent les principales rues de la cité. Il y apparaît noyé sous le confort poussé au plus haut degré. Cela se conçoit d'autant mieux que de tels caravansérails ne sont pas seulement affectés à l'usage des étrangers descendus dans la ville, mais encore et surtout à celui des habitants eux-mêmes, dont beaucoup vivent ainsi presque au jour le jour, sans train de maison régulier, plus sensibles à la cuisine savante de l'auberge qu'aux inévitables fadeurs du pot-au-feu domestique. Par goût, les Californiens préféreront toujours la richesse d'emprunt des libres et changeantes installations aux mille sujétions d'un foyer fixe.

Le plus considérable de ces établissements est, à coup sûr, Palace Hotel, celui-là même — si on se le rappelle — où je n'avais point voulu m'arrêter, de peur d'avoir à m'y rencontrer avec le personnage cosmopolite qui m'avait suivi, malgré moi, depuis la vallée de Yosemite. Juste en face, comme je l'ai dit également, se trouve Grand Hotel, où je loge, et dont la construction semble non moins magnifique. Malgré de telles apparences, mon choix n'a pas été heureux, — je dois le reconnaître, — en raison des travaux qu'on y exécute en ce moment. D'habitude, les soins de la toilette architecturale ne vont pas sans un grand déploiement de peintres et de menuisiers. Or, si les uns enduisent, brossent ou vernissent, au risque d'éclabousser le passant, les autres ne font que cogner et grincer tout le jour durant. Il en résulte un concert sans fin de sons les plus discordants, au milieu de parfums plus ou moins enivrants.

Si j'ai bonne mémoire, pareille malchance m'était déjà survenue à Saint-Louis. C'est décidément une série à la noire.

J'allais rentrer au logis, après ma promenade matinale, quand j'ai tout à coup le plaisir de me trouver en face de deux compatriotes, égarés comme moi sur ces rives lointaines, MM. O. et B. Par le fait, je croyais nos deux voyageurs partis, depuis longtemps, pour l'extrême Orient. L'un et l'autre se

proposent aussi de faire leur petit tour du monde. Mais on ne quitte pas l'Amérique avec tant de désinvolture. Dans quinze jours seulement ils s'embarqueront pour le Japon, sur le *City of Peking*, dont nous avons déjà parlé.

Quant à moi, surtout après cette agréable rencontre, je me résous, bien à contre-cœur, à aller retenir mon passage pour Yokohama à bord du *Gaelic*. La chose est faite en moins de rien. *Alea jacta est!* Me voici désormais classé, enregistré comme il convient. J'occuperai le lit n° 20 dans la cabine n° 5.

Au cours de la journée, visite du Stock-Exchange, c'est-à-dire de la Bourse, dont l'extérieur présente une certaine élégance de style. Il est situé dans California-street, non loin de Montgomery-street, rues où tous les changeurs de la cité — et il en est moult — semblent avoir élu domicile. J'y suis introduit par un *broker*, ou courtier, père d'un des commis de la banque F. and B. où m'est ouvert un crédit.

Le local n'est pas des plus vastes, eu égard surtout à la foule des spéculateurs qui s'y donnent quotidiennement rendez-vous. Il est, en outre, dépourvu de toute espèce d'ornementation. Aussi ne trouverions-nous guère de prétexte pour nous y attarder, si je ne voyais une fois de plus l'occasion de prendre sur le vif un coin de la vie publique et de constater cette fièvre mercantile dont la population des grands centres américains est comme obsédée.

Sur une estrade d'assez piètre apparence siègent le président et le secrétaire de la réunion. Dans la rotonde du milieu, au contraire, circulent les *brokers*, ou courtiers, quelque chose d'équivalent à nos agents de change.

A peine avons-nous pénétré dans le temple de Plutus, comme on disait en 1830, qu'on me remet un bulletin mentionnant les mines d'or et d'argent dont les valeurs seront successivement mises aux enchères pendant la présente séance, ou — suivant l'expression locale — qui seront *appelées* aujourd'hui. La liste débute par cette même *mine Ophir* dans laquelle j'avais eu l'avantage de descendre lors de mon séjour à Virginia City.

Aussitôt ce nom prononcé, une partie des spéculateurs se lèvent précipitamment et se ruent les uns sur les autres, agitant les pieds et les mains, secouant la tête avec des gestes frénétiques, criant, hurlant et se bousculant dans une épouvantable mêlée. Toute exagération à part, nos énergumènes semblent avoir pris à tâche d'écraser un malheureux placé au milieu du groupe et qui, par impuissance ou par devoir, se résigne à supporter les poussées, les cris et les coups de poing multipliés à son adresse.

Mais cela n'est point, heureusement, de longue durée. En moins de quelques minutes, le vacarme s'apaise et finit par se fondre dans le simple murmure des voix. Les combattants, se retournant alors vers le bureau, tout bouillants encore de courroux professionnel, viennent y déposer leurs offres. Cette formalité remplie, le secrétaire donne lecture du résultat. Contrairement à mon attente, ce résultat est accueilli par de nouvelles protestations, que le président s'empresse, au reste, de trancher du haut de son autorité.

Tel est le fonctionnement de la Bourse californienne. On peut dire que la même scène se représente invariablement à l'énoncé de chaque valeur offerte.

Je n'essayerai point de débrouiller ici la cause ou le but de ces combats factices, aussi tôt apaisés que

gitation continuelle à laquelle elle soumet à la fois l'esprit et les sens doit nécessairement déterminer la névrose et déformer les linéaments du visage par la violence même des émotions.

Le soir, promenade à travers les rues principales de la cité.

Dès mon entrée dans Kearney-street, je trouve un important rassemblement en face d'une maison d'aspect bourgeois. Un orateur, debout sur le balcon du premier étage, le buste dressé entre deux lanternes

CALIFORNIA-STREET (Voy. p. 342).

brusquement engagés. Qu'il me suffise de signaler que dans l'une des passes j'ai aperçu un des coacteurs violemment jeté sur une chaise et renversé avec celle-ci dans une culbute tragi-comique. Et notez que des peines disciplinaires sont infligées à ceux qu'on accuse de troubler l'ordre. En moins de rien, le président a distribué plusieurs amendes de cinq dollars à des perturbateurs convaincus, c'est-à-dire à ceux qui ne regagnaient pas leur place assez prestement. C'est, comme on voit, le désordre organisé.

Pour ma part, je m'explique peut-être maintenant le faciès étrange d'hommes périodiquement secoués par de pareils accès de *delirium tremens*. Quand la passion spéculatrice a atteint une telle intensité, l'a-

projetant de vives lueurs, se livre devant la foule à des déclamations furibondes. Dans sa grandiloquence, notre homme s'est subitement drapé des couleurs nationales, et, gesticulant, montrant le poing, poussant de véritables cris, il semble vouloir continuer à mes yeux la vision de la journée au fameux palais de la Bourse. Mais, cette fois, l'agresseur ne s'en prend plus aux candides badauds qui l'écoutent : il sollicite simplement leur vote. — Affaire d'élection, pas autre chose !

Par une singularité que nous avions déjà eu l'occasion de relever à Philadelphie, en pays d'Amérique les divers partis politiques travaillent activement les uns contre les autres, soit en pérorant, — comme nous venons de le voir faire, — soit en manifestant publiquement, soit même en cabalant de toutes les façons connues ou inconnues, et toujours sans qu'aucun d'eux ait même l'idée d'empêcher les autres d'en faire autant. Par le fait, ce n'est plus la lutte à mort où la force prime le droit, mais une sorte de steeple-chase aussi bruyant que factice. Une fois le résultat de l'élection acquis, tout rentre dans le calme le plus complet, et les vaincus fraternisent avec les vainqueurs.

A quelques pas de la scène précédente, mon regard est attiré par un grand feu de bois pétillant au beau milieu de la voie publique. Ce bûcher improvisé, brûlant à grand renfort de pétarades, n'est — paraît-il — qu'un mode de réclame à l'usage des *Hayes invincibles,* dont l'enseigne se déploie triomphalement en lettres de flamme à la porte de leur lieu de réunion, au-dessous d'une rampe colossale.

Je pénètre, avec la foule, dans le local si brillamment désigné à notre attention : c'est une sorte de hall immense, absolument comble à l'heure qu'il est. A peine si l'on peut s'y mouvoir. Aux murailles comme au plafond, sont accrochés des myriades de costumes destinés à tous les électeurs qui se proposent de manifester en faveur de Mr. Hayes. Déclarons, en passant, que cet uniforme est aussi simple que laid : il consiste en une pèlerine de gutta-percha de couleur rouge, sur laquelle est tracée, en lettres blanches, l'inscription *Hayes invincibles,* et en une toque rentrant absolument dans le même goût. Quelques manifestants sont déjà affublés de cet accoutrement grotesque. Un avis pompeusement rédigé annonce au public qu'on peut, moyennant une simple demande, se faire envoyer le costume sur tous les points de l'Union, gratuitement et franco de port.

A l'extrémité de la vaste salle à plan rectangulaire, s'élève une estrade sur laquelle un gentleman, redingoté de noir et cravaté de blanc, débite un discours long et filandreux, sur le ton le plus monotone qu'on puisse imaginer. L'orateur en question forme avec l'énergumène de tantôt un contraste saisissant. N'empêche qu'il est interrompu, à chaque instant, par les bravos frénétiques de l'assistance.

Enfin, tout autour des parois, au-dessous des costumes précités, de nombreux placards affichés côte à côte renferment des extraits de discours prononcés précédemment en faveur de la seule et même personnalité de Mr. Hayes. En vérité, le candidat à la présidence a le droit d'être fier de provoquer tant de flots d'encre, un pareil débordement de louanges, sur toute l'étendue des États-Unis.

Au cours de ma flânerie, et jusque dans les principales rues de la métropole californienne, j'ai lieu de faire une remarque dont beaucoup d'observateurs ont dû être frappés comme moi. Sous la devanture rutilante ou blafarde de certaines pharmacies se lit une inscription en lettres de feu : « Free admission, » annonçant au passant que la cave dont elle désigne l'entrée avec tant d'éclat est de libre accès pour tout le monde. A l'imitation de divers gentlemen que je vois allant et venant sur l'escalier qui les dessert, je me hasarde à pénétrer dans l'un de ces souterrains si joyeusement éclairés.

Une salle basse meublée de rangées de tables et de chaises se présente aussitôt à mes regards. Dans le fond, un comptoir chargé de liqueurs sans nom; à l'autre extrémité une estrade où semble miauler, aux accompagnements d'un piano poussif, une chanteuse de « decimo cartello » ; autour, quelques consommateurs à demi hébétés par l'ivresse et le tabac : et, enfin, allant de l'un à l'autre, deux ou trois donzelles plus ou moins indépendantes dans leurs allures et dans leur costume.

J'ai mis le pied, tout en m'en doutant un peu, dans l'antre sybillin, largement ouvert sur la voie publique, dont Bacchus et Vénus sont les patrons attitrés. J'avoue que rien n'est moins séduisant, je dirai même plus attristant, que ce spectacle du faux luxe singeant la fausse honnêteté. Car, si les déesses du lieu semblent encore se contenir, à l'entrée d'un personnage étranger, peut-être un censeur, les loges avec rideaux mobiles que j'aperçois ouvrant dans la paroi latérale me font involontairement songer à la maison antique de Pompéï habituellement désignée sous le nom de *lupanar.*

Mais quel rapport peut bien exister — je me le demande — entre ces caves plus qu'équivoques et la pharmacie placée immédiatement au-dessus? Les premières seraient-elles une sorte de clinique à l'usage de la seconde ?

Au sortir de ce « Free admission », je m'engage — sans le secours d'un policeman cette fois — dans la rue principale du quartier chinois. Vu l'ordre qui règne partout, la recommandation de ne s'y aventurer qu'avec un détective m'apparaît être non seulement exagérée, mais presque calomnieuse. Des lanternes de couleur se balancent de toutes parts, dans un joyeux régal de lumière et de variété. La saine animation qu'on y constate doit être le plus sûr garant de la sécurité commune.

En quelque lieu où l'on aille à San-Francisco, on remarque partout des magasins bondés de ces excellents fruits dont nous avons déjà eu l'occasion de signaler les qualités. Certaines boutiques de bibelots établies dans Kearney-street, laquelle est située dans le voisinage même du quartier chinois, ont également le privilège d'attirer l'attention du passant. Les vendeurs y circulent sur une estrade placée derrière leur marchandise, et là gesticulent, interpellent, vociférent, font la parade avec une faconde toute gasconne. En réalité, ce n'est plus là du commerce en boutique, c'est une véritable exposition foraine. Quelques-uns de ces *aboyeurs* — comme les a surnommés le gavroche parisien — semblent être tout à fait pris de boisson. L'un d'eux, coiffé d'un képi rouge provenant à coup sûr de l'équipement d'un soldat français, s'abandonne à une gymnastique inexprimable. Comme il me voit captivé, devant son étalage, par son étonnante mimique, il finit par me tendre la main ainsi qu'à un frère. Allons, fuyons ce tohu-bohu, et ne nous exposons plus à ces familiarités de Yankees! Un pareil vacarme serait, du reste, de nature à me faire perdre la tête, après toute une soirée de discours, de harangues et de boniments échevelés.

C'est avec une véritable satisfaction que je retrouve enfin, à mon hôtel, le calme et le repos.

Samedi, 16 *septembre*. — Temps couvert; par moments il tombe quelques gouttes de pluie (th. + 13° cent.).

patriotes ont résolu de s'embarquer, partira pour Yokohama.

Enfin, à midi et demi nous levons l'ancre, au signal d'un coup de canon tiré d'un navire voisin. Moment solennel s'il en fut! Les mouchoirs s'agitent, et l'on s'adresse, de part et d'autre, un suprême adieu.

Bien que je ne laisse personne, à proprement parler, derrière moi sur le sol de l'Amérique, je ne puis me défendre d'une véritable émotion et — le dirai-je après tant de critiques sévères parfois? — de regrets sincères et profonds.

Si l'étude des mœurs du grand peuple que je viens de fréquenter m'a causé plus d'un mécompte, si

GOLDEN-GATE (Voy. p. 331).

Aujourd'hui je quitte définitivement le nouveau monde. Dès dix heures et demie, la voiture de l'hôtel vient me prendre pour me conduire au dock d'embarquement.

Déjà le *Gaelic* fait ses derniers apprêts.

En montant sur le pont, je trouve une foule nombreuse d'amis et de parents accourus là pour faire aux leurs des adieux bien sentis. On se serre les mains, on se promet des lettres ou même le revoir. Si la plupart des hommes paraissent un tantinet émus, les femmes versent des pleurs abondants.

En ce qui me concerne, j'échange avec MM. O. et B., également présents à la cérémonie, une dernière et cordiale poignée de main. Ce sera leur tour bientôt, quand le *City of Peking*, sur lequel mes com-

même le désappointement s'est, à l'occasion, traduit chez moi par une pointe d'amertume, aujourd'hui que l'impression immédiate s'est atténuée quelque peu je me sens plutôt porté à une réelle sympathie.

Comment, en effet, ne pas célébrer une aussi merveilleuse puissance, ne point applaudir au spectacle d'une pareille activité et ne point s'incliner devant les grandes choses déjà produites? Comment, surtout, ne pas éprouver de l'admiration en présence de tant d'œuvres humanitaires, de tant d'institutions moralisatrices? Sans doute celles-ci ne sont pas toujours dues à des sentiments purement chrétiens, mais on ne saurait y méconnaître un puissant et salutaire esprit de solidarité; pareil essor, fût-il accompagné de faiblesses ou de travers, fût-il même entaché d'un incontestable égoïsme, est assurément digne de considération et d'estime.

22

D'ailleurs, si l'égoïsme semble être le trait caractéristique de ces races toutes saturées d'individualisme, est-il donc si radicalement banni de chez les autres nations? Et n'avons-nous pas, nous aussi, nos tares et nos plaies, quand une expérience vingt fois séculaire aurait dû, ce semble, nous en guérir depuis longtemps? Alors qu'une prudence parfois sénile ralentit trop souvent la marche du progrès dans notre vieille Europe, nous sied-il vraiment de critiquer l'audace et l'exubérance juvénile de la vaillante Amérique?

Il y a peut-être là sujet à réflexion, et, en tout cas, matière à une indulgente réserve.

Laissons donc une société née d'hier, renouvelée chaque jour par le phénomène de la croissance, s'employer à jeter sa gourme au soleil magnifique de son autonomie et de sa force! Nous avons déjà beaucoup à apprendre des œuvres de l'adolescente. Peut-être même devrions-nous éprouver quelque confusion en constatant que notre antique patrimoine nous soit parfois d'une médiocre utilité, alors que la terre vierge et sans traditions de l'Amérique en profite si largement.

Sans avoir la prétention de pénétrer toutes les causes qui ont amené d'aussi incontestables résultats, j'estime que ceux-ci sont dus principalement à ce que l'Américain des couches inférieures ne vit que par le travail et se crée un autre idéal que notre prolétariat. Tandis que, chez nous, ce dernier ne vise qu'à rabaisser, de parti pris, la classe de ceux dont il jalouse la fortune ou le rang, le premier, au contraire, compte sur son activité et sur sa persévérante volonté pour s'élever graduellement au niveau supérieur. Aussi, tandis que l'un augmente sa richesse matérielle et morale, en s'emplissant d'une saine émulation, l'autre ne réussit souvent qu'à avilir son propre caractère par l'assimilation d'idées subversives et de nivellement universel.

L'homme du nouveau monde, d'ailleurs, ne se préoccupe guère du passé. Peu lui importent les haines traditionnelles de classe à classe, de dynastie à dynastie. Il n'envisage que l'avenir et, tout en prenant son élan vers les vastes horizons que lui offre ce continent si admirablement doté par la Providence, il accomplit le labeur de chaque jour comme il aborde toutes les difficultés avec une confiance et une ardeur sans limites.

Avec le milieu du jour, un léger brouillard s'est élevé autour de nous, conformément à la nature de ces parages. Par intervalles, les sirènes de Golden-Gate résonnent sur l'étendue de la mer comme une trompe gigantesque. Il est une heure et quart déjà, que nous sommes encore près de la côte, et justement en face de ce Cliff-House où nous avions passé quelques moments agréables. Entre deux nuées, j'aperçois sur les rochers qui l'avoisinent les mêmes monstres marins et les mêmes oiseaux aquatiques. De fortes vagues, venues du large, déferlent bruyamment sur l'obstacle, comme de lointains coups de canon.

Car, en dépit de son étiquette géographique, l'océan *Pacifique* est loin de l'être, en ce moment. J'ignore ce qu'il nous réserve pour plus tard, mais il n'est plus du tout la placide masse d'eau que nous avions aperçue naguère à la pointe du détroit.

En face de Cliff-House, le *Gaelic* vire de bord tout d'un coup, et la terre s'éloigne du côté de l'arrière. Peu à peu elle s'abaisse et s'estompe dans les brumes.

Adieu, patrie des Washington, des Longfellow, des Stanley... et des Barnum! Et puisque la Fortune nous emporte vers des horizons nouveaux, attachons nos regards jusqu'au dernier instant sur ces côtes fuyantes, avec l'espoir de les reposer bientôt sur les mystérieux rivages de l'Asie!

CLIFF-HOUSE (Voy. p. 330).

XX

DE SAN-FRANCISCO A YOKOHAMA

Une galère. — Les bateaux de la ligne du Japon. — Escorte de goélands. — Les passagers. — Un transport de Chinois. — Bande de phoques. — Un phénomène d'indifférence. — Typhons. — Les officiers du bord. — Un service modèle. — Mon professeur de japonais. — Un sport de nouveau genre. — La tourmente. — Spectacle unique. — Nos petites misères. — Un jour de moins dans l'existence. — Concert burlesque. — Couchers de soleil. — La colombe de Noé. — Un punch à l'américaine. — Le soleil levant. — Le *Fousi-Yama*. — Des jonques. — Les côtes japonaises. — Baie de Yokohama. — Apparition des premiers Asiatiques. — Débarquement. — En *djinriksha*.

Samedi, 16 septembre (suite). — Tandis que nous fendons « les flots amers », poussés par la blanche vapeur, inspectons la frêle carène qui nous porte, nous et notre fortune, et complétons les quelques renseignements que nous avons déjà fournis sur son compte.

Construit à hélice, d'une capacité d'environ quatre mille cinq cents tonnes, le *Gaelic* a été surtout aménagé en vue du transport des marchandises. Toutefois, s'il ne comporte que neuf cabines pour servir à trente-six passagers de première classe, il peut, en revanche, embarquer jusqu'à six cents Chinois. Ne dit-on pas, sauf respect, que les Chinois sont des *coolies* ?... En ce qui les concerne, quand il y a de la place pour un, il y en a pour dix. Le « bétail noir » — pour employer l'expression des anciens négriers — eût été certainement plus encombrant. L'équipage, y compris les gens de service, se compose de quatre-vingts hommes. Capitaine, W. C. Kidley.

Le *Gaelic* possède quatre mâts. Aussi est-il fort long pour sa largeur, — comme nous l'avions déjà fait remarquer. Informations prises, il ne mesure pas moins de cent douze mètres sur moins de onze. Et quant à la profondeur, elle n'excède pas neuf mètres. Ces proportions anormales nous exposeront à un roulis d'autant plus accentué que la machine développe à peine une force de deux cent cinquante chevaux.

Comme de juste, la partie attribuée aux passagers est étroite et incommode. La pièce commune peut à peine nous contenir et, de plus, elle est traversée dans toute sa hauteur par la base du mât. Elle sert à la fois de salle à manger, de cabinet de lecture et de salon de conversation. Sur le pont, il existe une sorte de fumoir. Je ne saurais compter comme pièce habitable le capot de l'escalier, bien qu'on ait trouvé moyen d'y installer deux banquettes de refuge. C'est tout ce que comporte la première classe, et cependant il y a vingt-trois passagers, au nombre desquels une demi-douzaine de dames. Piteuse habitation, en vérité, pour un trajet de plus de vingt jours, car notre marche ne dépassera guère neuf ou dix milles à l'heure. Armons-nous donc de patience !...

Dès mon entrée dans le fumoir, je me trouve en présence d'une dizaine de jeunes Américains, tous la pipe ou le cigare à la bouche et remplissant l'étroit local d'une fumée opaque. L'un d'eux, couché de toute sa longueur sur la banquette, semble avoir veillé toute la nuit. Trois autres, étendus avec le même sans-gêne, tiennent les jambes posées sur les tables dans des attitudes défiant toute description. Le reste de la société joue aux cartes. Les dollars brillent dans toutes les mains. Ce sont, paraît-il, des aspirants de marine allant rejoindre la flotte nationale dans les mers de la Chine et du Japon. Ils ignorent à quel point précis ils rallieront leur vaisseau respectif.

Par exception, nous dînons aujourd'hui à quatre heures. Les règlements du bord fixent, en effet, les repas de la manière suivante : huit heures, déjeuner ; une heure, lunch ; huit heures, dîner.

A la tombée du jour, le brouillard est devenu si intense qu'à chaque instant le sifflet d'alarme doit résonner. Un gabier se tient en proue afin de signaler la rencontre des navires venant en sens inverse.

Dès neuf heures, je regagne ma cabine personnelle, — que dis-je? — celle que j'occupe avec deux autres passagers, un Américain habitant le Japon depuis une vingtaine d'années, et un Japonais arrivant en droite ligne de Saint-Pétersbourg.

Dimanche, 17 *septembre*. — Beau soleil, temps calme (th. + 20° cent.).

Depuis hier, c'est-à-dire dans l'espace de vingt-quatre heures, nous avons filé deux cent trente-huit milles, ce qui fait une moyenne de dix milles à l'heure. Vienne le vent, et nous pourrons peut-être aller meilleur train. Il ne semble pas pourtant que le capricieux Éole soit disposé à souffler dans nos voiles.

Le soleil se couche au milieu d'un épais brouillard. Vu ainsi, par transparence, il devient d'un rouge terne et sanguinolent de l'effet le plus lugubre.

Lundi, 18 *septembre*. — Le temps reste au beau et le thermomètre marque 20° centigrades comme hier. La brise se lève enfin. Nous en profitons pour mettre toutes voiles dehors.

Midi. C'est l'heure à laquelle on fait le point. Malgré le secours du vent, nous n'avons parcouru que deux cent trente-six milles dans les vingt-quatre heures, soit deux de moins que dans la première journée. A ce compte, nous aurons tout le temps d'admirer le Pacifique.

Autrefois, on donnait l'assurance aux voyageurs qu'ils débarqueraient à date fixée d'avance. Les navires à aubes qui desservaient la ligne du Japon mettaient uniformément vingt-quatre jours pour faire la traversée, à l'aller comme au retour. Il n'en est plus ainsi. Les bateaux actuels, construits à hélice pour la plupart, bénéficient des vents favorables, sans s'inquiéter outre mesure de la rapidité de leur marche. La distance de San-Francisco à Yokohama s'effectue généralement en vingt ou vingt-deux jours. Le retour, au contraire, n'en exige pas plus de dix-sept à dix-

huit, en raison des brises qui soufflent presque constamment de l'ouest.

A cette même époque aussi les bâtiments suivaient une route invariable et, se rencontrant à mi-chemin, échangeaient les lettres et les journaux. Les compagnies ne se piquent plus d'autant de régularité. On prend soit par le nord, soit en droite ligne vers l'ouest, suivant les saisons. Ainsi, pour nous, nous allons suivre cette dernière direction, afin d'éviter les vents défavorables. On serait en droit de croire que c'est la voie la plus courte, en raison de l'axiome géométrique. Il se trouve, au contraire, que c'est la plus longue, l'anomalie s'expliquant scientifiquement par la rotondité de la terre. De fait, par la ligne circulaire du nord, la distance entre San-Francisco et Yokohama n'est que de quatre mille cinq cent vingt milles. Celle que nous suivons en droite ligne en mesure près de cinq mille.

On se montre, en général, assez mal édifié sur le degré de sécurité offert par les navires du Pacifique faisant le service du Japon. Le fait est que le nombre des steamers est fort restreint, les compagnies existantes ne disposant pas des ressources particulières aux grandes compagnies transatlantiques. De plus, les arrêts dans les ports sont limités de façon à ce que les bateaux aient à peine le temps de faire les réparations les plus urgentes. Enfin les équipages sont toujours peu nombreux et composés de Chinois, assurément plus dociles que les blancs, mais aussi moins intelligents, moins soucieux de leur existence et sujets à la panique au moindre danger.

En dépit de toutes les économies qu'elles s'efforcent de réaliser, lesdites compagnies ont cependant bien de la peine à se récupérer de leurs frais. Aussi le plus clair de leurs bénéfices réside-t-il particulièrement dans le transport des émigrants chinois. Nous n'avons à bord, heureusement, que cent quatre-vingt-dix échantillons de la race mongole, alors que nous aurions pu en avoir quatre fois plus. En cas de péril, ces malheureux deviennent un élément de désordre extrêmement redoutable. C'est pourquoi l'on a disposé la soute où ils sont logés de manière qu'à la première alarme on puisse les y enfermer au verrou, et, au besoin, en cas de révolte, diriger sur eux des jets de vapeur. On m'affirme, en outre, que des armes seraient mises à la disposition des blancs, si cela était jugé indispensable.

Sur la route que nous suivons, nous ne rencontrerons probablement aucun navire. En effet, les deux compagnies transpacifiques ne font guère partir que deux ou trois bateaux par mois. Et quant aux bâtiments à voile, ils prennent tous par le nord pour profiter des brises, dont le défaut se fait souvent sentir plus au sud. En revanche, des goélands au plumage foncé n'ont pas cessé, jusqu'ici, de nous faire escorte.

Durant l'après-midi, la scène se modifie. Le vent devient plus faible, mais le roulis s'accuse plus violent. Le capitaine nous assure que cette agitation des flots doit être causée par quelque ouragan sévissant dans le nord. Vers le soir, cependant, le calme semble être revenu. On cargue les voiles, auxquelles on n'avait pas touché de toute la journée.

Mardi, 19 septembre. — Temps couvert. Forte brise de sud-ouest qui ne nous est rien moins que favorable. Elle nous arrive, paraît-il, du nord par une sorte de mouvement giratoire et pourrait bien y retourner en passant par l'ouest. Puisse cette prévision fâcheuse ne pas se réaliser !

A midi, le point fait nous donne deux cent trente-six milles de parcours, comme hier. Dans le même temps la pluie se met à tomber avec abondance, chassée sur nous par un violent courant d'ouest. C'est plus tôt que ne l'avait prévu l'équipage. Heureusement, deux heures après, il s'opère subitement un nouveau changement dans la direction du vent. Celui-ci tourne au nord-ouest, nous permettant de déployer toutes nos voiles. Ce qui n'empêche pas la pluie de continuer à tomber jusque près de cinq heures.

Chacun profite de l'éclaircie pour se soustraire à l'atmosphère corrompue du salon où nous nous tenions à l'étroit, et pour humer les effluves salins de l'Océan. Malheureusement, comme le pont du navire est des plus resserrés, force est de se promener au pas, deux par deux, comme les élèves d'un pensionnat.

Quant au capitaine, il demeure confiné dans sa cabine et plongé dans sa lecture, les pieds sur son bureau. Bien qu'il soit Anglais de naissance, il s'accommode à merveille des habitudes américaines, d'ailleurs aisées à contracter.

Mercredi, 20 septembre. — Ce matin, nous revoyons le soleil. Il s'était caché hier pendant toute la journée. Toujours le même vent du nord-ouest, mais plus violent. Il soulève, à la surface de l'Océan, de petites vagues couronnées d'une crête argentée (th. + 19° cent.).

A midi, nous avons filé deux cent quarante-six milles. Le résultat n'est pas à dédaigner, étant donnée l'allure ordinaire du bâtiment.

Puisque nous avons quelque loisir, passons rapidement une revue de nos compagnons de voyage.

Tout d'abord, et pour mémoire, commençons par la bande de jeunes marins en voie de compléter leur instruction navale dans les mers de l'extrême Orient. Ce sont tous jouvenceaux assez peu dégrossis, absolument Américains, Américains en parlant, en riant, en mangeant, dans la moindre expression de leur physionomie. C'est tout ce que j'en pourrais dire. Il n'y a là parmi eux aucune figure spécialement intéressante, si ce n'est peut-être ce personnage long et maigre à faire peur, orné d'une bouche colossale de laquelle s'échappent à tous moments des éclats de rire retentissants. Quelle gaieté intarissable ! On croirait avoir devant soi Gwymplaine, l'étrange héros de l'*Homme qui rit*. Tous d'ailleurs passent imperturbablement

leurs heures à fumer ou à mâcher du tabac, à jouer aux cartes et à dormir.

Mon voisin de cabine, le Japonais qui revient de Saint-Pétersbourg, est resté trois ans hors de son pays. Il se présente sous le nom d'Hanabousa, et comme ayant été envoyé en Europe par son gouvernement pour y étudier notre civilisation, ainsi que beaucoup d'autres jeunes hommes, appelés à seconder le mikado dans son œuvre de rénovation. Il parle couramment l'anglais ; mais, malgré son long séjour au milieu de nous, il porte assez gauchement nos habits occidentaux.

Mon second colocataire est, comme nous l'avons dit, un Américain établi au Japon depuis une vingtaine d'années. Il y demeure avec toute sa famille et s'adonne au grand commerce.

La physionomie la plus intéressante du bord est peut-être cet autre voyageur, également Américain d'origine, qui, après avoir conduit en Chine, il y a quelques années, des affaires considérables, avoir eu à sa disposition toute une flotte de navires voyageant au long cours et s'être créé une fortune importante, se trouve subitement ruiné aujourd'hui par un concours de désastres essuyés coup sur coup. Le voici qui revient de Paris, où il s'était fixé pour vider noblement son immense bas de laine, et retourne courageusement en Chine pour remonter sur sa bête. Malgré son âge, il est encore plein d'espoir. Il compte bien se refaire une seconde fortune, grâce à ses anciennes relations, grâce surtout à la connaissance qu'il a du pays. Pour l'instant, sa femme et ses enfants sont en France. Il assumera sur lui seul les fatigues et les soucis d'une carrière recommencée sur le tard. Digne et brave lutteur qui commande le respect !

Enfin, nous avons à bord deux Anglais, l'un fixé en Chine depuis un certain nombre d'années, l'autre qui, après avoir visité sommairement l'Amérique, compte s'en retourner en Angleterre par les voies les plus rapides. Le moindre souci de ce dernier me paraît être de voir du pays pour le fait en lui-même. Il veut avoir accompli une évolution autour de notre planète, voilà tout.

Si l'on ajoute à ces différents types deux couples, maris et femmes, et quelques dames seules, — que diable sont-elles venues faire dans cette galère ? — et l'on aura un aperçu exact de nos compagnons de traversée.

J'oubliais les Chinois. Ceux-ci passent le temps à dormir, à jouer aux dominos et à s'escrimer sur leurs instruments de musique. Tout le long du jour, des from-from de guitare nous arrivent aux oreilles. Je distingue même les sons d'un harmonica et les accords plaintifs et nasillards d'une sorte de violon. Tous s'en donnent à cœur joie et semblent considérer comme le suprême des bonheurs la perspective de tout un mois passé dans l'oisiveté.

Rien de marquant dans cette journée, aussi longue, aussi languissante que celles qui l'ont précédée. On n'a pas eu besoin de toucher aux voiles, celles-ci étant restées constamment gonflées par une brise légère, mais continue.

Jeudi, 21 septembre. — Dès six heures du matin, j'arpente le pont. Le temps est délicieux, le ciel aussi clair que profond. Quel plaisir de respirer cet air vif et pénétrant qu'on ne retrouve qu'en pleine mer et sur les hautes montagnes ! (Th. + 21° cent.) — Distance parcourue depuis hier, deux cent seize milles.

Jusqu'à présent, la brise s'était encore maintenue. Dans le courant de l'après-midi, elle paraît s'endormir, et l'Océan lisse sa robe étincelante.

Tout à côté de nous, et comme se dirigeant sur le bateau, apparaît soudain un véritable régiment de phoques. Ils sont là qui nagent en rang et à fleur d'eau, ainsi que des soldats disciplinés marchant à l'assaut. Avec les sept goélands qui nous suivent depuis notre départ, et qui ne nous quitteront probablement qu'aux approches de la terre, ce sont les seuls êtres vivants que nous ayons rencontrés sur notre chemin. La nuit, ces goélands reposent au sommet de quelque vague qui les berce mollement, puis ils nous rejoignent aux premières lueurs du matin, pour dévorer les débris de viande, de poisson ou de légumes que le maître coq leur jette pardessus bord.

Vendredi, 22 septembre. — Temps gris (th. + 25° cent.). — Distance parcourue, deux cent quarante milles. La mer est calme, unie comme une glace.

Rien ne fait prévoir que nous devions ressentir les effets de l'équinoxe, dont la date tombe aujourd'hui. Tout au plus si, vers huit heures, il s'élève une légère brise venant du sud-ouest.

Un phénomène !... Il s'agit du voyageur anglais dont nous avons déjà parlé et qui paraît n'avoir d'autre aspiration que de faire le tour de notre planète. Il a passé jusqu'à deux mois en Amérique, visitant successivement New-York, Philadelphie, Baltimore, Washington, Cincinnati, Saint-Louis, bien d'autres villes encore, uniformément bâties en échiquier et peuplées de constructions banales ; il a fréquenté toutes les stations d'eaux à la mode, et poussé jusqu'aux environs des chutes du Niagara. — Mais quant à ces dernières... « Vraiment, — répond-il sur un ton inimitable, — tout le monde va voir ça ! » — En un mot, notre brave insulaire a parcouru les États-Unis du nord au sud, de l'est à l'ouest, mais il se serait bien gardé de saluer le Niagara, cette merveille du nouveau monde. — Fi donc ! Pour qui le prenez-vous ?...

J'apprends aujourd'hui que notre bateau s'est déjà trouvé engagé dans plusieurs typhons. La première fois, le capitaine d'alors, celui-là même qui avait amené le navire d'Angleterre dans les eaux du Pacifique, a été enlevé du pont et précipité à la mer, où il a disparu pour toujours.

Mr. Kidley, qui l'a remplacé, et qui s'est tiré heureusement d'affaire en pareille circonstance, tâche, par ses prévenances, de nous rendre la traversée aussi peu ennuyeuse que possible. Sauf quelques petits travers américains, contractés dans sa nouvelle patrie, il a toutes les allures du marin anglais bien élevé.

Les autres officiers du bord sont également Anglais ; mais, réduits, comme nombre, au strict nécessaire, ils se montrent peu parmi nous. Vu le personnel restreint des gens d'équipage, ils sont obligés d'aider à la manœuvre et s'emploient indifféremment à carguer comme à déplier les voiles. Aussi semblent-ils gênés par le sentiment de leur position inférieure, eux dont le mérite et la vaillance sont au-dessus de toute critique.

Quant au médecin, à chevelure rousse et à face rubiconde, il se soucie aussi peu des passagers confiés à ses soins que s'ils n'existaient pas. C'est le cas de dire que nous pouvons dormir tranquillement sur les deux oreilles.

Reste le personnel servant, uniquement composé de Chinois, sous la haute direction d'un majordome américain. A leurs figures bizarres, émaciées et malignes, on les prendrait volontiers pour des quadrumanes habillés.

A propos du majordome, son principal rôle paraît consister dans le soin d'abréger les ébats gastronomiques des passagers. C'est un plaisir que de voir la vélocité avec laquelle il enlève les plats déposés sur la table. Or, comme tous les mets sont servis à l'américaine, c'est-à-dire à la fois, il est rare qu'après y avoir goûté successivement on arrive encore à temps pour les pâtisseries. Sans qu'on s'en doute, elles ont disparu tout entières à l'office, comme le personnage de la *Malle des Indes ;* sous la baguette magique de Robert Houdin. Il serait chimérique, d'ailleurs, de faire reparaître les plats quand ils ont été enlevés. On vous répond avec le plus grand flegme par ce mot : *Finished,* lequel se traduit facilement. La provision du jour est censée être épuisée. Et le bon passager n'a rien de mieux à faire que de se serrer la ceinture, pendant qu'à l'office on ripaille à ses dépens...

Pour compléter ces petits agréments, nos garçons chinois font preuve d'une véritable adresse de jongleurs. Ils manient littéralement les plats, les assiettes et les couverts comme ceux-là le feraient de boules et de couteaux. Ont-ils visé une place vide, on peut être sûr que l'assiette viendra s'y reposer, sans dévier d'un centimètre.

L'experientia docet. Au dîner d'aujourd'hui, nos jeunes Américains ont fait main basse sur les pêches au moment opportun, c'est-à-dire avant que le majordome ne les eût escamotées. Ils ont mis dans cette prise de possession une tactique et un entrain plein de promesses pour leur avenir militaire.

Dans la soirée, le ciel s'éclaircit. Au moment du

coucher du soleil, nous assistons à un spectacle magnifique. L'astre projette ses dernières lueurs sur une longue bande nuageuse qui tranche énergiquement sur le fond azuré du firmament. On dirait d'un rideau de pourpre tendu à l'horizon.

Samedi, 23 septembre. — Bien que je me sois couché passé minuit, je suis déjà debout à cinq heures du matin. En voyage, on sent comme une force irrésistible qui vous pousse hors du lit, quelles que soient les fatigues endurées, la longueur des veilles subies. Pour moi, d'ailleurs, le spectacle de la mer, ou calme ou courroucée, constitue un enchantement perpétuel.

Le vent s'est remis au sud-ouest. Le terrible cap de l'équinoxe a donc été franchi sans encombre. Notre commandant nous déclare n'avoir jamais fait un voyage par un ciel aussi clément, car, à l'heure où il nous parle, nous nous trouvons sous une latitude généralement féconde en mauvais temps.

Midi. Th. + 25° cent. Distance parcourue, deux cent trente milles.

Sur le soir, forte mer et toujours vent du sud-ouest.

Dimanche, 24 septembre. — Temps pluvieux.

Le vent souffle impétueusement. Vers huit heures, il saute brusquement au nord, ce qui nous est très favorable. La température de l'atmosphère est de 22° centigrades, tandis que celle de la mer est de 23. — Depuis hier nous n'avons filé que deux cent huit milles.

Chaque matin, il est fait une rigoureuse inspection des cabines. Les allumettes qu'on y trouve sont minutieusement ramassées et confisquées. L'incendie est, en effet, le danger le plus sérieux qu'on ait à craindre en ces parages isolés. En ce moment nous sommes à sept cents lieues de toute côte. Aussi les précautions les plus minutieuses sont-elles prises pour prévenir tout événement de ce genre, et, le cas échéant, pour le maîtriser.

Lundi, 25 septembre. — Ciel sombre et mer forte (th. + 19° cent.). — Distance parcourue, deux cent seize milles.

Après s'être tourné contre nous pendant la nuit, le vent s'est mis, dès ce matin, au nord-ouest, soufflant obliquement et avec véhémence dans nos voiles. Par intervalles, le bateau vibre dans toute sa membrure, sous le coup des rafales.

Dans l'après-midi, le temps s'assombrit encore et prend les proportions d'une bourrasque. Désormais les grains se succèdent sans interruption. La température atmosphérique descend à 16 degrés, et celle de l'eau à 18.

L'inclémence des éléments nous ayant forcément relégués à l'intérieur depuis deux jours, j'en profite pour combiner mon voyage au Japon, rédiger force lettres que j'enverrai de Yokohama, et enfin transcrire quelques élucubrations musicales déjà baptisées par nos compagnons de voyage « On the Pacific ». Je fixe également dans ma mémoire quelques mots japonais, en vue de parer aux premières exigences. Au cours de cette dernière étude, je suis admirablement servi par M. Hanabousa, lequel a consenti avec obligeance à me servir de répétiteur.

La journée n'est, d'ailleurs, pas entièrement vide pour les autres passagers. Chaque jour on organise des paris sur le nombre de milles que nous filerons le lendemain. Ce sont nos jeunes Américains qui ont pris l'initiative et la direction de ce sport d'un nouveau genre.

Mardi, 26 septembre. — Comme hier, ciel gris et terne, sillonné de nuages sombres. Il déverse sur la vaste étendue liquide de véritables cataractes. Le roulis devient insupportable (th. + 16° cent.). Le chemin parcouru dans la journée d'hier n'est plus que de deux cents milles.

Après midi, le vent grossit, la mer se montre fortement houleuse. Des vagues énormes déferlent sur le pont, malgré l'apparition du soleil un moment dégagé du linceul de nuées qui en interceptaient les rayons.

Vers quatre heures, la tempête est tout à fait déchaînée. Le *Gaelic* est ballotté comme une simple coquille de noix. Couché sur le flanc, il est poussé par la bourrasque au travers des lames, hautes comme des montagnes, qui croulent sur notre tête.

Au plus fort de la tourmente, je me hasarde sur le pont avec deux ou trois passagers avides, comme moi, de contempler l'émouvant spectacle. La scène y est à la fois grandiose et terrifiante. L'impétuosité du vent chassant devant soi des torrents de pluie accompagnée de grêle, le mugissement des flots se ruant sur nous comme un troupeau de monstres en fureur, le fracas de la foudre annoncée par les éclairs qui déchirent la nue, le sifflement des cordages et la trépidation imprimée au navire sous le coup de fouet de la tempête, forment comme une sublime symphonie conduite par un chef d'orchestre endiablé.

Tout à coup la voile d'arrière se déchire de part en part sous l'effort des vents coalisés. On se voit contraint de carguer les autres pour leur épargner le même sort.

A ce moment solennel, nous sommes admis à contempler un effet de lumière, unique peut-être, tout en nous cramponnant à la balustrade des cabines : à bâbord, un arc-en-ciel, tranchant sur un horizon de feu; en proue, le disque blafard de la lune émergeant des flots; à tribord, le soleil se couchant au milieu de nuages dorés; au centre enfin de ce cadre merveilleux, au point précis où nous sommes, le tourbillon noir qui nous enveloppe, sillonné par de rapides flamboiements. Admirable contraste, que l'imagination la plus hardie ne saurait concevoir!

Pendant le dîner, l'ouragan sévit toujours avec

force. Nous avons mille peines à maintenir notre couvert en place et à ne pas culbuter sur les banquettes.

En outre, comme les supports à échancrures, fixés au plafond et destinés à recevoir la verrerie, n'ont pas la mobilité qu'on leur laisse généralement sur les navires de mer, il se produit de temps à autre quelque incident héroï-comique de nature à dérider les fronts. Ainsi l'un de nos jeunes Américains, celui-là même que nous avions comparé à l'Homme qui rit, est brusquement interrompu dans l'absorption d'une cuisse de poulet par la chute d'une bouteille de bordeaux. Celle-ci lui tombe obliquement sur le crâne, rebondit sur son assiette, qu'elle pulvérise, et, inondant notre homme des pieds à la tête, transforme la teinte claire de ses vêtements en une inexprimable couleur palissandre... juste comme le mobilier du bord. Cette fois, le rire intarissable de notre Gwymplaine s'est transformé en une moue simiesque non moins plaisante.

Au moment où je consigne mes notes de la journée (huit heures du soir), aucune amélioration ne s'est produite. Par instants le bordage reçoit des chocs qui nous secouent dans tout notre être. A onze heures, nous regagnons nos cabines au beau milieu de la confusion générale. Je m'amarre solidement dans ma couchette.

Mercredi, 27 septembre. — Nous avons été terriblement cahotés. Cinq ou six fois, réveillés en sursaut par des secousses épouvantables, nous avions cru à quelque catastrophe. Ce matin, en nous levant, la mer s'est calmée. Il souffle maintenant une légère brise de nord-ouest, et le temps semble vouloir se remettre au beau graduellement (th. + 16° cent.). Distance parcourue, deux cent un milles.

Le *farouche « Pacifique »* ne nous a pas malmenés sans résultat. Nombre de passagers ont payé leur tribut à ses objurgations. Tous les coins du navire en trahissent les piteux effets par des traces qu'on devrait bien se hâter de faire disparaître. Mais, hélas ! le *Gaelic* pèche autant par le manque de propreté que par la défectuosité des aménagements. L'atmosphère de certain couloir donnant directement sur le salon commun est même chargée à tel point de miasmes, que nos facétieux jeunes gens ont fini par le désigner sous le nom de *via Odorata*. Si je m'écoutais, je l'appellerais tout simplement *Cloaca maxima*.

Une bonne note toutefois : les bains du bord sont assez bien organisés. Il est vrai que l'eau du Pacifique en fait seule les frais, et qu'elle n'est pas près de manquer.

A part les changements du temps et des vents, à part les spectacles de la mer mobile, notre existence est naturellement peu variée. Aussi après le lunch procède-t-on avec sollicitude à l'organisation de la *poule* journalière pour le lendemain. Certains de nos navigateurs en herbe sont passés maîtres en l'art de recevoir les enchères. On dirait qu'ils n'ont jamais fait que cela toute leur vie.

Bien que le vent se soit tourné vers l'est durant l'après-midi et que le temps s'annonce plus calme, nous sommes encore affreusement ballottés. Un reliquat de la tempête d'hier. Le nombre d'assiettes et de verres cassés durant tout ce branle-bas est incalculable.

Jeudi, 28 *septembre.* — Pendant cette nuit encore, nous avons été constamment jetés d'un bord à l'autre de nos étroites couchettes.

Heureusement le soleil se lève radieux, atténuant encore le vent d'est qui soufflait hier soir. Toutefois, malgré le calme apparent, il y a toujours du roulis. La mer, en allongeant avec majesté ses vagues longues et aplaties, éprouve encore de sourds tressaillements avant de rentrer au repos (th. + 23° cent.). Distance parcourue, deux cent quarante et un milles.

Chaque matin, à huit heures, notre capitaine, armé du sextant, relève le degré de longitude sous lequel nous nous trouvons. A midi seulement il prend la latitude, ce qui détermine le point exact. Quand le soleil s'est tenu caché, il opère, le soir venu, sur une étoile fixe.

Aujourd'hui le calcul établit que nous serons probablement dans la soirée par 180° de longitude du méridien de Greenwich, c'est-à-dire à peu près à égale distance par l'ouest et par l'est de Liverpool, notre point de départ.

Après le lunch, je rends visite à messieurs les Chinois parqués à l'avant du navire. Ils continuent d'y dormir et d'y jouer avec une extrême béatitude. Quelques-uns d'entre eux, confinés dans une cabine hermétiquement close, fument de l'opium à bouche que veux-tu.

L'avant du navire est également encombré de cages et d'abris renfermant des provisions de toute sorte destinées à notre alimentation. A l'heure qu'il est, nous avons encore à bord cinq bœufs, dix moutons, un grand nombre de porcs et de volailles.

En présence d'un tel approvisionnement on ne parvient guère à s'expliquer la parcimonie qui préside de plus en plus à nos repas quotidiens. Le bœuf et le mouton ne s'y montrent qu'à de rares intervalles, faisant place au porc rôti, frit ou étuvé, aux hachis équivoques, aux viandes marinées et autres mets de digestion laborieuse. D'insuffisants qu'ils étaient dès le début, grâce à l'habile stratégie du personnel servant, ils sont devenus, en outre, franchement détestables. Nous sommes loin, comme on le voit, des menus du *City of Berlin*, de pantagruélique mémoire. Mais point ne sert de récriminer. Bornons-nous à constater le fait, pour la gouverne des intéressés. C'est bien le moins qu'en passant d'un hémisphère à l'autre, aux antipodes, nous y trouvions une gastronomie à rebours de celle qu'on rencontre en nos pays.

La brise fraîchit vers le soir. Le roulis persiste, et

comme on s'obstine à ne pas modifier les supports fixés au plafond du salon, verres et flacons continuent à pleuvoir sur nous aux moments les plus inopportuns.

Le vendredi 29 septembre n'aura pas existé pour nous. — Dans l'après-midi d'hier, jeudi 28, vers quatre heures, nous avons traversé le 180° degré de longitude du méridien de Greenwich, ce qui équivaut à dire que nous nous trouvions de l'autre côté de la sphère terrestre, à égale distance de Greenwich par l'ouest et par l'est. En d'autres termes, tandis que le soleil nous éclairait de ses derniers feux, il était à peine au moment de se lever sur la brumeuse Angleterre, nous plaçant ainsi à douze heures d'avance sur l'heure de Londres. Or si, par le fait même de notre constante progression vers l'ouest, c'est-à-dire dans la direction suivie par le soleil, nous en sommes arrivés à gagner graduellement douze heures, nous en gagnerions encore douze autres si nous poussions tout droit jusqu'à notre point de départ. Il en résulterait, tout compte fait, que nous arriverions en Europe vingt-quatre heures, soit un jour en avance sur la date qui y serait régulièrement constatée.

Pour équilibrer la mesure du temps, il nous faut, en conséquence, retrancher, dès maintenant, un jour à notre calendrier.

C'est exactement pour la même raison, prise à rebours, qu'on ajoute, ou plutôt qu'on bisse le jour précédent en tout voyage s'exécutant en sens inverse. Cette singularité, laquelle n'en est une, au résumé, que pour quiconque ne cherche pas à s'en expliquer la raison, avait servi de base, comme l'on sait, au très ingénieux Jules Verne, dans son roman du *Tour du monde*. On se rappelle que Philéas Fogg doit à cet appoint d'un jour, gagné en allant de l'ouest à l'est, de ne point perdre son pari.

Heureux Philéas Fogg! Il avait allongé sa vie d'un jour, tout en empochant force livres sterling. Nous autres, nous en laissons un au fond du grand Océan.

Mais, grâce à Dieu, cela ne retranche pas une heure à notre existence, puisque chacune de nos journées antérieures avait été insensiblement augmentée de quelques minutes. Contentons-nous donc de passer purement et simplement et sans trop de regrets du *jeudi, 28 septembre* [1] au...

Samedi, 30 septembre. — Th. + 26° cent. Distance parcourue, deux cent vingt milles. — Beau temps, mais vent violent du nord-ouest. C'est le point du rumb d'où il a soufflé le plus constamment durant la traversée. Estimons-nous fort heureux, en consé-

quence, d'occuper une cabine à bâbord, c'est-à-dire tournée du côté du sud, ce qui nous permet de tenir notre hublot ouvert sans risquer d'être inondé. Tel n'est pas le cas des infortunés logés à tribord. Aussi plusieurs d'entre ceux-ci préfèrent-ils passer la nuit dans le salon ou dans le fumoir.

Aujourd'hui le *purser*, ou économe du bord, a de nouveau gagné la poule. Voici la quatrième fois que le hasard le favorise. On commence à le soupçonner d'avoir des intelligences dans la place. Toujours est-il qu'il doit connaître mieux que tout autre passager la marche du navire auquel il est attaché. Quoi qu'il en soit, nos Américains, qui avaient parié gros, se déclarent vexés pour tout de bon.

Dimanche, 1er octobre. — La nuit a été chaude, bien que, depuis hier, le vent nous arrive du nord. En revanche, nous avons fourni une bonne étape, soit deux cent quarante-trois milles (th. + 27° cent.).

Vers midi, le vent tombe presque complètement.

Au dîner, la chaleur est suffocante. Il règne, dans notre unique salon, une atmosphère véritablement fétide. Aussi tous les passagers ont-ils promptement mis un terme au repas pour remonter sur le pont.

Nous assistons de nouveau à un magnifique coucher de soleil. Le temps est d'ailleurs devenu superbe. La chaleur de la journée se trouve maintenant rafraîchie par une brise délicieuse.

On en profite pour faire de la musique en plein air. Deux violonistes improvisés parviennent à capter les suffrages, en râclant des airs yankees sur leurs instruments à cordes. En plein océan Pacifique, on aurait mauvaise grâce de se montrer difficile. Quant à la partie vocale, elle est remplie par quelques couplets de pèlerins et par des chansons nègres. Inutile de dire que nos jeunes Américains seuls prennent part à cette débauche de mélodie.

Cependant la chaleur s'est à ce point accrue dans nos cabines, que plusieurs voyageurs, imitant mon exemple, se décident à passer une partie de la nuit sur le pont. On y devise jusqu'à une heure avancée. Le capitaine lui-même, comme pénétré de la poésie de cette belle soirée, vient se joindre à l'assistance et entonne de sa voix timbrée une sorte de barcarolle accompagnée par le doux frôlement des eaux contre les parois du navire.

Mais l'humidité fraîchissante et salée qui nous envahit peu à peu nous force enfin à la retraite. Quelques passagers, au lieu de regagner leurs cabines surchauffées, préfèrent aller finir leur somme dans le fumoir abandonné.

Lundi, 2 octobre. — Temps chaud (th. + 28° cent.). Distance parcourue, deux cent trente-cinq milles. Le soleil se montre dans tout son éclat. De temps à autre, forts coups de vent du sud-ouest. De gros paquets de mer s'abattent sur le *Guelic* et le font vibrer dans toute sa membrure.

---

1. Dans le journal du bord, notre capitaine a décompté le jeudi, 28, et non, comme nous, le vendredi, 29, retranchant ainsi le jour même de la traversée du 180° degré. Bien que notre façon d'agir soit peut-être moins conforme aux usages maritimes, le résultat n'en est pas moins identique.

Après midi, le vent tourne tout à fait à l'ouest, entravant sensiblement notre marche.

La nuit venue, je m'installe dans un coin du capot de l'escalier pour y respirer plus à l'aise et dormir, s'il est possible. Le séjour de ma cabine est, en effet, devenu insupportable, depuis qu'on a dû y fermer le hublot. Vers deux heures du matin, le vent s'apaise et me permet enfin de regagner mes pénates mouvants.

Mardi, 3 octobre. — Temps indécis. Vent variant constamment de direction (th. + 27° cent.).

Le point relevé à midi nous donne deux cent quatorze milles filés dans les vingt-quatre heures, ce qui a pour conséquence de me faire le gagnant de la poule quotidienne. Mon bonheur est à son comble.

Vers trois heures, le vent se met à souffler franchement du sud-ouest, nous devenant une fois de plus défavorable. En outre, une pluie torrentielle nous oblige à réintégrer notre enfer.

Quoi qu'il en soit, et par un revirement heureux, le soleil se couche dans l'or et dans l'azur, tandis que, vers l'est, un magnifique arc-en-ciel occupe tout l'horizon.

Soirée délicieuse! — Pendant que nos jeunes Américains se livrent sur le pont aux douceurs de la musique nationale et s'y attardent un peu plus que de raison, je me laisse aller au sommeil, étendu dans la chaise longue du capitaine. La toile dont le fond du siège est formé me procure la sensation du hamac, et je rêve de pays exotiques, bercé sous un grand cocotier. Mais le cocotier, par l'effet de la rosée nocturne, se transforme peu à peu en dangereux mancenillier. Et, sur le minuit, je m'éveille, secoué par de vives douleurs d'entrailles faites pour me rappeler à la réalité des circonstances. C'est le cas plus que jamais d'appliquer les principes du vieil Hippocrate. Je m'empresse donc de les dissiper par une médication énergique à mon usage : du thé bouillant dans lequel je précipite du poivre: *contraria contrariis curantur*.

En ce moment, le vent de sud-ouest a fait place à une bonne brise de nord-est qui souffle gaillardement dans nos voiles.

Mercredi, 4 octobre. — Pluie. Même brise toujours favorable (th. + 25° cent.). Distance parcourue, deux cent trente milles.

Hier, au début de la soirée, nous avons viré quelque peu dans la direction du sud-ouest, rompant ainsi avec la ligne droite invariablement suivie depuis San-Francisco.

Vers midi, le vent redouble d'intensité, et nous nous mettons à filer avec une rapidité de douze milles à l'heure. Nous maintenons cette allure pendant le reste de la journée. La pluie ne cesse pas de tomber.

Jeudi, 5 octobre. — Vent du nord-ouest pendant toute la nuit. Il saute malheureusement au sud-ouest aussitôt après le lever du jour. Quoi qu'il en soit, le ciel est sans nuages, le temps superbe. L'Océan, à peine moutonné par la brise matinale, resplendit tout autour sous les rayons du soleil (th. + 29° cent.). Distance parcourue, deux cent cinquante milles.

Nos goélands ne nous ont pas abandonnés, mais ils ne sont plus qu'au nombre de six. La tempête que nous avons essuyée de compagnie ne les a donc pas découragés. Il est vrai que ce qu'ils ont de mieux à faire, pour le moment, est de pousser jusqu'au Japon.

Nous apercevons aussi quelques poissons volants planant sur la crête des flots doucement agités. Ils viennent de temps à autre y tremper leurs ailes transparentes.

Dans l'après-midi, un fort vent du sud nous envoie des bouffées chaudes à peine respirables, mêlées de brusques averses. Toutefois les grains sombres, fuyant au loin, se dissipent peu à peu et nous laissent admirer la face du soleil couchant. Les nuées qui semblent lui servir de diadème, s'empourprent de part en part, tandis que vis-à-vis deux arcs-en-ciel majestueux se partagent l'horizon.

La soirée est splendide. La mer a repris son calme, et l'air est à peine attiédi par un faible zéphyr. Tout au plus perçoit-on le clapotis de l'eau sur le bordage du navire. Le ciel est sillonné d'étoiles filantes. Enfin le rayonnement de la lune, brillant de tout son éclat, projette sur la nappe liquide assombrie une incommensurable traînée d'argent.

Spectacle magique, auquel nous avons peine à nous arracher vers deux heures du matin.

Vendredi, 6 octobre. — Th. + 27° cent. Distance parcourue, deux cent trente milles.

A cinq heures et demie, quand je me lève, il pleut, et le vent du sud qui avait soufflé hier toute la journée, hormis la nuit, a dégénéré en véritable tempête. Voici les vagues qui s'avancent de nouveau vers nous en bataillons liquides balayant tout devant eux et se démenant avec des hurlements effroyables. L'eau fait constamment irruption dans le salon et dans nos cabines. Tous mes effets sont littéralement inondés. Le papier même sur lequel j'écris en ce moment est couvert de gouttes d'eau salée filtrant à travers les fentes du plafond.

Avec cela, toujours la même atmosphère lourde et empuantie, toujours le même manque d'aération. Décidément, notre séjour à bord du *Gaelic* n'aura pas été exempt d'incommodités. Il est grand temps que nous arrivions à destination.

Samedi, 7 octobre. — Les éléments sont de nouveau dans le repos. L'air est pur, le ciel d'une transparence tout orientale (th. + 24° cent.). Distance parcourue, deux cent vingt milles.

Inchallah! « Si Dieu le veut, » comme disent les musulmans, nous arriverons demain à Yokohama.

En tout cas, et comme pour nous faire ses adieux, la mer s'est mise en frais. Elle a souri au blond soleil, et celui-ci, en se penchant vers elle, allume l'horizon sans bornes de ses admirables feux de joie. On dirait les noces olympiennes d'Amphitrite et d'Apollon.

Chacun, enthousiasmé, se tient sur le pont les yeux tournés vers l'astre à son déclin, lequel s'enfonce lentement dans les ondes miroitantes et nous indique la direction où demain nous apparaîtra la terre japonaise tant désirée.

Déjà l'équipage commence, de son côté, à faire la toilette du navire. On l'inonde, on le frotte, on l'éponge, on y passe même des couches de vernis. Rampes et pommeaux de cuivre se remettent également à briller sous l'action de la pierre ponce et de l'émeri. C'est qu'il s'agit de ne pas effaroucher nos successeurs. Ils seront assez tôt victimes du relâchement universel et de la malpropreté endémique.

Les approches de la terre nous sont signalées par un pigeon ramier qui vient se percher au sommet d'une de nos vergues. La pauvre bête, sans doute emportée par le vent, paraît tout heureuse de trouver un endroit où se reposer.

Dans la soirée, un punch offert par la jeunesse du bord rassemble tous les passagers dans le fumoir. On y chante, on y boit, on y mange des pommes et du fromage. Bref, c'est une vraie petite débauche de mathurins. Lorsque nous regagnons le pont, un ciel admirablement étoilé s'étend au-dessus de nos têtes; il est plus de minuit quand nous regagnons nos cabines.

Dimanche, 8 octobre. — L'aube nous retrouve debout et impatients.

Depuis quatre heures du matin nous avons doublé le cap King, qui forme une pointe avancée de la terre japonaise, au sud-est de la baie de Yédo. A présent nous longeons une côte d'aspect assez sauvage et sur laquelle se dresse un phare dont la lueur s'éteint aux premiers rayons du soleil.

Ce dernier, globe de feu miroitant comme hier, émerge lentement des flots couleur émeraude et resplendit dans l'azur céleste. A peine s'est-il élevé au-dessus de l'horizon, que devant nous surgit le cône neigeux et désolé du *Fousi-Yama*, ce vieux volcan endormi, qui semble être l'expression même de la puissante poussée d'où est sorti l'archipel entier du Nippon.

Nos goélands nous ont abandonnés depuis hier soir. En revanche, voici un navire japonais !... Depuis notre départ de San-Francisco, c'est le premier bâtiment dont nous ayons fait la rencontre. Pas une seule voile n'est venue secouer l'écrasante torpeur de notre incroyable isolement. A notre vue, il arbore les couleurs nationales, — grand disque rouge sur fond blanc, — lesquelles évoquent l'idée de l'astre du jour apparaissant à la terre. On sait, en effet, que c'est en raison de sa position extrême à l'est de l'an-

cien monde que la vieille terre des mikados doit son appellation d'Empire du Soleil-Levant.

Chemin faisant, des nuées se sont amoncelées à la cime du *Fousi-Yama*. Un arc-en-ciel s'y développe incontinent, formant un demi-cercle coloré et encadrant de ses splendeurs passagères la masse du volcan. Plus près de nous la rive, tout à l'heure encore perdue dans les dernières ombres de la nuit et qui m'apparaissait quasi inhospitalière, se révèle, au contraire, abondamment pourvue de la plus riche végétation.

Dès le matin, la température était montée à 24° centigrades. Mais à mesure que nous nous sommes rapprochés des rives, le thermomètre est descendu graduellement, rafraîchi par le voisinage de la montagne glacée, dont nous n'apercevons plus que le sommet. Il est à remarquer, en effet, que le *Fousi-Yama* demeure généralement caché aux regards pendant le jour. Ce n'est que de grand matin et le soir, par un ciel pur, que son cône refroidi se dépouille des vapeurs qui lui font un éternel cortège.

A huit heures, nous entrons dans le canal d'Ouraga, lequel forme, à proprement parler, l'entrée de la baie de Yédo.

De nombreuses jonques sillonnent le large pertuis. Elles se présentent dépourvues de toute peinture et surmontées d'une misérable voile carrée. J'avoue que, sur la foi des enluminures japonaises, je m'attendais à quelque chose de plus franchement pittoresque.

Quoi qu'il en soit, le mouvement de toutes ces embarcations, mobiles sur les flots bleus, est des plus attrayants, après la contemplation forcée des solitudes infinies.

Notre capitaine, tout gaillard, sanglé dans son uniforme, debout sur la dunette, commande la manœuvre. Il fait hisser les signaux d'usage.

Nous nous sommes éloignés graduellement de la côte que nous longions à droite et où se développent les hauteurs des provinces de Awa et de Kadzousa, pour nous rapprocher de celle de gauche.

Nous passons bientôt en face du village d'*Ouraga* et de quelques hameaux de pêcheurs groupés au bord de la mer. C'est dans l'anse d'Ouraga que, le 7 juillet 1853, le commodore américain Perry, dont nous avions salué la statue à Newport, mouilla son escadre, lors de la première expédition qu'il fit sur les côtes du Japon en vue d'ouvrir le pays au commerce occidental.

Plus nous avançons, plus le coup d'œil devient attrayant. Partout des terres verdoyantes et gracieusement ondulées descendent en pente jusqu'à la plage.

Sur le cap isolé qui commande la baie de Yédo, à l'ouest, se dresse un phare badigeonné de blanc et qu'on prendrait de loin pour un chalet suisse. Le sol, ou plutôt le roc nu qui perce en certains endroits, apparaît comme étant d'une formation toute spéciale. Il est rayé de stries nettes et régulières comme des lignes tracées à la règle.

Un peu plus loin, au bas d'un autre promontoire,

un petit village est pittoresquement assis à côté d'un temple peint de rouge, non loin duquel s'ouvre une espèce de caverne.

De ce point précis, la baie présente un coup d'œil admirable. Un grand nombre de vaisseaux, dont plusieurs appartiennent à la flotte nationale des États-Unis, s'y trouvent mouillés l'un à côté de l'autre.

Vers dix heures vingt minutes, nous dépassons le bateau signal, ce qui me fait encore gagner une poule de vingt dollars, le numéro qui m'était échu portant : « de dix heures à dix heures et demie. » Tout cela est du meilleur augure !

Enfin, à dix heures trois quarts on laisse glisser les ancres. Nous sommes en face de Yokohama, mais à une assez grande distance encore de la rive. Il n'est pas possible aux bateaux d'un certain tonnage de s'en approcher davantage.

Plusieurs officiers de la flotte américaine, amenés dans un canot à vapeur, s'empressent de monter à bord, tout joyeux de serrer la main de leurs nouveaux camarades et de leur faire admirer leurs brillants uniformes aux boutons reluisants et aux épaulettes d'or fin.

Les premiers échantillons du type japonais font également leur apparition. Ils sont très sommairement vêtus et chaussés de simple sandales de paille ; je constate qu'ils manient nos bagages avec infiniment plus de soins que les Américains.

Un canot dépendant de l'hôtel International, où nous nous proposons de descendre, vient nous quérir pour nous mener en terre ferme. C'est avec un véritable soupir de satisfaction que je foule enfin le vulgaire mais solide plancher des vaches, après avoir dit adieu, non sans quelque soulagement, au trop facétieux *Gaelic*. Il est là pourtant qui se balance, sous sa parure du dimanche, aussi reluisant que s'il avait été pour nous un lieu de félicité.

Les indigènes se montrent très prévenants à notre égard. Il n'en est pas de même des chiens du rivage. On dirait qu'ils n'ont qu'une sympathie limitée pour les *Occidentaux*, terme par lequel on désigne généralement ici les étrangers, qu'ils viennent d'Europe ou d'Amérique. Ces animaux, d'aspect assez redoutable, nous accueillent avec de fâcheuses démonstrations, le regard fixe, la queue entre les jambes. Ils appartiennent — m'assure-t-on — aux agents de la douane, qui, soit dit en passant, se sont montrés aussi accommodants que possible, vu qu'ils n'ont pas même jugé à propos de se présenter.

Une foule de *djinrikshas*, sortes de carrioles à deux roues traînées par un ou deux hommes, nous attendent à la sortie du canot. Nous y montons séparément. Et tout aussitôt nous nous sentons emportés loin de la rive avec une vitesse prodigieuse, jusqu'à l'hôtel International. On ne nous demande que vingt-cinq *cents* pour la course, salaire plus que modeste. Or, renseignement pris, il se trouve que nous avons encore payé cinq fois trop.

En vérité, ce début est plein de promesses. Après la guerre sans merci faite à nos dollars sur le sol américain, serions-nous, par hasard, venus refaire nos finances dans l'archipel japonais ?

FIN DE L'AMÉRIQUE

TABLE DES MATIÈRES

AMÉRIQUE

PREMIÈRE PARTIE

ÉTAPES DANS L'EST DES ÉTATS-UNIS. — EXCURSION AU CANADA

VI

LE NIAGARA

VII

LE LONG DU SAINT-LAURENT. — MONTRÉAL ET QUÉBEC

VIII

LES PETITS LACS. — SARATOGA. — L'HUDSON

IX

NEW-YORK ET PHILADELPHIE

SECONDE PARTIE

A TRAVERS LES ÉTATS-UNIS

X

NEWPORT ET BOSTON

XI

OIL-CITY, CHICAGO ET SAINT-PAUL

XII

LE MISSISSIPI

XIII

DE L'OHIO AU MISSOURI. — GROTTES DU MAMMOUTH

XIV

LES PRAIRIES ET LES MONTAGNES ROCHEUSES. — D'OMAHA A GREAT-SALT-LAKE-CITY

XV

CHEZ LES MORMONS

XVI

AU PAYS DE L'OR ET DE L'ARGENT

XVII

DANS LA SIERRA-NEVADA

XVIII

GEYSERS CALIFORNIENS ET FORÊT PÉTRIFIÉE

XIX

SAN-FRANCISCO

XX

DE SAN-FRANCISCO A YOKOHAMA

FIN DE LA TABLE DES MATIÈRES

CHICAGO

TABLE DES GRAVURES

I

II

CARTES ET PLANS

FIN DE LA TABLE DES GRAVURES, CARTES ET PLANS

LA LIBERTÉ ÉCLAIRANT LE MONDE (PHARE DE NEW-YORK)

SOCIÉTÉ ANONYME D'IMPRIMERIE DE VILLEFRANCHE-DE-ROUERGUE
Jules Bardoux, Directeur.